KB014873

욕설의 인지신경언어학

한울
아카데미

WHAT THE F

What Swearing Reveals About Our Language, Our Brains, and Ourselves

by **Benjamin K. Bergen**

욕설의 인지신경언어학

Benjamin K. Bergen
벤저민 케이 버건
지음

나익주·나경식
옮김

한울
아카데미

추천의 글 ●●

정말 뛰어난 설명서에요……. 『제기랄, 이런!』은 제목에서 약속한 놀라움을 선사하네요. 얼핏 언어의 금기서로 보이지요. 하지만 인지과학자가 쓴 영악한 언어학 입문서로, 읽는 내내 마음을 홀리네요.

≪뉴욕타임스≫ 서평

유쾌한 책이 새로 나왔어요! 욕설을 탐구하면 인간 본성 그 자체를 파고드는 길이 보여요.

≪이코노미스트≫

『제기랄, 이런!』은 이해하기 쉽고 통찰로 가득 찬 멋진 책이에요. 언어학자인 나도 몇 쪽을 읽다가는 멈추어서 "하, 이 생각은 못 했는데"라고 혼잣말을 하곤 했어요. 여러분도 바로 이 혼잣말을 하는 자신을 보게 될 거예요. 다시는 상말이 예전처럼 들리지 않을 것이고요.

제프 넌버그, 언어 해설자, 엔피알(NPR) 프로그램 〈신선한 공기(Fresh Air)〉 진행자이자 『A 언어의 증가(Ascent of the A-Word)』의 저자

욕설에 관한 책을 보면서 당신은 이런저런 생각을 할 수도 있어요. '요즘은 사람들이 욕을 더 많이 하는 것 같아.' '상말은 훨씬 전부터 사용하고 있었지.' '고대 서양에선 '타네이션!'이라고 말하곤 했어.' 『제기랄, 이런!』에서 벤저민 버건은 수많은 질문을 하면서 얼마나 더 많은 상말이 있는지를 보여준다. 왜 poo(응가)는 자음으로 끝나지 않는 거지? 다른 나라에서는 사람들이 어떻게 욕을 하는지 혹은 어떻게 욕을 안 하는지? 어떤 사물에 대해 상스럽게 말하는지? 상말은 공식적으로 금지해야 하는지? 그리고 교황의 말실수나 뇌와 관련된 문제도 파고든다.

비록 자극적이지만 상말은 '언어'라는 기적의 다른 측면과 마찬가지로 정말로 흥미

롭다. 이것이 바로 이 책이 우리에게 알려주는 바이다.

존 맥호터, 『바벨의 힘, 우리의 위대한 개 같은 혀, 그리고 언어 사기』의 저자

상말은 무력감이나 힘과 관련이 있어요. 무력감은 좌절과 분노, 놀라움을 초래하고 긍정적인 경우에는 경외감으로 이어지죠. 이러한 감정을 표출할 때 신체적 행위보다는 언어 행위를 표출하기가 더 쉽고 이를 더 선호하지요. 아니 이게 할 수 있는 유일한 행위에요. 욕설의 힘은 해를 입히려는 의도에서 나오고, 실제로 욕설은 해를 끼치지요. 상말 이면의 자연스러운 감정에 대한 두려움에서 질서와 예의의 필요성이 생겨나지요. 또한 상말이 '나쁜 언어'라는 시각도 이 두려움에서 나오지요. 상말은 자연스러운 것이며, 그 자체로 감정과 인지, 문화적 규범을 들여다보는 렌즈이지요. 상말에 대처하려면 용기와 에너지, 비범한 지적 능력, 재미있는 감각이 필요해요. 벤저민 버건의 이 책은 모든 것을 다 갖추고 있어요. 꼭 한번 읽어보세요.

조지 레이코프, 캘리포니아 대학교(버클리), 언어학과/인지과학과 교수

이 책은 정밀한 언어학적 방법을 욕설에 우아하고 통찰력 있고 대담하게 적용한 책이에요. 욕설은 우리에게 가장 많은 것을 알려주는 언어의 핵심부이지만 무시당하는 구석지이지이요. 인구 조사 자료를 보면, 딕(Dick)이 어디로 갔는지 알 수 있어요. 뇌 영상은 우리가 어떻게 금기어 말실수를 피하는지 알려주어요. 욕설이 어린이에게 해를 끼친다고 주장하는 연구를 면밀히 분석해 보면, 그러한 주장은 무책임한 선전선동에 불과하다는 사실이 바로 드러나요. 핵심을 말하면 처방은 이것이지요. 좆나 쩌는 이 책을 읽어 보세요!

제시 셰이들로워, 『F-낱말』의 저자

왜 욕을 하는가? 욕설은 언제 해도 괜찮은가? 그리고 어디에서는 욕설을 해도 괜찮은가? 모든 문화에서 가장 금기시되는 주제 중 하나를 다룬 이 황홀한 연구서는 바로 이러한 질문을 설명하고 있어요. 이 좆나 쩌는 책을 읽어보세요. 그렇지 않으면 '재수 없는 놈(딸딸이 치는 놈팽이)'이 될 지도 몰라요.

마이클 셔머, 스켑틱 잡지 발행인, ≪사이언티픽 아메리칸≫ 월간 칼럼니스트, 『모럴 아크(The Moral Arc)』의 저자

『제기랄, 이런!』에서 유용한 정보를 얻을 수 있어요. ≪뉴욕 북 리뷰 어브 북스≫

영어에 들어 있는 상스러운 말과 제스처의 역사를 폭넓게 다룬 책이에요. 상말과 다른 금기어가 인간의 뇌에 미칠 수 있는 영향도 다루고 있어요. …… 상말 문헌에 들어갈 또 하나의 탐구서예요. 애틀린틱 닷컴

『제기랄, 이런!』은 인지과학자인 저자의 말마따나 '한 권의 상말 연서'예요. 이 책을 보면 인간 사회에서 '나쁜' 말이 수행하는 역할을 더 넓은 맥락에서 더 정교하게 이해할 수 있어요. ≪사이언스≫

많은 것을 알려주는 필독서예요. 악담의 난장이 마음속 어휘의 유익한 측면이 되네요. 에이 브이 클럽

이 책은 칵테일파티에서 먹을 수 있는 상큼한 음식으로 가득해요. 학문적 해부서가 아니라서 쉽고 빠르게 읽어나갈 수 있어요. 그렇다고 별 볼 일 없는 책은 절대 아니에요. 욕설은 우리 삶의 한가운데에 자리 잡고 중요한 역할을 하고 있어요. 아르스 테크니카

매우 흥미롭고 통찰력이 있네요. ≪내셔널 리뷰≫

몇몇 예비 독자들은 이 책을 주제 때문에 회피할 수도 있어요. 하지만 그것은 정말 부끄러운 일이 될 수도 있어요. ≪과학 뉴스≫

『제기랄, 이런!』은 어원과 신경과학, 문화를 연결하는 교차로로 가는 매혹적인 여정이 될 거예요. ≪디스커버≫

버건은 생생한 사례와 뛰어난 유머 감각과 이해하기 쉬운 말로 논증을 펼치고 복잡한 개념을 논의하는 재능이 있네요. 『제기랄, 이런!』은 이 논의를 황홀한 과학적 분석의 영역과 연결하고 있어요. '씨부랄'의 애호가들과 지지자들은 읽지 않을 수 없는 뭔가를 담고 있어요. ≪스트롱 언어≫

오, 정말 재미도 있으면서 학문적으로도 굉장하네요! 랭귀지 햇

『제기럴, 이런!』은 앞으로 학문적 탐구를 이끌어나갈 만큼 정밀하다. 또한 순간적으로 흥미를 느낀 평범한 독자들도 누구나 편하게 읽을 수 있어요. 최소한 인간으로서 나 자신의 표현 능력이 얼마나 심오한지 분명히 알려주었지요. 지난달 침대에서 기어 나와 미국 대통령으로 누가 당선되었는지 알고서 내가 잘 하는 바로 그 저주의 말 하나를 내뱉었을 때 말이에요. ≪팝매터스≫

이 책에는 확실히 모든 사람의 기분을 상하게 할 무언가가 있어요. 만약 그렇지 않다면 이 책이 제 역할을 하지 못한 것이죠. 하지만 언어를 사랑하는 사람은 모든 단어를 음미할 거예요. ≪북리스트≫

거의 누구에게나 불쾌감을 줄 수 있는 생기 넘치는 연구에요.…… 언어학과 사회학의 관점에서 이 책은 빛을 발하고 있고 장난기까지 있어요.…… 재미도 있네요. 언어와 사회의 본질적인 구성 요소를 살펴보세요. ≪퍼블리셔 위클리≫

이 책은 심리언어학 덕후를 위한 큰 선물이에요. ≪커커스 리뷰≫

이 책은 논의된 적도 연구된 적도 거의 없는 주제인 상말을 다룬 겁나게 매혹적인 소개서에요……. 꼭 읽어보세요. 초이스

이 책을 엄마와 아빠께 바쳐요. 언어와 발견의 황홀감을 일깨워주셨죠. 당돌함까지도요. 두 분의 조건 없는 사랑과 지원에 감사드려요. 이 사랑과 지원이 없었다면 이런 책을 쓰는 일은 생각도 못했을 거예요. 그리고 이 사랑과 지원을 계속 주시려면 바로 여기서 읽기를 멈추셔야 할 거예요. 별로 마음에 안 드실 테니까요.

차례

추천의 글 …… 5

들어가는 말 …… 13

1장 금기어들: 맙소사·씨부럴·똥지랄·깜둥이 …… 22

2장 왜 네 글자 낱말인가? …… 51

3장 손짓 하나가 천 마디 말보다 낫다 …… 78

4장 상말하는 거룩한 성직자 …… 119

5장 교황이 상말 폭탄을 터뜨린 날 …… 137

6장 fucking 문법 …… 167

7장 **어쩌다가 cock(수탉)은 깃털이 뽑혀 '좆'이 되었나?** …… 198

8장 **사모아 아동의 더러운 입** …… 232

9장 **연약한 어린애 마음** …… 250

10장 **10만 달러짜리 욕설** …… 274

11장 **상말의 역설** …… 299

에필로그: 어쩌다 그 (스카라)무치는 좆 돼버렸나? …… 321

옮긴이의 글 …… 336
미주 …… 348
참고문헌 …… 357
찾아보기 …… 375

들어가는 말 ●●

이 책의 주제는 상말이다. 텔레비전 방송에 간간이 들어가는 damn(우라질)이나 boobs(얼간이)와 같은 유사 상말이 아니라 fuck(씹하다, 씨부럴)이나 cunt(씹), nigger(깜둥이)와 같은 훨씬 더 강력한 상말을 다룬다는 말이다. 이러한 말은 상스럽고 망측하며 불쾌감을 주고 마음을 상하게 한다.

하지만 이러한 말도 중요하다. 이 상말은 분노의 순간에, 공포의 순간에, 격정의 순간에 가장 강력한 인간적인 감정을 표현하기 위해 우리가 사용하는 말이고, 정서적 고통을 가하거나 격렬한 이견을 촉발할 수 있는 가장 강력한 힘을 지닌 말이다. 또한 주(州) 당국의 반발을 불러 검열과 입법의 형태로 가장 억압적인 규제를 받는 말이기도 하다. 간단히 말해, 상말은 정서적으로나 생리적으로, 심리적으로, 사회적으로 강력하다.

그리고 바로 이러한 점 때문에 상말은 이해하려 애써볼 만하다. 인지언어학자이자 더욱이 상당히 험한 말을 하는 인지과학자인 나와 같은 누군가에게는 상말은 금광이다. 상말은 어디에서 오는가? 도대체 왜 우리는 상말을 가지고 있는가? 상말이 없는 세계는 어떤 모습일까? 언어에 대한 금기는 세계의 여러 언어에서 얼마나 다르고 얼마나 비슷한가? 상말에 노출되면 우리의 뇌에서는 무슨 일이 일어나는가? 상말은 어린아이들의 뇌에 어떤 영향을 미치는가? nigger(깜둥이)나 faggot(호모 새끼)과 같은 모욕은 해를 초래하는 필적할 수 없는 힘을 어떻게 얻는가? 주변화된 개인들과 집단들에게 모욕이 가하는 충격을 제거하기 위해 어떤 조치를 취할 수 있다면 어떻게 될까? 해로운 낱말은 추방하거나 금지할 수 있는가? 아니면 해로운 낱말로부터 빠져나오는 길을 다시 놓을 수 있는가? 세심하고 주의 깊게 언급하면, 이러한 길잡이 질문은 상말의 인지과학을 향해 나가도록 한다.

상말은 그 진가를 면밀히 검토할 필요가 있다. 그러나 상말은 아마도 약간은 덜 분명한 두 번째 이유 때문에도 중요하다. 상말은 강력하고 따라서 다른 여러 유형의 언어와는 다르게 행동한다. 뇌 속에서 부호화되는 방식이 다르다. 학습되는 방식이 다르다. 소리 내는 방식이 다르다. 시간의 흐름에 따라 다양하게 변화한다. 그 결과로 상말은 우리의 언어와 우리 자신에 대한 사실을 밝혀낼 특별한 잠재력을 지녔다. 상말이 없으면 우리는 결코 이러한 일을 상상도 할 수 없을 것이다. 상말을 연구하면, 우리는 언어가 마음을 형성하는 힘을 어디에서 얻는지와 언어가 세계를 구성하는 힘을 어디에서 얻는지, 우리의 뇌가 언어를 어떻게 학습하는지, 언어는 어떻게 진화해 왔음에 틀림없는지를 알 수 있다. 수천 년 동안 언어의 과학적인 연구에서는 오히려 상말을 대부분 무시해 왔다. 그러나 나는 이것이 우리에게 불리하게 작용해 왔다는 주장을 기꺼이 펼치려 한다. 어떤 측면에서 우리는 싸구려 잡설보다 네 글자 낱말로부터 더 많은 것을 배울 수 있다.

아마도 내 주장의 타당성은 유추를 통해 더 분명하게 입증할 수 있을 것이다.

최근 내 아내와 나는 첫아이를 가졌다. 나는 우리 둘이 순진무구하다고 말하지 않을 것이다. 그러나 출산 예정일이 가까워지면서 우리는 예비 부모들이 흔히 마음에 그리는 긍정적인 일 – 갓난아기를 껴안을 일, 첫 미소, 함께 키득거릴 일, 아이의 첫걸음마 등 – 에 주로 초점을 맞추었다.

그렇지만 이 귀여운 녀석이 태어나고 얼마 지나지 않아 우리는 아주 다른 현실을 마주했다. 부모가 되고 나니 적어도 초기에는 매일매일 이 녀석이 제대로 몸을 움직이는지 살펴보고 때로는 움직이지 못하도록 힘을 주는 일을 일상적으로 경험했다. 나는 젖먹이가 정의상 인간임을 인정하겠다. 그러나 사실상 젖먹이는 기능적으로 우유를 고약한 냄새로 바꾸는 기계이다. 그나마도 효율적인 기계이다. 그 결과 우리의 아주 많은 시간은 갓난아기 토사물이 스며든 양탄자나, 타르 같은 젖먹이 똥으로 범벅이 된 셔츠, 갓난아기 오줌에 흠뻑 젖은 전등갓을 빼는 가장 좋은 방법을 생각해 내는 일로 빠르게 채워졌다. 어떤 상황인지 알겠죠?

젖먹이에게서 나오는 다양한 물질은 골칫거리이고 역겹다. 적어도 처음에는 그렇다. 부모가 된다는 것에 대해 아무도 당신에게 다음과 같은 사실을 말해주지 않는다. (허리둘레가 변하고 수면 부족을 인내하는 태도가 변하는 것처럼) 다른 사람의 몸으로부터 나오는 물질에 대한 당신의 관계도 변화하는 사실 말이다. 그리고 다른 수많은 부모들처럼, 우리 부부는 기저귀 내용물을 진단용 도구로 간주하게 되었다. 만일 이것을 직접 경험한 적이 없다면, 나의 말이 이상하게 들릴지도 모른다. 하지만 실제로 이 말은 아주 타당하다. 아시다시피 젖먹이인 아이는 이해하기 어렵다. 예컨대, 갓난아기가 얼마나 많은 모유를 빨아 먹고 있는지 알기 어렵다. (젖가슴은 옆면에 부피 표시가 없고 투명하지도 않다. 그 밖에도 많겠지만 이 두 측면에서 우리는 특히 진화에 실패했다.) 그러나 당신은 똥 기저귀와 젖은 기저귀의 양이나 빈도로부터 갓난아기가 모유를 얼마나 먹고 있는지를 판단할 수 있다. 심지어 당신은 병원에서 어떤 기록지를 받기도 한다. 생후 첫 주에는 하루에 여섯 개의 젖은 기저귀와 두 개의 똥 기저귀를 확인하라는 말을 듣는다. 아니면 기저귀를 세밀히 살펴보아야 할 또 다른 이유 – 아이에게 모유를 먹이는 내부자들을 위한 이유 – 가 있다. 당신은 갓난아기가 양쪽 젖가슴에서 얼마나 충분히 오래 젖을 빠는지를 어떻게 아는가? 맞다, 답은 바로 변에 있다. 만일 양쪽 젖가슴을 고루 빨고 있다면, 아기는 영양분 없는 초유뿐만 아니라 풍부한 지방의 진한 후유도 먹고 있을 것이다. 초유를 먹으면 아기의 변이 녹색이 되지만 후유를 먹으면 오렌지색이나 갈색이 될 것이다. 당신은 기저귀에서 오렌지색 변이나 갈색 변을 보고 싶어 한다.

저기 그런데 말이죠. 일단 당신이 초기의 싫은 느낌을 극복한다면, 실제로 기저귀 내용물은 아주 지독히 흥미로운 것임이 드러난다. 만일 아기를 사랑하고 그 애의 평안에 관심이 있다면, 당연히 당신은 (갓난아기의 몸속으로) 무엇이 들어가고 그 결과로 나올 때 그 모습이 어떠한지에 관심을 기울인다. 그 이유는 역겨운 물질에 주의를 기울임으로써 갓난아기에 대해 알아야 할 것들이 있기 때문이다. 이것은 미소나 옹알이와 같은 매력적인 일에만 주의를 기울인다면 절대로 당신이 알 수 없는 것들이다. 갓난아기의 변이 변했다는 것은 그 애가 아프다는 것을 당신에게 암시하는 첫 징후일 수 있다. 갓난아기의 토사물을 세밀히 살펴볼 때에야 비로소 당신은 티들리윙크스* 세트가 어디로 갔는지 분명히 알 수도 있다.

부모가 된다는 것의 더 없이 행복하고 순수하고 평온한 이상 — 우리 중의 많은 이가 처음에 품고 있는 — 은 매혹적(이고 무엇보다도 기꺼이 부모가 되도록 하는 데 어느 누구에게나 실제로 필수적)일 수도 있지만, 사실 더러운 측면도 있다. 그리고 이 더러운 측면은 그 나름대로 아름답다. 자, 좋다. 아름답다는 말은 너무 지나칠 수 있지만, 최소한 우리에게 흥미로운 사실을 보여준다. 우리는 기저귀를 들여다봄으로써도 갓난아기에 대해 더 많은 것 — 갓난아기가 무엇을 필요로 하는지, 그가 무엇을 먹고 있는지, 어떤 기분을 느끼고 있는지 등 — 을 알게 된다. 시간이 흐르면서 우리는 이것을 이해하게 된다.

$ % !

이 모든 것을 언급하는 까닭은 다만 내가 학습의 결과로 갓난아기들에 대해 알게 된 것은 언어에도 역시 사실이기 때문이다.

기원전 4세기와 5세기의 고대 산스크리트어 문법학자들은 여전히 현대의 과학적인 언어 이해의 토대가 되는 소리 패턴과 의미 패턴을 발견했고 기록으로 남겼다. 그래서 그때부터 철학자와 언어학자, 인류학자, 사회학자, 심리학자들은 언어가 어떻게 작동하는지 — 사람들이 어떻게 새로운 낱말을 만드는지와 입을 어떻게 움직여 소리를 내는지, 낱말이 시간의 흐름에 따라 어떻게 변화하는지 — 를 탐구했다. 이 문제는 매혹적인 주제이고, 언어는 매혹적이다. 그러나 지난 2600년에 걸쳐 언어학자들은 위생 처리된 달콤한 유형의 언어에 초점을 맞추

* (옮긴이) 티들리윙크스(tiddlywinks): 작은 원반의 한쪽 끝을 눌러 튕겨서 멀리 있는 컵 따위에 넣는 어린이 놀이의 일종으로 tiddley winks나 tiddledywinks라 철자를 하기도 한다.

었다. 대개 언어과학자들은 이 은유적인 갓난아기의 귀여운 부분만을 얘기해 오고 있다. 이것은 참 안된 일이다. 당신은 이 갓난아기의 더러운 부분을 살펴보면서 실제로 훨씬 더 많은 것을 또한 배우기 때문이다.

여기서는 두 사례, 즉 더러운 말이 언어에 대한 여러 사실을 우리에게 알려주는 두 방식을 제시하겠다. 이러한 방식이 아니었다면, 우리는 언어에 대한 그러한 사실을 짐작하지조차 못했을 것이다.

오랫동안 우리는 뇌의 특정한 부분들이 언어에서 특별한 역할을 수행한다고 알고 있었다. 약간의 결정적인 증거는 가령 뇌졸중이나 뇌손상, 트라우마로 인해 뇌의 이러한 부분이 손상을 입을 때 사람들이 낱말을 발음하거나 이해하는 데 어려움을 겪기 시작한다는 것이다. 하지만 뇌가 동일한 손상을 입어도 그 밖의 인지적인 역량은 영향을 받지 않고 그대로 남아 있다. 이것은 이러한 특정한 뇌 부위가 언어에 중요하다는 사실을 우리에게 말해준다. 하지만 반전이 있고, 이것은 상말과 관련이 있다. 언어를 지원하는 뇌 부위의 손상이 모든 언어에 다 똑같은 손상을 초래하지는 않는다. 뇌 손상이 언어 대부분을 지워버릴 때조차도 실제로 욕설은 아주 많은 시간 동안 그대로 남아 있다. 그리고 뇌 손상을 입은 사람들은 실제로 욕을 한다. 아주 많이 한다. (그들은 정말로 욕할 대상이 많다. 뇌 손상이나 다른 모든 것에 대해 무언가 욕할 것이 많다.)

이 사실은 보통 언어 장애에 대한 논의나 뇌가 언어를 부호화하는 방식에 대한 논의에서 드러나지 않게 된다. 그러나 이 사실이 중요한 이유는, 당신이 비틀거리거나 고속도로에서 당신의 전화가 끊길 때 내뱉게 되는 반사적인 욕설에 관여하는 뇌의 부분은 언어의 나머지 표현과 다르기 때문이다. 우리가 알아낸 것은 바로 다음과 같다. 언어는 모든 것을 다 뇌의 동일 부위에서 관장하지 않는다. 이야기는 그보다 훨씬 더 복잡하고 훨씬 더 미묘하다. 그러나 우리가 이것을 알고 있는 까닭은 오직 뇌 손상을 입은 사람들의 입에서 튀어나오는 shit(똥지랄)이나 goddamnits(뒈져라!)과 같은 표현 때문이다. 다른 표현을 말하는 데에는 이 사람들이 상당한 언어 장애를 겪고 있다.

다음은 또 하나의 실례이다. 낱말은 시간이 흐르면서 의미가 변화한다. 때로는 낱말의 의미가 더 일반화된다. 예컨대, 영어에서 낱말 dog는 실제로 한때 특정한 종류의 푸츠(pooch) — 흔히 건물 경비견으로 쓰이는 털이 짧고 덩치가 큰 개인 마스티프(mastiff)와 비슷한 개 — 를 지칭했다. 지금은 이 낱말을 개 전반에 대해 사용한다. 이 낱말의 의미가 변화했다. 역으로 낱말은 더 구체적이 될 수 있다. 과거에 영어 낱말 hound(사냥개)는 '개' 일반을 의미했다. (만일 당신이 독일어를 조금 알고 있다면, 이것을 어렴풋이 느낄 수도 있다. 독일어에서는 낱말 Hund가 여전히 어떤 개라도 다 지칭한다.) 그러나 이제는 hound가 사냥개만을 지칭한다. 그래서 greyhound는 hound에 들어가지만 poodle은 들어가지 않는다. 대단히 흥미롭다, 정말. 그러나 낱말은 의미 변화를 겪을 때 왜 이전의 의미가 사라지는가? dog와 hound는 이 질문에 어떤 답도 제시하지 못한다. 그러나 언어의 더러운 부분에 실마리가 있다. 이름 Dick으로 내기를 해보자. 나는 당신이 Dick이라는 이름을 가진 15세 미만의 사람을 한 명도 알지 못한다는 데에 기꺼이 돈을 걸겠다. 당신은 어린 Richard나 어린 Rick은 알고 있지만, 어린 Dick은 단 한 명도 모른다. 그러나 나이 든 사람 중에는 Dick이 아주 많다. 왜 그런가? 당신이 떠올리는 바로 그 이유 때문이다. 일단 어떤 낱말이 새로운 의미를 획득하면 (dick이 남근을 지칭하게 되었다면), 이전의 의미로 이 동일한 낱말을 사용하는 경우에 문제가 발생하게 된다. 이름 Dick은 보통명사 dick 때문에 흐려진 상태이다. 낱말의 새로운 사용이 이전의 사용을 밀어내는 것은 세대 간 언어 변화의 자연스러운 부분이다. 그러나 그 모든 Dick이 어디로 가버렸는지를 검토하지 않는다면, 당신은 낱말이 왜 이전의 의미를 버리는지를 실제로 이해하지 못할 것이다.

$ % !

따라서 이것은 따라올 내용의 맛보기이다. 뒤따라오는 1장부터 11장까지는 욕설 인지과학의 상이한 차원 열한 가지를 깊이 파고들며 분석한다. 상말은 언어에 대해 우리에게 알려줄 것이 많다. 즉, 상말은 언어가 뇌에서 실현되는 방식이나 시간의 흐름상에서 변화하는 방식은 물론이고 아이들이 언어를 배울 때 일어나는 일, 언어가 우리의 감정 속으로 헤집고 들어오는 방식, 때로는 언어가 우리의 기분을 들뜨게 하는 이유 등을 우리에게 알려준다. 그러나 상말은 또한 그 자체로서도 아주 흥미롭다. 우리는 그러한 말이 어디에서 정서적·사회적 영향력을 얻는지와, 무엇이 적절한지와 무엇이 외설적인지에 대한 우리의 신념은 어디에서 오는지, 사회는 어떻게 언어 행동의 표준을 설정하고 강제하는지를 탐구할 것이다.

이것은 계속 추적할 가치가 있는 과업이다. 그 이유는 바로 상말이 아주 널리 퍼져 있고 아주 강력하다는 사실에도 불구하고 우리 언어학자들 중에 이런 말에 대한 가장 기본적인 사실조차도 아는 사람이 거의 없기 때문이다. 영어의 상말은 왜 상스러운가? 그것은 상말을 철자하는 방식과 무언가 관련이 있는가? 아니면 소리 나는 방식 때문인가? 상말의 근원과 관련이 있는가? 동일한 낱말은 영어권 세계의 어디에서나 다 상스러운가? 영어는 세계 언어들을 얼마나 대표하는가? 욕설은 뇌에 무슨 영향을 미치는가? 욕설은 상이한 종교적·문화적·인종적 집단의 문화에 전반적으로 어떤 영향을 미치는가?

인정하건대 우리가 이 모든 질문에 다 분명한 답을 가지고 있지는 않다. 그러나 소수의 연구자들은 이 과제를 수행하느라 애쓰고 있다. 이러한 심리학자나 언어학자, 신경과학자들이 언제나 특별한 답을 곧바로 내어놓는 것은 아니며, 언제나 좋은 명분을 가지고 있는 것도 아니다 — 바로 강력한 금기가 작용하고 있기 때문이다. 비록 많은 사람들이 상말을 사용하지만, 우리는 또한 상말이 어떤 맥락에서는 부적절하다고 생각하는 경향이 있다. 정말로 이런 경향 때문에 바로 상말은 상말이 된다. 그래서 만일 당신이 욕설을 연구하거나 공립대학에서 상말에 대한 강좌를 진행하는 과학자라면, 당신은 당연히 세금을 이렇게 특별한 연구에 사용하는 것에 큰소리로 의문을 제기하는 정치인들이나 권위자들, 심지어는 대중의 반발을 경험할 것이다. 대학은 그 설립 목적이 지적 자유와 언론 자유를 위한 열린 토론장을 제공하는 것이다. 그렇다고 해도 교수들은 fuck이나 pussy와 같은 낱말을 강의실에서 사용했다는 이유로 해고당하는 위험으로부터 안전하지 못할 것이다. 실제로 이러한 이유로 2015년 1월 루이지애나 주립대학교의 한 종신직 교수가 해고당했다.[1]

그래서 연구기관 내부에는 연구자들이 상말 탐구를 정당화해야 할 거대한 필요조건이 오랫동안 존재해 왔다. 언어학과에서 상말이 교수요목에 들어가는 경우는 보통 그러한 말을 피할 방법이 전혀 없을 때뿐이다. 바로 un-fucking-believable(믿을 수 졸라 없는) 속의 fucking과 같은 접요사를 제시할 때 상말이 등장한다. 영어에서는 오직 상말(이나 유사한 복제 표현)만을 다른 낱말 속에 '접요사로 끼워 넣을' 수 있다. 이런 이유로 언어학자들은 이 수업 날에는 상말을 평안하게 제시할 수 있다고 느낀다. 이것이 이 개념을 전달할 수 있는 유일한 방법이다. 그렇지만 대부분의 경우에 언어 연구자들은 상말의 탐구를 비켜 간다. 설령 이 연구가 아주 흥미로울 수 있다 하더라도 말이다. 그들은 소속 기관의 심사위원회가 연구의 실험 자료를 평가할 때나 동료평가위원회가 종신직 교수 자격을 심의하면서 연구 실적을 읽을 때 무슨 일이 일어날지 두려워한다.

그럼에도 불구하고 소규모의 불온한 연구자들이 상말에 매달려 애쓰고 있다. 몇몇 예외가 있으며, 가장 주목할 만한 연구자는 티모시 제이(Timothy Jay)와[2] 스티븐 핑커(Steven Pinker)이다.[3] 이들은 대체로 대중의 관심을 별로 받지 못한 채 연구를 수행해 왔다. 적어도 최근까지 이 두 사람은 은밀한 욕설 과학의 전문 연구자였다.

그러나 상황이 변하기 시작했다. 이것은 대부분 공적인 언어 규범의 변화 때문이다. 고도의 규제를 받는 공중파 방송은 대부분의 대중적인 소통을 예전에 했던 그대로 하지 않는다. 처음에는 케이블 텔레비전이 그다음에는 인터넷이 황량한 서부의 언어를 창조했다. 이곳에서는 사람들이 정말로 자신의 의지대로 말을 한다. 그리고 만일 소셜 미디어가 어떤 조짐이라도 있다면, 이 사람들은 욕설을 할 수 있기를 바란다. 그리고 (누군가가 내뱉는) 욕설을 듣고 싶어 한다. 그리고 욕설을 해석하고 싶어 한다.

대중이 상말에 더 익숙해짐에 따라, 금기어는 더 분명히 주류 과학으로 파고들어오고 있다. 그리고 바로 그곳에 이제 우리가 서 있다. 그리고 바로 이런 이유 때문에 이 책이 지금 나왔다. 상말은 얼마간 축하를 축하받아야 한다. 이것이 바로 이 책의 성격이다. 이 책은 욕설의 인지과학을 위한 데뷔 축하연이다. 욕설의 인지과학은 바뀌고 변화하는 그대로의 낱말을 추적하는 과학이자, 낱말이 아이들의 정서적 건강 발달에 미치는 영향을 측정하는 과학, 투렛 증후군이나 실어증을 앓는 사람들의 이례적인 뇌에 대한 로제타석*으로 낱말을 이용하는 과학이다. 어떤 경우에나 언어의 더럽고 불편한 금기시되는 측면은 우리가 들여다보지 않는다면 결코 짐작하지 못할 사실을 보여준다. 이것이 바로 이 책이 다루는 내용이다. 이 책은 숨을 깊이 들이쉬고 코를 막고 난 뒤 기저귀를 펼치고 세밀히 살펴볼 때 당신이 언어에 대해 무엇을 알게 되는지에 대한 안내서이다.

* (옮긴이) 로제타석(a Rosetta stone): 불가사의한 것이나 미지의 것을 이해하는 데 중요한 역할을 하는 열쇠를 가리킨다. 이 표현은 1799년 이집트 로제타 인근에서 발견된 돌 위에 세 개 언어로 쓰인 글을 통해 고고학자들이 고대 이집트의 많은 문헌을 이해하고 해석할 수 있게 되었다는 데서 유래한다.

01

금기어들

맙소사·씨부럴·똥지랄·깜둥이

말은 사람들에게 여러 행위를 한다. 어떤 말은 아주 해박한 지식을 풍부하게 보여주어서 전략적으로 사용하면 대학교수를 놀라자빠지게 한다. 여기에서 나는 경험에서 나오는 말을 하고 있다. prolixity(장황함)와 같은 낱말이 그러한 낱말이다. 또는 eponymous(작품 속 인물의 이름이 작품명과 같은)도 그런 말이다. 멋지잖아. 지금 당장, 당신의 대학원 입학허가서를 쓰는 것부터 시작해 보자. 다른 말들은 아주 순간적이어서 사람들에게 영향을 준다. normcore(의도적으로 단순하고 평범하게 입는 스타일)*나 ratchet(찐따), on fleek(결점 없이 훌륭한)이 그런 말이다. 이러한 말이 사전의 어휘로 들어가려 하는 바로 그 순간에 이러한 말을 써먹어라. 그러면 당신은 인디 콜드브루 커피 협동조합 카페**에 드나드는 가장 멋진 힙스터가 된다. 그러나 일주일이 지나서 이러한 단어를 쓰면, 당신은 눈알을 굴리며 이상하게 쳐다보는 종업원이 가져다주는 커피를 마시게 될 것이다. 간단히 말해, 말은 단지 입 밖으로 나오기만 해도 사람들이 느

* (옮긴이) normcore(놈코어): '평범함'을 뜻하는 normal과 '고집스럽게 한 가지를 추구함'을 뜻하는 hardcore를 합성한 신조어로 '일부러 소박하고 평범한 것으로 우아한 멋을 드러내는 패션스타일'을 의미한다.

** (옮긴이) 인디 콜드브루 커피 협동조합: '소규모 독립회사'를 뜻하는 indie와 '상온에서 찬물에 오랜 시간 담가 우려낸 커피'를 뜻하는 cold-brew coffee, '협동조합'을 뜻하는 co-op가 결합한 어구 indie cold-brew coffee co-op의 번역어이다.

끼는 기분이나 사람들이 당신에 관해 느끼는 감정에 영향을 줄 수 있다.

그리고 모든 낱말 중에서 가장 강력한 낱말 – 감정에 직접 연결되는 낱말들 – 은 금기어이다. 금기어 덕택에 우리는 특별한 방식으로 고통을 표현할 수도 있고 다른 사람들에게 고통을 안겨줄 수도 있다. 금기어는 좌절이나 분노, 강조를 가장 분명하게 보여준다. 하지만 더 자세히 살펴보자. cocksucker(좆 빠는 새끼: 여자 역할을 하는 동성애자)나 fuck(씹하다), cunt(씹)와 같은 표현 말이다. 이 말들은 영어의 금기어 중에서 가장 강력한 두드러진 금기어에 대한 생리적 반응을 유발하는 표현에 속한다. 이러한 표현을 들으면 맥박이 엄청 빨라지고 손바닥이 땀으로 흥건히 젖고 숨이 무지 가빠진다. 이러한 낱말은 용도가 다양하다. 어떤 감정에 이름을 붙여라. 그러면 상말이 그 감정을 끌어낼 수 있다. 상말은 성적 자극을 높일 수 있다. 고통을 버티는 당신의 능력을 키울 수 있다. [망치로 엄지손가락을 내리찍은 순간에 Fuck!(씨부럴)이라고 내뱉는 외침의 진통 효과를 Duck!(오리야!)이라고 외치는 소리와 비교해 보라.][1] 적절히 사용하면, 상말은 즐거움을 유발할 수 있다. 수많은 코미디언은 전문적인 활동의 성패를 '상말 사용 연기(working blue)'의 효과에 건다. 하지만 상황 파악을 잘못한 상태에서 상말을 사용하면, 당신은 품위가 없거나 교양이 없거나 제멋대로인 사람으로 보일 수 있다. 가장 사악하게 구현될 때에는 상말이 언어폭력의 한 부분일 수 있고, 사람들의 인격을 모독하거나 사람들의 역량을 빼앗을 수 있으며, 저주하는 데 사용될 수도 있다.[2]

그리고 상말은 이렇게 엄청난 영향을 미치기 때문에, 우리는 이것들을 추방한다. 상말을 사용한다고 아이들은 꾸지람이나 벌을 받으며, 아이들 주변에서 상말을 사용하는 어른들은 벌금을 물거나 체포당한다. 이유는 단지 상말이 너무나 강력하다는 것이다.

상말에 그렇게 강렬하고 다양한 힘을 주는 것은 무엇인가? 상말의 근원은 어디인가? 상말은 전 지구의 모든 언어에서 똑같이 작동하는가? 아니면 상말이 없는 언어가 존재할 수 있는가? 그리고 그러한 언어는 어떤 모습일까?

이러한 질문에 답하는 길을 찾기 전에 우리는 몇몇 용어를 정의할 필요가 있다. 나는 '신성모독/상말(profanity)'과 '저주(cursing)', '악담(swearing)'이라는 낱말을 서로 바꾸어 사용하고 있다. 어원을 꼬치꼬치 따지는 일부 비판자들이 이 세 낱말을 기어이 구별하고자 할 것이라는 점을 인정한다. 실제로 신성모독 표현은 한때 상스러운 언어만을 지칭했다. [신성모독(profane)은 신성함(sacred)과 대조된다.] 그러나 여기서는 '신성모독 표현'을 현대의 어법에서 사용하는 의미로 사용하고 있다. 그래서 이 말은 Jesus Christ(예수 그리스도)와 같은 종교적 언어뿐만 아니라 fuck(씨부럴), shit(똥지랄), cunt(씹) 등 금기어 전반을 포함한다. 티모시 제이가 영향력 있는 자신의 책 『왜 저주의 말을 하는가(Why We Curse)』[3]에서 펼치는 주장을 따라, 용어 '저주(cursing)'와 '악담(swearing)'을 동일한 방식으로 사용할 것이다. 그리고 (참을 수 없는 고통과 분노에서 자연스럽게 나오는) 감탄성 상말(expletive)도 마찬가지이다. 다양한 유형의 금기 언어 사이에 중요한 차이가 없다고 생각하기 때문이 아니다 — 완전히 정반대이다! 단지 현재의 사람들이 사실상 이 세 낱말 — profanity(상말), cursing(저주), swearing(악담) — 이 무엇을 지칭하는지 체계적으로 구별하지 않기 때문이다.

그렇기는 하지만 상말의 다양한 구체적인 유형, 즉 상말과 관련한 상황에 대해 언급할 방법이 실제로 필요하다. 한 유형은 어떤 사람이나 어떤 집단의 사람들에 대한 경멸적 용어인 모멸 표현(slur)이다. 이 유형은 또한 **모멸적 별칭**(ephithets)이나 **폭언**(terms of abuse), **폄훼 표현**(terms of disparagement), **비하 표현**(pejorative)이라 불린다. 어떤 낱말이 모멸 표현인지와 어떤 낱말이 모멸 표현이 아닌지에 대해 사람들이 언제나 합의하는 것은 아니다. (그리고 앞으로 살펴보겠지만 시간이 흐르면서 이것은 변한다.) 하지만 현대 영어에서 nigger(깜둥이), faggot(호모 새끼), bitch(암캐)는 분명히 모멸 표현의 사례이다. 그런데 모든 사람이 다 모멸 표현이 상말 표현이라는 데 동의하는 것은 아니다. 어떤 사람들에게는 nigger가 모욕의 말이지만, 다른 어떤 사람들에게는 별개의 금기어 범주에 들어간다. 모멸 표현의 정의에 관한 이러한 쟁점에 붙잡혀 있지 않기 위해서 이 책에서는 상말의 더 전통적인 유형 이외에 모멸 표현을 검토할 것이고, 이 표현들이 데이터로부터 흘러넘칠 때는 차이를 식별할 것이다. 그리고 어러 차이가 있다. 특히 다음 장에서 살펴보겠지만 모멸 표현에는 해를 입히고 그에 따라 상이한 처리를 요구하는 가장 큰 잠재력이 있다.

나는 이러한 다양한 표현에서 우리가 아마도 분명히 밝혀야 할 하나의 최종 개념을 슬쩍 제시했다. 바로 금기어이다. 금기어는 특정한 유형의 행위를 금지하는 사회적 관행 – 표준 또는 그 이상 – 이다. 예컨대, 당신이 아는 것 중에 공적으로는 행하지 않아야 하는 것들이 있다. 우리는 집 안의 침실을 벽으로 차단하고 화장실을 칸막이로 구분해 침실 활동과 화장실 활동에 대한 금기를 충족하고 영속화한다. 우리는 흔히 바로 이러한 일을 단지 공적으로 얘기하는 것도 역시 금기라고 여긴다.[4] 예컨대, 우리는 사람들에게 배설 기능이나 성생활을 언급하는 것을 금지한다. 만일 당신이 여성 구직 면접자에게 조금 더 말할 다른 무엇이 있는지를 묻는 상황에서 그녀가 최근에 변을 규칙적으로 보지 못했다는 말을 꺼낸다면, 그 발언은 사회적 규범에 대한 당신의 기대를 저버린 행위일 것이다.

상말은 어떤 문화의 일부 사람들이 특정한 상황에서 수용할 수 없는 특별한 낱말이다. 이 금기는 해당 낱말 자체에 관한 것이지 반드시 이러한 낱말이 무엇을 지칭하는지에 관한 것은 아니다. 낱말 shit에 대한 금기는 이 낱말 자체에 관한 것이다. 즉 똥을 기술하기 위한 것인지 아니면 좌절감을 표현하기 위한 것인지와 관계없이 shit은 금기어이다. 그리고 우리는 상말이 내용에 관한 것이 아니라 오히려 낱말에 관한 것이라는 사실을 알고 있다. 왜냐하면 많은 상황에서 서로 다른 낱말을 사용해 동일 내용을 언급하는 것은 완벽히 수용할 수 있기 때문이다. 부모들은 기꺼이 어린 자녀들에게 응가(poo-poo)에 대해 말하거나 의사들에게 그들의 대변 상태에 대해 말할 것이다. 하지만 만일 자녀들이 청취하고 있을 때 라디오 프로그램에서 그들의 귀에 낱말 shit(똥지랄)이 들어온다면, 분명히 부모들은 방송국 책임자에게 분노의 편지를 보낼 것이다. 그리고 사실상 상말에 대한 우리의 정의를 조금만 더 다듬으면, 수용 불가능한 것은 절대로 그러한 낱말 자체가 아니라 특별한 의의나 의미로 사용되는 낱말이다. ass(당나귀), cock(수탉), bitch(암캐) 등의 낱말은 동물을 기술하기 위해 사용할 때에는 그냥 넘어가 줄 수 있지만, 사람이나 신체 부위를 기술할 때에는 상스럽다.

이제 무대가 정리되었으니 상말을 경험적으로 살펴보기로 하자. 첫째, 어떻게 우리는 한 언어에서 어떤 낱말이 상말인지 결정할 수 있는가? 둘째, 세계의 언어들에서 상스러운 낱말은 어느 정도 유사한가? 그러한 낱말은 동일한 근원에서 나오는가? 상말이 전혀 없는 언어는 하나라도 있는가? 셋째, 언어들이 상말을 처리하는 방식에서 차이가 난다면, 이 차이는 우리에게 언어를 내포하는 문화에 대한 무언가를 조금이라도 알려주는가?

$ % !

특정 언어를 말하는 사람들이 어떤 낱말을 상스럽다고 생각하는지를 알아내는 것은 원론적으로 특별히 도전적인 일이 아니다. 그냥 물어보면 된다. 하지만 대체로 지금까지는 체계적으로 물어보려는 노력이 정말로 거의 없었다. 심지어는 세계에서 가장 많은 탐구의 대상이 된 영어에 대해서나 세계의 가장 거대한 나라이자 상말을 규제하는 데 특별한 노력을 기울여 온 나라인 미국에서조차 어느 누구도 이 문제를 체계적으로 제기하기 위해 수고를 한 적이 거의 없다. 당신의 언어에서는 무엇이 상말인가?

상말을 규제하는 것이 자신이 맡은 임무의 일부여서 마땅히 물어야만 하는 사람들조차도 체계적으로 묻지 않았다. 예컨대 연방통신위원회(FCC: Federal Communications Commission)는 공중파로 전송하는 모든 텔레비전 방송과 라디오 방송을 감독할 책임이 있다. 연방통신위원회는 상말을 내보낸 사고에 대해 정기적으로 벌금을 물리거나 다른 어떤 제재를 가한다. 예컨대 이 위원회는 2003년 빌보드 뮤직 시상식(Billboard Music Awards)을 방송한 폭스텔레비전(FOX)에 벌금을 부과했다. 이 시상식에서 니콜 리치(Nicole Richie)는 리얼리티 쇼 〈심플 라이프(The Simple Life)〉에 대해 즉흥적으로 수사적인 혼잣말을 했다. "왜 이 쇼를 **심플 라이프**라고 부르지? 혹시라도 프라다 지갑에서 소똥(cow shit)을 끄집어내려 해본 적 있어? 그건 그렇게 졸라 간단한 일이 아니야."

연방통신위원회의 처벌은 아주 단호하고(이 위원회는 수많은 사건에 대해 대법원의 판례에 맞게 벌금을 집행하는 것이 자신들의 권리라고 여겨왔다.), 아이들이 청취할 수도 있는 (정확히 아침 6시부터 저녁 10시까지의) 시간대에는 특히 명확하다. 그렇다면 연방통신위원회에는 우리가 낮 시간대에 사용할 수 있는 낱말의 공표 목록이 있다고 보는 것이 합리적인 가정일 것이다. 아니 더 정확하게 말하자면 사용할 수 없다고 공표한 낱말 목록이 있다고 보아야 할 것이다. 그러나 나는 연방통신위원회에서 공식적으로 금지한 낱말들의 목록을 찾아보도록 당신의 도전 의식을 북돋운다. 자, 가서 시작하시오. 당신의 컴퓨터에서 구글 상자(Google box)를 돌려보시오. 당신은 찾지 못할 것이다. 어떤 공식 목록도 없으니까요. 상말은 연방통신위원회가 보면 분명히 알게 되는 어떤 것이다. 실제로 이 위원회는 상말에 대해 "실제로 듣는 일반 대중이 엄청나게 불쾌감을 주므로 상말은 괴로운 소음에 해당하는 말"이라고 말한다.[5] 행여 당신이 특별히 연방통신위원회의 행태를 곱게 보아준다면, 이 위원회가 불쾌감을 유발하는 낱말 목록을 공표한 적이 없음에도 불구하고 평범한 미국인들에게 해당 낱말에 어떻게 반응하는지를 물으며 상당한 경험적 연구를 틀림없이 수행했다고 추정할 수도 있다. 그러나 이 추정을 뒷받침하는 증거는 전혀 없다. 누구라도 말할 수 있지만, 연방통신위원회는 정말로 사람들이 낱말들에 대해 무슨 생각을 하는지 — 즉 현재 문화에서, 현시점에서 무엇이 상스러운지 — 를 밝혀내기 위한 현장 탐구 활동을 한 적이 없다. 그리고 그러한 활동을 수행할 가능성이 거의 없는 상황에서 분명히 연방통신위원회는 홍보를 별로 하지 않는다.

이것은 다른 영어권 지역의 규제 기관과는 대조적이다. 다른 영어권 지역에서는 실제로 상말을 객관적으로 처리하고자 애써왔다. 이 표준은 뉴질랜드 방송표준위원회(NZBSA: New Zealand Broadcasting Standards Authority)가 정한다. 이 기관은 미국의 연방통신위원회와 대충 유사하다. 이 방송표준위원회는 대략 5년마다 설문 조사를 하여 어쩌면 반대할 수도 있는 다양한 낱말에 대한 뉴질랜드 사람들의 생각을 파악해 이 조사를 수행한 방법을 설명하고 그 결과를 공표한다.[6] 가

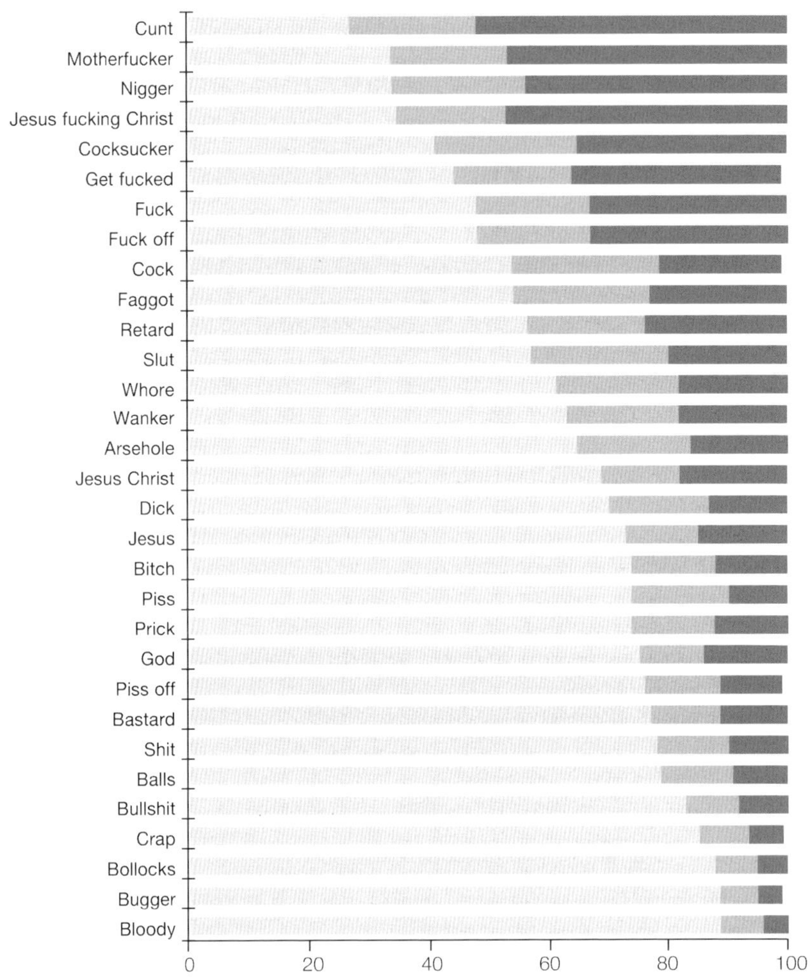

뉴질랜드에서 수용 가능성이 가장 낮은 낱말들

장 최근의 설문 조사에서는 성인 1500명에게 수십 개의 낱말과 표현의 수용 (불)가능성을 평정하도록 요구했다. 구체적으로 텔레비전에서 밤 시간대에 그러한 말을 사용하는 경우의 수용 (불)가능성 평정을 조사했다. 지금 바로 뉴질랜드에서 수용 가능성이 가장 낮은 낱말들을 제시한다. 이 낱말들은 최악보다 약간 덜한 최악에 이른다. 앞의 그림 '뉴질랜드에서 수용 가능성이 가장 낮은 낱말들'은 각 낱말을 세 범주 가운데 하나에 해당한다고 판단한 사람들의 비율을 보여준다. 왼쪽의 밝은 막대는 각 낱말에 대해 '완전 수용 가능(Totally Acceptable)'이나 '수용 가능도 수용 불가도 아님(Neither Acceptable or Unacceptable)'이라 판단한 빈도를 나타낸다. 가운데의 중간 색조 막대는 '어느 정도 수용 가능(Fairly Acceptable)'이라 반응했던 사람들의 비율을 보여준다. 검은 막대는 주어진 낱말을 '절대 수용 불가(Totally Unacceptable)'라고 판단했던 사람들의 비율을 나타낸다.

전체적으로 보면, 설문 조사 응답자의 절반 이상이 저녁 8시 30분 이후에 수용 가능성이 상당히 낮거나 전혀 없다고 판단한 낱말은 cunt(씹)로부터 motherfucker(니기미 씨팔놈), nigger(깜둥이)를 거쳐 fuck off(씨부럴/꺼져)에 이르는 맨 위의 낱말 8개뿐이다. 이 목록에서 더 아래쪽에 있는 낱말들이 수용 가능성 정도가 더 높다는 평정을 받았다. 예컨대 응답자들의 30%만이 dick(좆)을 그 맥락에서 수용할 수 없다고 느꼈으며, shit(똥)의 사용에 반대한 응답자는 22%에 불과했다.

이 목록에서 몇 가지 사항이 눈에 띈다. 첫째, 맨 위의 8개 낱말보다 아래쪽에 있는 각 낱말에 대해서는 응답자들 대다수가 실제로 텔레비전에서 수용 가능하다고 판단했다. 이러한 낱말에는 dick(좆)과 shit(똥)은 물론이고 cock(좆)과 faggot(호모 새끼)도 들어간다. 적어도 연방통신위원회가 얼핏 미국인들에 대해 가정하는 것에 비교하면, 뉴질랜드 사람들은 텔레비전 방송의 상스러운 낱말에 대해 비교적 높은 임계점을 보여준다. 둘째로 아마도 말할 필요 없이 분명하겠지만, 이 설문 조사는 사람들이 낱말들의 수용 불가능성 정도에 의견의 일치를 보지 못하고 있음을 매우 분명하게 보여준다. fuck(씨부럴)을 텔레비전 방송에서 수용할 수 있는가 수용할 수 없는가에 대해서는 응답자들의 반응이 대충 고르게 분포되었다. 심지어 cunt(씹)와 nigger(깜둥이)도 각각 응답자의 27%와 34%에서 이 두 낱말을 텔레비전 방송에서 거부할 수 없다는 반응이 나왔다. 판단의 이러한 다양성으로부터 수많은 이차적 질문이 나온다. 무슨 낱말이 수용 가능한지에 대해 어떻게 그렇게나 많은 이견이 나올 수 있는가? 이러한 판단 차이는 다른 변수와 상관관계가 있는가? 예컨대 낱말에 대한 의견이 민족성, 젠더, 나이, 지리 등과 상관관계가 있는가? 이러한 질문은 절대로 과학적인 질문이 아니다. 당신이 만일 방송 표준 업무에 종사한다면 바로 이 문제에 직면한다. 어떤 낱말을 추방하려면 우리는 얼마나 많은 동의를 필요로 하는가? 가설적인 사례로 인구의 소수자 하위집단이 상스럽다고 생각하는 어떤 낱말이 있다고 가정해 보자. 그리고 이 낱말이 nigger(깜둥이)와 같은 욕지거리라고 말해보자. 이러한 경우에는 전체 인구의 의견과 해당 하위집단의 의견 중 어느 것이 중요한가? 당신은 이 결정을 어떻게 하는가?

뉴질랜드의 설문 조사는 이러한 질문에 답할 수 없다. 그러나 우리는 영어권의 다른 지역을 살펴봄으로써 언어에 대한 의견이 전 세계에서 어떻게 다른지를 감지하기 시작할 수 있다. 그러니까 이 뉴질랜드 목록은 세익스피어 출생지의 욕설에 어떻게 비교되는가? 뉴질랜드 설문 조사와 완전히 유사한 것은 없지만, 영국의 방송표준위원회는 2000년에 한 연구를 내어놓았다. 이 연구에는 방송표준위원회 말고도 다른 몇 집단이 참여했다.[7] 이 연구는 성인 1033명에게 상말에 대해 일련의 질문을 했으며, 목록의 각 낱말이 '전혀 욕설이 아님(Not Swearing)', '아주 약한 욕설임(Quite Mild)', '상당히 심한 욕설임(Fairly Severe)', '아주 심한 욕설임(Very Severe)' 중 어디에 해당하는지 답하도록 요구했다.

이 두 설문 조사는 비교하기 어렵다. 우선 서로 다른 질문을 했다. 뉴질랜드 설문 조사는 특정한 시간에 텔레비전에서 나오는 낱말의 수용 가능성에 대해 질문했고, 영국 설문 조사는 일반적으로 낱말의 심한 정도에 대해 질문했다. 게다가 사람들에게 질문했던 낱말의 집합이 동일하지 않았다. (동남아시아 혈통의 사람을 지칭하는) 모멸 표현 Paki(파키스탄 놈)는 영국인 응답자의 60%가 상당히 심하거나 아주 심하다고 평정했지만, 뉴질랜드 설문 조사 목록에서는 단지 이 모멸 표현을 제시하지 않았다. 역으로 뉴질랜드 설문 조사에서 네 번째로 수용 가능성이 낮은 낱말인 Jesus fucking Christ(아이고, 씨부럴 맙소사)는 영국의 설문 조사에 등장하지 않았다.

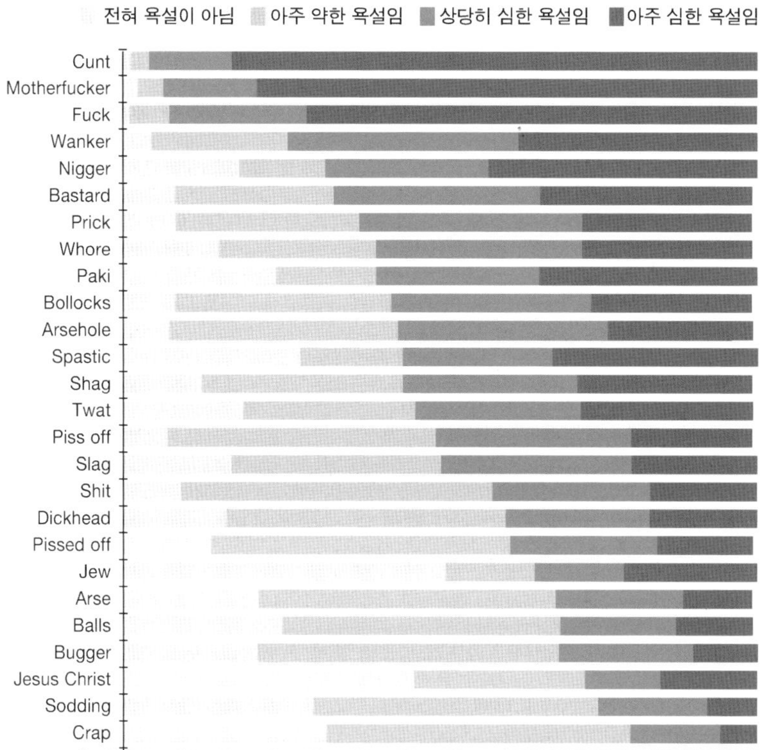

영국의 욕설

결과적으로 사실 낱말들의 절대적인 평정은 아주 집요하게 살펴볼 만한 가치가 없다. 하지만 일반적인 경향은 여전히 많은 것을 알려준다. 즉, 뉴질랜드 설문 조사 연구와 마찬가지로 영국의 연구에서도 광범위한 이견이 드러난다. 응답자의 절반이 [미국 영어의 낱말 slut(암캐/매춘부)와 비슷하며 난잡한 여성을 멸시하는 용어인] slag(요녀)가 상당히 심한 욕설이나 아주 심한 욕설이라 말했다. 반면에 다른 절반의 응답자들은 slag를 아주 약한 욕설이라 말하거나 전혀 욕설이 아니라고 판단했다. 둘째, 어떤 낱말들은 이 두 설문 조사에서 유사한 경향을 보였다. 예컨대, cunt(씹)와 motherfucker(니기미 씨팔놈), nigger(깜둥이)는 각 목록의 상위 다섯 번째 이내에 등장하는 반면, 두 목록에서 bloody(빌어먹을)와 crap(똥/헛소리)는 심한 불쾌감을 주지는 않는 것으로 보인다. 그러나 동시에 상당한 지역적 차이가 있는 것으로 보인다. wanker(병신 새끼/재수 없는 놈/딸딸이 치는 놈)는 영국의 목록에서는 높은 순위인 네 번째로 nigger 바로 앞에 있지만, 뉴질랜드의 목록에서는 이 낱말 다발의 중간인 14번째 순위로 whore(매춘부) 바로 앞에 위치한다. 마찬가지로 bollocks(불알/멍청한 짓)는 영국 설문 조사에서는 더 심한 욕설 쪽에 들어가서 Paki(파키스탄 놈)와 arsehole(똥구멍/ 기분 나쁜 놈) 사이에 끼어 있지만, 뉴질랜드 목록에서는 욕설의 정도가 매우 약한 맨 아래쪽의 crap 바로 다음에 온다. 그래서 이러한 차이는 설문 조사 방식 이상의 산물이므로, 이러한 낱말을 바라보는 방식의 지역적인 차이가 있을 수 있음을 암시한다.

미국이나 캐나다에는 주(州) 정부가 주도하는 동일한 규모나 동일한 비중의 연구가 전혀 없었다. 그러나 북아메리카의 규제 기관이 상말을 회피한 그 자리에 다행스럽게도 학자들이 발을 들여놓았다. 이들은 주 정부만큼 예산이 풍부하지 않아서 자신들의 예산에 어울리게 더 작은 규모로 연구를 진행했다. 북아메리카 영어는 얼마나 비슷한가? [wanker, bollocks, get fucked(씨부럴/좆같네!) 등 특정 방언에서만 사용하고 미국인들이 보통 사용하지 않는 용어를 제외하면] 이 목록의 어떤 부분이 유사한가? 나는 단지 관련이 있는 최근의 두 연구를 알고 있다. 한 연구는 아주 작은 규모이고 다른 한 연구는 조금 더 규모가 크다. 작은 규모의 연구로 먼저 논의를 시작해 보자. 몇 년 전에 내 실험실의 학부생 두 명이 사람들이 특정한 낱말을 얼마나 상스럽다고 생각하는지를 파악하기 위한 설문 조사를 수행했다.[8] 거듭 말하지만, 이 조사는 소규모였다. 뉴질랜드의 설문 조사와 영국의 설문 조사에 비하면, 그 규모가 정말로 훨씬 더 작았다. 우리는 미국 영어를 모국어로 사용하는 사람들 20명에게 낱말이 불쾌감을 유발하는 정도를 (가장 낮은 단계인) 1에서 (가장 높은 정도인) 7까지로 평정하도록 요구했다. 이 낱말 목록은 다음 그림 '미국 영어 낱말의 불쾌감 유발 정도(소규모 연구)'에 나오며

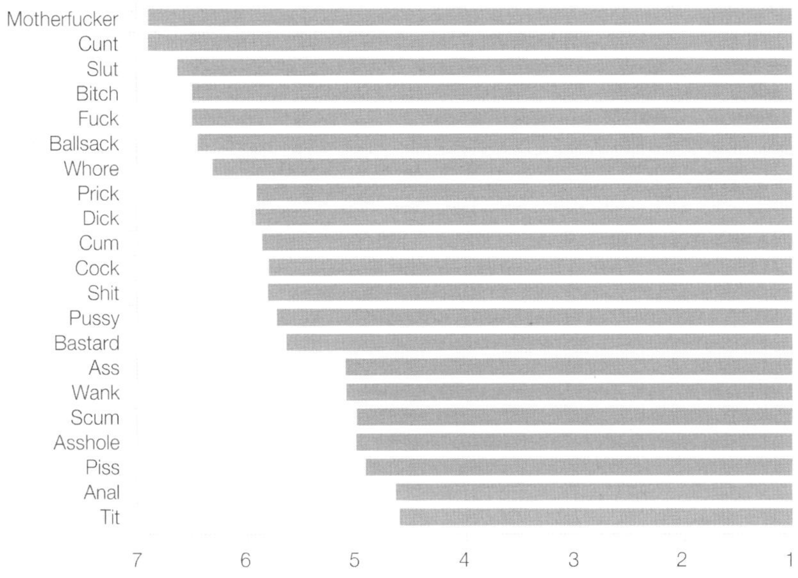

미국 영어 낱말의 불쾌감 유발 정도(소규모 연구)

여기에서도 불쾌감을 유발하는 정도가 가장 높은 낱말이 맨 위에 온다.

규모가 작다는 본질에도 불구하고, 당신은 이 설문 조사가 뉴질랜드의 연구나 영국의 연구와 어느 정도 일치함을 알 수 있다. 불쾌감 유발 정도의 측면에서 상위에 위치하는 낱말은 당연히 친밀한 낱말이며, cunt와 motherfucker, fuck이 이 목록의 맨 꼭대기 부근에 있다. 위쪽에서 아래쪽으로 계속 내려가 보면, 당신은 실제로 응답자들이 우리가 보통 금기어라고 생각하는 다른 낱말에는 엄청나게 불쾌한 반응을 보이지 않았음을 알 수 있다. 예컨대 asshole, piss, tit이 불쾌감을 유발하는 정도에 대한 평정 — 적어도 이 설문 조사에 참여한 사람들이 내린 평정 — 이 사실은 scum(인간쓰레기)에 비해 더 낮다. 한 가지 주목해야 할 점은 우리의 소규모 연구에 모멸 표현(slurs)을 넣지 않았다는 점이다. 왜냐하면 모멸 표현이 이 설문 조사를 사용하고자 의도했던 우리의 특정한 목적에 맞지 않았기 때문이다. 그래서 우리는 비방의 말이 어디에 들어갈 것인지에 대한 어떠한 정보도 없다.

다행스럽게도 미국 영어의 상말에 대한, 규모가 더 크고 더 뛰어난 또 하나의 연구가 있다. 인지심리학자 크리스틴 얀셰비츠(Kristin Janschewitz)는 80명의 사람들에게 수많은 축을 따라 수백 개의 낱말을 평정하도록 요구했다. 이러한 축에는 불쾌한 정도뿐만 아니라 그들이 생각하기에 다른 사람들이 그러한 낱말을 얼마나 금기시하는지와 그들 자신이 그러한 낱말을 얼마나 많이 사용하는지, 얼마나 많이 접하는지가 들어간다.[9] 이 연구는 풍부한 자원이고, 뒤따르는 몇 장에서 자세히 살펴볼 것이다. 얀셰비츠는 어쩌면 금기어라고 여길 수도 있는 92개의 낱말을 이 연구에 넣었다. 다음 그림 '미국 영어 낱말의 불쾌감 유발 정도(대규모 연구)'는 각 낱말이 어느 정도의 불쾌감을 유발하는지에 대한 평정 값 목록이다. 이 목록도 역시 맨 위쪽에는 가장 심한 불쾌감을 유발하는 낱말이 있고 맨 아래쪽에 불쾌감을 가장 적게 유발하는 낱말이 있으며, 아래로 내려갈수록 불쾌감 유발 정도가 낮아진다. 나는 오직 가장 심한 불쾌감을 유발한다는 평정을 받은 낱말들만을 넣고, 맨 아래쪽의 shit에 이르기까지 쭉 나열했다. 그 결과 규모가 더 커진 내 연구의 낱말 수는 41개이다.

세계의 여러 지역에서 사용하는 그대로의 영어를 살펴보면, 일관성과 변이 가능성의 실마리가 둘 다 드러난다. 어떤 낱말은 대부분의 영어권 지역에서 불쾌한 표현이며, 다른 어떤 낱말은 문화에 따라, 방언에 따라 불쾌감을 유발하는 정도가 다르다. 그러나 구체적인 낱말들이 목록마다 다소간 바뀔 때조차도, 대체 낱말들도 동일한 패턴을 따르는 것으로 보인다. 영국의 목록에는 Paki와 slag, bollocks가 다 들어간다. 그리고 만일 당신이 Paki가 남아시아 사람들에게는 모멸 표현이고, slag가 미국에서 대충 slut(암캐/매춘부)과 비슷한 낱말이며, bollocks가 testicles(불알)를 의미하는 낱말이라는 것을 알고 있다면, 그림에서 이 세 낱말을 보아도 놀랍지 않을지도 모른다. 적어도 영어권 세계에는 사람들이 불쾌감을 유발한다거나 수용 불가능하다거나 상스럽다고 생각하게 되는 낱말의 유형을 포착하는 핵심적인 경향이 있다. 상스러움은 자의적이 아

미국 영어 낱말의 불쾌감 유발 정도(대규모 연구)

니라, 원리에 근거한다. 이 원리를 자세히 살펴보자.

$ % !

영어의 상말은 특정한 낱말 범주에서 나오는 경향이 있다.

낱말 profanity(신성모독/상말)는 원래 제1집단을 지칭했다. 라틴어에서 profanus는 문자 그대로 '성전 밖에서'를 의미하고 신성을 모독하는 낱말이나 행위를 지칭한다. 어떤 사람들에게는 종교적인 낱말의 세속적인 사용이 종교적 교의에 저항한 죄인 신성모독이 되고, 바로 이러한 경로를 통해 종교적인 낱말이 금기어가 된다. 예수(Jesus Christ)나 여호와(Jehovah), 무함마드(Mohammad)와 같은 종교적 인물의 이름은 상스러운 목적으로 손쉽게 사용할 수 있는 낱말이다. 종교적 교리의 측면도 마찬가지이다. 영어에는 이러한 낱말이 몇 개 있다. holy나 hell, God, damn은 물론이고 goddamn도 이러한 낱말의 사례이다. 또한 영어에는 호의로부터 나온 더 오래된 저주 어휘가 있다. 예컨대 zounds(제기랄)는 God's wounds(신이 주신 상처)로부터 나오고, gadzooks(빌어먹을)는 God's eyes(신의 눈)로부터 나온다. 신성한 맥락이나 종교적 의도가 배제될 때, 즉 '무의미하다고 여겨질 때', 이러한 표현은 상말의 기능을 수행할 수 있다. 신성한 개념의 모독과 상말의 경계선은 포착하기 어렵다. 나중에 살펴보겠지만, 역사적 종교성은 언어에 강력한 신성모독 체계가 있을 것이라는 가장 뛰어난 예측 요인의 하나이다. 그러나 현재의 목적을 위해서는 영어의 상말이 발생한 최초의 근원이 신성한 근원이라는 점에 주목하기만 하면 된다.

영어 상말이 유래한 두 번째 근원은 성이나 성행위와 관련이 있는 말이다. 이 근원에는 성행위 그 자체[예: fuck(씹하다)]와 성행위에 관여하는 성기[예: pussy(개보지), cock(좆)], 성행위를 하는 사람[예: cocksucker(좆 빠는 새끼), motherfucker(니기미 씨팔놈)], 성행위와 관련이 있는 인공물과 악취[예: dildo(인공 좆), spooge(정액)]가 들어간다. 그래서 상말 원리의 두 번째 갈래는 성(sex)이다.

세 번째 갈래는 다른 신체 기관과 관련이 있는 말이다. 예컨대, 우리의 몸으로부터 나오는 물질이나, 그러한 물질을 우리 몸으로부터 나오게 하는 과정, 그러한 물질이 나오는 신체 부위와 관련이 있다. 이 갈래에는 무엇보다도 똥이나 오줌, 구토는 물론이고 이러한 물질과 연관된 신체 부위, 이러한 신체 부위의 보존에 사용되는 인공물을 기술하는 낱말 — 예컨대, douchebag(휴대용 관수기/얼간이) — 의 거대한 무리가 다 들어간다.

마지막으로 모멸 표현(slurs)이 있다. 각 목록에서 (모멸 표현에 대해 질문하기에 적합하다고 보였을) 가장 심한 불쾌감을 유발하는 낱말 중에는 nigger(깜둥이), faggot(호모 새끼), retard(저능아) 등이 있다. 이러한 낱말은 어떤 특정 집단에 속한다고 여겨지는 사람들과 성, 성적 지향, 인종, 종교 등의 측면에서 정의되는 사람들을 경멸적으로 지칭하기 때문에 불쾌감을 유발한다. 이러한 새로운 용어는 늘 생겨나고 있다. 예컨대 비교적 최근에 영어에 추가된 표현에는 ('발달 지체'를 뜻하는 낱말 retard에서 나온) tard와 ('아스퍼스 증후군'을 뜻하는 어구 Asperger's syndrome에서 나온) sperg가 있다.

영어만 살펴보아도 우리는 영국과 뉴질랜드, 미국의 거의 모든 상말이 기원(praying)과 성교(fornicating), 배설(excreting), 모멸(slurring)의 네 범주 중 하나에 해당한다는 사실을 알게 될 것이다. 이것은 원리라 명명할 정도로 아주 중요한 핵심이다. 이에 따라 나는 우리가 이 사실을 'Holy, Fucking, Shit, Nigger(맙소사·씨부럴·똥지랄·깜둥이)' 원리라고 칭해야 한다고 제안한다.

이 네 개의 설문 조사에서 가장 심한 불쾌감을 유발하는 낱말 중의 다수는 '성교' 무리에 들어간다. wanker는 수음(手淫)을 하는 사람이다. cunt는 성교와 관련이 있는 신체 부위를 지칭한다. 물론 이러한 낱말의 다수는 실제로 내부에 낱말 fuck을 담고 있다. 이러한 목록의 맨 상위는 역시 nigger나 다른 모멸 표현이 차지한다. 이러한 목록의 더 아랫자리에는 '똥' 범주의 낱말들이 있다. shit 자체는 물론이고 asshole, piss, puke 등 신체의 악취와 관련이 있는 낱말이 이 범주에 속한다. 이 낱말들은 그렇게 저속하지 않지만, 여전히 이 목록에 올라와 있다. '맙소사(Holy)' 범주의 낱말들은 적어도 영어에서는 비교적 약하게 보인다.

이 패턴은 얼마나 일반화할 수 있는가? 만일 이 패턴이 인간 본성이나 문화 체제의 필연적인 진화에 대한 무언가를 포착한다면, 당신은 이 패턴의 광범위한 적용을 기대할 것이다. 전 세계적으로 절대 다수의 금기어는 당연히 이 네 영역 중 하나에 해당한다. 심지어는 그 비율마저도 아마 비슷할 것이다. 그렇지 않으면 영어 화자들은 별종이어서 종교나 성교, 신체 기능, 사회 집단에 특이하게 사로잡혀 있을지도 모른다. 만일 당신이 영어 말고 다른 좋아하는 언어를 고른다면, 상말은 어떻게 작동하는가? 광둥어(Cantonese)에서는 무엇이 상스러운 말인가? 핀란드어에서는 어떠한가? 'Holy, Fucking, Shit, Nigger(맙소사·씨부럴·똥지랄·깜둥이)' 원리가 여전히 유지되는가?

$ % !

영어의 상말을 체계적으로 다룬 연구는 드물지 모르지만, 충분한 연구가 계속 진행될 것이다. 기본적으로 다른 언어는 대규모든 소규모든 이러한 체계적인 연구 자체가 전혀 없다. 그래서 만일 가령 프랑스어나 일본어에서 상말의 양상이 어떠한지 알고 싶다면, 우리는 특별히 짓궂은 성적 취향을 담은 외국인용 언어 안내서와 여기저기 흩어져 있는 시의성 있는 학술 논문, 이 다양한 언어의 원어민 화자와의 인터뷰, 어떤 단어를 어디에서 누가 금지하는지를 기술하는 보기 드문 규제 문서를 샅샅이 다 파고들어야 한다. 이러한 종류의 근원은 모두 한 사람 또는 몇 사람들의 견해를 부호화한다는 점, 즉 해당 언어의 원어민 화자들에게서 데이터를 체계적으로 수집한 활동의 산물이 아니라는 점에서 제한적이다. 그러나 이 활동은 우리가 계속해야 할 일이며, Holy, Fucking, Shit, Nigger(맙소사·씨부럴·똥지랄·깜둥이) 원리가 전 세계에서 얼마나 잘 작동하는가에 대한 긍정적인 평가 — 이 원리는 아주 잘 작동한다 — 를 내어놓기 위해 나 자신이 매달려 왔던 일이다.

광둥어에는 많은 사람들이 저속하다고 여기는 다섯 개 낱말이 있다. 바로 홍콩의 텔레비전 방송에서 검열을 통해 삭제하는 낱말로[10] diu[屌, fuck(씹하다)],

gau[𨳊, cock(좆)], lan[𨶙, dick(좆)], tsat[𨳍, boner(꼴린 좆)], hai[閪, cunt(씹)]이다. 만일 우리가 편안하게 점수를 기록한다면, Fucking(씨부럴) 범주에 5점을 줄 것이다.

또 하나의 예로 러시아어를 살펴보자. 검열관이 인쇄지에서 찢어내는 것은 러시아어의 가장 상스러운 낱말 목록이다. 이러한 낱말은 현재 영화나 다른 형태의 예술에서 사용이 금지되어 있다.[11] mat'라 알려진, 러시아어의 가장 심한 상스러운 말에는 두 개의 층위가 있다. 맨 위 층위에 상스러운 정도가 가장 심한 네 개의 러시아어 낱말이 있다. 이들은 성기를 지칭하는 낱말 두 개와 성교에 해당하는 낱말 한 개, 요녀라 번역되는 낱말 한 개이다. 다소 구식이고 더 약한 상말의 제2층위를 비롯하여 mat'에는 총 11개의 낱말이 있다. 일곱 개는 성기를 지칭하고, 두 개는 성행위를 나타내며, 다른 두 개는 낙인찍힌 성행위에 관여하는 사람들(매춘부나 동성애자)을 지칭한다. 요컨대 두 개의 모멸 표현과 다른 나머지 표현도 섹스와 관련이 있다.

러시아어나 광둥어와 무관한, (이 문제에 대해서는 영어와도) 무관한 핀란드어도 비슷한 구도를 보여준다. 적어도 언어학자들이 제공하는 설명에 근거한다면 말이다. 핀란드어에서 상위 10개의 가장 상스러운 말은 hell, God, cunt, piss, shit, ass, fuck과 대략 등가적인 낱말이거나 cunt나 cock으로 번역되는 다수의 낱말이다.[12]

그리고 이것은 어떤 언어에서나 다 그러하다. 접근 가능한 기록문서가 있는 대부분의 언어에서 상말은 대부분 이러한 네 범주 중 하나에서 나온다. 이것이 지역적인 예외가 없다는 말은 아니다. 이러한 예외 중 하나는 동물에 대한 말이다. 예컨대 한국에서 누군가를 개라 칭하는 것은 엄청난 모욕을 가하는 행위이다. 흔히 질병은 슬며시 상말이 된다. 이 사례를 분명히 보여주는 언어는 네덜란드어이다. 이 언어에서는 암과 염병, 폐병에 대응하는 낱말이 가장 심한 상말에 들어간다.[13] 표면적으로 네덜란드어에서 질병의 엄중함은 상말의 강도를 전달한다. 드물지만 검증된 또 하나의 근원은 악담, 즉 "지옥에나 떨어져라!(Damn you to hell!)"나 "너희 두 집 다 염병에나 걸려라!(A plague on both your houses!)"와 같은 문자 그대로의 저주로부터 나오는 낱말이다. 그리고 죽음이나 죽음과 관련된 낱말에 대한 금기가 있다. 예컨대 많은 문화에는 죽은 사람의 이름을 부르는 것에 대한 금기가 있다. 일단 사람이 죽으면, 그 사람의 이름은 언급할 수 없다. 오스트레일리아의 일부 부족 문화에서처럼 때로는 1년이나 더 오랜 기간 동안 그렇게 한다.[14] 때로는 콜롬비아의 고아히로(Goajiro) 부족의 경우처럼 죽음과 같은 심한 형벌을 받기도 한다.[15] 그러나 이것은 유동적이다. 대개 언어와 문화가 안정적인 한 무리의 낱말을 상스럽다고 지정할 때는, 다시 말해 이 낱말들 자체가 부적절하고 불쾌감을 유발한다고 여겨지는 경우에는, 이 낱말들이 주로 Holy, Fucking, Shit, Nigger(맙소사·씨부럴·똥지랄·깜둥이) 원리를 따른다.

기이하게도 모든 언어가 다 이 원리를 똑같은 비율로 따르는 것은 아니다. 언어는 거의 언제나 이 네 기둥으로부터 나오는 욕설의 혼합 포트폴리오를 지니지만, 또한 네 기둥에 불균등하게 투자한다. 어떤 언어에서는 욕설이 종교적인 용어로부터 아주 불균등하게 유래되어 상말 어휘부에 자리 잡고 있기 때문에, 당신은 그러한 말을 '맙소사[Holy(신성한)]' 언어로 부르자고 할 수도 있다. 동일한 추론에 따라 씨부럴(Fucking) 언어와 똥지랄(Shit) 언어, 깜둥이(Nigger) 언어가 있을 수도 있다.

이 척도에 따르면 퀘벡 프랑스어는 '맙소사' 언어이다. 퀘벡 프랑스어는 가톨릭교나 가톨릭교 전례(典禮) 개념과 관련이 있는 심한 정도의 상말인 이른바 [consecrations(성물, 聖物)을 뜻하는] *sacres*를 많이 사용한다. 퀘벡에서 [shit(똥)을 뜻하는) *merde*나 [fuck(씹하다)를 뜻하는] *fourte*보다 훨씬 더 강한 상말은 [tabernacle(성막, 聖幕)을 뜻하는] *tabarnack*과 [chalice(성배, 聖杯)를 뜻하는] *calisse*, [Cavalry(기병 중대를 뜻하는)] *calvaire*이다. 이것은 대부분의 퀘벡 사람들이 자신들의 종교를 상실했다는 사실에도 불구하고 그러하다. 즉, 종교성 상실이 퀘벡 사람들이 이러한 상말을 사용하는 이유이다. 1960년대의 '조용한 혁명(Silent Revolution)'으로 대부분의 퀘벡 사람들은 명목상으로만 로마 가톨릭교도로 남게 되었다. 그렇지만 대중이 낱말들의 신성한 기원을 놓쳐버린 상황에서도 신성한 표현에서 나온 욕설은 여전히 남아 있다.

퀘벡 프랑스어가 유일한 '맙소사' 언어는 아니다. 이탈리아어에는 퀘벡 프랑스어의 *sacres*와 유사한 일련의 낱말이 있다. 이 낱말들은 베스테미에(bestemmie)라고 알려져 있으며, 대부분 가톨릭 인물을 지칭하는 언어에 [pig(돼지)를 뜻하는] 낱말 porco를 덧붙여 만든다. 예컨대, [pig God(돼지 신)을 뜻하는] *porco Dio*나 [pig Madonna(돼지 마돈나)를 뜻하는] *porco Madonna*를 보라. 마찬가지로 스페인어의 일부 방언에서는 [host(성찬식 빵)을 뜻하는] *astia*가 상스러운 낱말이다. '성모'를 뜻하는 La Virgen이나 '축복받은 성배'에 해당하는 Copón Bendito를 언급하는 것이 상스러운 것처럼 말이다. 이러한 낱말이 로마 가톨릭교회가 중요한 문화적 비중을 지닌 곳에서 사용하는 말이라는 것은 우연의 일치가 아니다. 그리고 가톨릭교도들이 신성모독성 상말을 독점적으로 사용하지는 않지만, 여전히 그들은 아주 일관성 있게 지역의 상말을 종교적 용어로 채워 넣었다.

'씨부럴' 범주의 언어는 더 많이 퍼져 있다. 이 언어의 좋은 사례는 광둥어이다. 앞에서 이미 언급한 대로 광둥어는 가장 심하게 상스러운 용어로 성교 행위[예: 屌(diu, 씹하다)]나 성교 관련 신체 부위[예: 閪(tsat, 꼴린 좆)]를 지칭하는 낱말을 사용한다. 이것은 다양한 변종 영어 대부분에서도 마찬가지이다. 앞에서 살펴본 바와 같이, 미국에서든 뉴질랜드에서든 영국에서든 가장 심하게 상스럽다거나 가장 부적절하다고 판정을 받는 대다수의 낱말은 성행위나, 성행위에 사용하는 신체 기관, 성행위에 관여하는 사람들과 관련이 있다. 이 기준에 따르면, 아마도 히브리어도 역시 씨부럴 언어이다. 비록 히브리어는 (거의 사라졌다가 1900년 무렵 거의 대다수가 종교적 글귀에서 비롯되어 현대적인 형태로 재구성된) 특이한 역사 덕택에 대부분의 욕설을 영어나 아랍어와 같은 다른 언어로부터 빌려온 것이지만 말이다. 그리고 아주 명확하게 러시아어는 모든 mat' 상말이 성기나 성행위, 성 행위자를 지칭하기 때문에 아주 분명히 씨부럴 언어이며, 맙소사 언어나 똥지랄 언어의 기미는 전혀 찾아볼 수 없다.

똥지랄 범주의 언어는 찾아보기 더 어렵다. 독일어에 언급해야 할 사항이 있다. 비록 독일어의 일부 심한 상말이 맙소사 영역과 씨부럴 영역으로부터 나오지만, 그 정도는 영어에서만큼 광범위하지 않다. 영어의 fuck과 등가인 독일어의 ficken은 흔히 사용되는 욕설이 아니다. 그러나 독일어에는 똥지랄 범주의 수많은 말이 있다. 독일어에서 가장 많이 사용되는 아마도 가장 친밀한 표현 중의 일부는 [ass(엉덩이)를 뜻하는] Arsch, [shit(똥)을 뜻하는] Scheisse, [asshole(똥구멍)을 뜻하는] Arschloch, (asshole에서 생겨난) Arschgeburt 등을 활용하거나 그러한 표현에서 생성된다.

이러한 사례가 영어와 유사해서 당신은 영어도 사실 뭔가 똥지랄 언어와 비슷하다고 말하고 싶을지도 모른다. 결국은 (복수의 공용어 사용국의) 영어 사용자들이 떨리는 목소리로 내뱉는 욕설은 shit 관련 낱말이나 ass 관련 낱말로 가득하다. 예컨대, dumb-shit(멍청이), shit-faced(고주망태가 된 → 얼빠진), shit-balls(똥덩어리 → 얼간이), shit-sticks(똥 막대 → 쌍놈), shit-sack(똥자루 → 멍청이), shit-canned(똥 깡통의 → 마약에 취한), shit-fit(똥 발작 → 팔다리를 비트는 환각 상태), shit-house(똥간 → 젠장), shit-load(똥 짐 → 다량/다수), asshole(똥구멍 → 쪼다), ass-face(똥 얼굴 → 천벌받을 놈), dumb-ass(벙어리 엉덩이 → 멍청이), smart-ass(영민한 엉덩이 → 왕짜증 나는 놈), ass-eyes(엉덩이 눈 → 괴상한 놈), assclown(엉덩이 광대 → 멍청이), ass-hat(엉덩이 모자 → 멍청이) 등을 살펴보라. 나는 계속해서 이러한 낱말의 사례를 제기할 수 있다. 영어는 shit으로 가득하다.

이렇게 우리는 맙소사 언어와 씨부럴 언어, 똥지랄 언어의 그럴듯한 사례를 살펴보았다. 깜둥이 언어도 있는가? 아마도 영어가 그럴지 모른다. 많은 토박이 화자들이 최악이라고 간주하는 낱말 중에는 원래 특정한 속성을 지닌 개인이나 무리에 대한 경멸적 명칭에서 나오는 낱말들이 있다. nigger는 현대 영어에서 깜둥이 범주에 들어가는 가장 명확한 사례일지 모른다. 하지만 샌디에이고 소재 캘리포니아 대학교(University of California, San Diego)의 내 교실에서는 많은 학생들이 chink(되놈/아시아 놈)와 beaner(멕시코 놈/히스패닉 놈)에 대해서도 비슷한 감정을 느낀다. 영어에는 민족성에 근거한 상말은 물론 성(예: bitch '암캐년', cunt '씨발년'), 성적 지향[예: fag(똥꼬충), dyke(바지씨/남자 역 여성 동성애자)],

이민 관련 지위[예: wop(이태리 새끼), FOB(갓 이민 온 자)], 건강 상태[예: retarded(저능아), sperg(병신), lame(멍텅구리)]에 근거한 상말도 있다. (예컨대 역사적 시각에 대해서는 재미있는 그 책 *Holy Sh*t* 를 보라.)[16] 그러나 이러한 용어는 대부분 사용의 제약을 받는다. 영어에서 fuck은 어디에서나 나타난다. shit도 역시 그러하다. 당신은 이 두 낱말을 사용하기에 아주 적합한 상황을 찾기 위해 성교나 배변을 언급할 필요가 없다. 그러나 nigger나 chink는 꼭 그렇지는 않다. 이 둘은 강한 낱말이지만, 근원으로부터 아주 먼 곳으로 이주하지 않았다.

물론 언어를 이런저런 유형으로 분류하는 것은 특별히 중요하지는 않으며, 미묘한 사항들을 대충 덮어버리는 역할을 한다. 대부분의 언어는 상말이 다양한 근원으로부터 나오며, 많은 상말은 다양한 혈통의 낱말과 함께 섞인다. 예컨대 Jesus motherfucking Christ 또는 holy fucking shit을 보라. 그래서 상말의 잡풀 속에서 헤매지 말자.

궁극적으로 나는 단 두 가지를 부각하고 싶다. 첫째, 언어는 상말을 유사한 영역으로부터 끌어내는 경향이 있다. 'Holy, Fucking, Shit, Nigger(맙소사·씨부럴·똥지랄·깜둥이)' 원리는 단지 영어에 대한 원리만이 아니라, 언어에 대한 원리이다. 그리고 이 원리는 영어에서 낱말을 상스럽게 만드는 힘이 모국어와 관계없이 전 범위의 인간 경험에 존재할 수 있음을 암시한다. 둘째, 언어들 사이의 유사성에도 불구하고 문화적 특이성이 어떤 언어 내의 상말이 작동하는 방식과 분포하는 방식을 형성하는 데 상당한 역할을 한다. 예컨대, (이 경우에는 가톨릭교라 불리는) 단일한 종교 활동의 문화사를 지닌 사람들이 말하는 언어는 맙소사 범주의 상말, 즉 천국과 지옥과 성인과 악마를 지칭하는 낱말로 가득하게 될 수 있다. 심지어 상말의 문화적 차이에 관해서는 악마가 세부 사항에 있다고 말할 수도 있다. (아니면 그렇게 말하는 게 낫다고 생각할 수도 있다.)

$ % !

문화적 차이에 관한 한 맙소사·씨부럴·똥지랄·깜둥이 낱말의 편향된 분포는 시작에 불과하다. (복수의 공용어 사용 국가의) 우리 영어 상용자들은 규제 성향을 지녔다. 우리 중의 많은 사람은 특정한 낱말들이 본질상 나쁜 말이며 잠재적으로 유해하다고 느낀다. 그리고 우리는 상말이 없는 공중파와 영화관, 공공장소를 유지하기 위해 언론 자유를 제한하는 법과 같은 규정을 통해 언어를 규제하기를 원한다. 하지만 이것은 인간의 보편적인 성향이 아니다. 몇몇 나라의 사회를 슬쩍 훑어보기만 해도 악마 상말을 규제하는 데 문화적으로 엄청난 차이가 있음이 드러난다.

예컨대 프랑스에서는 (fuck '성교하다'를 의미하는) foutre나 [whore(매춘부)를 뜻하는] putain과 같은 가장 심한 상말조차도 아주 흔하다. 그래서 누군가가 그러한 낱말이 나쁜 말, 즉 말 그대로 프랑스어의 육두문자라고 말해주지 않는다면, 당신은 그러한 말의 의미를 미처 파악하지 못했다는 변명을 할 수도 있다. 미국과 달리 프랑스는 언론에서 특정한 낱말을 사용하지 않도록 검열해야 한다는 어떤 합의도 없다. 이것이 바로 프랑스어에서 상말이 어디에나 등장하는 부분적인 이유이다. 이러한 낱말도 역시 많은 특별한 방식으로 사용되어, 강도나 의미가 다양하다. 예컨대 (fuck을 뜻하는) foutre는 do나 give와 유사한 무언가를 의미하는 일반적인 동사로 사용된다. 예컨대 Qu'est-ce que tu a foutu?는 문자 그대로 번역하면 What is it that you fucked?(네가 엿 먹인 것은 바로 무엇이냐?)이지만 그 의미는 What the fuck did you do?(도대체 무슨 짓을 했냐?)와 더 비슷하다. 어떤 사람이 멋진 몸매를 지니고 있다는 것을 말하고자 할 때, 당신은 그 사람에 대해 bien-foutu라고 말할 수 있다. 이 말은 문자 그대로는 well-fucked(좆나 쩌네)를 뜻하지만 well-fucking-built(몸매 좆나 좋네)가 영어의 등가 표현에 더 가깝다. 마찬가지로 (whore를 뜻하는) putain도 의미가 다양하다. putain은 영어의 fuck과 아주 유사하게 일반 강화사로 사용되어, 문장의 첫머리에 올 수 있다. Putain, ça coute chère!는 문자 그대로 번역하면 Whore, that's expensive!(매춘부, 그것은 비싸다)이지만, Fuck, that's expensive(좆나 비싸네)와 비슷한 의미로 사용된다. 또 다른 예로 J'en ai marre de cette putain de voiture!는 문자 그대로 옮기면 I'm fed up with this whore of a car!(자동차이 똥차 때문에 열 받았어)이지만 실제로는 I'm fed up with this fucking car!(난 이 좆같은 차 때문에 열 받았어)와 등가의 의미로 사용된다.

이러한 말을 얼마나 널리 사용할 수 있는가? 프랑스에도 분명히 여러 제약이 있다. 하지만 텔레비전에 출연한 유명인들에서 총리에 이르기까지 거의 모든 사람들이 이러한 말을 사용한다.[17] 당신을 고용할 수도 있는 사람과의 첫 면접에서는 이러한 말을 사용하지 않는 것이 좋을지도 모르지만, 이러한 말이 프랑스 사람들에게 불쾌감을 유발하는 정도가 당신이 꺼낼 수도 있는 많은 다른 말에 비해 더 작다는 것은 분명하다. 이것이 프랑스가 언어적인 자유 옹호론자들의 천국이라는 말은 아니다. 언어폭력이나 원치 않는 성관계 요구와 같은 일부 발화는 분명히 부적절하다. 그러나 프랑스에서는 미국에서만큼 상말을 금기시하지 않는다.

욕설에 대한 문화적 태도는 훨씬 더 이질적일 수 있다. 어떤 경우에는 언어에 상말이 전무할 수 있다. 사라진 일본어 상말의 흥미로운 사례를 살펴보라. 당신은 제임스 본드의 책/영화 『007 두 번 산다!(You Only Live Twice)』의 줄거리를 이미 잘 알 수도 있다. 어느 시점엔가 본드는 일본에 있다. 그는 일본의 비밀 정보기관의 수장인 타이거 다나카와 훈련을 하고 있다. 본드가 이따금 불쑥 욕설을 내뱉는다. 그러면 다나카는 짧은 비교언어학 내용으로 반응을 하며 "일본어는 욕설이 전혀 없고 상말을 사용하지 않아"라고 설명한다. 다나카에 따르면 영국인에게서는 격렬한 순간적인 몸짓과 함께 욕설이 나오는 이러한 순간에 일본인 화자는 단지 ('실수예요'를 뜻하는) 시맛타(shimatta)나 ('얼간이'를 뜻하는) 빠가야로(bakayaro)와 같은 말을 내뱉을 것이다.

비록 본드 전작(全作)이 반드시 인류학적 감수성과 뉘앙스 때문에 유명한 것은 아니지만, 이 특별한 경우에 타이거 다나카의 이야기는 자세히 살펴보아도 정말 바로 그 이유로 유명하다. 실제로 일본어에는 다른 방식보다 더 강력하다고 여겨지는 특정한 말하기 방식이 있고, 사람들을 모욕하는 많은 방식이 있다. 빠가야로와 같이 모욕적일 수 있는 낱말을 내뱉는 것 이외에도 당신은 어떤 동사나 명사의 틀린 문법적 형태를 사용하여 사람들의 기분을 상하게 할 수 있다. 이것은 영어 화자가 자신의 외과 의사에게 닥터 리(Dr. Lee) 대신에 칼라(Carla)라고 말을 걸어 그녀의 기분을 상하게 할 수 있는 방식과 비슷하다. 일본에는 심지어 천황에게 말하는 특별한 방식도 있다. 이 경우에는 규정된 명사형과 동사형만을 사용해야 한다. 그렇지 않으면 당신은 분명히 그를 노하게 할 수도 있다.

그러나 다나카의 말대로 일본어에는 영어권에서 우리와 친밀한 상말을 아주 복잡하고 아주 강력하게 만들어주는 무언가의 핵심적인 특성이 상당히 부족한 것으로 보인다. fuck과 같은 영어 상말이 배척당하는 것은 단순히 그러한 낱말이 사람들을 모욕하기 때문도 아니고 성행위를 기술하기 때문도 아니다. 우리가 나쁜 말이라 생각하는 낱말에는 그 자체에 무언가 그 이유가 있다. 그리고 이 핵심 요소는 문화적 보편소가 아닌 것 같다. 일본어로 우리는 사람들에게 욕을 하여 그들을 직접 모욕할 수 있다. 일본어에도 성기를 지칭하는 낱말이나 성기를 사용하는 행위를 지칭하는 낱말이 있다. 그러나 전하는 바에 따르면, 일본어에는 영어에서 상스럽다고 여기는 영어의 낱말 부류와 등가인 실재하는 낱말이 전혀 없으며, 그러한 낱말은 '나쁜' 말이어서 규제해야 한다는 어떤 사회적 합의도 없다고 한다.

저주의 말이 더 적다는 것은 여러 귀결을 갖는다. 그것은 우리가 해당 언어로 할 수 있는 일 – 낱말로 할 수 있는 일 – 에 영향을 미친다. 그래서 욕설을 하고 싶은 일본어 화자들은 다른 곳을 둘러봐야 한다. 자신의 야구 인생의 많은 부분을 미국의 시애틀 마리너스 팀과 뉴욕 양키즈 팀에서 보낸 일본인 야구 선수 이치로 스즈키를 예로 들어보자. 이치로는 다언어 사용자로 필요할 때는 영어로 말하지만 라틴 아메리카나 카리브해 출신의 선수들과는 스페인어로 말한다. 그는 한 인터뷰에서 월스트리트 저널 기자에게 이렇게 말했다. "정말로 우리 일본어에는 저주의 말이 없다. 그래서 나는 서양 언어의 덕택이 아니라면 할 수 없는 말을 할 수 있다는 사실이 좋다."[18] 만일 일본어로 저주의 말을 하고자 한다면, 당신은 말 그대로 영어나 스페인어로 그 말을 해야 한다.

이 스펙트럼에서 일본의 정반대 편에는 일부 기관에 권위를 부여하여 공공

언어 사용에 규제와 제약을 가하는 사회들이 있다. 어느 정도까지 미국은 언론의 자유 권리에 대한 예외가 있다는 점에서 이러한 사회이다. 그러한 예외 중의 하나가 상말이다. (이것에 대한 훨씬 더 많은 얘기는 9장과 10장, 11장에 있다!) 그러나 살펴보아야 할 훨씬 더 많은 권위주의적인 언어 정권이 있다. 이 책을 쓰는 동안 러시아는 일련의 상말을 예술 책, 무대, 영화, 음악 등 모든 곳에서 추방했다. 위반자들에게는 벌금을 물릴 것이다. 표적이 된 특정 낱말은 놀랍지 않다. 이들은 내가 앞에서 언급했던 가장 심한 상말들인 mat'이다. 이러한 낱말에는 (cock '좆'을 뜻하는) khuy와 (cunt '씹'을 뜻하는) pizdá, (to fuck '씹하다'를 뜻하는) yebát', (whore '매춘부'를 뜻하는) lyad가 있다. 이러한 내용 전개로 인해 이 책은 러시아에서 사기 어려울 수도 있다는 생각이 번뜩 든다. 그리고 현재 사용 금지를 당한 낱말은 이 네 낱말만이 아니다. 이러한 낱말을 포함하고 있는 모든 낱말은 다 사용할 수 없다. 아시다시피 영어와 마찬가지로 러시아어도 상말을 차단하려 한다. 이로 인해 상당히 긴 사용 금지 낱말 목록이 생겨난다. 예컨대 (cunt '씹'을 뜻하는) pizdá에 다양한 방식으로 덧댄 말이 나올 수 있다. pizdéts는 감탄사로 사용되며 deep shit(골치 아파)과 비슷한 무언가를 의미한다! 동사 pizdét는 to lie(거짓말하다)를 의미하며, 그 의미가 bullshit(헛소리)과 아주 비슷하다. 이 밖에도 상말의 러시아어 실례는 아주 많다.

계속해서 살펴본다면, 우리는 더 억압적인 정권을 발견할 것이다. 금기어, 특히 신성모독 언어의 사용을 사형에 처할 중범죄로 처리하는 곳이 있다. 예컨대 (아프가니스탄에서 예멘에 이르기까지) 엄격한 샤리아 법(sharia law)의 지배를 받는 나라들(의 일부 지역)은 신성모독을 사형으로 벌한다. 이것은 금기 언어를 극도로 폭력적으로 금지하는 방식이다. 만일 특정한 방식의 낱말 사용이 나쁜 것이라면, 또한 개인들의 평안을 위해 활동하는 것이 국가(나 교회)의 책임이라면, 국가는 징벌적인 수단을 동원해 언어 사용을 제약해야 한다는 귀결이 따라온다.

따라서 비록 언어들이 유사한 원천으로부터 나온 말로 상말 어휘부를 채우는 경향이 있지만, 낱말에 대한 사람들의 생각이 문화적으로 달라서 이러한 공통점은 희미해진다. 문화는 우리가 특정한 낱말을 불러내어 마땅히 특별하게 대우해야 한다는 생각을 믿어야 할지를 결정할 수 있는 것으로 보인다. 어떤 언어는 상말을 보유할 필요가 없다. 그리고 이것은 나중에 검열의 문제와 상말의 미래를 다시 살펴볼 때 반드시 기억해야 할 핵심이다.

$ % !

세계의 7000개 언어는 어떤 점에서 유사한가? 그리고 어떤 점에서 다른가? 이 두 질문은 수천 년 동안 언어학자와 철학자들의 마음을 사로잡았다. 물론 그 이유는 다르다. 모든 언어에서 작용한다고 드러난 보편적인 자질은 인간이라는 존재가 무엇인가에 대해 중요한 무언가를 밝혀준다. 만일 모든 인간이 예술이든 수학이든 언어의 어떤 국면이든 중요한 무언가를 행한다면, 이 보편적인 행위는 문화적 특이성을 넘어서서 틀림없이 모든 인간이 공유하는 어떤 공통의 흔한 경험이나 어떤 속성이다. 때로는 아마도 이것은 우리의 유전적인 역량에서 비롯된다.

모든 언어와 모든 문화에서 예외 없이 공유하는 진정으로 보편적인 상말은 많지 않은 것으로 보인다. 이것은 단지 구체적인 말이 다르기 때문만이 아니다. 살펴본 바와 같이, 이 차이는 그 정도보다 훨씬 더 심오하다. 어떤 문화에는 깊숙이 부호화된 풍부한 상말 체계 — 영어나 러시아어와 같은 — 가 있다. 일본어와 같은 다른 문화에는 사실상 동일 범주의 낱말과 같은 것이 전혀 없다. 전 세계를 둘러볼 때, 절대 보편소 대신에 우리는 여러 언어에서 공통적인 어떤 경향을 발견한다. 'Holy, Fucking, Shit, Nigger(맙소사·씨부럴·똥지랄·깜둥이)' 원리는 상스럽게 되는 경향이 있는 낱말들의 유형을 특성화하려고 맨 처음 시도한다. 언어는 의미적 제약을 받는 일군의 후보 낱말로부터 나쁜 낱말을 선별한다. 단, 나쁜 언어를 정말로 보유하고자 결정할 때에만 언어는 그렇게 선별한다. 구체적인 낱말은 언어마다 다를 뿐만 아니라 각 영역으로부터 선택되는 낱말의 비율 또한 언어마다 다르다. 이 다양한 방식은 주어진 어떤 언어가 내부에 담고 있는 사회문화적 유산과 관련이 있다.

그러나 이 부류의 통계적인 보편소는 가족유사성을 보여주는 언어들에서 자질들이 겹치는 경우에 일반적으로 언어 자질들 내의 표준이다. 이것은 상말뿐만 아니라 언어 자질 전반에 대해서도 그러하다. 모든 언어에서 행하는 어떤 것을 많이 찾아내기는 매우 어렵다. 언어들의 보편적인 자질을 찾을 때, 당신은 대부분 경향을 발견한다. 이로 인해 우리는 어떤 언어가 구조화되는 방식이 순전히 자의적이지는 않다고 생각하게 된다. 무언가 중요한 것이 작용하여 언어들을 유사하게 만들고 있음이 틀림없다. 하지만 이것은 우리의 유전자 속에 새겨진 어떤 피할 수 없는 규칙이 아니다. 어떤 경향이 여러 언어에 걸쳐 있는 각각의 경우에는, 사람들이 언어로 전달하고 싶은 내용과 언어를 사용하는 동안 떠안게 되는 기억 제약이나 시간 제약 등 사람들의 언어 사용 방식에 관한 사실들이 여러 세대가 지나는 동안 여러 언어를 형성해서, 이 언어들이 어떤 유사한 종류의 해결책을 내어놓을 가능성이 크다. 예를 들어, 사람들은 사물과 사건에 대해 말하고자 한다. 따라서 세계의 언어에서 명사와 동사를 접하게 되는 것은 별로 놀라운 일이 아니다. 마찬가지로 누가 무엇을 했는지와 그 누가 그 무엇을 누구를 위해 했는지를 구별하는 것이 유용할 수 있다. 그 결과 언어는 진화하면서 주어와 목적어뿐만 아니라 이 둘을 부호화하는 방식을 만들어 낸다. 그래서 만일 상말이 여러 언어에서 발견되는 다른 경향과 비슷하다면, 즉 여러 언어가 상말을 보유하는 경향이 있고 이 상말이 특정한 영역으로부터 도출되는 경향이 있다면, 세계 언어의 역사는 얼핏 유사하게 보이는 상말을 생성하는 경향이 있는 어떤 압력을 공유할 수 있는가?

아마도 이 질문의 답은 언어에 대한 금기가 아니라 세계에 대한 금기에 있다. 여러 문화에서 사람들은 신성모독/상스러움에 어휘를 제공하는 상황 그 자체를 금기시한다. 초자연적 존재인 신과 악마, 예언자와 연결되는 세계에 대한 금기가 있고, 성교에 대한 금기가 있으며, 배변과 배뇨, 월경, 그 밖의 다른 신체 기능에 대한 금기가 있다. 그리고 우리 사회 집단의 구성원이 아닌 사람들에 대한 금기가 있다. (예컨대 다른 인종 간 출산을 반대하는 법을 보라! 이 법은

1967년까지 미국의 책에 남아 있었다.)

비록 보편적이지는 않지만, 위의 사례와 같은 금기가 전 세계에서 분출한다는 사실은 상말이 어떻게 발생하는지와 어떻게 대략 유사한 모습을 보여주게 되는지에 대한 설명을 암시한다. 전 세계 사람들은 이러한 금기를 수용해 여러 곳으로 전파했다. 많은 문화에서 금기시하는 것은 단지 배설만도 아니고 배설에 대한 발언만도 아니다. 오히려 배설을 묘사하는 낱말은 그 자체가 금기이다. 당신이 우연히 발화 순간에 배설을 묘사하기 위해 사용하든 그렇지 않든 이 낱말은 금기이다.

여기에는 여러 다른 이유가 있을 수 있다. 우리는 어떤 낱말을 듣거나 보기만 해도 그 낱말이 지칭하는 사물의 내적인 심적 표상이 떠오른다는 것을 알고 있다.[19] 만일 낱말 shit 때문에 사람들이 마음의 눈으로 똥을 '보게' 되고 마음의 코로 '똥 냄새를 맡게' 된다면, 이 낱말의 사용을 제한하고 싶은 충동은 이해할 수 있다. 아니면 사람들은 낱말이나 낱말의 힘에 대한 더 형이상학적 신념 – 어떤 특정한 금기 주제와 연결되는 낱말을 사용하면 불운이 찾아올 수 있다고 믿는 – 을 지니고 있기 때문일 수도 있다.

이러한 설명 중 어느 것이든 다 궁극적으로 옳다. 그리고 이 설명들을 애써 명확히 구별하려면 할 일이 더 많다. 여러 언어에서 저속한 구체적인 상말은 비슷하다. 왜냐하면 여러 문화에서 금기시하는 사물이 또한 비슷하기 때문이다. 이러한 금기와 연결되는 낱말을 거부하라는 압력은 실제로 보편적이다.

하지만 여기에 함정이 있다. 세계 내의 금기 사물로부터 금기 낱말로 향하는 길은 결정되어 있지 않다. 설령 배설물이 문화적으로 금기라 하더라도, 이것이 배설물을 기술하는 모든 낱말도 다 문화적으로 금기일 것이라는 의미는 아니다. shit은 poop보다 더 심한 상말이다. fuck은 상말이지만, copulate(교미하다)는 그렇지 않다. 그래서 문화적 금기는 상말을 위한 무대를 설치할 뿐이고, 구체적인 낱말을 선택하지 않는다. cunt를 유아적인 wa-wa와 구별해 주는 것은 무엇인가? 바로 다음에 다룰 주제이다.

02

왜 네 글자 낱말인가?

전 지구적으로 상말은 특별한 의미 영역으로부터 발생하는 경향이 있다. 나는 '맙소사·씨부럴·똥지랄·깜둥이' 원리(the Holy, Fucking, Shit, Nigger Principle)에 당신의 주의를 유도한다. 그러나 이 모든 상스러운 '맙소사, 씨부럴, 똥지랄'에는 진정제 역할을 하는 무언가 특별한 어떤 전례적인 교제와 배설이 있다. 성기나 배설 기능을 묘사하는 많은 낱말은 상말의 최고봉에 올라가지 (또한 당신이 그렇게 원한다 하더라도 상말의 밑바닥으로 내려가지도) 못한다. 이러한 낱말은 상대의 기분을 상하게 할까 두려워하지 않고 교실에서나 법정에서, 고사장에서 분명한 발음으로 튀어나온다. 이들은 금기 개념을 지칭함에도 불구하고 신성을 더럽히지 않는다. 이것은 어떤 낱말의 외연, 즉 지시물을 넘어서는 무언가가 이 낱말에 강력한 상말 딱지를 붙여야 한다는 것을 의미한다.

그 무언가는 무엇인가?

[질(膣)을 가리키는 많은 동의어 중의 하나인] coochie-snorcher(음문)는 더러운 낱말이 아닌데 왜 cunt(씹)는 더러운 낱말인가? 분명히 어떤 낱말은 철자하는 방식과 발음하는 방식의 어떤 국면 때문에 상말이 될 가능성이 가장 높다. 영향력이 막강한 이 낱말로 논의를 시작해 보자. 다 아시는 바와 같이 영어의 수많은 상말은 네 글자로 되어 있다. 예컨대 cunt(씹)는 물론 fuck(씨부럴)과 shit(똥지랄), piss(제기랄), cock(좆), tits(젖통)도 네 글자이며 이 밖에도 네 글자 상말은 많다. 어떤 방식으로 글자 수를 세든지 영어 상말 중의 많은 낱말은 글자

수가 네 개이다. 예를 들어 앞 장의 네 가지 목록에 들어 있는 낱말만을 살펴보자. 이 네 개의 목록에 모든 네 글자 상말이 다 들어 있는 것은 아니다. 이 목록의 장점은 결코 이러한 낱말을 어떻게 발음하는가나 어떻게 철자하는가에 특별한 관심을 두고서 상말의 사례를 모으지 않았다는 점이다. 분명히 상말의 목록을 제출해야 했던 사람들은 자기도 모르게 이 '네 글자 낱말'이라는 개념의 영향을 받았을지도 모른다. 하지만 이것이 그들의 정식 목적은 아니었다. 바로 이러한 측면에서 그들은 우리가 발견할 가능성이 있는 정도의 최대로 편향적이지 않은 표본을 제시한다. 이 네 개의 목록은 다 합해서 상말 84개를 우리에게 제공한다. [이 목록에는 Get fucked!(씨부럴/좆같네!)나 Jesus fucking Christ(이런 니기미 씨팔놈들)와 같은 많은 다어(多語) 표현이 들어 있다. 나는 이러한 다어 표현을 제거했다.] 이 84개의 상말 중에서 29개 상말의 철자가 네 글자로 되어 있다. 그러니까 이렇게 세어보니 정말로 상말의 3분의 1 이상이 네 글자이다. 이 수는 인위적으로 부풀릴 수 있다. [asshole(지겨운/쪼다)이나 motherfucker(니기미 씨팔놈), wanker(병신 새끼/재수 없는 놈/딸딸이 치는 놈)와 같은] 많은 더 긴 낱말이 내부에 더 짧은 네 글자 낱말을 담고 있기 때문이다. 하지만 29개 상말만으로도 훌륭한 논의를 할 수 있다.

여기서 가장 먼저 주목해야 할 사항은 네 글자 보유가 상말의 필요조건이 아니라는 점이다. 분명히 우리는 이미 이 점을 알고 있었다. ass(얼간이)나 motherfucker(니기미 씨팔놈)와 같은 낱말은 네 글자가 아니며, 이 목록의 낱말 대부분이 글자 수가 네 개보다 많거나 적다. 또한 네 글자 보유는 상말의 충분조건도 아니다. 수많은 네 글자 낱말은 절대로 상말이 아니다. 예컨대 four(넷)나 word(낱말)와 같은 낱말을 보라. 그래서 우리는 여기서 제기하고 있는 질문을 다시 살펴보아야 한다. 실제 쟁점은 다른 모든 조건이 다 같다고 할 때 어떤 낱말이 네 글자를 보유하고 있으면 상말이 될 가능성이 더 높아지는지의 여부이다. 이것은 여전히 흥미로운 질문이다. 다음은 이 질문을 제기하는 한 방식이다.

(전부는 아니지만) 많은 영어 상말의 철자가 네 글자라고 할 때, 우리는 이 패턴이 당신의 예상보다 더 강력한지를 밝혀내려고 시도할 수 있다. 그렇게 하려

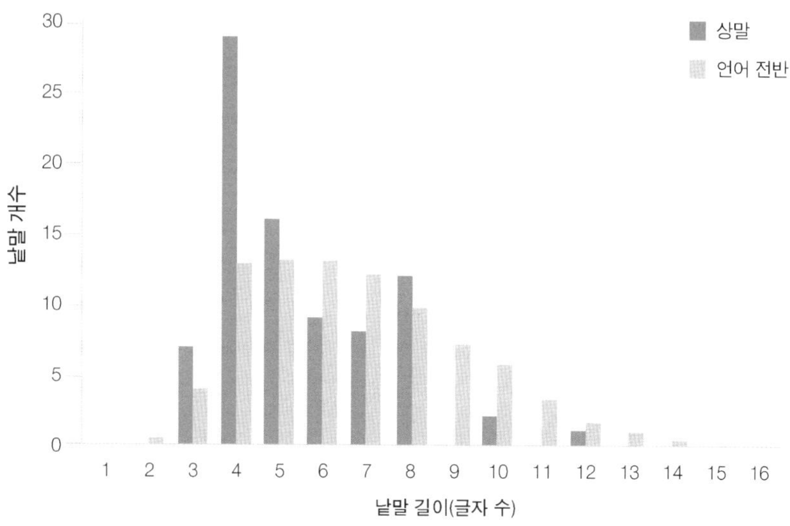

상말(검은색 막대)의 길이가 영어 전반(회색 막대)보다 세 글자나 네 글자, 다섯 글자, 여덟 글자일 가능성이 더 높다.

면 상말의 철자 방식을 다른 영어 낱말의 전반적인 철자 방식과 비교해야 한다. 다시 말해서 영어 낱말 84개를 임의로 선택한다고 가정해 보라. 그중의 29개 낱말이 네 글자일 가능성은 얼마인가? 다음 쪽에서 우리는 도수 분포도를 하나 볼 수 있다. 이 분포도는 우리 목록에 있는 각각의 상말이 몇 글자인지를 보여준다. 상말은 검은색 막대로 표시되어 있다. 보는 바와 같이, 숫자(4)의 막대가 가장 높이 솟아 있다. 이 막대는 29개의 네 글자 상말을 나타낸다. 그러나 29개가 많은 것인가? 검은색 막대로 표시된 상말의 길이를 회색 막대로 제시된 일반적인 영어 낱말의 길이와 비교해 보면, 이 질문에 답할 수 있다. (이 값을 계산하기 위해, 나는 이 영어 낱말을 각각의 글자 수로 계산하고, 이 수를 상말 수와 직접 비교할 수 있도록 '84개 낱말' 언어에 맞추어 정규화했다.)* 알다시피 영어에는 네

* 영어 전반에 대한 개수를 계산하기 위해서 애덤 킬가리프(Adam Killgarriff)가 영국국가코퍼스(British National Corpus)로부터 (표제어의 이형태와 변이형을 하나로 묶어) 생성한 어휘 목록을 사용했다.

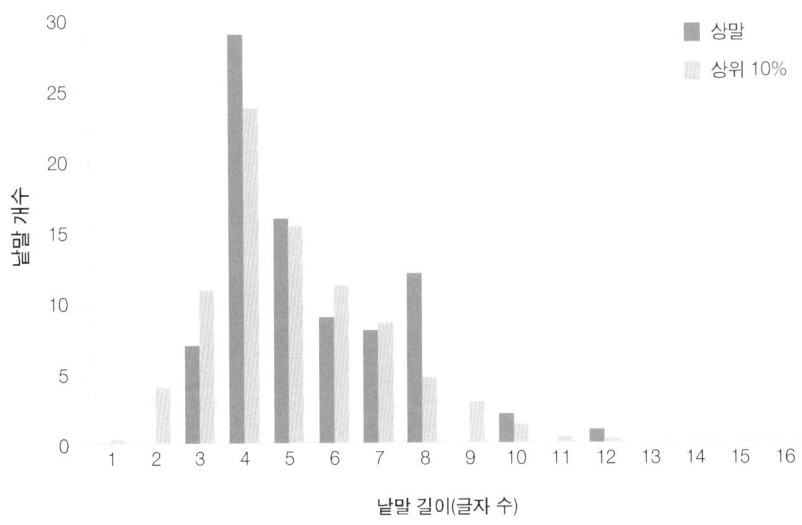

상말은 또한 사용 빈도 상위 10%의 영어 낱말보다 길이가 네 글자 또는 여덟 글자일 가능성이 더 높다.

글자나 다섯 글자, 여섯 글자, 일곱 글자의 낱말이 많이 있다. 그리고 일반적으로 영어는 이 상말 분포의 더 세련된 유형으로 보인다. 그러나 이 도표에서 정말로 분명한 것은 영어의 네 글자 낱말 전체로부터 예상할 개수보다 얼마나 더 많은 네 글자 상말이 있는가이다. 우리 목록 내의 네 글자 상말 29개는, 상말이 영어의 일반 낱말과 비슷한 경우에 당신이 예상하는 개수보다 상당히 더 많다. 이 경우에는 84개 중 네 글자 상말이 단지 12.6개일 것이라 예상할 것이다.*

아마도 더 놀라운 점은 세 글자 상말과 다섯 글자 상말이 정말로 많다는 사실이다. 전체적으로 보면 영어의 세 글자 낱말 수는 비교적 적고, 다른 모든 조건이 동일하다고 할 때 영어 상말의 글자 개수가 셋일 가능성은 우리의 예상보다 거의 두 배 높다. 이 문제는 중요해서 곧 다시 다룰 것이다. 이 문제에 비해서는 덜 중요하지만 영어 전반에 비해 여덟 글자 상말 개수가 약간 증가한 것

* 세 낱말에서 열두 낱말 길이에 대한 카이제곱검정은 이 두 표본 사이에 유의미한 차이가 있음을 보여준다. 통계 처리를 하면 $\chi 2(3)=38.61$, $p<0.0001$이다.

도 역시 주목할 만하다. 이 증가의 원인은 두 개의 네 글자 낱말로 구성된 낱말 때문이다. 예컨대 ballsack(불알)과 bullshit(헛소리), buttfuck(비역질), shithead(개 같은 놈)를 보라. 네 글자 낱말은 단지 다른 낱말의 부분일 때조차도 영어 단어의 모습을 급격하게 바꾸는 것으로 보인다. 그러나 우리의 현재 목적으로는 영어 상말이 다른 낱말에 비해 네 글자로 구성될 가능성이 훨씬 더 높다는 점만을 언급해도 충분하다. 정말로 분명한 것은 네 글자 낱말에 대한 속설 개념이 어느 정도 참이라는 점이다.

그래서 이것은 이 분명한 질문을 제기한다. 왜 그러한가? 다른 낱말보다 왜 상말이 네 글자일 가능성이 높은가?

(아마 실제로 언어학자일지도 모르지만) 만일 당신이 언어학자라면, 마음속에 상말의 이 특별한 길이가 사용 빈도 때문일지도 모른다는 생각이 가장 먼저 떠오를 것이다. 일반적으로 어떤 언어의 가장 흔한 낱말은 길이가 더 짧은 경향이 있다. (예를 들어 영어의 the, be, of, and, a 등을 보라.) 또한 사용 빈도가 더 낮은 낱말일수록 길이가 더 길어진다. (예컨대 영어에서 사용 빈도가 0.001인 낱말은 useful이고 0.005인 낱말은 gravity이다. 이런 식으로 빈도가 낮아지면 길이가 길어진다.) 왜 이러한가에 대한 이 설명은 (정보 전달의 효율성과 관련이 있으며) 매혹적이지만, 어쩌면 우리의 목적에도 맞게 상말의 특이한 길이를 해명할 수도 있다. 상말의 길이가 영어의 일반 낱말보다 더 긴 이유는, 아마도 상말이 대체로 가장 빈번하게 사용되는 낱말에 들어가기 때문일지 모른다.

실제로 만일 영어에서 상말을 가장 빈번하게 사용되는 낱말들과 비교해 본다면, 위의 도수분포도에 제시된 바와 같이 이 두 낱말 무리가 훨씬 더 비슷하다는 것을 알 수 있다. 그러나 여전히 상말의 분포는 네 글자와 여덟 글자 막대가 약간 높이 올라가지만, 이 두 낱말 무리는 여전히 통계적으로 유의미한 차이를 보여준다.* 그래서 이것은 완전한 설명일 수는 없지만 그러한 설명의 일

* 낱말의 길이에 대해 상말을 영국국가코퍼스의 가장 빈번한 626개 낱말과 비교하는 2 대 10 카

부일 수도 있다.

문제는 상말이 실제로 사용 빈도 상위 10% 영어 낱말만큼 빈번하게 사용되는지를 알기 어렵다는 것이다. 이 어려움은 낱말 사용 빈도를 측정하기 위해 우리가 보통 사용하는 자료가 다 문어 자료이고 대부분 신문 아카이브나 위대한 문학과 같은 공식적인 언어 사용역 내의 자료라는 사실에 있다. 공식적인 사용역에서는 상말이 사라져 가고 있으며 아주 드물다. 비공식적인 구어 환경은 상말의 자연 서식지로서 상말이 넘쳐난다. 하지만 이 상말 서식지는 기록을 남기지 않아서 상말의 빈도를 측정할 수 없다. 자, 여기 내가 할 수 있는 최적의 일이 있다. 사람들이 비교적 별 생각 없이 언어를 불쑥 사용하지만 탐색 가능한 영구 기록을 남겨놓는 한 곳을 뒤졌다. 바로 웹사이트 레딧(Reddit)이다. 이 곳은 상호작용을 하는 뉴스와 오락, 논평 플랫폼이며 주제별로 다양한 하위 커뮤니티가 있다. 사람들은 링크나 댓글을 게시할 수 있으며, 흔히 비공식적인 언어로 상호 작용한다. 또한 이들은 보통 일반 대중보다 더 어리고 남성이 더 많다. 나는 문제의 상말 84개를 택했다. 그리고 2013년 8월 31일에서 2015년 8월 31일까지 2년 동안 이 상말들이 레딧의 모든 하위 플랫폼에 얼마나 빈번하게 출현했는지 그 빈도를 조사했다. 상말의 빈도는 꽤나 높았다. 상위 10% 낱말의 빈도만큼 높지는 않았으나 근접했다.

그래서 결과적으로는 빈도가 왜 영어 상말의 길이가 주로 네 글자인지 그 이유를 부분적으로 설명할 수도 있다. 하지만 이 빈도가 전말을 다 밝혀주지는 않는다. 어쩌면 다른 무언가가 작동할지도 모르겠다. 아마도 이 글자 수의 보유와 관련한 무언가로 인해 어떤 낱말이 특별히 금기어로 보일 수도 있다. 정말로 세계의 어떤 곳에서는 사람들이 숫자 4를 고의적으로 기피한다. 우리 미국인들은 4를 동남아시아의 숫자 13이라 간주할 수 있다. 이 문제는 나중에 더 많이 살펴보겠지만, 상말과 네 글자의 연관성은 주로 영어에만 특정한 현상으로 보인다.

이제곱검정을 실시했다. 즉, $\chi^2(9)= 19.17$, $p < 0.05$이다.

(다른 언어의 상말 목록이 검증을 받은 적이 없기 때문에) 우리는 다른 언어에 대해 비교 가능한 연구를 수행할 수 없다. 그렇지만 세계의 욕설을 잠깐만 살펴보아도 이 네 글자 규칙이 많은 다른 언어에서는 적용되지 않는다는 사실이 드러난다. 흔히 영어 이외의 언어에서 가장 상스러운 말은 길이가 다르다. 예를 들어 프랑스어의 가장 강한 상말인 (whore '매춘부'를 뜻하는) putain과 (fuck '씹하다'를 뜻하는) foutre는 여섯 글자이다. 그리고 멕시코 스페인어에는 네 글자 상말이 거의 없으며, (fuck '씹하다'를 뜻하는) chingar나 (cunt '씹'을 뜻하는) concha, (fucking '씹'을 뜻하는) pinche의 예에서 보듯이 이 언어의 강한 상말은 길이가 더 길다. 어떤 다른 언어에서 상말의 철자가 네 글자가 아닌 이유는 철자법이 전혀 없기 때문이다. (숫자 4를 두려워하는) 테트라포비아(tetraphobia)가 퍼져 있는 곳에서는 지역어의 철자가 알파벳이 아니다. 예를 들어 중국어는 그 대신 합자 형태 글자(logographic characters)를 사용한다. 더 일반적으로 철자법은 문어 형식을 지니고 있는 세계 언어들 중 절반의 언어에만 적합하다.[1] 그래서 만일 철자법이 이 네 글자 현상에 책임이 있다면, 이것은 영어에만 해당하는 이유일 것이다.

그리고 이 견해에 약간 동의할 때, 다른 몇 가지를 고찰해 보면 당신은 네 글자 보유가 정말로 상말의 근원일 수 있는지 예측할 수도 있다. 무엇보다 사람들이 영어를 천 년 동안 말해오고 있다. 그런데 이 세월에서 대부분의 시간 동안 많은 영어 화자들은 읽을 수도 쓸 수도 없었다. 그러나 욕은 할 수 있었다. 아이들은 읽고 쓸 능력을 기르기 전에 욕할 수 있었다. (나중에는 더 잘했다!) 그리고 영어 내부에서조차도 일부 꽤나 강한 상말은 우연히도 네 글자가 아니지만, ass(바보)나 bitch(암캐)에서 보듯이 네 글자에 아주 가깝다. 그래서 아마도 우리는 철자법을 통해 다른 한 원인의 작용을 간접적으로 추적하고 있다. 아마도 shit(똥지랄), cunt(씹), fuck(씨부럴) 등은 소리 나는 만큼 상스럽게 보이지 않을 수 있다.

$ % !

이것은 이상해 보일지도 모른다. 하지만 끝까지 내 말을 들어보시라. shit(똥지랄)이나 cunt(씹), fuck(씨부럴)과 같은 네 글자 상말에 대해 잠깐 생각해 보라. 이러한 상말은 무언가 정말로 더럽게 들리지 않는가? 상스럽게 들리지 않는가? 공격적으로 들리지 않는가?

설령 내 말에 동의한다 하더라도, 당신은 당신 언어의 낱말들이 어쩐지 그 의미에 어울리게 들린다는 것을 직관적으로 감지한 첫 번째 사람이 아니다. 이것은 일찍이 적어도 19세기에 독일 언어학자 게오르크 폰데 가벨렌츠(Georg von der Gabelentz)의 주목을 받았다.[2] 그는 독일어 화자들이 말(馬)을 분명히 더 적절한 독일어 낱말인 Pferd가 아니라 cheval이라 칭한다는 이유로 프랑스 사람들을 어리석다고 생각한다는 것을 알아냈다.* 그렇지만 진정으로 cheval이라고? 말도 안 돼! 분명히 그건 Pferd야. 설령 언어마다 말의 이름이 다르다는 것을 지적으로는 알고 있다 하더라도, 여전히 당신은 마음 깊은 곳에서 모국어의 horse(말)가 이 동물에 가장 잘 어울리며 다른 언어의 등가어는 덜 적합하다고 느낄지 모른다. 때때로 이것은 '음성상징 감각'이라 불린다. 즉 당신의 언어 속 낱말의 소리가 그 의미와 어울리는 것처럼 느껴진다.

금기어들은 흔히 특히 강한 음성상징 감각을 유발한다. 당신이 이 낱말들 — fuck, shit, bitch — 을 말할 때, 즉 당신이 이러한 낱말을 입으로 굴려 말할 때는 입에 닿는 어떤 느낌이 있다. 그리고 직감이 있다. 당신은 마치 이 낱말들이 추잡하게 들린다고 느낀다. 이 느낌의 한 발현은 이 낱말들이 다른 어떤 의미를 전달한다고 상상하기 힘들다는 것이다. 어떻게 fuck이 현재의 의미 말고 다른 어떤 것을 상징할 수 있는가? [예컨대 영어 fuck과 아주 비슷하게 들리는 불어의 낱말 phoque는 어처구니없게도 'seal(물개)'을 뜻한다.] 그래서 영어 화자들은 영어가 모어(母語)가 아닌 화자들이 우연히 상말을 입 밖에 낼 때 당황한다. 스페인어 화자들은 흔히 sheet과 shit이나 beach와 bitch를 혼동한다. 왜냐하면 스페인어에서는 ee 소리와 i 소리의 구별을 부호화하지 않기 때문이다. 설령 이 사실

* 그래 당신이 의아하게 생각하고 있는 경우에 이 낱말(Pferd)의 실제 발음은 p 뒤에 f가 온다.

을 알고 있다 하더라도, 이 음성상징 감각 때문에 영어만을 말하는 화자는 당신이 shit을 sheet의 발음으로 생각할 수도 있다는 사실을 거의 짐작할 수 없게 된다. shit은 추잡한 느낌을 전한다. sheet는 당연히 그렇지 않다.

그래서 상말은 소리 나는 방식과 관련한 무언가로 인해 상스럽게 들릴 수 있는가? 이 음성상징 감각은 주관적인 감각 이상의 무언가에 대한 지표인가? shit과 fuck은 poo-poo와 copulate보다 객관적으로 더 상스럽게 들리는가?

어떤 낱말이 그 의미와 어울리게 들리는 가장 흔한 이유 중의 하나는 이 낱말의 지칭물이 어떤 것과 비슷한 소리로 들리고, 이 낱말의 발음이 그 소리를 반영하기 때문이다. 이 친밀한 현상은 의성어이나 음성상징이라고 알려져 있다. 소리(나 소리 생성 행위)를 나타내는 낱말은 (항상 그런 것은 아니지만) 흔히 이러한 소리 자체를 모방한다. 예를 들어, 설령 이러한 낱말이 무엇을 의미하는지 모른다고 하더라도, 약간의 맥락만 있으면 cock-a-doodle-doo(수탉의 울음소리, 꼬끼오)나 swish(획 하는 움직임이나 그 소리)의 의미를 능숙하게 추론할 수도 있다.

상말은 음성상징일 수 있는가? 약간의 좋은 후보자가 있다. barf(토하다)나 piss(오줌 누다)와 같은 낱말을 생각해 보라. 물론 이 낱말 barf는 구토하는 소리의 완벽한 모방이 아니다. piss도 오줌 싸는 소리를 정확히 복제한 것이 아니다. 그럼에도 이 낱말들과 그 지시물 사이에는 음성상징을 이끌어낼 정도의 유사성이 충분히 있다.

그러나 우리는 어떻게 이렇게 말할 수 있는가? 이것이 어려운 문제인 까닭은 음성상징을 측정할 근사한 방법이 없기 때문이다. 억지로 밀고 나가는 한 접근은 사람들에게 어떤 낱말이 예컨대 1에서 7까지의 척도에 어느 정도나 음성상징으로 들리는지 대답하도록 그냥 물어보는 방법일 것이다. 연구자들은 정말로 빈번히 이렇게 물어본다. 그러나 사실 이 접근은 어떤 낱말이 음성상징으로 들리는지에 대한 영어 화자들의 주관적 생각만을 전해준다. 이것은 그들이 느끼는 음성상징의 지표이다. 그렇지만 우리는 어떤 낱말이 그 의미처럼 소리가 날 것인지를 객관적으로 측정하는 외부적인 방법을 찾고 있다. 설령 당신이 아직 해당 언어의 화자가 아닐지라도 말이다.

그래서 음성상징을 측정하는 약간 미묘하게 다른 한 방법은 특정한 한 언어(예컨대, 영어)로부터 낱말 목록을 뽑아서 이 언어를 말하지 못하는 사람들(예컨대, 일본어밖에 모르는 화자들)에게 제시하는 것이다. 그다음에 이 사람들에게 이 영어 낱말들의 의미 추측과 같은 과제를 수행하도록 요구한다. 이와 같은 실험을 제대로 설계하려면 당신은 많은 일을 해야 한다. 어떤 영어에도 노출된 적이 없는 화자를 선발해야 하고, 일본어로 유입된 적이 없는 영어 낱말을 사용해야 한다. 정말 우연이라도 비슷한 일본어 낱말이 하나도 없다는 것을 확인해야 한다. 그러나 이 모든 일을 아주 정확하게 한다면, 일본어(나 영어 아닌 다른 어떤 언어)밖에 모르는 사람들이 더 쉽게 추측하는 영어 낱말은 원칙적으로 음성상징의 사례일 가능성이 더 크다.

하지만 내가 아는 한 금기어에 대해 이 실험을 체계적으로 수행한 사람은 지금까지 아무도 없다. 그래서 우리는 아는 것이 없다. 어쨌든 이 실험은 제대로 이루어질 가능성이 없다. 무엇보다도 실행 관련 세부 사항이 많아서 이 실험을 실제로 수행하기 어려울 것이다. 예컨대 영어, 특히 상말에 어느 정도 친숙하지 않은 사람들을 찾기는 세계 어디에서나 점점 더 어려워지고 있다. 그래서 핀란드어의 욕설이나 바스크어의 욕설, 또는 영어보다 주목을 덜 받는 어떤 언어의 욕설을 사용한다면, 당신은 아마도 가장 많은 성공을 거둘 것이다. 그러나 더 심오한 문제는 cock-a-doodle-doo(꼬끼오, 수탉울음소리) 유형의 음성상징이 수많은 상말에 작용할 가능성이 없다는 것이다. 음성상징은 판에 박힌 음을 체계적으로 만드는 소리나 사물에 대해 가장 흔하고 가장 효과적이다. barf(구역질)가 음성상징일 가능성이 있는 것은 알아볼 수 있는 표준적인 소리를 만드는 행위를 기술하기 때문이다. piss(쉬하다/오줌 누다)도 마찬가지이다. 그러나 생존 가능한 다른 욕설 낱말 후보는 거의 없다. 어쩌면 crap(똥/헛소리)이나 queef(질 방귀), 다른 두서너 낱말이 살아남을지 모르겠다. 대부분의 상말이 음성상징과 잘 들어맞지 않는 이유는, 그 지시물이 어떤 것과도 체계적으로 비슷하게 들리지 않기 때문이다. bitch(암캐)는 음성상징의 좋은 후보가 아니다. 적어도 금기어로 사용할 때는 말이다. 왜냐하면 악의적이거나 불쾌한 사람을 연상하게 하는 모방 가능한 어떤 소리도 없기 때문이다. 그리고 이것은 신성한 개념이나 성기를 지칭하는 낱말도 마찬가지이다. (신의 예언자의 소리는 어떻게 들리는가? 남성 성기는 어떤 소리를 내는가?)

그러나 상말이 일반적으로 음성상징이라는 가설은 상말을 유사한 의미와 비교해 보면 최후를 맞는다. 만일 어떤 낱말이 자신이 의미하는 바와 비슷하게 소리가 난다면, 비슷한 의미를 지닌 다른 낱말도 역시 비슷한 소리를 지녀야 한다. 예를 들어, moan과 groan, whine이 음성상징의 사례라고 믿을 이유가 있음은 개별적으로도 자신이 지칭하는 소리처럼 들리기 때문만이 아니라, 또한 유사한 의미와 유사한 소리를 둘 다 지니고 있기 때문이다. 마찬가지로 만일 fuck이 어쩐지 자신이 의미하는 바와 비슷하게 들린다면, 비슷한 의미를 지닌 다른 낱말들도 당연히 비슷한 소리로 들려야 한다. 하지만 그렇지 않다. bang, bone, dick, shag, screw 등과 같은 동사 목록을 비교해 보면 이것은 바로 드러난다. 이러한 낱말이 어떻게 소리 나는지와 어떻게 철자 되는지를 살펴보라. 이 낱말들은 대부분 어떤 소리도 공유하지 않는다.

그리고 여러 언어를 교차하며 낱말을 비교해 볼 때도 우리는 동일한 통찰을 얻는다. 다른 언어로 번역된 fuck의 등가 어구를 살펴보라. 프랑스어에는 대응어 baiser, 스페인어에는 chingar, 북경관화에는 cào(肏), 러시아어에는 yebát가 있다. 물론 이 밖의 언어에도 대응어가 있다. 얼핏 보기에도, 그리고 심지어는 우리의 작은 표본에 매우 밀접한 관련성을 지니고 있으며 서로 밀접한 문화적 접근을 유지하는 언어들만을 넣어서 살펴보아도 이러한 낱말은 유사한 의미를 지니고 있음에도 불구하고 결코 비슷한 소리로 들리지 않는다. fuck에 들어 있는 소리는 다 이러한 다른 낱말 중 어떤 낱말에도 없다. [예컨대 중국어의 대응어인 cào(肏)의 c 발음은 영어의 k보다 ts 발음과 더 유사하다.] 이 낱말들은 길이도 다르고, 들어 있는 소리도 다르며, 철자 방식도 다르다. 그리고 이것은 shit과 bitch는 물론 당신이 시험하고자 하는 어떤 낱말이든 다 마찬가지이다. 여러 언어에서 이 낱말들은 neigh(말울음 소리)보다 horse(말, 馬)와 더 유사하게 행동한다. horse와 그 대응어들은 아무런 유사성을 공유하지 않지만, neigh와 그 대응어들은 실제로 유사성을 지닌다는 점에서 그러하다.

요점은 fuck이 현재와 같은 개념을 표현하기에 얼마나 적합하다고 느끼든지 당신이 그다음 언어를 살펴볼 때 해당 언어의 사용자들이 완전히 다른 소리를 사용하는 자신들의 낱말(예: 프랑스어의 basier나 스페인어의 chingar)에 대해서도 똑같은 느낌을 갖는다는 것이다. 이 기준으로 보면, 이러한 낱말의 의미를 전달하기 위해 사용되는 소리는 자의적인 것으로 보인다. 즉, 낱말 fuck에 들어 있는 어떤 소리도 이 낱말이 현재의 의미를 표현하는 데 특별히 적합한 그 무엇을 지니고 있지 않은 것으로 보인다. 그리고 그 어떤 것도 fuck의 소리를 fuck의 의미에 적합하도록 만들어주지 않는다. 이것은 cào(肏)의 사례도 마찬가지이다. 즉 cào의 소리를 cào의 의미에 어울리도록 해주는 것은 전혀 없다. 역사적으로 영어나 프랑스어, 스페인어, 중국어, 수천 개의 지구상 언어가 발달하는 과정에서 유사한 사회적 임무를 수행하지만, 즉 어떤 유사한 의사소통 적소(適所)에 적합하지만, 아주 다르게 발음되는 낱말들이 진화해 왔다.

결국은 일부 상말이 음성상징 때문에 현재와 같이 소리 날 수도 있지만, 대다수의 금기어가 그러할 가능성은 없다. (적어도 구어의 낱말에서는 그럴 가능성이 없다. 하지만 다음 장에서 우리는 제스처와 수어의 기호를 살펴볼 것이다. 이 경우에는 얘기가 분명히 다르다.) 아마도 우리가 상말에 대해 갖는 음성상징 느낌은 정말로 살아 있는 내내 어떤 특별한 소리를 지닌 낱말을 사용해 어떤 특별한 의미를 전달하는 행위의 결과일 것이다. 만일 어떤 말(馬)을 보(거나 그 말의 냄새를 맡거나 그 말의 소리를 듣거나 그 말을 느껴보)는 것이 흔히 이 horse라는 낱말을 듣거나 생각하거나 말하는 것을 동반한다면, 당신은 왜 이 소리와 이 의미 사이의 강한 연관성을 떠올리지 않을 것인가? 특히 이 언어가 당신이 아는 유일한 언어라면 말이다. 그리고 이것은 상말의 경우에도 마찬가지이다.

그래서 음성상징 때문에 상말이 더럽게 들리는 것은 아니라고 보인다.

$ % !

만일 음성상징이 아니라면, 아마도 소리 나는 방식의 어떤 다른 국면으로 인해 상말은 추잡하게 들리게 된다. 우리가 논의를 시작했던 지점으로 다시 돌아가 보자. 영어에서 네 글자 낱말 비중은 일반 낱말보다 상말이 더 높다. 기억이 나겠지만, 세 글자 낱말의 비중도 상말이 더 높다. 그래서 이 세/네 글자 상말을 파고 들어가 보자. 이러한 상말이 소리 나는 방식은 무엇이 특별한가?

이 목록에 들어가는 세 글자 비속어는 ass(엉덩이/바보), cum(정액), fag(똥꼬충), gay(동성애자), god(신/맙소사), Jew(유대 놈/수전노), tit(유방/멍텅구리) 등이다. 그리고 네 글자 비속어는 anal(똥구멍의), anus(똥구멍), arse(구멍/바보), clit(음핵), cock(수탉/좆), crap(똥/헛소리), cunt(씹/싫은 놈), dick(좆/씹하다), dumb(벙어리/바보), dyke(바지씨/남자 역 여성 동성애자), fuck(씹하다), gook(동양놈/아라비아 놈/매춘부), homo(동성애자), jerk(경련/바보), jism(정력/정액), jugs(젖가슴/마약 주사용 경정맥), kike(유대인 놈), Paki(파키스탄 놈), piss(오줌/쉬하다), scum(정액/부랑자), shag(성교하다), shit(똥지랄), slag(요녀), slut(암캐/매춘부), spic(라틴계 미국 놈), suck(구강 성교하다), turd(똥/인간쓰레기), twat(음부/싫은 놈), wank(딸딸이) 등이다.

이러한 낱말의 발음 방식에는 어떤 일반적인 경향이 있다는 사실이 눈에 들어오는가?

여기에 하나의 견해가 있다. 나는 이전의 상말 관련 문헌 어디에서도 이 경향을 논의한 것을 본 적이 없다. 그러나 만일 꼼꼼히 살펴본다면, 이 세/네 글자가 두 가지 속성을 지니는 경향이 있다는 생각이 든다. 첫째, 철자가 몇 개의 낱말로 구성되어 있든지에 관계없이 이러한 상말의 발음은 단지 1음절인 경향이 있다. 당신의 기억을 되살려 줄 단서가 필요하다면, 음절은 언어의 운율 박자이고 이 박자 중에 입이 열리고 닫힌다. 일상적으로 발음할 때 bitch와 shit의 음절 길이는 오직 1음절이다.* 단지 이 목록의 몇 낱말만이 2음절 이상으로

* 그렇기는 하지만 Sheeyit, what a gigantic beeyotch!에서처럼 우리는 이러한 낱말을 2음절 낱말로 만들 수 있다. 그리고 간명함에 관심이 없다면, 우리는 이러한 낱말을 3음절로 바

발음 난다. 예컨대 anal과 anus, homo, Paki를 보라. jism도 그러한 낱말의 사례라 할 수 있다.

자, 아무리 해도 이것이 상말의 완전한 설명일 수는 없다. 영어에 수천 개의 1음절 낱말이 있으며 이들 중 대부분 (어떤 언어 속의 낱말 수를 세는 데 적합한 정확성 개념이 모호하지만) 정확히 1만 1752개는 금기어가 아니기 때문이다.* 상말은 단음절어 바닷속 모래알 하나에 불과하다. 그리고 단지 우리가 세 글자 낱말이나 네 글자 낱말만을 살펴보고 있다면, 당연히 상말의 발음은 1음절이나 2음절인 경향을 지닐 것이다.

그러나 이러한 낱말은 단지 단음절어인 경향만을 보여주지 않으며, 특별한 방식으로 구성되는 경향도 보여준다. 영어는 많은 다른 유형의 음절을 허용한다. 모든 음절은 음절 핵에 모음이 있다.** 어떤 음절의 경우에는 이 모음이 시작과 끝(말하자면 알파와 오메가)이다. 예컨대 a나 I, uh와 같은 낱말을 보라. (철자 때문에 혼동하지 말라. uh의 발음에는 h 소리가 없다.)*** 그러나 대부분의 음절은 또한 그 내부에, 즉 모음의 앞이나 뒤에, 자음이 온다. 그래서 이 점을 염두에 두고서 영어의 상말 논의로 돌아가 보자. 만일 위 목록 내의 낱말을 간략하게 다시 살펴본다면, 그 음절들에서 무언가 현저한 점에 주목할 수 있다. 여러분이 직접 이 점을 발견할 수 있도록 기다리겠다.

알아냈는가? 힌트를 하나 주겠다. 네 가지 예외가 있다. 바로 gay, Jew, homo, Paki이다.

여기에 힌트가 있다. 그러한 목록의 모든 다른 낱말은 하나나 두 개의 자음

꾸어 biz-nee- atch와 shiz-nee-at라고 발음할 수 있다

* 적어도 한 번 MRC 심리언어학 데이터베이스에 출현하는 모든 단음절어의 합계는 1만 1752개이다(Wilson, 1988).

** 아니면 모음과 같은 무언가가 있다. hurdle과 같은 낱말은 2음절을 지니고 있지만, 이 둘 중 어떤 음절도 모음을 쉽게 인식할 수 없다.

*** 그러나 ur과 le는 둘 다 (hurdle에서) 분명히 음절의 역할을 수 있다. 당신이 얼간이가 아니라면 말이다.

으로 끝이 난다. 즉, 이 낱말들은 다 모음만으로 끝나는 음절이 아니라 '폐쇄 음절'을 지녔다. (기억하기 좋은 방법은 우리의 입이 폐쇄 음절의 끝에서 닫힌다는 것이다.) 보다시피, 많은 상말 낱말은 심지어 두 개의 자음으로 끝난다. cunt(씹/싫은 놈)나 wank(딸딸이)와 같은 낱말은 실제로 두 개의 끝 자음을 지니고 있다. 흥미롭게도 자음은 일반적으로 상당히 중요해 보인다. [ass(엉덩이/바보)나 arse(구멍/바보)와 같은 몇 낱말을 제외하고는] 거의 모든 낱말이 적어도 하나의 자음으로 시작한다. 그리고 많은 낱말은 crap(똥/헛소리)이나 prick(찌르기/음경), slut(암캐/매춘부), twat(음부/싫은 놈)에서 보듯이 두 자음으로 시작한다. 그러나 실제로 이러한 점에서 낱말에 대한 강한 일반화가 가능해 보인다. 상말 낱말은 폐쇄 음절로 끝나는 경향이 있다.

요약하면, 상말 낱말은 단 하나의 음절을 지니는 경향이 있고, 이 단음절은 닫혀 있는 경향이 있다. 이 두 가지 경향은 상말 낱말을 외설적으로 들리게 만드는 요인의 일부일 수 있는가?

우리의 데이터를 다른 방식으로 쪼개서 이 질문에 답하기 시작할 수 있다. 즉, 한 낱말의 철자에 들어 있는 글자 수가 아니라 그 낱말이 다 지닌 음절 수와 이러한 음절의 폐쇄 여부에 근거한 방식 말이다. 이렇게 하면 단지 세/네 글자 낱말만이 폐쇄 단음절이 아니라는 사실을 바로 알 수 있다. 예컨대 balls(불알)나 bitch(암캐/매춘부), prick(찌르기/음경), whore(매춘부)와 같은 16개의 다섯 글자 낱말 중에서 7개 낱말이 폐쇄 단음절이지만 Jesus(세상에!)나 pussy(개보지)는 그렇지 않다. 이 목록에 있는 도합 84개의 낱말 중 38개가 단음절 길이이며 이들 중 (95%인) 36개가 폐쇄 단음절이다. 이 목록에 있는 단 두 개의 상말 낱말인 Jew(유대 놈/수전노)와 gay(동성애자)만이 '열린' 단음절이다. (w와 y는 둘 다 별개의 자음으로 발음되지 않으며, 각각 선행 모음의 일부이다.) 이 비율은 더 일반적으로 영어의 낱말에 어떻게 비유되는가? 나는 기계독해(MRC) 심리언어학 데이터베이스로부터 가장 빈번한 상위 10%의 단음절 낱말을 뽑았다. 이 데이터베이스에는 영어 낱말의 빈도 정보와 발음표기가 둘 다 들어 있다. 우리의 단음절 상말 중 95%가 폐쇄 음절인 반면, 상말이 아닌 단음절 낱말을 살펴보면 이 비율은 81%까지 떨어진다고 드러났다. 95%에 비하면 81%는 상당히 낮다.*

이제 당신은 서둘러 예외, 즉 영어의 단음절 상말로서 끝이 열려 있는 낱말을 찾으려 하고 있을지도 모른다. 분명히 우리의 84개 낱말 목록은 영어의 모든 상말 낱말을 다 포괄하지 않는다. 당신이 회상하는 바와 같이, 우리가 이 목록을 사용하는 이유는 이 목록이 상말 낱말의 소리나 철자에 대한 어떤 사전 기대도 없이 구성되었기 때문이다. 그리고 아마도 당신은 어떤 끝이 열려 있는 단음절 상말을 찾을 수 있다. 예컨대 ho(매춘부)나 lay(눕히다/성교하다), poo(응가/헛소리), spoo(질외사정)와 같은 낱말이 그러한 상말의 사례일 수 있다. 이들은 좋은 후보이다. 아마도 당신은 한두 개의 사례를 더 내어놓을 수도 있다. 그러나 각 낱말에 대해 우리의 애초 목록에 넣지 않은 12개의 폐쇄 단음절어 후보가 있다. 이 목록에 들어갈 후보를 알파벳 순서대로 나열하면 boob(젖통/얼간이), bung(마개/똥구멍), butt(궁둥이), chink(되놈/아시아 놈), cooch[질구(膣口)], coon(백인 여성 추종 흑인), damn(우라질), dong(음경), douche(질 세정/반푼이), dump(똥), felch(분비물 빨아먹기), FOB(갓 이민 온 자), gook(동양 놈/아라비아 놈/매춘부), gyp(협잡꾼), hebe(유대 놈/작부), hell(지옥/염병할), jap(왜놈), jeez(아이고), jizz(정액), knob(귀두), mick(아일랜드 놈), MILF(따먹고 싶은 연상녀), mong(잡종개/몽고 놈), muff(털보지/씹), nads(불알), nards(불알/허세), nip(일본 놈), poon(보지/매춘부), poop(똥/얼간이), pube[음모(陰毛)], pud(음경), puke(구토), puss(계집애), queef(질 방귀), quim(보지), schlong(왕자지), slant[눈꼬리가 치켜 올라간 인간(동양놈)], slope[눈초리 처진 인간(동양 놈, 특히 베트남 놈)], smeg(탐탁지 않은 것), snatch[질(膣)/성교], spank(엉덩이 구타 음란증), spooge(정액), spunk(정액), taint[회음(會陰)/사타구니], tard(지체아), THOT(저 헤픈 년), toss(똥갈보), twink(남자 동성애자/괴짜), vag[음문(陰門)], wang(좆), wop(이탈리

* 피셔의 정확도 검증은 $p < 0.05$이다.

아 놈)이다. 이것은 다만 시작일 뿐이다. 이 새로운 열린 단음절어와 폐쇄 단음절어의 수를 다시 파악해 보라. 그러면 10개의 단음절 상말 중 9개 이상이 여전히 폐쇄 음절임을 알 것이다.

이 패턴은 통계적으로 실재한다. 하지만 우리는 정말로 이 패턴이 심리적으로도 실재하는지 알고 싶다. 영어 화자들은 폐쇄 단음절어가 개방 단음절어보다 더 상스럽게 들린다고 생각하는가? 이 문제를 풀어내는 여러 다른 방법이 있다. 여기에 한 유형의 정황 증거가 있다. 영어 화자들이 새로운 허구의 욕설을 만들어낼 때, 이 욕설은 폐쇄 음절이 되는 경향이 있는가? 예컨대 영어를 원어로 말하는 판타지소설 작가와 공상과학소설 작가들이 가상의 여러 언어로 새로운 욕설을 고안할 때, 이러한 낱말의 발음은 어떻게 들리는가? 바텔스타르 갈락티카(Battlestar Galactica) 언어에는 ('fuck'을 뜻하는) frak이 있고, 파르스카페(Farscape) 언어에는 (역시 'fuck'을 뜻하는) frell이 있으며, 모르크 앤 민디(Mork & Mindy) 언어에는 (총칭적인 욕설을 뜻하는) shazbot이 있고, 미국의 프리미엄 영화채널인 HBO(Home Box Office)[*]에서 내보낸 왕좌의 게임(Game of Thrones)에서 고안한 언어인 도스라키(Dothraki) 언어에는 ('fucker'를 뜻하는) govak과 ('shit'을 뜻하는) graddakh이 있다. 이들이 다 단음절어는 아니지만, 모두 폐쇄 음절로 끝난다. 사실상 개방 음절로 끝나는 가상의 욕설을 찾기는 매우 어렵다.

내가 지금까지 찾아낼 수 있었던 하나의 반증 사례는 영화 〈스타워즈〉 에피소드 1에서 나온다. 이 영화에서 poodoo는 'bantha fodder(반타 포더)'[**]를 의미하며 심하지 않은 욕설로 사용된다. 그냥 추정해 보면, 이 개방 음절을 선택

* (옮긴이) HBO: Home Box Office의 약어로, 타임워너사가 1972년 설립한 미국의 대표적인 유료 케이블 채널이다. 전 세계적으로 인기를 끈 드라마인 <왕좌의 게임>, <뉴스룸>, <섹스 앤 더 시티> 등을 제작했다.

** (옮긴이) Bantah fodder(반타 포더): 영화 <스타워즈>에서 음식의 이름이자 '반타 농부'라는 의미를 내포하는 용어로 헛족 언어(Huttese)로는 Bantha Poodoo라 불린다.

한 이유는 (미성년자에게 부적절하다는 평가를 받아 부모의 관람 지도를 요구하는 영화로 분류되었던) 이 영화가 상당히 젊은 관객층을 겨냥했던 것으로 보이며, 따라서 더 상스럽게 들리는 허구의 욕설은 너무 강한 느낌을 줄 수도 있었기 때문일 수도 있다.

우리는 또한 의미상 금기어가 아니라 우연히도 폐쇄 음절을 지니고 있는 실제 낱말을 살펴봄으로써 상말 폐쇄 음절의 심리적 실재에 간접적으로 접근할 수 있다. 사람들은 이 낱말들의 의미가 악의 없음에도 불구하고 이 낱말들을 음란하다고 생각하는가? 실제로 낱말 혐오(word aversion)라 알려진 현상이 있다. 이때 사람들은 특정한 낱말에 대해 특별히 강한 반응을 한다. 비록 이러한 낱말이 전적으로 위안을 주는 의미(나 악의 없는 의미)를 지니고 있지만 말이다. 정말로 자기도 모르게 사람들을 짜증나게 하는 것으로 보이는 영어 낱말은 moist(습기)이다. 나는 사람들이 상말에 대한 나의 관심을 확인하는 바로 그 순간 그들이 이 낱말을 영원히 혐오하고 있음을 얼마나 빈번하게 선언하는지 당신에게 말할 수 없다. moist가 폐쇄 단음절어라는 사실이 (그 의미의 국면들과 함께) 이 혐오와 어떤 관련이 있다는 생각을 한다. 그러나 지금까지 내가 아는 한, 낱말 혐오를 다룬 경험적 연구는 딱 한 편이다.[3] 그리고 이 연구는 오직 moist에만 초점을 맞춘다. 그래서 만일 사람들이 손톱으로 칠판 위를 긁는 소리의 언어 등가물이라고 인식하게 되는 다른 낱말이 정말로 있다면, 그러한 낱말의 발음이 어떻게 들릴지 알 수 없다.

그러나 실제로 이색 언어와 낱말 혐오는 상말에 대한 아주 간접적인 증거를 제시할 뿐이다. 폐쇄 단음절어가 개방 단음절어보다 더 저속하다고 사람들이 느끼는지를 식별하는 최선의 길은 고안된 영어 낱말들을 대상으로 하는 연구 수행일 것이다. 이 고안 낱말들은 단지 음절 유형만 차이가 있다. 우리는 이들이 실제 영어 낱말이라면 얼마나 저속할 것인지 물어볼 수 있다. 사람들은 chee보다 cheem이 더 상스럽다는 느낌을 받을 것인가? smoob가 smoo보다 더 저속한가? 이런 식으로 우리는 폐쇄 단음절어와 개방 단음절어 사이의 모든 차이를 다 제어하면서, 마지막 자음만 있으면 상말이라고 진단하는 데 충분한지를 측정할 수도 있다.

그래서 나는 이 연구를 수행했다. chee나 smoo와 같이 우연히 영어의 실제 낱말일 수 없는 한 무리의 단음절어를 생성하고, 각각의 개방 단음절어를 마지막 음을 제외하고는 동일한 폐쇄 단음절어와 짝 지었다. 그래서 skoo는 skoom과 짝을 이루고, stee는 steesh와 짝을 이루었다. 이런 식으로 모든 관련 차원이 동일하고 음절 유형만 다른 20쌍의 낱말을 만들었다.* 나는 또한 '어두자음군(onset)'이라 알려진 낱말 첫 부분에 얼마나 많은 자음이 있는가를 조작했다. 이 조작의 목적은 다만 이것이 또한 이 낱말들이 사람들에게 저속하게 들리는 정도의 차이를 초래하는지를 알아보기 위함이었다. 그래서 내가 고안한 20쌍의 낱말 중에서 10쌍은 dee와 deeve처럼 단 하나의 자음으로 시작했고 다른 10쌍은 두 개의 자음으로 시작했다. 이 두 자음은 언제나 smee와 smeef처럼 자음 s와 뒤따르는 다른 어떤 자음이었다. 그 이유는 우연히도 영어 낱말이 음절의 첫 부분에 다중 자음을 배치하는 방식으로 이 결합을 선호하기 때문이다. 그다음에 나는 60명의 영어 원어민에게 "고안된 다음 영어 낱말은 얼마나 저속하게 들리는가?"라고 물었다. 그들은 '아주 저속함'에서 '전혀 저속하지 않음'까지의 4점 척도에 자신의 대답을 표시했다. 그들의 생각은 다음 도표에서 확인할 수 있다. (단 하나의 자음으로 시작하는 낱말은 'C 어두자음군'에 배치했고, s와 다른 한 자음으로 시작하는 낱말은 'sC 어두자음군'에 제시했다.)

다른 모든 것이 일정하게 유지될 때는 영어 원어민들이 개방 음절보다 폐쇄 음절이 더 저속하게 들린다고 생각한다는 것은 아주 분명하다. (다음 도표에서 검은색 막대가 회색 막대보다 더 높다.) 또한 흥미로우면서도 약간은 더 놀랍게도, 첫머리에 더 많은 자음이 있을 때도 역시 낱말이 더 저속하게 들리게 되는 (폐

* 개방 단음절어와 폐쇄 단음절어는 이웃 밀도(neighborhood density)나 위치 음소 확률 평균값(mean positional phoneme probability), 양음(兩音) 확률 평균값(mean biphone probability)이 크게 다르지 않았다. 심리언어학자가 아니라면 당신은 이 기준을 한 번도 들어본 적이 없을 것이고, 만일 심리학자라면 이 모든 기준에 관심을 가졌을 것이다.

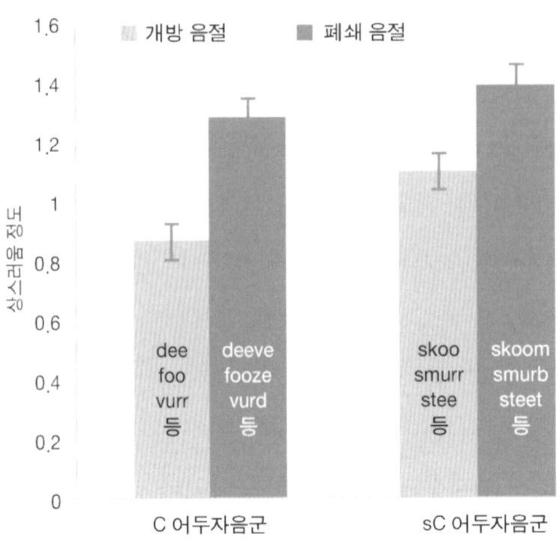

사람들은 가공의 낱말이 음절 머리에든 음절 끝에든 더 많은 자음을 지니고 있을 때 이 낱말을 더 상스럽다고 평정한다.

쇄 음절 효과보다는 더) 약하지만 유의미한 효과가 있는 것으로 보인다. (위 도표에서 오른쪽 막대 쌍이 왼쪽 막대 쌍보다 더 높다.)

그래서 영어 상말은 폐쇄 단음절로 발음되는 경향을 지니고 있을 뿐만 아니라, 더욱이 영어 화자들도 폐쇄 단음절이 개방 단음절보다 더 저속하게 들린다고 생각한다. 언어가 일반적으로 작동하는 방식의 측면에서는 이 경향의 전례가 전혀 없는 것은 아니다. 때때로 어떤 언어 내에서 우리는 우연히 비슷한 형태를 지닌 낱말 무리들이 비슷한 의미를 지니고 있음을 발견할 수 있다. 이러한 낱말 무리가 출현하는 이유는 그들의 형태가 음성상징을 통해 그들의 의미를 반영하기 때문이 아니라 다른 이유 때문이다. 빛이나 시각과 관련이 있는 의미를 지닌 영어 낱말을 살펴보자. 우연히도 이들 중 많은 낱말이 gl로 시작한다. 몇 가지 예를 제시하면, glisten(반짝반짝 빛나다), glitter(반짝거리다), gleam(번쩍이다), glow(빛나다), glare(눈부시다), glint(반짝이다)이다. 그리고 glaucoma(녹내장)에서 glower(찡그리다)에 이르기까지 훨씬 더 많은 낱말이 있다. 그런데 음성상징이 여기에서 작용하는 것은 불가능하다. 왜냐하면 빛과 시각은 어떤 것의 소리와도 결코 비슷하지 않기 때문이다. 또한 설령 비슷하다 하더라도 그 소리가 gl일 것이라고 생각해야 할 어떤 이유도 없다. 그 대신에 우리는 영어 어휘부 내의 약간 밀집된 지점을 파헤쳤다. 이 지점에서는 비슷한 의미를 지닌 낱말들이 비슷한 형태를 지니고 있으며, 이것보다 더 나은 어떤 이유도 없다.

이러한 무리의 유사한 낱말들이 어떻게 생겨나는가의 이야기는 대충 이러한 방식으로 진행된다. 일반적으로는 음성상징에도 불구하고 낱말은 자의적으로 형태와 의미를 서로 짝짓는다. 그러나 어떤 언어든 낱말들이 부분적으로 우연의 지배를 받기 때문에, 우연히 어떤 언어의 어휘부에는 비슷한 의미를 지닌 두세 개의 낱말이 또한 우연히 비슷한 형태를 지니는 어떤 지역이 있을 것이다. 이 언어를 배우고 사용하는 사람들은 이 작은 무리들에 주목할 수도 있고, 주목하지 않을 수도 있다. (예컨대 우리는 영어의 gl- 낱말들에 주목했을 수도 있고 그렇지 않았을 수도 있다.) 하지만 시간의 흐름상에서 이 무리들은 새로운 낱말을 위한 일종의 유인자(誘引子) 역할을 할 것이다. 잘못 듣거나 잘못 학습하거나 잘못 기억한 오래된 낱말들은 어떤 무리의 형태와 의미를 향해 이동할 가능성이 살짝 더 높을 것이다. 이 무리는 영어의 gl- 낱말 역사 속에서 출현했던 것으로 보인다. 그리고 사람들이 고안하는 새로운 낱말들도 역시 그러한 무리를 향해 이끌려갈 것이다. 그래서 이 낱말들이 우연히 나오기보다 의미와 형태를 점점 커나가는 해당 패턴에 맞출 가능성이 약간 더 높다. 이것은 영어의 역사 속에서 일어났다. 예컨대 (1966년의) glitzy나 (1875년 도기에 사용된 유약을 뜻하는) glost와 같은 낱말을 보라.[4] 이것은 또한 상품 명명의 한 요인이다. 당신이 Brisserex와 Glisserex 중 어떤 유리 청소 분무기를 사고 싶어 하는지 상상해 보라. 수백 년, 심지어는 아마 수천 년에 걸쳐서 이러한 무리는 당신이 영어를 사용하는 지금까지 일종의 부익부 과정에서 강화된다. 그래서 gl로 시작하는 낱말 중 상당히 많은 39%가 빛이나 시각과 관련이 있다.[5]

그리고 아마도 이것이 바로 영어 상말에서 일어났던 일이다. 아마도 역사적인 우발 사건을 통해서 우연히 폐쇄 단음절로 발음되는 영어 상말의 핵심적인 집합이 존재하게 되었다. 이러한 낱말은 주변 낱말들에 중력과 같은 힘을 행사했다. 그 결과 기존의 낱말들은 유사한 발음을 지니게 되었고, 새로 생겨난 낱말들은 동일한 패턴을 따를 가능성이 더 높았다. 이것은 가장 최근에 나온 상말에서 확인할 수 있다. 이 경우에 MILF(mom I'd like to fuck의 약어, '따먹고 싶은 연상녀')나 THOT(that ho over there '저기 저 헤픈 년'), FOB(fresh off the boat '갓 이민 온 자')와 같은 두문자어는 폐쇄 음절이 되는 경향이 있다. 그리고 우리는 (gypsy의 약어로 '협잡꾼'을 뜻하는) gyp이나 (Hebrew의 약어로 '유대 놈'을 뜻하는) hebe, (smegma의 약어로 '탐탁하지 않은 물건'을 뜻하는) smeg와 같이 사람들이 수년에 걸쳐 고안해 낸 약어 상말에서 이것을 확인할 수 있다.

$ % !

fuck(씹하다)이나 cunt(씹)와 같은 낱말이 그 의미 이외에 무언가를 지니고 있어서 상말이 되는지에 의문을 제기함으로써 우리는 논의를 시작했다. 네 글자 길을 따라서 영어의 상말들이 소리 나는 방식의 숨은 패턴을 찾아냈다. 이러한 낱말의 핵심에 폐쇄 단음절이 있다. 이것은 영어의 현재 상말에 관한 기술적 사실일 뿐만 아니라, 영어 화자들이 새로운 낱말에 대해 생각하는 내용에도 영향을 미친다. 그들이 공상과학소설 언어를 고안하든 행동 실험에 참여하든 말이다.

그렇지만 되풀이하자면 이 폐쇄 단음절 패턴에는 많은 예외가 있다. gay(동성애자)나 spoo(질외사정)와 같이 개방 단음절을 지닌 저속한 낱말이 몇 개 있을 뿐만 아니라, asshole(똥구멍), motherfucker(니기미 씨팔놈), cocksucker(좆빨 놈) 등에서 보듯이 둘 이상의 음절을 지니고 있는 상말도 많이 있다. 하지만 당연히 이것은 노련한 언어학자에게는 별로 놀라운 일이 아니다. 언어에는 예외 없는 규칙이 거의 없다. 우리는 영어에서 -ed를 붙여서 동사의 과거형을 만든다는 것을 다 알고 있다. 이 규칙은 흔한 예외가 있다. 예컨대 spend(소비하다), go(가다), drink(마시다) 등 이른바 불규칙 동사를 보라. 영어 명사는 1음절에 강세가 오고, 동사는 2음절에 강세가 온다. (a record 대 to record, a permit 대

to permit을 비교해 보라.) 그렇지만 때로는 그렇지 않다. copy와 double의 발음은 명사일 때도 동사일 때도 1음절에 강세가 온다. 그래서 당연히 우리는 영어 상말의 발음이 어떠한지에 대한 엄격한 철칙을 찾을 수 없다. 언어에 대한 이러한 다른 일반화의 경우처럼 영어 상말 발음에도 어떤 경향이 있다. 영어 상말은 특정한 의미 영역으로부터 도출되는 경향이 있는 것처럼, 정말로 낱말은 특정한 방식으로 발음이 나는 경향이 있다.

이 경향은 물론 이 경향에 예외가 있다는 사실이 유사한 의미를 지닌 낱말들 사이의 차이를 설명해 줄지도 모른다. poo(응가)나 pee(소변), gay(동성애자), Jew(유대 놈/수전노)와 같은 낱말은 모두 상말이라고 주장할 수 있다. 그러나 만일 폐쇄 단음절 패턴이 영어 화자들의 머릿속에 실재한다면, 다른 모든 것이 동일하다는 조건에서는 얼핏 보기에 이러한 낱말이 폐쇄 음절로 발음되는 유사한 의미의 낱말들보다 당연히 덜 저속하게 들려야 한다. 정말로 폐쇄 음절 유형의 낱말과 대조해 볼 때, 이 개방 단음절어는 성적으로 덜 야하게 들릴 수도 있다. pee(소변 보다)와 piss(오줌 누다) 중 어느 것이 더 저속한가? spoo(질외사정)를 spooge(정액)와, Jew(유대 놈/수전노)를 hebe(유대 놈/작부)와, gay(동성애자)를 fag(호모 새끼)와 비교해 보라. 당신은 (후자의) 폐쇄 음절어가 어쩐지 더 저속하다고 느껴지는가? 만일 그러하다면, 그러한 낱말이 폐쇄 단음절 패턴과 정말로 잘 어울린다는 사실 때문일 수도 있다. 그리고 이것은 또한 그러한 낱말이 시간의 흐름상에서 성적 저속함을 얼마나 잘 유지하는지와 얼마나 널리 사용되는지를 예측할 수도 있다. 폐쇄 단음절어로서 spooge(정액)는 결국 spoo(질외사정)와 같은 개방 단음절어보다 더 널리 상말로 퍼져야 한다.

그리고 물론 영어의 다음절 상말도 여전히 검토해야 한다. 이러한 낱말은 어떤 측면에서는 폐쇄 음절 경향의 예외이며, 다른 어떤 측면에서는 예외가 아니다. 우리의 상말 목록에 있는 다음절 낱말의 절반 이상(46개 중 27개)이 폐쇄 단음절 상말로 시작한다. 예컨대 cocksucker(좆 빨 놈)는 cock로 시작하고 wanker(딸딸이 치는 놈)는 wank로 시작한다. 그리고 이 동일한 목록 중 훨씬 더 많은 낱말(총 30개)이 bastard(후레자식)나 faggot(호모 새끼)처럼 폐쇄 단음절로 끝난다. 이러한 합성 낱말을 계산에 넣으려고 할 때 그 수는 약간 모호하게 된다. shit(똥)이나 fuck(씹), dick(좆), cum(정액)을 담고 있는 수십 개의 합성 상말을 검토할 수도 있다. 그리면 우리는 무엇을 계산에 넣을지 자의적으로 선택해야 할 것이다. 그러나 심지어는 거기까지 가지 않아도 우리는 영어 상말이 그 자체로서든 더 긴 낱말의 성분으로서든 부분적으로 폐쇄 음절로 구성되어 있음을 분명히 알 수 있다.

만일 이 폐쇄 단음절 패턴이 실재한다면, 이 패턴은 어디에서 오는가? 앞에서 나는 gl- 낱말에 대한 한 유추를 제시하면서, 특정 낱말이 무엇을 의미하는가와 왜 어떤 소리가 그 의미와 잘 어울릴 것인가의 측면에서 어떤 내재적인 동기가 있을 필요가 없다는 견해를 넌지시 밝혔다. 어떤 낱말 무리가 뿌리를 내리려면 빈도가 충분하기만 하면 된다. 아마도 영어 역사에서 어쩐지 영어의 개방 단음절 대 폐쇄 단음절의 비율은 상말이라는 하위 부류 내에서 국소적으로 변화했다. 그리고 어휘부 내의 이 사소한 편향이 눈덩이처럼 커졌다.

이 설명에 따르면, 폐쇄 단음절 원리는 어떤 언어에서나 찾아볼 수 있는 보편적 경향이 아니다. 일부 언어는 영어에 있는 폐쇄 음절 범위와 같은 어떤 것도 허용하지 않는다. 예컨대 하와이 언어의 음절은 절대로 자음으로 끝날 수 없으며, 언제나 개방 음절이다. 따라서 하와이 언어에는 영어 폐쇄 음절 패턴에 상응하는 어떤 패턴도 있을 수 없다. 그리고 당신이 이제는 친숙할 수도 있는 다른 언어의 가장 심한 상말 중 많은 낱말이 개방 음절이거나 다음절이다. 예컨대 프랑스어 *putain*('whore'), 스페인어 *chingar*('fuck'), 러시아어 yebát'('fuck') 등을 보라. 그러나 앞에서 언급한 바와 같이, 우리에게는 대다수 언어의 상말을 다룬 신뢰할 만한 연구가 없다. 그 결과로 이 영어 패턴이 다른 언어들에서도 출현하는지 알기 어렵다.

나는 영어의 상말이 왜 현재와 같이 소리 나는지 또 다른 설명 가능성을 제기하고 싶다. 그러한 소리 중 일부는 상말이 수행하는 기능과 특히 잘 어울릴 수 있다. 분명히 말하지만, 나는 음성상징을 언급하고 있는 것이 아니다. 해당 낱말이 자신이 의미하는 바와 비슷하게 들릴지도 모르기 때문이 아니다. 오히려 그러한 낱말이 현재처럼 들릴 수도 있는 이유는 그 발음 방식이 당신이 그러한 낱말을 사용하고자 하는 방식에 효율적이기 때문이라고 생각한다.

이것은 원칙적으로 여러 다른 방식으로 작동할 수도 있다. 한 방식은 영어에서 개방 단음절과 폐쇄 단음절이 전해주는 아이다움의 차이에 근거한다. 정말 그러해서 우연히도 언어를 배울 때 아이들은 먼저 개방 음절을 발음할 수 있다. 이런 연유에서 아이는 보통 mont보다 ma나 mama를 먼저 발음하고, ball을 ba라 발음하고 that을 da라고 발음한다.[6] [이 문제는 8장에서 더 많이 얘기할 것이다. 8장은 어린아이들의 더러운 말(little potty mouths)이 어디에서 오는가를 탐구한다.] 운동 체계가 성숙함에 따라, 아이는 음절 머리뿐만 아니라 음절 끝에서도 자음을 조정할 능력이 발달한다. 그래서 (영어의 상말이 왜 현재처럼 들리는지) 그러한 발달상의 사실을 근거로 제시한 설명이 여기 있다. 아마도 개방 음절이 더 아이답게 들리는 것은 아이들이 발음하기 더 쉽기 때문일지 모른다. 어쩌면 무의식적으로 사람들은 발음하기 더 어려운 낱말을 실제로 그러한 낱말을 분명히 발음할 수 있는 운동 체계를 지닌 성인들과 연결한다. 그래서 폐쇄 음절(과 음절 머리와 끝에 다수의 자음을 지닌 낱말)은 성인들은 말하지만 어린아이들은 말하지 않는 낱말인 것처럼 들린다.

만일 이 얘기가 사실이라면, 우리는 상말이 아이들이 생성하기 더 어려운 음절 유형(폐쇄 음절)뿐만 아니라 생성하기 더 어려운 소리를 선호한다고 예상할 것이다. 우리는 발음하기 더 쉬운 p보다는 오히려 아이들이 발음하기 더 어려운 th와 같은 소리를 접할 것으로 예상할 것이다. 그리고 우리는 상말이 mama나 baba와 같이 영아의 말이나 걸음마를 배우는 유아의 말에 전형적인 (중복이라 알려진) 음절의 반복을 피한다고 예상할 것이다. poo-poo와 같은 낱말이 아이다워서 비속하지 않은 낱말의 전형일 것이다.

이것이 우리가 영어에서 접하는 상말 무리의 한 토대일 수 있다. 다음은 앞의 설명과 마찬가지로 사변적인 또 다른 설명이다. 어쩌면 짧은 폐쇄 음절 낱말이 다른 유형의 낱말보다 욕을 하는 데 더 유용하다. 단음절 속성이 욕설에 유용하다고 내세우는 주장이 있다. 자동차 문에 당신의 손가락을 넣은 채 그

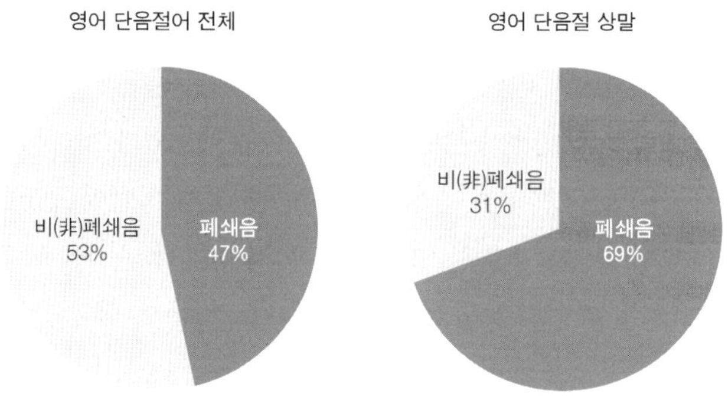

영어 단음절 비속어는 다른 영어 낱말보다 t나 k와 같은 폐쇄 자음으로 끝날 가능성이 상당히 더 높다.

문을 쾅 닫을 때, 당신은 어떤 기분인지를 표현하는 데 절대로 시간을 많이 들이지 않는다. 짧은 낱말은 더 간결하고 더 직접적이다. 이것이 단음절 속성이다. 이제 자음으로 돌아가 보자. 낱말 끝에 자음이 있다면, 아마도 이것은 어떤 환경에서 부적절하다고 여겨지는 낱말(예: 상말)에 특별히 효과적일 것이다. 개방 음절은 정말로 계속 작동하는 반면에, 어말에 자음이 있으면 이 낱말은 불쑥 멈춘다. 이것은 모멸적 별칭이나 모멸 표현 — 개인들의 무리에 대한 경멸적인 통칭 — 에서 특히 잘 드러난다. [예컨대 hebe(유대 놈)와 chink(되놈/아시아 놈), gook(동양 놈/아라비아 놈), jap(왜놈), WOP(이태리 새끼)을 생각해 보라.] 이러한 표현은 바로 당신이 급히 멈추고서 들리지 않게 우물거리고 싶을 수도 있을 유형의 낱말이다. 폐쇄 음절은 이것을 허용한다.

우리는 정확히 어떤 유형의 자음이 영어 폐쇄 단음절의 끝부분에 오는지를 살펴봄으로써 얼핏 무리하게 보이는 이 발상을 실제로 검증할 수 있다. 중요한 핵심은 모든 자음의 생성이 다 동일하지는 않다는 것이다. 어떤 자음은 낱말의 발음을 바로 끝낸다. 특히 문자 p, t, k, b, d, g에 대응하는 소리와 같이 '폐쇄음'이나 '파열음'이라 알려진 자음이 그러하다. 다른 자음은 소리가 새어나가는 것을 허용한다. 비음 n이나 m, 마찰음 s나 f, 접근음 l이나 r의 발음은 길게 끌 수 있다. 일반적으로 영어의 단음절어는 낱말 끝자리에 다른 자음보다 폐쇄 자음을 상당히 더 선호한다. 앞에서 살펴본 바와 같이, 그러한 단음절어의 딱 절반 이하가 짧은 타진음(打診音)인 p, t, k와 같은 소리로 끝난다. 그러나 상말을 동일한 방식으로 나누어보라. 그러면 앞에서 드러난 바와 같이 폐쇄 자음을 향한 편향은 상당히 더 과장되어 있다. spic이나 twat과 같은 상말은 우리의 우연한 예상보다 훨씬 더 많고 piss나 cum과 같은 상말은 그 예상보다 훨씬 더 적다.* 이것은 결코 결정적인 증거가 아니지만, 상말이 자음으로 끝난다 — 하지만 그냥 아무 자음으로나 끝나지 않는다 — 는 경향에 대한 '입 닫힘' 설명('shut your mouth' explanation)에 실제로 약간의 신뢰를 더해준다.

이 압력들의 하나 또는 조합으로부터 현재 영어에 존재하는 이 상말 무리가 생겨났을 수 있다. 그러나 대안적으로는 이 상말 무리가 gl의 경우처럼 단지 역사적 우연의 문제일 수도 있다. 여러 언어에 걸친 체계적인 연구 없이는 앞의 마지막 몇 단락에서 예시했던 부류의 느슨한 추정과 함께, 단지 영어의 상말 발음 패턴을 조사하는 데서 그쳐야 할지 모른다.

그러나 인간이 의사소통을 하는 한 경로 — 우리가 상말을 전달하는 방식 — 는 말과 달리 아주 분명한 동기가 있다. 말 이외에도 우리는 손과 팔을 크게 움직이고, 몸통으로 방향을 가리키고, 눈동자를 이리저리 굴리는 등 우리 몸을 사용해 의사소통을 한다. 우리는 입말을 동반하거나 대체하는 일상의 몸짓/손짓으로 의사소통을 하고, 또한 청각 장애를 지닌 사람들 사이에서는 수어(手語)의 기호를 통해 의사소통을 한다. 그리고 입으로 말할 때와 달리 손으로 의사소통을 할 때는, 우리가 보내는 (저속한 신호를 비롯한) 신호가 왜 현재의 그러한 형태가 되었는지 그 이유가 훨씬 더 분명하다.

* 구체적으로 피셔의 정확도 검증은 폐쇄 자음으로 끝나는 상말의 빈도가 어휘부 일반으로부터 기대했던 빈도보다 상당히 더 많음($p < 0.01$)을 보여준다.

03

손짓 하나가 천 마디 말보다 낫다

이따금 공원이나 식당과 같은 공공장소에 있을 때, 사람들과 그들의 의사소통 방식을 잘 살펴보라. 이 일을 제대로 실행하기 위해서는 우리가 이미 알고 있는 것이나 알고 있다고 생각하는 것을 잠깐 잊어버릴 필요가 있다. 그러면 이것은 우리 자신을 정말로 사전 지식이 하나도 없는 어떤 사람으로 상상하는 데 도움이 된다. 예컨대 화성에서 온 인류학자와 같은 사람 말이다.[1] 당신이 인간을 연구하기 위해 이곳에 와 있는 척 해보라. 그리고 그냥 인간들이 의사소통을 위해 무엇을 하는지 눈여겨보라. 화성의 인류학자로서 분명히 당신은 단연코 낱말의 소리에 하나도 기여하지 않는 신체 부위가 얼마나 심하게 이리저리 움직이는가에 주목할 것이다. 주먹은 흔들거린다. 머리는 곧추세운다. 어깨는 으쓱한다.

적절히 사용하면, 눈에 보이는 몸은 시간을 묻는 일에서부터 주문한 음료의 크기를 전달하는 일에 이르기까지 수많은 의사소통 활동을 수행할 수 있다. 당신은 발성기관의 움직임이 아무런 소용이 없을 때 이것을 가장 분명히 감지한다. 어떤 사람의 입이 가득 차 있을 때나, 그 사람이 지역 사투리를 말하지 못할 때처럼 말이다. 그러나 구체적인 몸짓/손짓은 또한 그 자체의 의도적인 의사소통 행위로 사용된다. '에이 오케이(A OK)' 몸짓/손짓은 비행기 조종사에게 이륙을 허가받았음을 알려준다. '체크 플리스(Check Please)' 제스처는 주의 깊은 웨이터를 부른다. 그리고 아 참, '씹새(Bird)'* 제스처도 고유의 의사소통 기능을

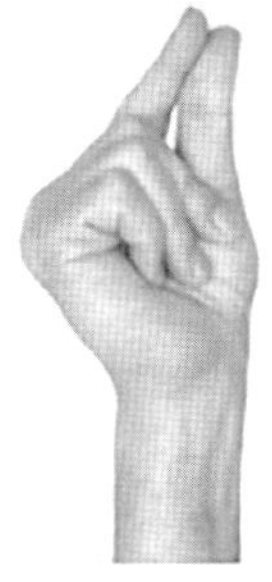

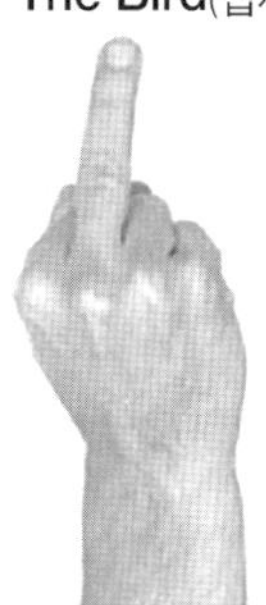

출처: 데이비드 버건(David Bergen).

지녔다. 당신은 이 제스처가 무엇을 전달하는지 알고 있다. 어떤 방 건너편에서, 전 세계에서, 살아 있는 내내, 사람들은 분명한 몸동작을 사용해 말없이 정보를 전달한다. 낱말은 우리가 의사소통하는 방식에 관한 설명의 일부만을 알려주고, 나머지는 제스처가 알려준다.

위에서 언급한 것과 같은 제스처는 어떤 문화 내에서 관습적인 의미를 매우 풍부하게 담고 있어서 낱말을 대체할 수 있다. 이로 인해서 이러한 제스처는 비교적 탐지하기도 쉽다. 그러나 이러한 상징 제스처는 손짓 빙산의 일각일 뿐이다. 말은 대부분 흔히 눈에 띄지 않는 미세한 제스처를 동반한다. 때로 손짓은 자신이 수반하는 말로 잉여적인 정보를 제공할 수 있다. 예컨대 어떤 데이트 쇼 프로그램의 한 경쟁자는 행운의 승자를 가리키면서 "저는 메리를 찍었어요(I choose Mary)."라고 강한 어조로 말할 수도 있다. 그러나 손과 머리, 몸통의 움직임은 또한 낱말이 엄밀히 전달하는 것 이상의 정보를 부호화할 수 있다. 예컨대 뒤틀린 유머 감각을 지닌 어떤 사람이 "오 예, 이 오페라 아주 재미있었

* (옮긴이) bird는 가장 원형적인 의미로 사용될 경우 다양한 종류의 '조류'를 총칭하는 낱말이지만, a queer bird(괴상한 놈)이나 my bird(내 예쁜이)에서 볼 수 있듯이 '놈', '녀석', '동성애자 연인' 등 확대된 의미로도 사용된다. 하지만 이 책에서 the Bird(s)는 가운뎃손가락을 곧추세우는 손짓 욕을 가리킨다. the Bird(s)를 '씹새'로 번역한다.

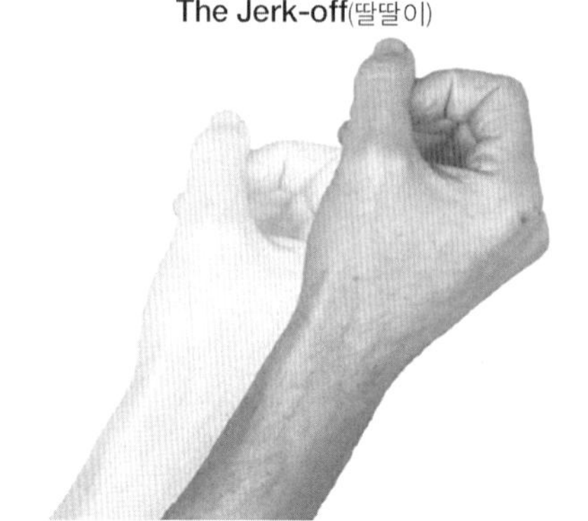

출처: 데이비드 버건(David Bergen).

어"라고 말한다고 가정해 보라. 이 여자의 말은 정말인가? 아니면 빈정거리고 있는가? 네가 찾는 답은 그녀의 몸에 있을지 모른다. 그녀가 이 말을 하면서 눈동자를 굴리고 딸딸이(Jerk-Off) 동작처럼 손목을 휙 턴다고 가정해 보라. 그녀는 아마도 오페라 애호가가 아닐 것이다.

사람들이 흔히 제스처를 하는 경우는 지시를 내릴 때처럼 이 제스처가 자신들이 말을 거는 사람에게 유용할 때이다. 그러나 사람들은 그렇지 않을 때도 제스처를 한다. 예컨대 보는 사람이 아무도 없을 때도 사람들은 제스처를 한다. 아마도 당신은 전화 통화를 할 때나, 샤워를 하면서 가상의 대화를 할 때 (예컨대 어떤 잘난 체하는 사친회 회원을 엄히 꾸짖을 때 또는 노벨상 수상 연설을 할 때) 자신이 어떤 제스처를 하고 있음을 느낀 적이 있을 것이다. 청자가 신생아이거나 장님일 때는, 제스처가 청자에게 절대로 아무런 도움을 줄 수 없다. 이러한 경우에조차도 사람들은 제스처를 한다.[2] 입말과 함께 출현하거나 입말을 보충하는 이러한 제스처 덕택에 화성인 인류학자인 당신이 주목할 의사소통 몸동작이 훨씬 더 많게 될 것이다.

그러나 화성인 인류학자인 당신과 달리, 인간에 불과한 우리는 그냥 팔과 머리, 몸통의 이 모든 박력 넘치는 활동을 좀처럼 의식적으로 주목하지 못한다. 이것이 분명히 드러나는 한 방식은 우리가 좀처럼 제스처를 문어 속에 새겨 넣을 만큼 중요하게 여기지 않는다는 것이다. 예외적으로 (어깨를 으쓱하는 동작이라고 간주되는) ¯_(ツ)_/¯와 같은 특정한 이모티콘은 문어 속에 들어가기도 한다. (하지만 실제로는 이 이모티콘은 거의 사용하지 않는다. 그 이유는 분명하다. 당신의 전화기에 이 이모티콘을 시험 삼아 입력해 보라.) 아주 드물게 당신은 *shrug*나 *sigh*처럼 낱말로 전사(轉寫)된 제스처를 마주칠 것이지만, 이것들도 거의 사

라지고 없다. 더 최근에 새로 도입된 표기 방식인 이모지(emojis)는 몇몇 제스처를 부호화할 수 있다. 예컨대 '엄지를 치켜세우는 동작(Thumbs Up)'이나 '엄지와 검지로 동그라미를 만들고 나머지 세 손가락은 나란히 세우는 동작(A-OK)', 심지어는 '가운뎃손가락을 바깥쪽으로 치켜세우고 나머지 손가락으로 주먹을 쥐어 내미는 동작'인 씹새가 그러한 제스처이다.* 그럼에도 불구하고 이러한 이모지는 여전히 특정한 사용자들이 특정한 맥락에서만 제한적으로 사용한다. 제스처는 대개 인간의 거의 모든 상호작용을 기술하는 문자 표기에 들어 있지 않다. 예를 들어, 연극 대본과 영화 대본에는 사람들이 말하는 수많은 낱말이 들어 있지만, 제스처에 관한 지시는 아주 드물다. 그리고 심지어는 제스처가 사람들의 삶에 가장 중요할 수 있는 경우에도, 즉 법정 기록에도 이 제스처는 대개 빠져 있거나 기껏해야 애매하게 들어 있다. 예를 들어, 알래스카 속기사협회(Alaska Shorthand Reporters Association)에서 나온 다음 법정 대화 사례를 살펴보자.[3]

> 질문: 상대편 운전자를 봤습니까?
>
> 대답: (고개를 끄덕임.)
>
> 질문: 들을 수 있게 말로 좀 답해줄 수 있습니까? 속기사는 고개를 끄덕이거나 머리를 흔드는 것은 기록할 수 없습니다.
>
> 대답: 예.
>
> 질문: 상대편 운전자의 키는 어느 정도였습니까?
>
> 대답: 대략 이 정도였습니다.
>
> 질문: 5피트 8인치 정도였습니까?
>
> 대답: 아니요. 거의 6피트 정도였습니다.

* (옮긴이) 이모지: 감정을 표현하는 유니코드의 그림 문자 처리 기술. 일본어 '그림[絵, 에(え)]'과 '문자[文字, 모지(もじ)]'의 합성어이다. 이모티콘(emoticon)은 텍스트(아스키 문자)의 조합으로 감정을 나타내지만, 감정 그림 문자(이모지)는 이미지로 감정을 표현한다.

제스처가 이 대화에서 얼마나 문제가 많은지에 주목해 보라. 법원 속기사는 인류에게 알려진 언어를 실시간으로 옮겨 적는 가장 뛰어난 필사자이지만, 그들조차도 제스처의 중요하고 유의미한 모든 것을 다 부호화할 수는 없다. 제스처가 성공적으로 서면 기록으로 바뀌는 경우는 드물다. 이 경우에도 여전히 제스처는 애매하다. 예컨대 위 대화의 '고개를 끄덕임' 부분을 보라. 우리는 이와 같은 기술로부터 해당 제스처가 확신의 끄덕임인지 주저의 끄덕임인지 다른 어떤 종류의 끄덕임인지 알 수 없다. 이 목격자의 확신에 대한 정보를 전달할 수 있어서 이 끄덕임은 법적 절차에서 아주 중요할 수 있다. 그러나 법원에서조차도 절대다수의 제스처는 기록되지 않는다. 목격자가 어깨를 움츠리는 방식이나, 눈을 찡그리는 방식, 어떻게 자동차가 갑자기 멈추었거나 기울어지며 멈추었는지를 묘사하기 위해 손을 움직이는 궤적 등의 제스처는 대부분 글자로 제대로 기록되지 않는다. 이것은 이러한 제스처가 우리의 의식에 거의 스며들지 않기 때문이다. 간단히 말하자면, 대개 우리는 의사소통이 주로 말과 관련이 있고 제스처는 선택적인 부가물이라고 간주한다.*

우리가 실제로 주목하는 제스처는 바로 저속한 제스처인 경향이 있다. 예컨대 버락 오바마의 첫 번째 대통령 선거운동 기간 동안 엄청난 양의 기사가 쏟아졌다. 바로 정치 평론가들이 "오바마는 정말로 어떤 사람에게 그 썹새를 날렸는가(손가락 욕을 했는가)?"라는 질문을 했을 때였다. 2008년 4월 17일에 ≪로스앤젤레스 타임스≫는 오바마가 한 연설에서 힐러리 클린턴(Hillary Clinton)의 토론 수행을 묘사하는 동안 가운뎃손가락으로 얼굴을 긁었다고 보도했다.[4] 그리고 이 제스처는 우연히 다시 등장했다. 그해 11월 오바마가 당선 수락 연설에서 패배한 상대 후보인 존 매케인을 칭송하는 도중에 바로 이 제스처를 했

* 이것은 긍정 피드백 고리(positive feedback loop)일 수 있다. 우리가 제스처를 기록하지 않는 이유는 이를 중요하다고 생각하지 않기 때문일 수도 있다. 또한 우리가 제스처를 중요하지 않다고 생각하는 부분적인 이유는 이를 기록할 쉬운 방법이 우리에게 없기 때문일지도 모른다. 내가 정말 바라는 것은 누군가가 무엇이 원인이고 무엇이 결과인지를 앞으로 밝혀내는 것이다.

다.[5] 우리는 오바마의 가운뎃손가락이 정치적 상대에 대해 그가 실제로 품었던 생각을 무심코 드러냈는지, 아니면 그냥 코가 간지러웠는지 알 수 없다. 그러나 그의 손가락 움직임에 사람들은 신경이 상당히 거슬려 했다.

인간의 의사소통 방식을 이해하기 위해서는 제스처를 파고들어야 한다. 그리고 말에 대해 우리가 알고자 할 수도 있는 많은 동일한 사항이 제스처에 대해 의문을 제기하는 데도 또한 중요하다. 이러한 문제는 무엇을 의미하는가? 이러한 문제의 근원은 무엇인가? 이러한 문제는 어느 정도의 문화 간 유사성과 차이점을 지니는가?

말에 관한 질문을 할 때 택했던 것과 동일한 책략인 비교언어학적이고 비교문화적인 관점을 취해보라. 그러면 이 질문들에 대한 가장 분명한 답이 나온다. 비결은 각 언어에서 대략 등가의 일을 하는 (또한 대체로 동일한 의미를 지닌) 제스처를 찾는 것이다. 이 책략을 말에 적용할 때, 우리는 낱말 fuck이 최대로 상이한 여러 외국어 낱말로 번역된다는 점에 주목했다. 즉, 프랑스어 baiser나 중국어 cào(肏)의 소리/철자가 지닌 어떤 것 때문에 이들이 임의의 다른 소리/문자 연쇄보다 이 특별한 의미에 더 잘 어울리는 낱말이 되거나 더 잘 어울리지 않는 낱말이 되는 것은 결코 아니다.

그러나 제스처의 경우에는 이러한 등가물을 찾는 것이 더 도전적인 과제이다. 그냥 앞의 사례를 살펴보자. 많은 문화에는 웨이터를 부르기 위한 구체적인 제스처가 없다. 그 이유는 이 행위가 특별한 유형의 사회적 상호작용에 매우 의존적이기 때문이다. ('모든 게 완벽해'를 뜻하는) A-OK 제스처의 경우도 마찬가지이다. 그리고 이 목록은 계속 이어진다. (엄지는 수평으로 왼쪽을 향하고 검지는 위로 세우고 나머지 손가락은 접어서 L자 모양으로 앞이마에 대는 동작인) 패배자(Loser) 제스처나 (다른 많은 징후보다도 병아리 날개를 묘사하기 위해 팔꿈치를 굽혀 위아래로 움직이는 동작인) '얼간이/겁쟁이(Chicken)' 제스처와 같은 북미의 친숙한 제스처에 대한 등가물은 세계 어느 곳에도 거의 없다.[6] 마찬가지로 다른 문화에서는 토착적이지만 북미에서는 친숙하지 않을 제스처를 찾기도 쉽다. 예컨대 프랑스에는 ('멋진 턱수염이군!'을 뜻하는) Quelle Barbe 제스처라고 불리는 제스처가 있다. 이 제스처는 손가락의 등이 (턱수염 자리에 있는) 뺨의 옆면을 문지른다. 이 제스처는 '지루한'과 비슷한 의미를 지닌다. 가장 가까운 미국 영어 등가물은 Whoopdeedoo일 수도 있다. 이 제스처는 위쪽으로 치켜세운 검지로 몸 앞에서 원을 그린다. 또는 가장 유사한 대응물은 엄지손가락 만지기(Twiddling-Thumbs)일 수도 있다. 그러나 둘 중 어느 제스처도 정확히 맞지는 않다. 일반적으로 Whoopdeedoo는 제스처 실행자가 겪는 지루함보다는 오히려 논의 중인 이 모든 것이 별로 중요하지 않음을 나타낸다. 그리고 나는 엄지손가락 만지기가 순수한 지루함보다는 오히려 활동하지 않음과 초조함을 나타낸다고 이해한다.

프랑스어 제스처 On Se Tire

출처: Sylvain LeLarge, www.talenvoortalent.nl/english speakers.pdf.

분명한 지역 대응물이 없는 프랑스어 제스처의 사례는 ('여기서 나갑시다'를 뜻하는) On Se Tire이다. 이 사례는 이탈리아와 그 밖의 남유럽 지역에서도 출현한다. 이 제스처는 왼쪽 사진에서 볼 수 있다. 실제로 북미나, 내가 아는 바로는 전 세계 대부분의 지역에도 이 제스처에 견줄 만한 것은 많지 않다. 여기에서 On Se Tire와 가장 가까운 것은 Round-' Em-Up일 수도 있다. 사실 Round-' Em-Up은 (검지가 위쪽으로 향하며 원을 그리는) Whoopdeedoo와 상당히 비슷해 보인다.* 그러나 Round-' Em-Up은 펼쳐지는 정도가 On Se Tire

* 드문드문 관찰해 보았지만 내가 보기에 Round-'Em-Up은 팔꿈치에서 회전을 시작하는 제스처인 반면, Whoopdeedoo는 오히려 팔목 부위에서 나오는 제스처이다. 하지만 이것은 육감일 뿐이다.

에 비해 훨씬 더 작다.

우리는 이미 여러 언어 속의 관습적인 제스처가 다양한 의미를 전달한다는 것을 알 수 있다. 이것은 제스처가 얼마나 보편적인지라는 질문에 대한 대답의 출발점이다. 절대적인 관점에서 제스처는 형태도 의미도 보편적이 아니다. 전 세계에 걸쳐 제스처는 이렇게 다양해서 다음의 2차 질문에도 답하기 어렵게 된다. 비슷한 의미를 지닌 제스처를 여러 언어에서 실제로 발견하는 경우에, 이 제스처들은 얼마나 유사하게 보이는가?

이 질문에 답하기 위해서는 세계의 여러 언어에서 제스처를 더 일관성 있게 사용해 부호화하는 의미를 찾아야 한다. 사람들은 제스처를 작은 무리의 아주 공통적인 것에 사용하게 된다. 이것들 중의 하나는 가리키는 것이다. 사람들이 상이한 지역에서는 상이한 방식으로 가리킨다. 예컨대 일본에서는 사람들이 검지를 코에 대어서 자기 자신을 가리킨다.[7] 파푸아 뉴기니의 여러 지역에서는 코를 움직여 가리킨다![8] 그러나 가리킴은 일관성 있게 출현한다. 유력하게 떠오르는 통상적인 가리킴 동작의 또 다른 한 사례는 손을 사용해 공간을 그리는 것이다. 이 동작의 목적은 사물들의 크기나 상대적 위치를 보여주기 위함이다. 여러 문화의 사람들은 서로 인사하거나 신호하기 위해 제스처를 한다. 마지막으로 전 세계에서 사람들은 제스처를 사용해 불쾌감을 준다.

자연스럽게 우리는 이 제스처 사용의 마지막 사례에 초점을 맞추려 한다. 그래서 우리는 이렇게 묻는다. 전 세계의 사람들은 제스처를 어떻게 사용하여 모욕하고 경멸하고 비난하는가? 몸의 어떤 움직임이 불쾌감을 주는가? 그리고 왜 그러한가? 세계 언어들의 저속한 제스처는 얼마나 유사한가? 그리고 어떤 보편적 원리가 이러한 제스처를 지배하는가? 이 질문들에 답하기 위해서는 전 세계의 씹새(Birds)[즉, 가운뎃손가락 욕(Middle Finger)]를 다 살펴보아야 한다.

$ % !

기본적인 사실로 논의를 시작해 보자. 물론 씹새(즉, 가운뎃손가락 욕)는 북미에서 아주 중요한 것이다. 이것이 가장 많은 검열을 받고 가장 많은 논란이 되는 제스처인 이유는, 높은 빈도와 높은 불쾌감이 교차하는 지점에서 출현하기 때문이다. 이 씹새는 다양하게 사용되지만, 대체로 이러한 사용은 Fuck you(엿 먹어라!)와 Fuck off(꺼져, 씨바!)라는 표현이 수행할 수 있는 것과 궤적을 같이 한다. 이러한 표현(씹새의 언어적 상응물)과 마찬가지로, 이 씹새는 공격적이거나 경멸적일 수 있지만, 익살맞게 사용할 수도 있다.

사람들이 마음속에서 공격성을 이 특별한, 한 손가락 펼침과 연결하는 작용은 강력하다. 우리는 실험 연구에서 이것을 확인할 수 있다. 한 연구에서 사람들에게 어떤 글을 읽는 동안 검지와 중지 둘 중 하나를 펼치도록 요구했다.[9] 이 글은 가공의 인물 도널드(Donald)를 중의적으로 기술했다. 그래서 우리는 도널드를 공격적이라고 해석하거나, 당연히 단호하다고 해석할 수도 있다. (예컨대 도널드는 집세를 내지 못하겠다고 말한다. 하지만 집주인이 수리를 해주지 않았을 때만 그렇게 한다. 이것은 공격성인가 단호함인가?) 가운뎃손가락을 펼치는 사람들이 검지를 펼치는 사람들보다 도널드를 상당히 더 공격적이라고 평가했다. 그래서 손가락 하나가 (정확한 손가락인 한) 당신이 얼마나 공격적으로 사람들의 행위를 해석하는지를 변화시킬 수 있다.

이 씹새는 이미 전 세계 곳곳에 퍼져 있다. 부분적으로 이것은 미국의 미디어가 행사하는 문화적 영향이 깊숙이 스며들었기 때문이다. 하지만 미국 국경 너머로 여행을 해보면, 당신은 많은 지역에서 이 씹새가 절대로 날지 않음을 알게 될 것이다. 예컨대 동아시아에서는 전통적으로 가운뎃손가락이 결코 어떤 비속성과도 분명하게 연결되지 않는다. (비록 최근에는 이곳에서도 이 씹새가 날개를 펼치고 있지만 말이다.)

그 대신에 전 세계에는 여러 다른 색깔과 깃털을 지닌 지역 씹새들이 존재한다. 이 씹새들은 미국의 씹새와 다른 방식으로 공격성과 경멸을 전달하는 제스처이다. 이러한 내인성 상응물들 중의 일부는 미국 씹새의 가까운 사촌으로 보인다. 예컨대 상응하는 영국 씹새는 V 자 모양으로 검지와 중지를 둘 다 사용한다. (미국인들은 한 손가락만을 필요로 하는데 왜 영국인들은 이 두 손가락을 다 필

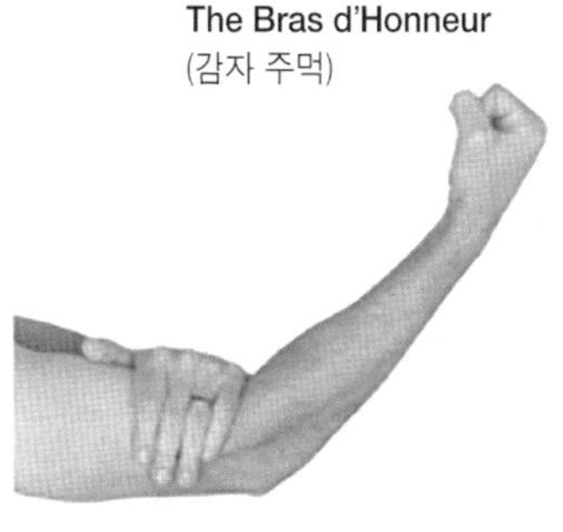

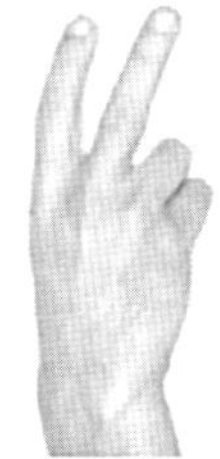

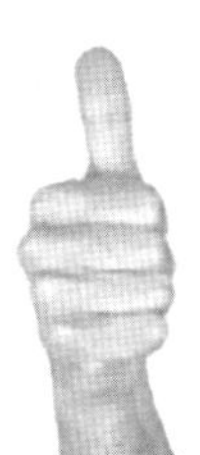

출처: 데이비드 버건(David Bergen).

요로 하는지는 여기서 우리가 논의할 범위를 넘어선다.)

당신은 다른 어떤 지역보다도 유럽 남부와 서부에서 사용되는 [또한 '영광의 팔'을 뜻하는 프랑스어 Bras d'Honneur(감자 주먹)라고도 알려진] '뒈져라(Up-Yours)' 제스처에서 미국 씹새와의 가족 유사성을 확인할 수 있다. 이 제스처에서는 주로 사용하는 손의 주먹이 손바닥을 안쪽으로 향한 채 덜 주도적인 팔뚝 아래로부터 위를 향해 뻗는다. 이 제스처는 전반적으로 미국 씹새와 유사한 모양을 만들지만, 여러 다른 신체 부위를 더 대규모로 사용한다.

그리고 만일 이 비교를 확대하고자 한다면, 우리는 이러한 제스처와 어떤 다른 나라보다도 이란과 아프가니스탄에서 사용되는 한 상스러운 제스처 사이에서 약간의 유사성을 발견할 수도 있다.[10] 이 제스처는 엄지척(Thumbs-Up)과 많이 비슷하게 보인다. 미국 씹새와 마찬가지로 엄지척도 위쪽을 가리키는 손가락을 사용한다. 비록 이 손가락이 중지가 아니라 엄지이지만 말이다. 보통은 이 제스처가 아주 구체적인 위쪽 어딘가 위로 향하는 엄지손가락을 나타낸다고 해석된다. (이 어딘가는 엄지가 놀라울 수도 있고 불편할 수도 있는 어떤 장소이다.)

그리고 또한 그럴듯한 유사성을 지니는 범위 내에 러시아의 한 제스처가 있다. 이 제스처는 (그 밖에 동유럽과 남유럽에서도 또한 사용되며) 우리가 어린아이의 코를 훔치는 체할 때 미국인들이 하는 손짓과 많이 비슷하게 보인다. 엄지

출처: 데이비드 버건(David Bergen).

가 오므린 검지와 중지 사이로 삐져나온 이 제스처는 무화과(Fig)라고 불리며, 미국 씹새의 약간 순한 유형이다.

그러나 제스처를 계속 둘러볼 때, 우리는 우리 자신이 알고 있는 미국 씹새에 대한 전체적인 모양이나 세부 형태의 유사성이 점점 더 낮아지는 제스처(손가락이나 주먹을 위로 내뻗지 않는 제스처)들을 보게 된다. 브라질에는 (나머지 손가락은 내뻗고 엄지와 검지로 원을 만드는) 미국 A-OK(모든 게 완벽해)의 손 모양을 사용하는 제스처가 있다. 하지만 이 브라질 제스처에서는 손바닥이 이 제스처를 하는 사람 자신의 몸을 향하고 엄지와 검지로 원의 바깥 면이 바깥쪽을 가리킨다. 이 실례는 위의 그림에서 볼 수 있다. 이 제스처는 우리 미국 씹새의 저속한 상응물로서 Fuck you와 대충 등가인 손동작이다. 아니면 그리스의 불쾌하고 모욕적인 제스처인 Mountza(문드자)를 예로 들어보라. 이 제스처에서는 손가락 다섯 개를 다 펴고 손바닥을 내보인다. 이 제스처는 북미의 제스처 Talk-to-the-Hand(손한테 말해봐)와 아주 비슷해 보이지만 가운뎃손가락의 지시적 힘을 지녔다.

전 세계의 사람들이 몸동작으로 의사소통을 하는 방식의 이러한 차이는 중요하다. 실용적인 측면에서, 어떤 외국을 방문할 때 우리는 보통 뜻하지 않게 누군가를 향해 미국 씹새와 등가인 그 지역 제스처를 하는 상황을 원하지 않는다.

역으로 우리는 그 지역 토속어를 말하지 못할 때조차도 강력한 의미를 몸으로 전달하는 방법을 정말로 알 필요가 있다. 과도한 요금을 청구하려고 하는 택시 운전사에게든 좌석 안내를 거부하는 레스토랑 지배인에게든 말이다. 바로 이때 손가락 하나(나 둘)가 정말로 자신의 가치를 입증한다. 그러나 손목을 저속하게 놀리는 움직임의 전 세계적인 놀라운 다양성은 또한 (곧 알게 되겠지만) 제스처가 왜 현재의 그러한 특정한 모습을 지니고 있는지를 보여주기 시작한다.

$ % !

낱말과 관련해, 어떤 낱말이 여러 언어로 번역되는 유사한 방식이나 상이한 방식이 이 낱말의 소리가 얼마나 자의적인가에 대한 증거를 제공한다는 것을 회상해 보라. 예컨대 우리는 fuck의 두 개의 자음과 한 개의 모음이 결합하여 전달하는 의미와 fuck의 이 네 음성 사이에 어떤 특별한 관계도 없음을 알고 있다. 그리고 우리가 이렇게 알고 있는 부분적인 이유는 프랑스어의 *baiser*, 스페인어의 *cojer*, 중국어의 *cào*(肏) 등과 같이 여러 다른 언어가 완전히 상이한 소리를 사용해 동일한 의미를 전달하기 때문이다. 이것이 자의성 원리이다. 현대 영어에 낱말 fuck이 있는 이유는, 수백 개의 예측 불가능한 하찮은 것들이 우연히도 수천 년에 걸쳐 정말로 이 낱말이 출현하여 현재의 모양을 갖도록 하는 조건을 만들어냈기 때문이다. 그 결과 이 낱말 fuck은 정확히 현재의 그런 의미를 전달하고 현재와 같은 방식으로 발음이 난다.

제스처에 관해 동일한 질문을 할 때, 우리는 약간 다르지만 똑같이 복잡한 답을 얻는다. (가운뎃손가락을 내뻗는 손짓인) 미국 씹새와 (검지와 중지로 V-자 모양을 만드는 손짓인) 영국 씹새, (엄지를 검지와 중지 사이로 내미는 경멸적 손짓인) 무화과(Fig), 그리고 사람들이 손을 이용해 경멸과 폄훼를 표시하는 그 밖의 다양한 방식을 비교해 보라. 이 제스처들을 동반하는 구어 낱말들과 마찬가지로, 이 제스처들도 자의적인가? 분명히 이 제스처들은 여러 다른 방식으로 표현된다. 예컨대 미국 씹새는 모양이 무화과와 완전히 구별된다. 씹새는 손 모양과 손바닥 방위를 다르게 사용한다. (그리고 이것은 심지어 씹새의 변이형을 검토하고 있는 것도 아니다. 한 변이형은 가운뎃손가락이 꼭 쥔 주먹으로부터 위로 뻗어 나온 형태이고, 다른 한 변이형은 가운뎃손가락이 검지와 약지의 굽은 마디 옆에 서 있는 형태이다.) 영국 씹새는 한 손과 펼쳐진 두 손가락을 사용한다. 뒈져라!(Up-Yours)는 두 손을 사용하지만 어떤 손가락도 내뻗지는 않는다. 그리스의 Mountza(문드자)나 브라질의 A-Not-OK(에이낫오케이)는 훨씬 더 다르다. 얼핏 보기에 적어도 처음에는 형태의 언어 간 다양성과 문화 간 다양성이 자의성을 예시한다면, 정말로 낱말과 마찬가지로 제스처도 자의적인 것으로 보인다.

그러나 이 추론에 한 측면을 더해보자. 전 세계의 씹새들 중 적어도 일부는 다양하면서도 각각 그 나름대로 자의적이지 않을 수 있는가? 달리 말하자면, 미국 씹새가 현재의 그런 형태를 지니는 어떤 유의미한 이유가 있는가? 그리고 비록 그 이유가 상이할 수도 있지만, 그리스의 Mountza(문드자)가 현재와 같은 형태를 지니는 다른 어떤 이유가 있는가?

이 질문에 답하는 한 방식은 각 제스처의 역사를 살펴보는 것이다. 어쩌면 어떤 제스처의 기원은 왜 이 제스처의 모습이 현재와 같은지를 보여준다. 이것은 말이 쉽지 실천하기는 어렵다. 제스처는 낱말이 문어를 통해 남기는 것과 같은 흔적을 남기지 않기 때문이다. 그 결과, 어떤 제스처가 어떻게 존재하게 되었는가에 대한 여러 다른 이야기가 펼쳐진다. 그래서 어떤 제스처의 진정한 역사(이 제스처의 어원)를 사람들이 퍼뜨리는 꾸며낸 '속설' 어원과 구별하는 것은 도전적인 과제일 수 있다. 예컨대 미국 씹새에 대한 이 속설 어원의 어떤 유형은 당신의 메일 수신함에 이렇게 나타났을 수도 있다.

> 1415년 아쟁쿠르 전투(Battle of Agincourt)에 대비할 때, 프랑스인들은 영국인들에 대한 승리를 기대하면서 포로로 붙잡힌 모든 영국 병사들의 가운뎃손가락을 자르자는 제안을 했다. 가운뎃손가락이 없으면, 영국인들은 자신들의 유명한 긴 활을 잡아당길 수 없어서 그 후로는 전투를 수행할 수 없게 될 것이다. 영국인들의 긴 활은 영국 고유의 주목나무로 만들어졌으며, 이 긴 활을 잡아당기

는 행위는 ('주목 활 당기기'를 뜻하는) plucking the yew 또는 ('주목 활을 당기다'를 뜻하는) pluck yew라 알려져 있었다.

그러나 프랑스인들이 아주 당황스럽게도, 영국인들은 승리해 의기양양했으며, 자신들의 가운뎃손가락을 패배당한 프랑스인들에게 흔들며 그들을 조롱하기 시작했다. 그러면서 영국인들은 See, we can still pluck yew!('봐라, 여전히 우린 주목 활을 당길 수 있어.')라고 말했다.

pluck yew는 발음하기가 상당히 어려워서, 어두의 이 어려운 자음군 pl이 점차 변하여 치조음 f가 되었다. 따라서 이 낱말은 흔히 한 손가락 인사와 함께 사용된다.

또한 이 상징적 제스처가 giving the bird('손가락 욕하기')라고 알려진 것은 바로 이 긴 활과 함께 사용된 꿩 털 때문이다.

이것은 환상적인 이야기이다. 완전히 공상이라는 점에서 환상적이다. 기본적으로 이 이야기는 어떤 것도 참이 아니다. 이 제스처의 군사적 기원에서, pluck yew라는 창의적인 명명, 이 제스처의 창안 시기 추정, 이 제스처를 씹새라고 부르는 이유에 이르기까지 다 참이 아니다.[11] 이 씹새의 진정한 역사를 알아내기 위해서, 우리는 정말로 그림이나 (그림이 없는 경우에는) 서면 기술과 같은 시각 표상 속에 있는 씹새의 기록을 살펴보고자 할 것이다. 아마도 자명한 이유로 인해, 상스러운 제스처는 초기의 유화와 스케치에 전혀 없다. 다행스럽게도 씹새는 그 존재만큼이나 상당히 주목할 만한 제스처이며, 한 서면 문서에 식별 가능한 소량의 사례를 남겨놓았다.

다음은 이 기록으로부터 우리가 알고 있는 바이다. 이 씹새는 기나길고 상당히 사나운 비행을 해왔다. 이 씹새를 처음 만들어낸 사람은 영국인이든 미국인이든 영어 화자들이 아니었다. 그리고 이 씹새의 기원은 그렇게 머지않은 15세기 언저리가 아니다. 추정컨대 이 기원은 대략 2000년 떨어져 있다. 가장 오래된 기록에 따르면, 이 기원은 고대 그리스에 있다.[12] 예컨대 이 씹새는 고대 그리스의 음란한 극작가 아리스토파네스(Aristophanes)가 기원전 419년에 발표한

희곡 「구름(The Clouds)」에 등장한다. 이 작품에서 스트렙시아데스(Strepsiades)는 자신의 자지를 소크라테스(Socrates)에게 흔들어대기 전에 가운뎃손가락을 그를 향해 내뻗는다.[13] 그때의 그리스인들은 파티에서 난잡하게 놀 수 있었다. 기원전 330년에 나온 라에리티오스(Laeritus)의 『저명한 철학자들의 삶(Lives of Eminent Philosophers)』에서, 철학자 겸 비평가 디오게네스(Diogenes)는 그리스의 저명한 정치가이자 웅변가인 데모스테네스(Demosthenes)에게 씹새를 날리고 그를 선동가라고 칭하며 경멸을 표현한다.[14]

그래서 이 씹새는 고대 그리스 도처에 있었다. 그리스의 이 모든 것들을 문화적으로 전용한 로마인들의 열정은 종교와 민주주의, 의복을 넘어서서, 통속적인 제스처와 같이 정말로 중요한 것들에까지 확대되었다. 로마인들은 이 그리스의 씹새에 아주 매혹되어서 '음란한 손가락'을 뜻하는 디기투스 임푸디쿠스(digitus impudicus)라는 이름을 붙여주었다. 현재와 마찬가지로 그때 이 제스처의 사용은 엄청난 효과를 냈다. 로마 황제 칼리굴라(Caligula)는 신하들에게 자신의 손이 아니라 가운뎃손가락에 입맞춤하도록 함으로써 모욕감을 주었다고 전해진다.[15] 이러한 모욕을 당한 신하 중 한 사람인 카시우스(Cassius)는 얼마 후 칼리굴라를 암살했다. (그 당시에 수많은 암살 시도가 있었으며, 칼리굴라는 상대하기 만만한 황제였던 것으로 보이지 않는다. 그래서 우리는 그 일의 처리를 끝낸 것이 바로 가운뎃손가락이었다고 확신할 수 없다.) 손가락질에 대한 황제의 개입을 보여주는 또 다른 사례에서 아우구스투스 카이사르(Augustus Caesar)가 야유하는 한 청중에게 이 씹새를 날린 배우를 로마로부터 추방해 벌을 주었다고 전해진다.[16]

그래서 우리는 이 씹새가 출현한 지 2000년 이상이 되었다는 것과, 언제나 '씹새'라고 불리지는 않았다는 것을 안다. 적어도 가장 초기에 출현했을 때는 그렇게 불리지 않았다. 이 이름은 훨씬 더 최근에 완전히 씹새로 바뀌었으며, 1960년대에 출현한다. 일찍이 19세기 말에 사람들은 to give someone the big bird라는 표현을 다른 한 개인 – 가령 공연자나 대중연설가 – 을 야유하는 방식으로 사용했다.[17] 이 사례로 미루어볼 때, 이 용어 bird('씹새')는 발성에서 현재 우리로 하여금 이 낱말을 떠오르게 하는 손짓으로 거처를 옮겼다. 1967년이 되어서야 비로소 flipping the bird(가운뎃손가락을 치켜드는 것)라는 어구는 서면 기록에 모습을 드러낸다. 이 어구는 (1965년에 결성된 전설적인 사이키 델릭 밴드인) 그레이트풀 데드(Grateful Dead)의 무대 위 기행(奇行)을 묘사하는 음악 잡지 기사에 처음 등장한다.[18]

그러나 이 제스처는 어떻게 현재의 그런 모양을 가지게 되었는가? 즉, 왜 가운뎃손가락을 위로 내뻗는 모양인가? 어떤 사람들은 이 '씹새'가 적어도 이 고대 시대에는 남근의 상징으로 여겨졌다고 말한다.[19] 스트렙시아데스는 치켜든 가운뎃손가락과 자지를 나란히 놓아서 이 상징 관계를 분명히 한다. 그리고 이 믿음은 오늘날까지도 이어진다. 예컨대 (당신이 『털 없는 원숭이(The Naked Ape)』의 저명한 저자라고 알고 있을 수도 있는) 인류학자 데즈먼드 모리스(Desmond Morris)는 이렇게 주장한다. "가운뎃손가락은 자지이고 양옆의 손가락들로 만든 원모양은 불알이다."[20] 이 주장은 이 '씹새'가 왜 현재의 모양인가에 대한 설명의 서막일 수도 있다. 이 설명은 도상성 개념 — 제스처가 표상되는 사물의 모양처럼 보일 수도 있다는 개념 — 에 의존한다. 이 '씹새'는 발기한 자지와 비슷한 모양으로 보인다.

지금까지 우리가 살펴본 모든 상스러운 제스처에 대해서도 도상성에 근거한 유사한 설명이 제시되었다. '뒈져라!(Up-Yours)'에 대해 제안된 설명도 사실상 동일하며, 이 제스처가 좆의 상징으로 시작되었다고들 믿는다.[21] (검지와 중지 사이에 엄지를 밀어 넣는 손짓인) 무화과(Fig)의 역사는 더 복잡하다. 이탈리아의 초기 전통에서는 이 제스처의 이름이 이 제스처의 정체를 알려주었다 — 무화과 만들기(making the Fig)뿐만 아니라, (cunt gesture '씹 제스처'를 뜻하는) far le fiche를 뜻한다고 묘사했다. 이것은 그 시대의 사람들이 이 제스처가 여성의 성기를 나타낸다고 생각했음을 나타내는 아주 결정적인 증거이다. 그리고 전형적인 해석은 엄지손가락 그 자체가 여성 성기의 음핵(陰核)을 나타낸다는 것이다. 그러나 대조적으로 현대 러시아에서는 이 무화과 제스처를 ('솔방울'을 뜻하는) shish라 부르고, 또한 아마도 엄지손가락 끝이 표상하는 귀두, 즉 자지 끝을 지칭하는 데도 이 낱말을 사용한다. 만일 이러한 이름이 어떤 암시라면, 시간상에서나 공간상에서 구현되는 무화과의 다양성은 여러 다른 신체부위에 대한 도상이었다.

그러나 이것이 음경(陰莖, phalluses)과 음핵(陰核, litorises)의 다는 아니다. 모욕을 당하는 사람을 향해 손바닥을 펼치고 내뻗는 제스처인 그리스의 문드자는 분명히 범죄자들에게 도시 전역을 강제로 행진시킬 때 그들의 얼굴에 숯검정을 문질러서 그들의 체면을 깎아내리는 비잔틴의 형벌 관행에까지 거슬러 올라간다. (비록 저주하는 데 사용되는 제스처에 문드자의 전조가 존재할 수도 있지만 말이다.)[22] 이 제스처는 손이 불러내는 재 묻히기 관행으로부터 (cinders '숯검정'을 뜻하는) 이름 Mountza(문드자)를 끌어낸다. 마찬가지로 문화 해석자들은 브라질의 A-Not-OK(에이낫오케이)에서 엄지와 검지로 만드는 원이 똥구멍을 표상한다고 말한다.[23]

이런 식으로 나온 기원 이야기는 모두 한 가지 측면에서 아주 유사하다. 이 이야기들은 다 전 세계의 외설적 제스처들이 대체로 구체적인 사물 — 보통은 신체 부위 — 의 아날로그 표상이자 모욕하는 행위의 아날로그 표상이라고 설명한다. 이 '도상성'은 음성상징과 비슷하지만, 청각 양상이 아니라 시각 양상 속에 살아 있다. 이 '씹새'라는 곧추세운 가운뎃손가락은 사람들이 이 표상으로 전달하고자 하는 자지와 비슷하게 보인다는 데서 비롯된다. 브라질의 A-Not-OK(에이낫오케이)는 만지는 손가락인 엄지와 검지로 원을 만들어 똥구멍 모양을 표상한다.

그러나 만일 제스처들이 왜 현재의 그런 의미를 지니고 있는지를 이해하고자 한다면, 우리는 여전히 한 단계를 놓치고 있다. 이 기원 이야기들은 비록 정확하다고 가정한다 하더라도 사람들이 왜 내뻗은 한 손가락을 사용해 자지를 표상하거나 움켜진 주먹 사이로 삐져나온 엄지손가락이 음핵을 표상하는지를 설명하는 데까지만 나아간다. 그러나 이러한 제스처는 '음핵'이나 '자지'를 의미하지 않는다. '재 바르기'나 '똥구멍'을 의미하지 않는다. 그 언어적 대응물과 마찬가지로, 이러한 제스처의 주요한 기능은 경멸이나 모욕을 강렬하게 표현하는 것이다. 이것이 바로 누락 단계이다. 자지(나 똥구멍이나 음핵)의 손짓 표상은 왜 조롱과 비하를 나타내는가? 손으로 음경을 모사한다면, 왜 그것은 흔히 공격적인 행위가 되곤 하는가?

적어도 남근의 경우에 대해 인류학자들은 '이 경우가 남성의 발기나 성교 행위가 남성 지배를 상징하게 되고 성행위와 완전히 무관한 상황에서 지배 제스처로 사용될 수 있는' 수많은 사례 중 하나라고 주장해 왔다.[24] 설령 이것이 사실이라 하더라도 현대 세계에서 인정하기는 어렵다. 나는 당신이 아마도 발기한 실제 남근의 노출이 어떤 사람이 지배력을 행사하고자 하는 대부분의 상황에서 부적절한 행위라는 데 동의하지 않을까 생각한다. 우리는 이종격투기 시합 전의 계체량 심사나 대통령 선거 토론회에서 (남근 노출이라는) 이 웃긴 장면을 보지 못할 것이다. 더욱이 만일 당신이 최고 악당이라면, 당신의 거처 입구에 발기한 남근 상(像)을 일직선으로 세워놓아 침입자들의 마음속에 공포를 심어주려 하지 않을 것이다. 그래서 설령 이것이 바로 남근 상징 제스처들이 현재의 그런 역할을 수행하게 된 이유라 하더라도, 오늘날의 선진 세계에서는 사람들의 실세계 경험과 관련이 있어 보이지 않는다. 그리고 똥구멍 기반 도상성이나 음핵 기반 도상성에 관한 한 이 남근 표상 설명은 실제로 무기력하게 된다. 그래서 기껏해야 이 설명은 이러한 제스처 중의 일부가 왜 애초에 현재의 그런 역할을 수행하게 되었는가의 이야기일 뿐이지, 왜 계속해서 그런 역할을 수행하는가에 대한 이야기는 아니다.

정말로 우리는 앞에서 검토했던 이 다양한 씹새 유사물들의 표면상 기원이 성기나 성행위와 같이 그 자체로 금기 대상에 있음을 알고 있다. 그래서 최선의 설명은 다시 '맙소사·씨부럴·똥지랄·깜둥이' 원리에 의존한다. 이 거대한 네 가지 주제에 대해 말할 때는 아마도 상스러움을 전달하는 데 가장 적절한 낱말을 선택해야 할 것이다. 바로 이 선택 압박에서 이러한 주제에 대한 여러 손짓과 몸짓이 나오고, 이들 중 가장 좋은 후보가 상스러운 제스처로 다듬어지게 된다.

그러나 설령 이러한 역사적 설명이 개략적으로 정확하다 — 상스러운 제스처의 기원에 약간의 도상성이 있다 — 고 하더라도, 상스러운 제스처가 현대 언어 사용자들의 마음속에 도상적으로 남아 있는지 여전히 우리는 모른다. 손가락과 남근(이나 기타) 사이의 유사성 제안은 지각하기 특별히 어렵지 않다. '씹새'는 남근과 상당히 비슷하게 보인다. 그러나 우리는 도상성을 보고자 하는 곳에서 단지 도상성만을 해독하고 있는 것이 아님을 꼼꼼히 확인해야 한다. 기하학적으로 말하면, 사실상 세계에는 '씹새'나 남근과 마찬가지로 다른 두 차원에서보다 어떤 한 차원에서 더 긴 사물이 많이 있다. 또한 많은 사물은 원 모양이다. 그리고 우리는 아주 균형 잡힌 모든 것을 다 남근이나 항문처럼 보인다고 딱지 붙이는 덫에 빠져들고 싶어 하지 않을 것이다. 그래서 우리는 현 시대의 영어 화자들과 러시아어 화자들, 브라질 포르투갈어 화자들의 마음속에서 어떤 손가락이 언제는 남근이고 언제는 그냥 손가락이라고 어떻게 말할 수 있는가? 인류학자들이나 역사학자들, 게다가 고대 로마 사람들과 함께, 우리 자신이 단지 극단적으로 단순화한 설명, 즉 언어적 금기나 문화적 금기로 인해 우리가 편향적으로 선호할 수도 있는 설명에 끌려들어 가고 있지 않다는 것을 우리는 어떻게 알 수 있는가? 우리 자신이 보고자 하는 바를 우리가 보고 있지 않다는 것을 어떻게 아는가?

본질적으로 바로 이 질문은 네 글자 낱말을 다룬 앞 장에서 했다. 언어 속에서 어떤 패턴이 단지 관찰된다고 해서, 이것이 그 언어를 사용하는 개별 화자들의 마음속에서도 이 패턴이 내적으로 발현된다는 것을 의미하지는 않는다. 누군가가 가운뎃손가락을 내뻗을 때 당신이 사건을 더 공격적으로 해석하기 쉽다는 것을 우리는 안다. 그러나 이 행위는 남근에 대한 생각을 또한 활성화하는가?

이 질문에 답하는 방법은 딱 한 가지이다. 이것은 사람들에게 가운뎃손가락을 쭉 내뻗고서 그들이 남근을 떠올리게 되는지 알아보는 것이다. 하나의 실험! 맨 먼저 결정해야 할 일은 당신이 사람들에게 어떤 유형의 '씹새'를 보여주고자 하는가이다. 앞에서 언급했던 대로, 최소한 두 개의 주요한 변이형이 있다. 어떤 유형의 씹새는 가운뎃손가락이 홀로 주먹으로부터 솟구친다. 다른 한 유형의 씹새는 가운뎃손가락 옆에 검지와 약지가 반쯤 올라와 있다. 인터넷에서 '가운뎃손가락' 이미지를 검색해 보라. 만일 온라인 이미지가 실세계 비율을 대표한다면, 대다수의 씹새들은 가운뎃손가락만을 위로 내뻗는 전자 유형이다. 그럴듯하게 이 두 변이형의 자세한 해석에는 여러 차이가 존재할 수도 있다. 아마도 데즈먼드 모리스가 제안하는 바와 같이, 둥그렇게 오므린 검지와 약지는 제스처 사용자들의 마음속 고환을 표상한다. 하지만 만일 사람들이 오늘날 이 제스처들을 도상적이라 해석한다면, 가운뎃손가락은 둘 중 어느 경우에든 남근의 축을 표상해야 한다. 그래서 더 빈번한 변이형을 따라가는 것이 합리적인 접근으로 보인다.

두 번째 큰 결정은 어떤 사람이 언제 남근에 대해 생각하고 있는지를 탐지하는 방법이다. 인지심리학자들은 어떤 낱말이나 개념이 누군가의 마음속에서 지금까지 활성화되었는가를 탐지하기 위한 수많은 도구를 고안했다. 이러한 도구에는 그 사람이 어떤 낱말을 해독하는 데 시간이 얼마나 오래 걸리는지의 측정에서부터 이 낱말의 문자들이 뒤죽박죽되어 있는 철자 바꾸기 수수께끼를 풀 수 있는지의 여부까지 모든 것이 들어간다. 우리의 과제에 특별히 잘 어울릴 것으로 보이는 한 도구는 낱말 완성이다. 당신이 사람들에게 몇 개의 빈칸이 뒤따르는 몇 개의 문자(예: p e n _ _)를 제시한다고 가정해 보라. 당신의 실험에 참여한 사람들의 임무는 단지 이 빈칸을 채워 영어 낱말을 만드는 것이다. 이 특별한 문자 집합은 영어에서 가능한 몇 개의 정답을 지녔다. 이 집합에는 물론 penis(남근)가 들어 있지만 penny(페니)와 penal(형법상의), pence(펜스), penne(펜네)도 들어 있다. 문제는 사람들이 방금 '씹새'를 보았을 때 p e n _ _ 을 penis의 어두로 인식할 가능성이 더 높은가이다. 만일 그러하다면, 이것은 이 '씹새' 덕분에 사람들이 마음속에서 penis 개념이나 낱말 penis를 활성화한다는 것을 암시할 것이다.

이러한 실험을 고안할 때 마지막으로 수행해야 할 과제가 있다. 바로 통제 조건을 결정하는 것이다. 실험에서 당신은 당신 자신이 사람들에게 하는 어떤 행위(예컨대, 사람들에게 '씹새'를 날리는 것이나 실험 약품을 주는 것)가 어떤 효과를 내는지를 알고 싶어 한다. 그러나 이 효과는 다른 어떤 것과의 비교를 통해 측정해야 한다. 의약 실험에서 통제 조건은 보통 위약이다. 예컨대 이 위약은 실험적 합성물을 담고 있지 않다는 점만을 제외하면 해당 약을 전달하는 것과 동일한 알약이다. 가운뎃손가락 실험에서 이 통제 조건은 무엇이어야 하는가?

만일 이 통제 조건이 단지 아무것도 아니라면, 즉 만일 사람들이 한 조건에서는 이 '씹새'를 보고서 철자 바꾸기 과제를 완성하고 통제 조건에서는 아무것도 보지 않고서 이 과제를 수행한다면, 우리는 남근 인식의 증가가 특별히 이 '씹새' 때문인지 일반적으로 제스처 때문인지 알지 못할 것이다. 그래서 합리적인 통제 조건의 첫 시도는 남근과 어떤 그럴듯한 관계도 없는 제스처를 사람들에게 보여주는 것일 수도 있다. 어쩌면 A-OK(모든 게 완벽해)와 같은 제스처 말이다.

공교롭게도 나는 이 실험을 수행했다. 나는 200명을 뽑아서 '낱말 완성과 제스처 기억' 과제를 수행했다. 그들은 모두 A-OK(모든 게 완벽해)와 Bird('씹새') 제스처 중의 한 정지 영상을 본 뒤에 p e n _ _ 자극을 보았다. 그리고 나는 각 조건에서 얼마나 많은 사람들이 penis라고 반응했는지와 얼마나 많은 사람들이 또 다른 반응(예: penny, penal)을 했는지를 계산했다. 내가 발견한 결과는 다음 페이지에서 확인할 수 있다. '씹새'를 보았던 사람들이 penis라고 답할 가능성은 A-OK를 보았던 사람들과 마찬가지로 통계적으로 높지 않았다.*

이제, 당신은 내가 어떤 차이도 보지 못한 것은 이 기법이 전혀 통하지 않기 때문이라고 합리적인 반대를 할 수 있다. 예상과 다른 결과(null result)를 산출할 수도 있는 백 가지 측면 중 어느 측면에서나, 어쩌면 나는 과학에 서툴다. 이 우려를 줄이기 위해서 실제로 나는 (다른 요인이나 변항을 고려하여) '조작 점검(manipulation check)'이라 알려진 실험을 고안했다. 이 실험의 의도는 제스처 사용을 중심으로 사람들의 낱말 빈칸 채우기 경향을 밀고 나갈 수 있는지를 판

* 피셔의 정확 검정(Fisher's exact test)이 결정하는 바와 같이, 이 조건들 사이에는 어떤 유의미한 차이도 없다.

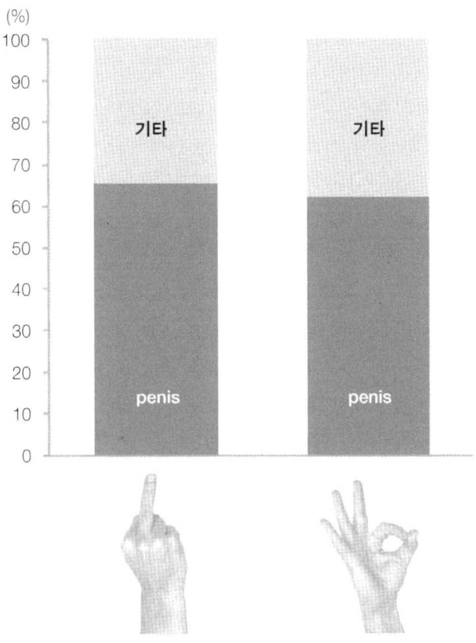

씹새는 유의미하게 더 많은 penis 반응을 이끌어내지 않는다.

정하기 위함이었다. 다음은 이 실험이 작동했던 방식이다. p e n _ _ 자극에 답했던 모든 사람에게 또 다른 자극 p e a _ _를 또한 보여주었다. 이 자극은 상이한 한 쌍의 제스처를 뒤따랐다. 하나는 평화(Peace) 제스처이고, 다른 하나는 엄지 내림(Thumbs-Down)이었다. 전체적으로 절반에 약간 못 미치는 사람들이 낱말 p e a _ _를 peace라고 완성했다. 이들이 대답한 다른 인기 있는 낱말은 pearl과 peach, pears였다. 그러나 결정적으로는 다음 페이지에서 볼 수 있는 바와 같이, 평화 제스처를 먼저 본 사람들이 엄지 내림 제스처를 먼저 본 사람들보다 peace라고 답할 가능성이 두 배 더 높았다.* 이 성공적인 조작 점검은

* 피셔의 개별대응 검증(Fisher's exact test)은 제스처가 낱말 완성 반응에 유의미한 영향을 아주 강력하게 미친다($p < 0.00001$)는 것을 보여준다.

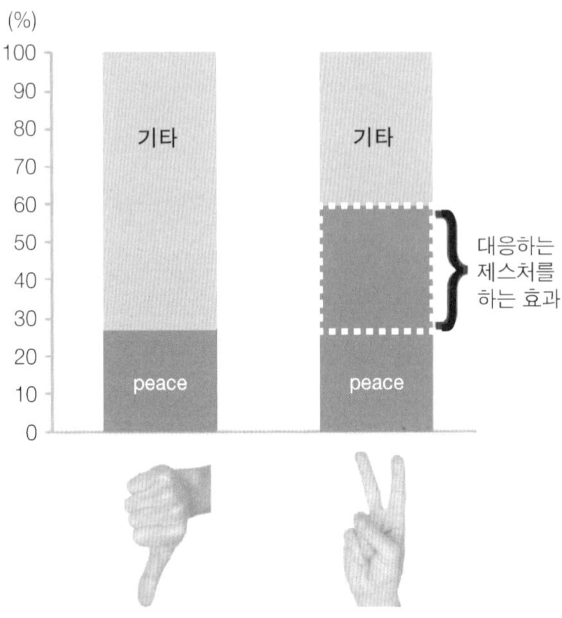

Peace(평화) 제스처는 peace 반응의 증가를 이끌어낸다.

이 기법이 일반적으로 작동함을 의미한다. 어떤 제스처를 보면 당신은 어떤 낱말에 대해 생각할 수 있다. 예컨대 이것은 당신이 어떤 자극을 완성하는 방식에 근거해 측정한다. 그래서 만일 정말로 '씹새'로 인해 사람들이 남근을 떠올린다면, 이 자극에 penis라고 반응한 사람들이 더 많았어야 한다. 하지만 그렇지 않았다. 이것은 이 자극이 아마도 사람들에게 남근을 떠올리게 하지 않음을 암시한다.

그럼에도 여전히 당신은 이 결과에 대해 다른 관심을 가질 수 있다. 다음은 왜 '씹새'가 어떤 유의미한 효과도 내지 못했는가에 대한 대안적 설명이다. 이것이 바로 우리가 관찰한 바이다. 어쩌면 참여했던 모든 사람이 p e n _ _의 빈칸을 채워 완성하고자 하는 그 낱말 — penis — 을 정확히 동일하게 떠올렸을지 모른다. 그러나 이 모집단에서 일정한 비율의 사람들이 실험 중에 절대로 penis라고 답하지 않으려 한다고 가정해 보라. 만일 이 주저하는 집단이 모집단의 35%

를 차지한다면, 우리가 보았던 정확히 그 패턴 — 이 사람들 중 3분의 2가 자신들이 앞서 본 제스처에 관계없이 penis라고 쓰고 3분의 1은 그렇게 쓰기를 거부했다 — 이 나올 것이다. 우리는 이것이 바로 일어나고 있었던 그 일이 아니라는 사실을 어떻게 아는가? 이 질문의 답은 보통 그러하듯이 또 다른 실험이다.

우리는 제스처가 사람들에게 남근에 대해 생각하도록 유도할 수 있는지를 판정할 방법이 필요하다. 그래서 왜 분명히 남근과 관련이 있는 제스처[예: Finger-Bang(손가락 집어넣기)]를 사용하지 않는가? 이 제스처에서는 한 손의 검지가 다른 한 손의 검지와 엄지로 만든 고리 속으로 들어간다.

만일 이것이 p e n _ _ 자극에 대해 사람들이 penis라고 답하는 반응을 끌어올리지 못한다면, 이 방법에 분명히 무언가 문제가 있다. 역으로 '씹새'는 작동하지 않는데 '손가락 집어넣기'가 작동한다면, 이것은 씹새가 절대로 사람들에게 남근에 대한 강렬한 생각을 유도하지 않음을 암시한다. 그래서 나는 이전과 동일한 실험을 진행했다. 하지만 두 가지를 바꾸었다. 첫째, 사람들은 p e n _ _ 보다 먼저 세 제스처 중 하나를 보았다. 이전 실험에서와 마찬가지로 A-OK(모든 게 완벽해)나 씹새를 볼 수 있었다. 아니면 '손가락 집어넣기(Finger-Bang)'를 볼 수도 있었다. 둘째, 참여자를 240명으로 늘려서 연구를 진행했다. 두 조건보다는 세 조건에 따라 참여자들을 나누어서 충분한 사람들이 각 제스처를 보았다는 것을 확인하고 싶었기 때문이다. 두 가지 흥미로운 일이 일어났다.

첫째, 씹새의 유의미한 효과는 여전히 전혀 없었다. 맨 왼쪽 두 막대에서 확인할 수 있는 바와 같이, 씹새를 본 뒤에 penis라고 답한 반응이 약간 더 많았다. 하지만 이 차이는 통계적으로 신뢰할 만하지 않았다. 이것은 이전 실험의 발견과 그대로 겹친다. 둘째, 손가락 집어넣기는 실제로 penis라는 반응을 약 20%까지 유의미하게 끌어올렸다. 이것은 새로운 발견이다.*

* 2×3 카이제곱 검정은 유의미한 관계를 보여주었고($p<0.01$), Finger-Bang(손가락 집어넣기)과 다른 두 조건 사이의 대응 비교 차이는 피셔의 개별대응 검증(Fisher's exact test)에서 유의미했다(둘 다 $ps<0.05$).

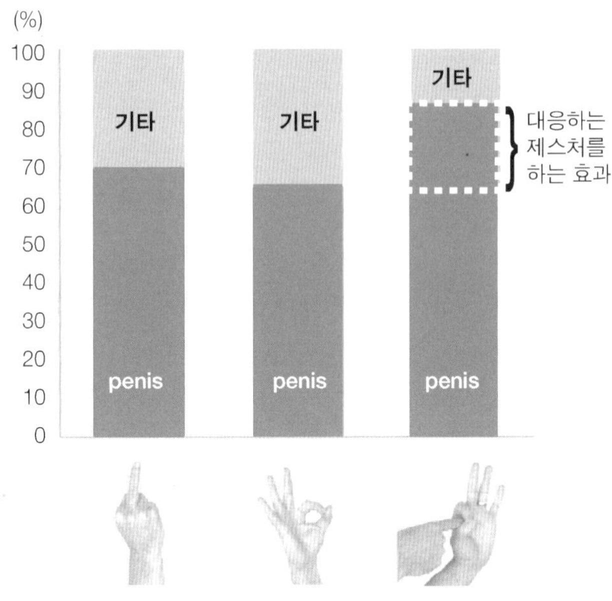

씹새는 penis 반응을 많이 늘리지 않지만, 손가락 집어넣기는 그렇게 한다.

이 해석은 아주 분명하다. 이 기법은 제스처들이 언제 사람들에게 낱말이나 개념에 대해 생각하도록 하는지를 탐지할 정도로 아주 섬세하다. 그리고 비록 Finger-Bang(손가락 집어넣기)이 사람들에게 남근에 대해 생각하도록 유도하지만, 씹새는 그렇게 하지 않는다. 역사적으로 오랜 옛날에는 씹새가 남근의 도상적 표상으로 시작되었을 수 있다. 그러나 이 연상은 이미 사라져버린 것으로 보인다.

\# $ % !

그래서 이것은 씹새와 같은 제스처들이 자의적이라는 의미인가? 어떤 의미에서 이러한 제스처는 자의적이다. 형태와 의미 사이의 단순한 사상(寫像)을 살펴볼 때, 가운뎃손가락에는 전달되는 개념, 말로 하자면 대충 Fuck you(엿 먹어라!)와 비슷하게 보이는 그 어떤 것도 없다. 그리고 곧게 뻗은 가운뎃손가락은 우리가 보는 전 세계의 다른 어떤 변이 제스처보다 이 개념을 더 잘 전달하지도, 더 잘못 전달하지도 않는다. 그래서 cock-a-doodle-doo(꼬끼오)와 달리, 씹새와 등가인 전 세계의 제스처들 사이에는 널리 알려진 어떤 유사성도 없다. 그리고 실험 결과로부터 이미 확인한 바와 같이, 씹새를 본다고 해서 사람들이 일반적으로 낱말 penis를 떠올리지는 않는 것으로 보인다.

하지만 동시에 이 제스처들이 전적으로 자의적이지는 않은 측면이 있다. 비록 자신들의 의미와 비슷하게 보이지 않지만, 흔히 이 제스처들은 그 의미의 바탕이 되는 다른 무언가와 비슷하게 보인다. 예컨대 남근 말이다. 아니면 다른 사물일 수도 있다. 하지만 보통은 남근과 비슷하다. 성기와 신체 기능을 암시하는 낱말은 흔히 상스러운 역할도 수행하게 된다. ('맙소사·씨부럴·똥지랄·깜둥이' 원리의 작용을 보라.) 마찬가지로 역사적으로 성기나 그 기능의 영상 표상으로부터 도출되는 제스처들도 상스러운 용법을 지닌다. 이로 인해서 이 제스처들의 자의성이 다소간 낮아진다. 이 제스처들이 현재의 모습으로 보이는 것은 우연이 아니라 의도적인 고안의 결과이다. 손가락과 주먹, 손바닥을 선택한 목적은 비슷하게 보이는 사물을 표상하기 위함이었다. 그리고 비슷하게 보이는 그러한 사물을 암시하는 제스처를 사용하는 목적은 상스러운 기능을 수행하기 위함이다. 이러한 제스처를 사용하는 현재의 궁극적인 목적은 이들이 처음 생겨났던 당시의 사용 목적과 상당한 거리가 있다. 하지만 이러한 제스처의 사용은 자의적이 아니다.

그런데 우리가 지금까지 살펴본 상스러운 제스처들은 대부분 떠올릴 수 있는 도상 기호 중에서 가장 투명한 기호가 아니다. 이러한 제스처는 약간의 해석을 요구한다. 그리고 이 제스처들이 문화에 따라 다르다는 사실은 문화적 지식의 중요성을 말해준다. 이 제스처들은 관습에 따른다. 비록 엄지척(Thumbs-Up)과 씹새가 똑같이 도상적이라고 가정하지만, 이 두 제스처는 문화에 따라 다른 관습적인 의미를 지닌다. 그래서 상황은 단지 어떤 제스처(나 낱말)가 도상적인가 자의적인가를 묻는 데 그치지 않고 약간 더 복잡해진다. 비록 어떤 제스처가 도상적이라 하더라도, 우리는 얼마나 투명한가를 알아야 한다. 일부 제스처의 도상성은 아주 투명해서 전 세계의 어떤 사람이든지 여전히 그 의미를 이해할 수 있을지도 모른다. 설령 그러한 제스처의 기원이 되는 언어와 문화를 구체적으로 알지 못한다고 하더라도 말이다. 다른 어떤 제스처를 이해하려면, 그 사용자들과 관련이 있는 문화적 관습을 광범위하게 알아야 할 수도 있다.

그리고 우리가 상스러운 제스처를 하는 행위를 좀 더 깊이 파고들 때, 씹새와 무화과(Fig), 그리고 이 둘의 동류 제스처보다 도상적 투명성이 훨씬 더 높은 다른 제스처들이 존재한다는 것은 분명하다. 단지 예시를 위해 성교를 표상하는 다양한 제스처를 살펴보라. 우리는 이미 손가락 집어넣기 제스처를 살펴보았다. 이 제스처에서는 한 손의 내뻗은 한 손가락(흔히 검지나 중지)이 다른 한 손(보통은 엄지와 검지이지만 이따금은 주먹 전체)으로 만든 고리 속으로 넣고 뺀다. 또 하나의 사례는 활자로 묘사된 적이 없는 제스처이지만, '주먹 찌르기(Fist-Thrust)'라고 부르기로 하자. 이 제스처는 주먹을 사용한다. 보통은 손바닥을 아래로 향한 채 몸으로부터 멀리 주먹을 세게 내밀고 다시 몸 쪽으로 세게 당기는 동작을 반복한다. 그다음으로는 '골반 내밀기(Pelvic-Thrust)'가 있다. 이 동작은 골반 부위를 앞으로 내민 채 구부린 두 팔꿈치를 허리 뒤로 세게 움직인다. 물론 다른 제스처도 여럿 있다. 이 제스처들은 각각 씹새보다 도상적 투명성이 더 높다. 이 장면의 더 많은 것에 대한 더 상세한 모양 정보가 있다. 이 정보 덕택에 이 제스처들은 관습과 관계없이 해석하기 쉽게 된다. 더욱이 메시지를 타협하지 않고서도 개별적인 변이의 여지가 더 많이 있다. '손가락 집어넣기' 제스처의 경우에, 다른 손으로 만든 고리에 들어가는 손의 동력은 표상되는 성행위의 동력에 대한 세부 정보를 전달할 수 있다. 이 제스처를 하는 사람의 소망이 그러하다면 말이다.

이 논증 방식은 여기서 멈추겠다. 내 생각이겠지만 요점은 이미 밝혔기 때문이다. 이와 같은 상스러운 제스처들(이 스펙트럼에서 투명성이 가장 높은 극단에 있는 제스처들)은 '씹새'에 비해 지시하고자 하는 것과 훨씬 더 비슷하게 보인다. 그리고 적어도 '손가락 집어넣기'에 대해서는 이 제스처들이 성기를 표상하는 낱말을 언어 사용자들의 마음속에서 활성화한다는 실험적 증거가 비록 제한적이지만 당연히 우리에게 있다. 우리는 이러한 도상적 제스처를 말로 하는 의성어의 손짓 유사물이라고 생각할 수 있다. 의성어가 소리를 모방하는 것처럼, 제스처는 행위를 모방할 수 있다. 이러한 도상적 제스처가 바로 그렇게 한다.

관찰자의 마음속에서 기꺼이 일어나는 이 활성화는 우선 왜 우리가 통속적인 제스처를 지니고 있는가와 왜 이러한 제스처가 도상적인 경향이 있는가를 설명하는 의사소통 단면일 수 있다. 이미 살펴본 바와 같이, 일반적으로 상스러운 낱말은 그 의미와 닮아 보이지 않는다. 반면에 상스러운 제스처는 흔히 그렇게 보인다. 이로 인해 낱말에 비해 제스처는 전달되는 개념을 더 직접적이고 강하게 환기하는 방아쇠가 된다.

이렇게 쭉 둘러본 제스처들로부터 밝혀진 바를 요약해 보자. 이제 우리는 세계의 상스러운 제스처들이 다양하다는 사실과, 이들의 기원이 우연이 아니라 필연적으로 금기어들의 근원인 성 기능이나 신체 기능과 같은 영역에 있다는 사실을 안다. 상스러운 제스처는 구어의 전형적인 낱말보다 도상성이 (다양한 정도로) 상당히 더 높고 투명성이 (다양한 측면에서) 더 높다. 또한 이것은 상스러운 제스처들이 그 지칭물을 직접 활성화하는 데 도움이 된다.

그러나 우리는 기분을 상하게 하는 이 손짓 힘의 서막을 목격했을 뿐이다. 제스처처럼 손과 흉부, 머리, 얼굴의 움직임을 통해 활성화되는 완전 언어(entire languages)가 존재한다는 점을 검토해 보자. 수어는 우리에게 친밀한 제스처들의 더 정교하고 더 분명한 자매이다. 제스처는 단절된 의사소통 파편(communicative bits)이고, 이로 인해 제스처가 전달할 수 있는 내용이 제한을 받는다. 당신은 어떤 제스처(이 장에서 논의한 제스처 중의 많은 것)를 사용해 싸움을 시작할 수 있지만, 제스처만으로 당신의 분노 관리 문제가 어떻게 낮은 자긍심의 감정 억압에서 비롯되는지를 설명함으로써 당신의 마음을 전하여 싸움으로부터 빠져나올 수는 없을 것이다. 당신은 물리학회장에서 어떤 제스처를 사용해서 누군가를 불러 다가오게 할 수 있지만, 양자 역학 자르기(quantum mechanics chops)를 과시하는 제스처만으로 그 사람에게 다가갈 수는 없다. 제스처는 완전하게 형성된 언어의 낱말에 비해 표현력이 빈약하다.

그래서 어쩌면 당연히 우리는 (완전한 인간 언어의 대표적인 잠재력을 시각적 양식으로 제공하는) 수어가 손짓의 외설성 기준을 정할 것이라 기대해야 한다. 하지만 그에 더하여 수어는 왜 낱말보다 제스처가 훨씬 더 도상적인가에 대한 열쇠를 쥐고 있다. 제스처는 몇 가지 측면에서 낱말과 다르다. 첫 번째 측면은 양식이다. 낱말은 대부분 청각적인 신호를 창조하지만, 제스처는 대부분 시각적이다. 어쩌면 소리보다 시각과 신체 움직임이 도상성과 더 잘 어울린다. 그러나 작동할 수 있는 또 하나의 요인이 있다. 낱말이 제스처와 다른 이유는, 임의의 사고를 표현하기 위해 낱말들의 결합을 허용하는 의사소통 체계의 통합적인 부분이기 때문이다. 특별히 수어는 상스러운 제스처(나 다른 제스처)의 도상성 증가가 이들의 시각적 본성과 관련이 있는지, 아니면 단지 낱말이 체계적인 언어의 건축 벽돌이 된다는 점에서 자의성이 더 높은지를 우리에게 알려줄 수 있다.

$ % !

세계적으로 수백만 명의 사람들이 의사소통 수단으로 수어를 주로 사용하고, 수백 개의 수어가 있다. 수어 사용자들은 대부분 완전히 또는 부분적으로 청력을 상실한 사람들이다. 하지만 청력을 지닌 일부 사람들도 수어를 사용한다. 그들은 보통 청각장애인들의 친척이나 친구나 동료들이다. 수어는 제스처와 중요한 한 가지를 공유한다. 둘 다 손과 팔, 흉부, 얼굴의 가시적인 움직임을 사용한다. 그러나 구조, 복잡성, 표현성 등 다른 대부분의 측면에서는 이 둘을 전혀 비교할 수 없다. 수어는 완벽하게 작동하는 언어이다. 아마도 당신에게 더 친숙할 구어와 마찬가지로, 수어는 낱말을 분절하는 방법에 엄격한 제약을 부과하고,[25] 위반할 수 없는 유의미하고 추상적인 문법 규칙을 가지고 있다.[26]

미국 수어의 BITCH
출처: Jolanta Lapiak.

미국 수어의 BASTARD
출처: Jolanta Lapiak.

몇 가지 사례를 제시하겠다.

위의 그림에 있는 미국 수어(ASL: American Sign Language)의 두 기호, BITCH(암캐)와 BASTARD(후레자식)를 비교해 보라. 이 수어 기호를 왜 전부 대문자로 표시하는지에 대해 설명이 필요할 수도 있다. 수어는 단순히 지역 구어의 기호 버전이 아니다. 따라서 수어 기호를 (영어와 같은) 어떤 구어로 번역하여 그 명칭을 제시한다면, 이 표기는 부정확하고 흔히 오해를 불러일으킬 것이다. 그러나 그럼에도 여전히 우리는 이 수어 기호에 대해 말하고 쓸 수 있도록 어떤 명칭을 필요로 한다. 보통 해당 구어의 낱말을 사용해 전부 대문자로 수어 기호에 명칭을 부여하는 타협안을 택한다. 가까운 번역 등가어가 있을 때 그렇게 한다. 아래에서 우리가 PUSSY라는 명칭을 부여하는 미국 수어 기호는 pussy와 비슷한 무언가를 의미한다. 그러나 우리는 수어 기호 명칭을 영어로 식별할 수 없는 사례를 접할 것이다. 이 문제는 따로 제쳐두고, BITCH와 BASTARD를 살펴보기로 하자. 보는 바와 같이, 둘 다 동일한 손모양(평평한 손바닥)을 사용하고, 둘 다 얼굴을 치지만 서로 다른 부위를 친다.*

손과 팔로 이러한 수어 기호를 만드는 방법에 관한 모든 것은 정확하고 수어 기호를 분명하게 표현하기 위해 엄격하게 조직화되어 있다. 만일 손가락을 단지 조금 구부린다면, 또는 손바닥을 얼굴의 다른 곳에 대고서 짧게 살짝 두드리기보다 그 부위를 잡고 있다면, 당신은 수어 기호를 '잘못 발음하고' 있을 것이다. 당신은 무심코 다른 한 낱말의 수어 기호를 표현할 수 있다. 예컨대 BITCH와 BASTARD의 유일한 차이는 당신이 얼굴의 어느 부위를 치는가이다. 또는 당신은 (공문서 투의 딱딱한 표현처럼) 알아보기 힘든 수어 기호를 만들 수 있다. 이것은 구어에서 어떤 낱말의 발음이 조금만 바뀌어도 유의미한 bitch에서 의미 없는 gitch로 변하는 것과 똑같다.**

수어에는 수어 기호들이 잘 결합하여 더 큰 발화를 만드는 방법을 지배하는 매우 구체적인 관습적 문법 규칙도 있다. 미국 수어에는 그 자체의 문법이 있으며, 이것은 영어의 문법과 완전히 다르다. 영어의 한 문장을 미국 수어의 대

* 그리고 표현상 주의: 수어의 기호는 손을 온 공간으로 움직이고 시간의 흐름상에서 손모양을 바꾸어 특별한 모양을 만드는 것과 관련이 있다. 이것은 어떤 수어 기호를 보여주는 최선의 방법이 직접적인 실연이고, 그렇게 할 수 없는 경우에는 비디오 활용이라는 것을 의미한다. 하지만 여기는 책 속이고, 쓰기는 수어 기호를 명확히 표현하는 방법을 기술하기에 적합하지 않다. 이 책에 비디오를 담을 수 없어서 나도 정말 아쉽다. 바야흐로 2016년이다. 자, 기운을 내자. 그래서 직접 실연이나 비디오 활용 대신에 나는 차선의 방식을 사용했다. 이 책에서 보게 되는 수어 기호는 우리가 연재만화처럼 읽어야 하는 일련의 정지 영상을 사용하는 몸짓을 부호화한다.

** 이 사례를 만들어낸 이후에, 나는 주로 캐나다 영어의 일부 변이형 — 아마도 서스캐처원(Saskatchewan) 지역에 집중되어 있는 — 에서 실제로 gitch가 '속옷'을 뜻하는 낱말이라는 정보를 제공받았다. 이것은 gitch와 같은 폐쇄 단음절 낱말에 어울리는 의미라는 생각이 퍼뜩 든다.

미국 수어의 YOU BITCH YOU
출처: Jolanta Lapiak.

응문과 비교해 보자. 당신이 누군가에게 마음에 들지 않는 사람이라는 사실을 알려주고자 하는 말을 해보라. 영어에서 이 문장은 타동문의 전형적인 주어-동사-목적어 어순(예컨대 You are a bitch)을 따를 수 있다. 그러나 미국 수어에서는 그림에서 볼 수 있듯이, YOU BITCH YOU와 같은 문장이 될 가능성이 더 높을 것이다. 동사가 전혀 없다. 그러나 주어가 두 번 출현한다. 즉 문두와 문미에 온다. 아주 명백히 이것은 영어가 아니지만, 여전히 문법(미국 수어의 표준 문법)이다.

여기서 핵심은 다만 미국 수어가 모든 수어와 마찬가지로 주변의 구어와는 별개의 언어로서 그 자체의 규칙을 지닌 완벽하게 형성된 언어라는 점이다. 이로 인해서 미국 수어는 구어에 수반하는 제스처(예: 씹새)보다 훨씬 더 뛰어난 표현력을 제공한다. 놀랍게도 지금까지 미국 수어의 상말을 다룬 연구는 거의 없었다. 이 문제에 관한 한 다른 어떤 수어도 마찬가지이다. 하지만 수어 기호로 욕하기에 관해 우리가 실제로 알고 있는 약간의 내용이 여기에 있다. 이 내용은 대부분 이 주제에 관한 주요한 원천인 갤러데트 대학교(Gallaudet University)의 진 미러스(Gene Mirus)와 동료들이 수행한 연구에서 가져왔다.[27]

신체적 특성은 (수화 기호의) **만만한 표적이다.** 많은 영어 화자들은 멕시코인 스페인어 화자들이 얼마나 태연하게 사람들을 신체적 특성으로 묘사하는지를 처음 알게 될 때 충격을 받는다. 만일 당신의 체질량 지수가 높다면, 당신은 당연히 (fatty '뚱뚱보'를 뜻하는) *gordo*라고 불릴 수도 있다. 만일 당신의 귀가 유별나게 크다면, 사람들은 당신을 (antennas '안테나'를 뜻하는) *antenas*라고 부를 수도 있다. 이것은 미국 수어에서도 마찬가지이다. 진 미러스(Gene Mirus)와 동료들은 이렇게 말한다. "미국 수어 사용자는 커다란 코나 여드름 피부, 사팔눈으로 어떤 사람을 식별할 수 있다.…… 이것은 완전히 수용 가능한 행위이고, 상황에 관계없이 무례하지 않으며 심지어 정치적으로 부정확하지도 않다.[28] 그래서 전형적으로 미국 수어의 금기 언어는 이러한 근원으로부터 나오지 않는다. 이것은 영어의 경우와 다르다."

청각학적 지위는 자극적일 수 있다. 우리의 가장 상스러운 표현들 중 다수가 사람들의 집단을 묘사하는 용어이다. 미국 수어 사용자들은 한 집단을 사회적으로 매우 중요하다고 보고서 그들을 비방하는 표현을 사용한다. 그 집단은 바로 듣는 사람들, 즉 청력을 지닌 사람들이다. 예컨대 HEARING에 대한 미국 수어의 기호가 있다. 이 기호는 검지로 입술 앞에서 동그라미를 만든다. 아마도 이 동작의 목적은 듣는 사람들이 입술을 움직여서 의사소통을 한다는 점을 나타내는 것이다. 이 수어 기호로부터 파생되어 나오는 모욕 표현도 있다. 이때 당신은 THINK-LIKE-A-HEARING-PERSON을 상징하기 위해 검지를 들어 올려서 앞이마로 가져간다. 미러스와 동료들에 따르면, 이 수어 신호는 경멸적이고 모욕적이다.[29]

만드는 방식 때문에 수어 기호는 금기어가 된다. 수어의 많은 상스러운 기호는 상스럽지 않은 방식으로 사용될 수도 있다. 예컨대 (곧 더 많은 논의를 할) 수어 기호 PUSSY는 수어 기호 VAGINA와 거의 같아 보인다. 손모양도 동일하고, 위치도 동일하다. 두 수어 기호는 뚜렷이 구별된다. 오직 전자인 PUSSY가 '빠르고 예리한 움직임과 성난 (또는 상황에 따라서는 어쩌면 장난스러운) 얼굴 표정'을 하며 만든다는 점에서 그러하다.[30]

마지막으로 수어 기호는 상당히 도상적이지만 복합적이다. 제스처는 구어의 낱말에 비해 도상성이 더 높고 이 도상성의 투명성도 더 높은 경향이 있다. 즉, 제스처가 현재의 그런 모습으로 보이는 이유는 바로 제스처의 의미 때문일 가능성이 더 높다. 수어 기호도 마찬가지이다. 설령 미국 수어에 대한 당신의 지식이 BITCH와 BASTARD, YOU뿐이라 하더라도, 당신은 이미 미국 수어 기호들이 얼마나 자의적인지를 상당히 잘 이해하고 있을지 모른다. 당신이 방금 본 어떤 수어 기호(예: YOU)는 결코 자의적이 아니다. 마찬가지로 많은 다른 미국 수어 기호들은 도상적일 뿐만 아니라, 이 도상성의 투명성이 높다.[31] 상스러운

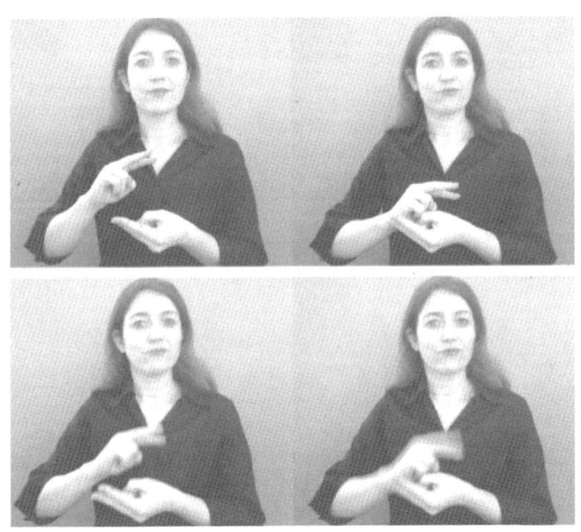

미국 수어의 한 기호
출처: Jolanta Lapiak.

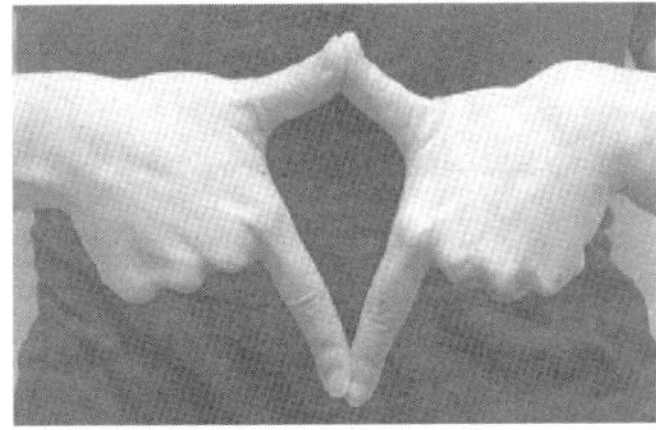

미국 수화의 또 다른 기호
출처: Jolanta Lapiak.

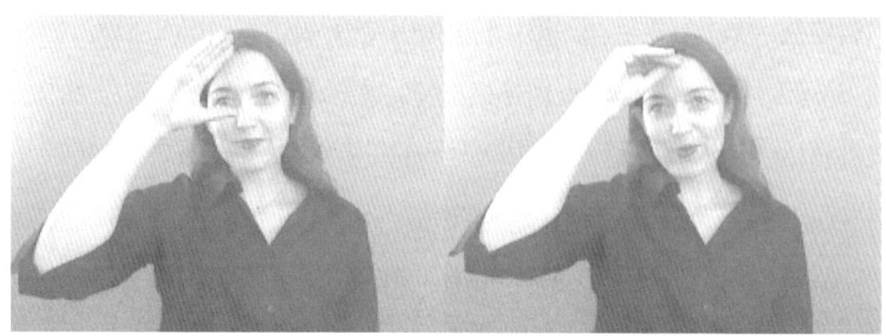

미국 수어의 BOY
출처: Jolanta Lapiak.

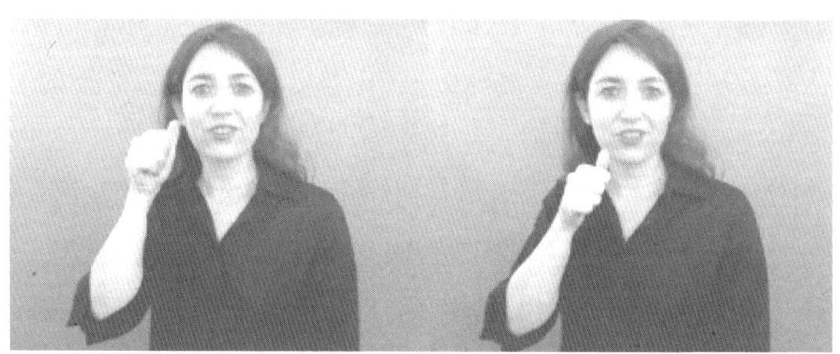

미국 수어의 GIRL
출처: Jolanta Lapiak.

수어 기호가 특히 그러하다. 앞 쪽의 그림에 미국 수어의 기호 FUCK과 PUSSY가 있다. 나는 이 수어 기호들이 얼마나 도상적인지 도상적이지 않은지를 당신이 직접 경험하도록 이들의 이름표를 붙여놓지 않았다.

나는 당신이 어느 수어 기호가 PUSSY이고 어느 수어 기호가 FUCK인지를 식별하는 데 아무런 어려움을 겪지 않았다고 추정한다. PUSSY의 도상성은 놓치기 어려울 것이다. 이 수어 기호가 VAGINA가 아니라 PUSSY가 되려면 바른 움직임과 얼굴 표정을 동반해야 한다는 점을 기억하라. PUSSY와 대조적으로, 왜 FUCK이 현재의 그런 모습으로 보이는지를 인식하는 데는 어려움을 겪을 수도 있다. 미국 수어의 다른 기호에서처럼, 이 기호에서도 내뻗은 검지와 중지가 다리를 표상한다는 점을 알고 있다면 도움이 될 수 있다.

PUSSY의 도상성은 상당히 투명하지만, BITCH나 BASTARD를 비롯한 다른 수어 기호는 도상성이 덜 분명하다. BITCH가 가리키는 외연 — 공격적인 사람이나 불유쾌한 사람 — 은 외견상 손바닥을 턱 끝에 대는 동작과 아무런 관련이 없다. 이것은 손바닥을 앞이마에 대는 BASTARD의 경우에도 마찬가지이다. 하지만 이러한 수어 기호의 형태가 전적으로 자의적인 것은 아니다. 만일 우연히도 미국 수어에 대한 많은 것을 알고 있다면, 당신은 이 수어의 나머지 기호가 공간을 체계적으로 사용하는 방식의 측면에서 BITCH와 BASTARD가 실제로 이해된다는 점을 알아차렸을 수도 있다. GIRL, MOTHER, AUNT 등 여성을 지칭하는 미국 수어의 기호는 턱 끝을 만지는 동작을 포함하는 경향이 있다. 그리고 BOY, FATHER, UNCLE 등 남성을 지칭하는 수어 기호는 앞이마를 만지는 동작을 포함하는 경향이 있다.

왜 그러한가? 그 역사적 해명은 도상적이다. 수어 기호 BOY는 이마의 모자챙을 만지는 동작에서 유래한다. 그리고 GIRL은 (끈을 매는 여성용) 모자 끈을 턱 끝 아래에 두는 데서 나온다. 이 패턴으로부터의 일반화가 미국 수어의 기호들에 국소적 체계성을 도입했을 수 있다. 영어의 gl- 낱말들이 빛이나 시력과 관련이 있는 의미를 지니는 경향이 있는 것처럼, 또한 영어의 상말이 폐쇄 단음절일 가능성이 더 높은 것처럼, 미국 수어는 그 자신의 고유한 체계성을 지녔다. 이 체계성은 고유의 관습과 고유의 도상성 역사에 근거한다. BITCH와 BASTARD는 자신들이 속해 있는 체계의 나머지와 일관성이 있다. 이 체계에서는 이마로 남성을 가리키고 턱으로 여성을 가리킨다. 물론 이렇다고 해도 미국 수어를 이전부터 알지 못하는 어떤 사람에게는 BITCH와 BASTARD의 자의성 정도가 더 줄어들지 않는다. 수어 기호 BITCH는 영어 낱말 bitch와 마찬가지로 자신의 의미에 본유적으로 더 적합하지도 덜 적합하지도 않다. 그러나 도상성과 약정은 심지어 자의적으로 보이는 수어 기호의 기저에도 들어 있다.[32]

$ % !

나는 미국 수어의 일부 기호를 선택해서 논의를 시작했다. 그 이유는 미국 수

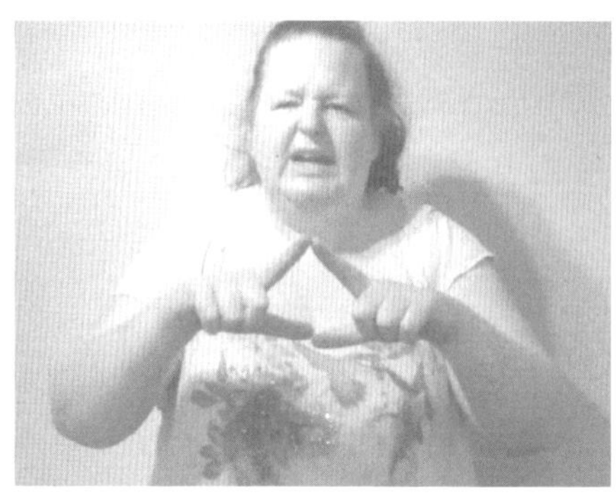

영국 수어(BSL)의 PUSSY
출처: Commanding Hands.

어가 가장 잘 조사된 수어이자 동시에 미국과 캐나다의 토착적인 가장 거대한 수어이기 때문이다. 현재 미국 수어를 사용하는 사람들의 수는 정확히 알려져 있지 않다. 약 10만 명에서 50만 명에 이르는 사람들이 이 수어를 사용한다고 보는 것이 합리적인 추정이다.[33] 그러나 미국 수어는 단지 전 세계 수백 개의 수어 중 하나이다. 프랑스 수어와 멕시코 수어, 영국 수어(BSL), 일본 수어는 규모가 더 크고 연구가 더 잘 된 수어들 중 몇몇 사례일 뿐이다.[34] 그리고 이 수어들은 대부분 관계가 없다. 예컨대 영국 수어는 (프랑스 수어의 19세기 형태로부터 직접 유래한) 미국 수어와는 완전히 별개의 경로를 따라 발달했다.[35]

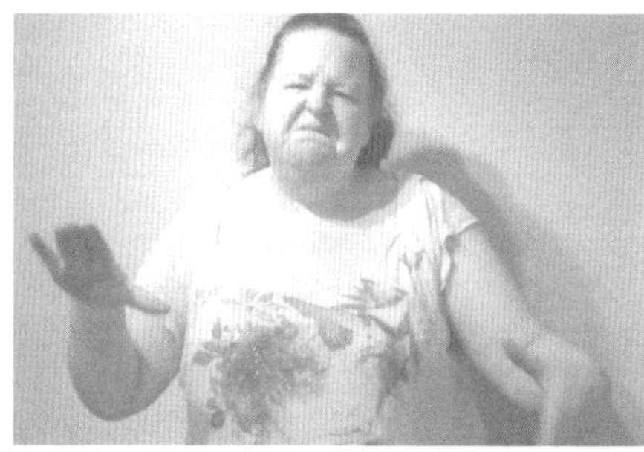

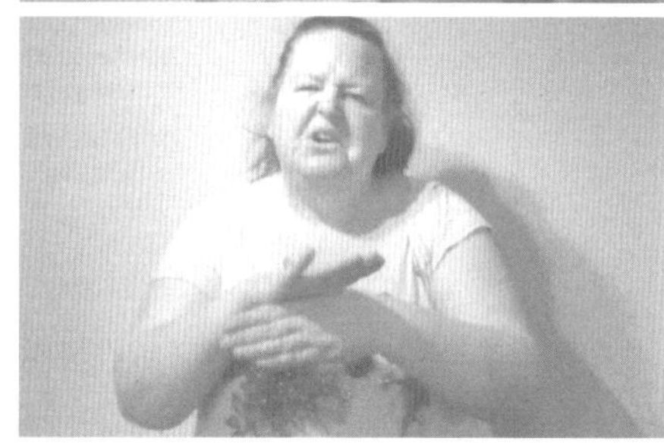

영국 수어(BSL)의 FUCK
출처: Commanding Hands.

그러나 심지어는 완전히 무관한 수어들도 높은 도상성을 지니고 있기 때문에, 이들 사이에 현저한 유사성이 쉽게 드러난다. (다시 말하지만 미국 수어와는 완전히 무관한) 영국 수어의 기호 PUSSY는 미국 수어의 기호 PUSSY와 동일하다. 두 기호는 다 도상적이며, 또한 아주 동일한 방식으로 존재한다. FUCK에 대한 미국 수어와 영국 수어는 유사성이 조금 더 적다. 앞에서 살펴본 이 미국 수어 기호를 영국 수어 대응물과 비교해 보라.

이 두 개의 FUCK은 분명한 차이를 보여준다. 이 둘은 사용하는 손모양이 다르다. 미국 수어의 FUCK은 쥔 주먹을 사용하고 검지와 중지를 내뻗는다. 반면에 영국 수어의 FUCK은 편 손바닥을 사용하고, 엄지손가락과 나머지 손가락들 사이에 틈이 있다. 또한 동작도 서로 다르다. 이 차이를 정지 영상으로 묘사하기는 어렵다. 미국 수어의 FUCK은 결합-분리-결합 동작을 사용하는 반면, 영국 수어의 FUCK은 두 손을 서로 딱 한 번 가볍게 두드린다.

설령 손 모양과 동작이 상이하다 하더라도, 이 두 FUCK 기호는 여전히 도상적인가? 거의 분명히 그렇다. 수어 기호들의 도상성은 제스처들의 도상성과 마찬가지로 미묘한 차이만을 지닐 수 있다. 영국 수어와 미국 수어의 FUCK은 각각 이 기호를 분명히 표현하는 방식 속에 이 기호의 의미에 대한 중요한 무언가를 부호화한다는 점에서 도상적일 수 있다. FUCK의 의미는 이 수어 기호의 형태가 부각할 수도 있는 다량의 세부사항과 이러한 세부사항을 묘사하는 많은 방식을 제공한다. 검지와 중지는 미국 수어에서처럼 다리를 나타낼 수 있다. 또는 엄지와 검지 사이의 틈은 가랑이를 표상할 수 있다. 영국 수어에서는 그렇게 표상하는 것으로 보인다. 언어(예: 미국 수어, 영국 수어)는 나름대로의 허용 범위가 있다.

그래서 정말로 제스처의 경우와 마찬가지로 수어에는 도상성이 편재하는 것으로 보인다. 그러나 살펴본 바와 같이, 이것은 세계의 수어가 동일하다는 것을 의미하지 않는다. 언어마다 의미를 도상적으로 부호화하는 방식을 선택한다. 그리고 설령 모두 다 똑같이 타당하다 하더라도, 일단 선택하고 나면, 그러한 선택은 구속력을 지닌다. 해당 언어를 배우는 사람들은 그러한 수어 기호의 모양과 동작을 주어진 그대로 수용하게 된다. 그리고 다른 방식으로는 수어가 존재할 수 없다. 즉 합의된 일정한 약정이 없다면, 의사소통은 제스처 알아맞히기 게임(a game of charades)으로 귀결될 것이다. 그런데 확실히 수어 사용자들은 훨씬 더 복잡한 무언가를 행하고 있다. 정말로 어떤 구어의 화자들과 마찬가지로 능숙한 수어 사용자들은 세법(稅法)에서 나노튜브에 이르는 어떤 것에 대해서든 효율적으로 의사소통할 수 있다. 그들은 훈계도 강요도 욕설도 다 할 수 있다. 그리고 그들이 (정말로 구어의 화자들만큼 빠르게)[36] 그렇게 하는 이유는, 수어의 기호가 정말로 구어의 낱말만큼 안정적이기 때문이다. 수어 구사자들은 구어 화자들과 똑같이 문법 규칙을 사용한다. 이 규칙의 일부는 상말 특유의 규칙이다.[37]

수어 속 상말에 대한 이 짧은 개요는 두 가지를 보여주었어야 했다. 첫째, 완전히 관련 없는 수어들 사이에 현저한 유사성이 있다. 이 유사성은 도상성에 기인한다. 구어와의 대조는 강렬하다. 만일 당신이 관련성이 전혀 없는 두 구어나 관련성이 먼 두 구어를 취한다면, 유사한 개념을 나타내는 낱말들이 상당히 다를 가능성이 있다. 이미 확인한 바와 같이, 영어의 cunt는 광둥어 hai(閪) 또는 러시아어 pizdá와 하나도 비슷하게 들리지 않는다. 상스러운 수어 기호는 자의성이 훨씬 더 낮다. 둘째, 전 세계의 수백 개 수어는 높은 도상성을 지닌다는 점에서 유사하지만, 이들의 분명한 차이점은 바로 개별 수어 기호들의 모습에 있다. 이것은 한 수어의 어떤 특정한 수어 기호로 인해 수어 비(非)구사자는 수어 동작이 본질상 팬터마임이라고 믿고 싶어 할 수도 있지만 절대로 그렇지 않다는 것을 의미한다. 수어는 관습적인 체계이다.

이것은 당신이 어떤 한 수어를 알고 있다고 해도 그다음 수어를 이해하지 못할 것임을 의미한다. 그 핵심에서 영국 수어와 미국 수어는 마치 영어와 중국어처럼 상당히 다르다. 그래서 이 둘은 보통 '상호 이해 불가'라고 묘사된다.[38] 당신이 여러 수어를 비교할 때, 알파벳에서 수어 기호와 문법에 이르는 모든 것이 다 다를 수 있다. 예컨대 일본어 수어에는 당신이 맞은 편 사람에게 두 개의 씹새를 날리는 것과 비슷한 손짓을 하여 만드는 기호가 있다. 일본어 수어에서 이 기호는 하나도 상스럽지 않으며 '형제들'을 의미한다. 실제로 일본어 수어에서는 위로 뻗은 가운뎃손가락이 어떤 종류의 함축도 담고 있지 않다. 이 손짓의 의미는 도상성의 징후를 가지고 있을 수도 있지만, 바로 세운 손가락은 남근이라기보다 사람을 표상한다. 일본어 수어에서 사람을 나타내는 많은 기호는 뻗은 손가락이다. MAN은 엄지손가락이고 WOMAN은 새끼손가락이다.

결정적으로는 내뻗은 가운뎃손가락이 BROTHER이다. 그리고 다시 또 도상성을 통해서 여러 손가락은 여러 사람을 표상한다. 만일 당신이 이 원리들을 한데 묶는다면, 두 개의 가운뎃손가락은 도상적이면서 관습화되어 있다는 측면에서 형제들을 표상한다.*

이와 동시에 제스처 체계처럼 수어는 자의성을 도상성과 균형을 맞춘다. (역사가 다르고 기호가 다르다는 이유로) 두 수어가 완전히 다르다고 말하는 것은 어느 정도만 사실이다. 사실 어떤 측면에서는 구어들이 서로 유사할 수 있는 정도보다 수어들의 유사성이 더 크다. 토박이 미국 수어 구사자들의 일부가 나에게 이렇게 말해주었다. "만일 당신이 충분히 영민하고 주의 깊은 미국 수어 구사자라면, 수어를 접한 적이 전혀 없는 어떤 사람보다도 영국 수어를 더 잘 할 수 있다." 일부 수어 기호들의 유사성은 도상성에 기인한다. 어떤 수어 기호들은 외견상 다르게 보이지만, 도상성으로부터 유사성 측면의 동기를 부여받는다. 어쩌면 어떤 수어가 도상성을 통제하고 사용하는 방식을 알고 있다면, 당신이 전혀 모르는 어떤 다른 언어가 동일한 기저 원리에 따라 작동하는 한, 이 언어에서 일어나고 있는 일을 파악하는 데 도움이 된다. 그리고 도상성은 또한 수어를 구사할 줄 모르는 성인들이 수어를 학습하는 데 도움을 줄 수 있다.[39]

$ % !

성대는 인간들이 의사소통을 위해 사용하는 통로 중 하나이다. 당신이 입으로 할 수 있는 것은 대부분 손으로도 할 수 있다. 그리고 그 역도 또한 참이다. 그러나 이 서로 다른 통로는 근본적이고 중대한 측면에서 동등하지 않다. 제스처를 하든 수어 기호를 생성하든 손과 팔, 신체의 다른 부위를 사용해 가시적

* 이 사례에 관심을 갖도록 알려준 노조미 도미타(Nozomi Tomita)와 황소원(So-One Hwang)에게 감사드린다!

인 행위를 수행하면, 이것은 여러 다른 가능성을 제시하고 여러 다른 제약을 부과한다.

도상성은 통로의 차이가 드러나는 한 측면이다. 구어 낱말을 사용해서 동작과 모양에 대해 도상적으로 말하기는 어렵다. 하지만 제스처와 수어 기호는 이렇게 말하는 데 특히 적합하다. 왜냐하면 당신이 몸을 이용해서 공간을 통과하는 동작을 표현하고 모양을 추적하거나 재창조할 수 있기 때문이다. 손은 구부려서 다양한 모양을 만들 수 있고, 특정한 속도와 동력, 방향으로 3차원에서 움직일 수 있다. 가시적인 움직임 덕택에 손은 낱말에 비해 세계의 훨씬 더 많은 부분에 대한 아날로그 표상을 제공한다. 이것은 제스처와 수어 기호가 일반적으로 구어의 낱말에 비해 자의성이 더 낮은 이유로 보인다.

말 통로와 손 통로는 다른 여러 측면에서도 다르다. 바로 이런 연유에서 구어를 사용하는 어떤 사람은 구체적인 맥락에서 둘 중 어느 한 통로를 선호할 것이다. 분명히 낱말을 들을 수 없게 만드는 상황도 있고, 제스처를 볼 수 없게 만드는 상황도 있다. 예컨대 고속도로에서는 씹새가 메시지를 건네는 유일한 방법일 수 있다. 역으로 때로는 탐지 불가능성이 어떤 낱말이나 제스처의 가치를 높인다. 예컨대 씹새는 의도한 청중인 다른 학생들은 볼 수 있지만 교실 앞쪽의 불운한 교사는 볼 수 없도록 교실 뒤쪽 노트북 뒤에서 정교하게 만들 수 있다. 제스처와 구어 낱말은 뇌에서 겹치지만 다소 상이한 경로를 통해 처리한다.[40] 그리고 어쩌면 상스러운 제스처는 이러한 경로를 통해 감정 반응에 더 직접적으로 접근한다. 그리고 마지막으로 제스처는 앞에서 언급한 바와 같이 대부분 '기록으로 남지' 않는다(우리가 제스처를 의사소통 행위로 진지하게 수용하는 정도는 낱말에 비해 낮다). 이런 이유로 제스처는 그럴듯하게 부인할 수 있다. 오바마 대통령이 완벽하게 수행했던 유형의 동작으로서, 코를 이따금 가운뎃손가락으로 긁는 행위는 아주 중의적이어서 청중들에게 이렇게 궁금증을 불러일으킨다. 오바마 대통령은 정말 의도적으로 그렇게 했는가?

04

상말하는 거룩한 성직자

자크 로르다트(Jacques Lordat)는 아마도 당신이 들어본 적이 한 번도 없는 가장 중요한 신경과학자이다. 그는 1773년에 태어났으며, 내과의사 양성 과정을 거친 뒤 프랑스 몽펠리에서 의료계에서 활동하며 교수로 일했다. 하지만 52세의 나이에 처참한 뇌졸중을 겪었다. 아시다시피 뇌졸중은 혈관이 막히거나 새서 뇌 부위로 향하는 혈류가 약해질 때 발생한다. 혈액이 운반하는 산소를 빼앗기면, 영향을 받는 부위의 신경세포들이 괴사하기 시작한다. 그러면 이러한 신경세포에 의존하는 기능이 장기적인 손상을 받을 수 있다. 로르다트의 뇌졸중은 분명히 뇌의 전두엽으로 피를 나르는 경(頸)동맥을 막아버린 편도선 농양이 원인이었다.[1] 이 뇌졸중으로 인해서 로르다트는 말을 할 수 없게 되었다. 그러나 그는 차분히 전력으로 (내과의사의 의지로) 자신을 치료하기 시작했다. 회복하는 기간 내내, 심지어는 발성 능력이 완전히 사라졌던 초기에도, 여전히 그는 분명한 생각을 할 수 있었다. 그래서 결국 말하고 쓸 능력을 다시 회복했을 때, 자기 사례의 객관적인 사실을 과학적 기록으로 남겼으며, 뇌 손상으로 언어를 잃는다는 것이 어떤 기분인지 주관적인 감정도 기록해 놓았다. 자신의 전문 지식을 사용해 우리의 뇌가 언어를 생산하는 방식에 대한 최초의 근대적 이론을 내놓았다. 이 이론은 거의 두 세기가 지난 현 시대의 과학계에서도 여전히 별다른 이견 없이 폭넓게 인정받을 수 있다.[2] 그러니까 간단히 말해서 로르다트는 아주 대단한 인물이다.

뇌졸중을 겪고 난 뒤, 그는 연구와 치료의 초점을 자신처럼 언어 능력의 약화로 이어지는 뇌 부위 손상을 겪었던 사람들에게 맞추었다. 가장 놀라운 발견 중 하나는 한 사례 연구에서 나왔다. 이 사례 연구의 보고서는 1843년에 출판했다. 이 보고서는 교구 신부인 성직자에 대해 기록했다. 이 신부는 로르다트 자신처럼 심각한 뇌졸중을 겪었다.[3] 이 신부도 역시 언어 손상의 분명한 징후를 보여주었다. 로르다트와 마찬가지로 이 신부도 말하는 능력이 거의 남아 있지 않았다. 조금 더 나은 정도에 불과했다. 이 신부의 어휘는 단 두 낱말로 줄어들어 있었다. 첫 낱말은 'I(나)'에 해당하는 프랑스어 je였다. 아마도 이것은 놀랍지 않을 것이다. 당신에게 단 하나의 낱말만이 남아 있게 된다면 말이다. 나머지 하나는 그 당시에 성직자로서는 상상할 수 없는 낱말이었다. 로르다트는 이 성직자가 빈번하게 사용했던 이 낱말에 대해 이렇게 썼다. "이 낱말은 우리 언어의 가장 강력한 악담으로 f로 시작하며 우리 사전은 이 낱말을 감히 기록한 적이 없다."[4] 이 낱말은 프랑스어 낱말 foutre이며, 우연히도 영어의 대응어 fuck과 똑같이 f로 시작한다.

자신의 고유한 경험과 성직자에 대한 경험에서 로르타드는 실어증을 발견했다. 뇌의 특정 부위 손상이 초래하는 언어 장애인 실어증은 불행히도 흔하다. 현재 대략 1억 명의 미국인들이 트라우마성 뇌 손상과 감염증, 치매는 물론 뇌졸중성 뇌 손상이 초래하는 어떤 유형의 실어증으로 고통을 받는다.[5] 그리고 두 세기에 걸쳐 축적한 관찰 결과 덕분에 이제 우리는 이들 중 많은 사람들이 로르다트가 그 성직자에게서 관찰했던 바로 그 증후군을 보인다는 것을 안다. 그들은 자신의 의도대로 낱말을 분명하게 발음하고 조합하기 어렵거나 불가능하다는 것을 알게 된다. 그러나 자연 발생적인 어떤 낱말은 여전히 남아 있다. 예컨대 yeah나 huh와 같은 간투사나, um이나 well과 같은 사잇말(filler words), 그리고 언어로 최대의 상스러움을 분출하는 표현들은 일부가 보존된다.

어떻게 이런 일이 일어날 수 있을까? 특정한 뇌 손상을 입으면, 환자들이 가장 간단한 문장조차도 분명히 조음할 수 없게 되지만 무릎 반사처럼 자동 반응하는 상말은 왜 온전히 남아 있을 수 있는가? 이것이 뇌에 대해 암시하는 바는 무엇인가? 그리고 뇌는 아플 때든 건강할 때든 어떻게 언어를 생성하는가?

실어증은 신경과학의 초석이다. 언어를 생성하고 이해하는 뇌의 작용을 연구하는 데 가장 강력하고 계시적인 우리의 도구이다. 왜냐하면 무언가가 고장 나는 방식은 흔히 그 무언가가 작동하는 방식을 들여다보는 가장 투명한 창을 제공하기 때문이다. 그리고 로르다트의 관찰과 이론은 그가 초석을 놓았던 이 분야에 대단한 영향을 미쳐왔지만, 대체로 실어증 연구에 근거해 수세기에 걸쳐 축적된 이론은 상말을 거의 다루지 않았다. 예외가 거의 없어서 상말은 일화적 방주(旁註)가 되었다.[6] 그리고 앞으로 나의 주장에서 보겠지만, 바로 이 일화적 방주로부터 뇌가 어떻게 작동하는가에 대한 잘못된 결론이 나왔다.

$ % !

뇌는 약 3파운드 자루의 조직으로서 뇌에는 정교하게 조율된 화학적 욕조에 잠겨 있는 수십억 개의 뉴런이 살고 있다. 고대 그리스인들은 뇌의 주요한 기능이 몸의 열을 낮추는 것이라고 생각했다. 즉 뇌가 일종의 유기적 냉각기 역할을 수행한다고 생각했다.[7] 실제로 (체중의 단 2%를 차지함에도 불구하고) 뇌는 우리 몸의 에너지 약 20%를 소비한다.[8] 그러나 이제 우리는 물론 뇌가 단지 열을 생성하는 것보다 더 많은 일을 한다는 것을 안다. 뇌는 또한 빛을 생성한다. 적어도 은유적으로 말하자면 사고의 형태로 그렇게 한다. 뇌의 이 역할은 우리의 현재 목적에 적합하다. 이 역할 덕택에 우리는 또한 언어를 학습하고 생성하고 이해할 수 있다. 언어의 사용이 정상적인 것은 뇌가 작동하고 있기 때문이다. 언어가 고장 날 때는 보통 뇌 기능 부전 때문이다. 예컨대 점잖은 교구 성직자가 자발적으로 전광석화처럼 악담을 쏟아내기 시작할 때, 당신은 이것이 그의 뇌에서 언어가 구현되는 방식과 어떤 관련이 있다고 확신할 수 있다.

(로르다트 이후부터 지금까지) 우리가 실어증으로부터 찾아낼 수 있는 증거는 언어의 실행 방식이 고도로 구조화되어 있음을 보여준다. 뇌의 상이한 부위들이 상이한 종류의 작업에 관여한다. 이것은 기능의 국소화라고 알려져 있으며,

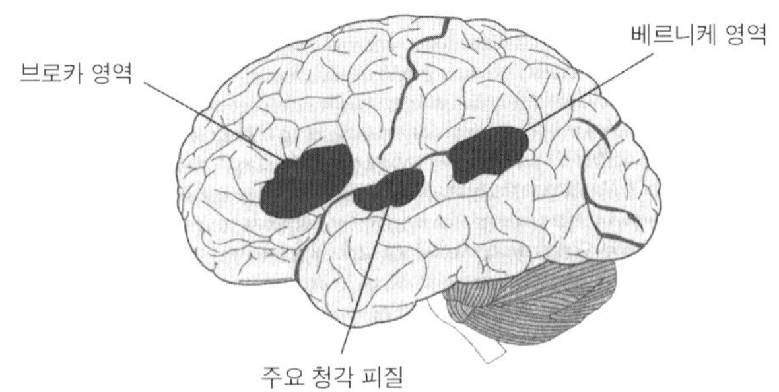

(두개골이 없는 도식적인) 뇌. 이것은 뇌 좌반부의 바깥이다 — 뇌의 앞쪽은 이 그림의 왼쪽에 있고 뇌의 위쪽은 위에 있다. Creative Commons Attribution — ShareAlike 3.0 Unported License의 허가를 받은 영상을 변경한 것이다. 출처: Hugh Guiney.

뇌 조직의 가장 중요한 원리 중 하나이다.

다음은 뇌 조직이 언어를 위해 작동한다고 여겨지는 방식이다.[9] 당신이 어떤 사람이 한 낱말을 발화하는 것을 듣는다고 가정해 보라. 일단 이 소리가 당신의 귀에 닿으면, 안쪽 귀는 이 소리를 전기 신호로 바꾸고 스테레오 전축의 등화기(等化器)처럼 이 소리의 상이한 주파수를 분리한다. 이 전기 신호는 측두엽 내 청각 피질에 다다를 때까지 당신의 뇌 속에서 일련의 전문 영역을 여기저기 튀어 다닌다. 측두엽은 소리 전반을 처리한다. 측두엽의 상이한 부위가 낱말을 구성하는 말소리에 대한 정보를 추출하고, 그다음에는 수정된 신호를 베르니케 영역이라 불리는 부위로 보낸다. 이 부위가 당신이 들은 소리 연쇄를 의미와 연결한다고들 믿는다. 보통은 이것이 심리 사전과 비슷하다고 생각한다. (만일 당신이 방금 들은 낱말이 어떤 문장에 들어 있다면, 다른 뇌 부위와 관련하여 실행할 더 많은 일이 있다. 하지만 지금은 이 문제를 다루지 않고 남겨두기로 하자.) 추정컨대 이것이 바로 의미 파악이 작동하는 방식이다. 역으로 언어를 생성하려면 당신은 베르니케 영역에서 시작할 수도 있다. 이 영역 덕택에 당신은 어떤 의미를 전달하고자 하든지 그 의미를 적절하게 표현할 낱말을 선택할 수 있다. 그러면 신호가 뇌 앞쪽의 브로카 영역에 전달된다. 이 영역에서는 분명하게 조음하도록 이 신호를 소리로 번역한다.

이 상이한 영역이 이 특별한 기능을 수행한다, 즉 뇌의 여러 기능이 이러한 방식으로 '국소화된다'는 증거의 가장 강력한 근원은 실어증이다. 뇌의 여러 다른 부분이 손상되면 실어증이 뚜렷하게 나타난다. 베르니케 영역이 손상되면, 사람들은 언어를 이해하는 데 어려움을 겪는다. 더욱이 그들은 말할 때 낱말과 문장을 우아하게 발음한다. 하지만 이 말은 전혀 의미가 통하지 않는다. 예컨대 베르니케 실어증을 겪는 어떤 사람은 I did the thing in the thing(나는 그것 속에서 그것을 했어)과 같은 말을 할 수도 있다. 이것은 완전히 문법적인 문장이다. 하지만 이 문장은 무엇을 의미하는가? 아마도 이 화자는 설거지하고 싶다는 말을 우리에게 하고 싶을 수도 있다. 아니면 어떤 병원 잡역부를 유혹했다는 말을 하고 싶을 수도 있다. 누가 알겠는가?

반면에 브로카 실어증 환자는 정확한 낱말을 사용하며, 보통은 이 실어증 환자가 의미하는 바를 이해할 수 있다. 낱말 구조나 문장 구조가 (또는 이 둘 다가) 흐트러져 있을 뿐이다. 브로카 실어증 환자는 또한 말소리나 말소리들로 구성된 낱말을 발음하는 데 어려움을 겪을 것이다. 그래서 이 실어증 환자의 전형적인 발화는 I-I-I make . . . um . . . damn!(나-아-아가 만드ㄹ…… 음…… 젠장!)일 수도 있다. 노력을 하면 때때로 우리는 이 실어증 환자가 암시하고 있는 바를 이해할 수 있지만, 그는 낱말의 조음에 어려움을 겪는다. 브로카 실어증의 총체적 증상을 보여주는 사람들에게서 브로카 영역의 손상이 흔히 나타나기 때문에, 이 영역이 브로카 실어증으로 상실된 능력에 관여한다는 귀결이 나온다. 로르다트와 그의 환자인 신부는 둘 다 뇌의 브로카 부위가 치명적인 손상을 입어서 거의 모든 말을 다 생성할 수 없었다.

이것은 아주 분명한 설명이다. 만일 이 설명이 옳다면, 뇌의 특정 부위들은 상이한 언어 기능을 수행한다. 말하자면 베르니케 영역은 의미를 계산하고, 브로카 영역은 소리를 관장한다. 이것이 바로 뇌가 어떻게 언어를 처리하는지에 대한 유력한 견해이다. 이 견해는 개론적인 내용을 다룬 대부분의 인지심리학 교재나 인지신경과학 교재에 나와 있을 것이다.[10] (예컨대 10번 미주에 제시한 교재를 보라.) 뇌의 상이한 부위가 상이한 일을 한다는 발상('기능의 국소화')은 매력적이다. 이것은 마치 뇌에 언어의 효율적인 조립선이 들어 있는 것과 같다.

문제는 악담을 퍼붓는 신부의 사례가 이 설명과 잘 들어맞지 않는다는 것이다. 사람들이 브로카 실어증을 겪을 때, 이 조건이 모든 낱말에 동등하게 영향을 미치는 것은 아니다. 편향성을 보인다. 브로카 실어증 환자는 흔히 일상적인 명사와 동사를 생성하는 방식을 분명히 표출하거나 기억하기 위해 분투한다. 그러나 How do you do(참 곤란하네)나 I can't(난 못해)와 같은 고정 표현, 그리고 특히 감탄성 욕설은 보존되는 경향이 있다. 그래서 Jesus Christ(맙소사)나 shits(똥지랄), motherfuckers(니기미 씨팔놈)를 거침없이 쏟아내는 로르다트의 환자 신부처럼 브로카 실어증 환자의 언어를 찾는 것은 그리 특별한 일이 아니다.[11] 심지어는 환자들이 언어의 거의 완전히 상실한 이른바 전실어증(全失語症)으로 고통받을 때조차도, 흔히 간투사와 상말은 잊지 않는다. 예컨대 최근에 기록을 남겨놓은 한 환자는 well(그래), yeah(예), yes(예), no(안 돼), goddamnits(뒈져라!), shit(똥지랄)이라는 6개의 낱말만을 생성할 수 있었다.[12]

모든 환자에게서 나타나는 이 패턴으로 인해 우리는 뇌의 언어 기능 조직에 대해 근본적으로 다시 생각해 보아야 한다. 모든 언어의 생성이 다 동일한 조립선에서 이루어질 수는 없다. 신경과학자들은 의미의 국소화와 조음의 국소화가 브로카 영역과 베르니케 영역에 별개로 존재하는 이유는 의미 손상과 조음 손상을 각 부위의 손상이 선별적으로 초래하기 때문일 수 있다고 결론지었다. 정말로 이와 마찬가지로 상말 대 나머지 언어의 차별적인 손상은 이들의 신경적 토대도 역시 달라야 한다는 것을 암시한다. 그러면 다음 질문이 나온다. 만일 (브로카 영역이나 베르니케 영역처럼) 언어 기능을 수행한다고들 생각하는 뇌 부위들이 욕구 불만을 표출하는 낱말인 fuck(씨부럴)이나 goddamnits(뒈져라!), shit(똥지랄)의 근원이 아니라면, 도대체 그 근원은 무엇인가?

실어증 환자들이 무엇을 말할 수 있는가와 무엇을 말할 수 없는가를 조금 더 깊이 파고들어 가보면 실마리가 나온다. 여섯 낱말만을 말할 수 있었던 위에서 언급한 그 환자는 (로르다트의 기록에 이렇게 적혀 있지는 않지만 어쩌면 이 성직자도 역시) 결국 오직 이 여섯 낱말만을 반사적으로 말할 수 있었다고 드러난다.

다시 말하면, 이 환자는 의도하지 않은 반작용(순식간에 나오는 감탄성 욕설)으로 shit을 생성할 수만 있었지만, 의도적으로 그렇게 하도록 요구받았을 때는 자신이 낱말 shit을 읽거나 따라 할 수 없음을 알게 되었다.

그래서 단순히 상말이 저속하지 않은 말과는 다른 뇌 부위에서 생성된다는 것을 행여 우리가 발견한다면, 이것은 주목할 만하지만, 더 많은 것을 알려주는 무언가 중요한 일이 실제로 일어나고 있다. 이 문제는 어떤 낱말을 생성하는가가 아니라 낱말을 어떻게 사용하는가와 관련이 있다. 브로카 실어증과 전실어증이 의도적인 말의 손상을 초래하지만 그냥 자연스럽게 나오는 충동적인 반응의 말, 이른바 자동적인 말은 방해하지 않는다.[13] 이 구별은 뇌가 언어를 생성하는 방식을 이해하는 데 아주 중요하다. 자동적인 말은 의도적인 말과 구분되며, 이들은 상이한 방식으로 손상당할 수 있다. 이것은 자동적인 말의 시원(始原)과 의도적인 말의 시원이 뇌의 서로 다른 기제여야 한다는 것을 암시한다. 어떤 낱말이 자동적인 감탄성 욕설로 사용될 때는 한 무리의 뇌 회로에서 이 낱말을 생성하지만, 의도적으로 만들어질 때에는 이 동일한 낱말이 뇌의 다른 조립선에서 나온다. 브로카 영역과 베르니케 영역이 의도적인 말에 대한 부담의 많은 부분을 감당한다는 것을 당분간 수용한다면, 우리에게는 다음 질문이 남는다. 자동적으로 반응하는 순식간에 나오는 감탄성 욕설은 뇌의 어디에서 나오는가?

$ % !

아마도 알고 있겠지만, 인간의 뇌는 한가운데에서 거의 대칭적인 둥근 두 개의 반구(半球)로 나뉘어 있다. 이 두 반구는 약간 다른 일을 수행한다. 당신은 '우뇌(右腦) 성향'이 더 강한 사람들이 더 예술적이라는 말과 '좌뇌(左腦) 성향'이 더 성향이 강한 사람들이 더 논리적이라는 말을 들어보았을 수도 있다. 이것은 대체로 어리석은 생각이지만, 수많은 그러한 생각과 마찬가지로 일말의 사실에 근거한다.[14] 다시 말하면, 정상적인 두 반구를 지닌 모든 사람이 좌뇌와 우뇌를 나란히 사용해 십자말풀이에서 리듬체조에 이르는 어떤 일이든 아주 많은 일을 수행하지만, 사실 당신의 뇌는 부분적으로 뇌의 좌우 기능이 분화된 방식으로 약간의 일을 수행한다. 즉, 일부 기능은 뇌의 한쪽 반구를 다른 한쪽 반구보다 더 많이 사용한다. 그리고 언어의 일부 국면이 바로 이렇게 한다.

대부분의 사람들은 전통적인 언어 중심인 베르니케 영역이나 브로카 영역 등이 다 뇌 한쪽 반구에 모여 있다. 거의 모든 오른손잡이들(95%)은 여러 언어 과제를 수행하는 동안 우반구보다 좌반구가 더 활성화된다. 왼손잡이들의 경우에는 정반대가 사실일 가능성이 더 높아진다. 다시 말해 우반구의 작용이 좌반구의 작용을 능가할 것이다. 그러나 이것은 왼손잡이들의 27%에서만 여전히 참이다.[15]

언어의 나머지와 마찬가지로 자동적인 언어도 우반구보다 좌반구를 더 많이 사용하여 생성하는 경향이 있고, 왼손잡이들보다 오른손잡이들에게서 그러한 경향을 더 많이 보여줄 것이라는 추론이 합리적일 수도 있다. 그래서 이 분리 논리는 브로카 영역과 베르니케 영역이 손상을 받을 때조차도 자동적인 언어를 보존할 수 있기 때문에 자동적인 언어는 잘 알려진 언어 중심의 밖에 있는 좌반구의 어떤 다른 부위에서 생성할 수도 있다.

한편 이 추정을 뒷받침하는 약간의 매력적인 증거는 실어증을 겪는 사람들에게서 나온다. 이 증거는 실어증 환자들의 뇌나 그들이 할 수 있는 말을 직접 관찰하는 것이 아니라, 낱말을 발음하기 위해 입을 사용하는 방식과 관련이 있다. 이것이 의미를 지니려면, 우리는 뇌가 물리적 행동을 통제하는 방식에 대한 무언가 약간 반직관적인 사항을 알아야 한다. 뇌의 좌반구는 몸의 오른편 근육 – '대측성(對側性, contralateral)' 근육 – 에 신호를 보내는 일을 주로 책임지며 뇌의 우반구는 왼편의 행동을 통제한다. 반대편의 유사 부위와 연동되는 이 통제는 손과 발의 움직임은 물론 입의 움직임도 포함한다. 즉, 뇌 좌반구는 입의 오른편을 주도적으로 통제하고 우반구는 입 왼편의 움직임을 책임진다. 대부분의 사람들은 뇌 좌반구가 주로 언어를 통제하기 때문에, (아마도 당신도 그러하겠지만) 실제로 말할 때 입의 왼쪽보다는 오른쪽을 더 많이 사용한다.[16] 그래서 당신이 입을 벌려 어떤 낱말을 발음할 때, 입의 오른쪽을 왼쪽보다 약간

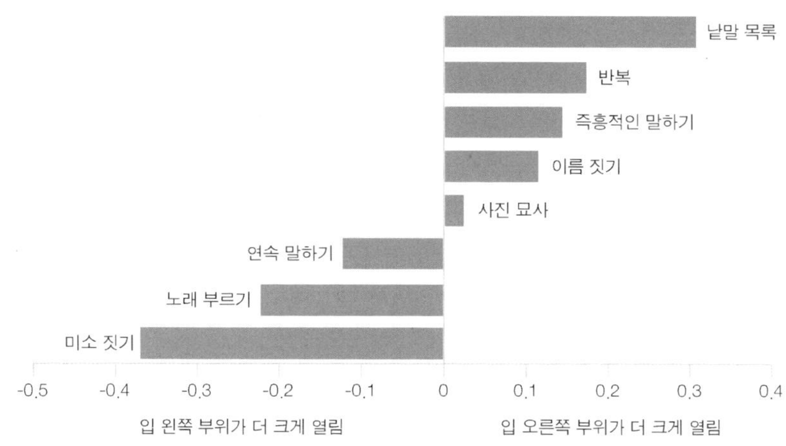

'입의 왼쪽과 오른쪽 중 어느 쪽이 더 크게 벌어지는가?'에 대한 실험 결과: 뇌 좌반구 손상을 입은 브로카 실어증 환자 20명이 보여준 상대적 빈도. 노래 부르기와 자동적 언어 생성을 제외하고는 모든 언어 과제를 수행할 때 입의 오른쪽 부위를 더 크게 벌린다. 이 도표는 그레이브스와 랜디스(R. Graves and T. Landis, 1985)의 데이터에 근거해 만들었음.

더 넓게 벌리는 경향이 있다. 당신이 입의 오른쪽을 전체적으로 약간 더 크게 벌려두고 있기 때문만은 아니다. 입의 오른쪽 부분이 움직인 총거리도 왼쪽보다 더 길다.

그러나 이것이 당신이 입으로 하는 모든 일에 다 적용되는 것은 아니다. 위의 도표는 사람들 – 이 경우에는 브로카 영역의 실어증을 앓는 사람들과 뇌 좌반구 손상을 당한 사람들 – 이 다양한 언어 과제를 수행하는 동안 입 편측화(mouth lateralization)를 측정할 때 일어나는 일을 보여준다. 어떤 과제는 순수하게 언어적이며, 예컨대 목록을 생성하는 과제와 비슷하다. 다른 어떤 과제는 언어적인 정도가 덜하며, 예컨대 노래하기나 미소 짓기와 비슷한 과제이다. 연구자들은 환자들이 입을 이러한 모든 상이한 방식으로 움직일 때 벌어지는 입의 오른쪽 간격과 왼쪽 간격의 상대적 크기를 측정했다. 우리가 보는 결과는 분명하다. 이 실어증 환자들과 좌뇌 손상 환자들은 여러 목록의 낱말을 생성하는 것, 낱말과 문장을 반복하는 것, 마음에 떠오르는 모든 생각을 말로 하는 것 등 대부분의 언어 과제를 수행하기 위해 입의 오른쪽 부분을 더 많이 벌렸다. 이것은 이러한 과제 수행에서 뇌의 좌반구가 더 많은 통제를 하고 있음을 보여준다. 그러나 1에서 10까지 세기나 알파벳 암송하기 등 [여기에서는 '연속 말하기(serial speech)'라 칭하는] 자동적 말하기(automatic speech)를 하는 데는 입의 왼쪽 부분이 더 크게 벌어졌다. 이것은 뇌 우반구가 이 활동을 더 많이 통제하고 있음을 암시한다. 욕설하기와 마찬가지로 수를 차례로 말하기와 암송하기는 흔히 브로카 실어증에서 유지된다. 바로 이런 이유에서 이러한 활동은 '자동적 말하기'로 간주된다.

입의 왼쪽 부분과 오른쪽 부분이 벌어지는 상대적 크기 차이는 뇌의 좌반구와 우반구 중 어느 부위가 말하기를 통제할 때 더 많은 일을 수행하는지를 보여준다. 그리고 이러한 결과는 (입의 오른쪽 부분이 더 많이 벌어지기 때문에) 뇌의 좌반구가 대부분의 말하기를 통제하지만, 자동적 말하기는 뇌의 우반구가 통제한다는 것을 보여준다. 그런데 이 연구자들은 무의식적으로 나오는 감탄성 욕설을 조사하지 않았다. 그러나 만일 다른 자동적인 말과 패턴을 이룬다면, 이러한 욕설은 실제로 뇌 우반구의 통제를 받을 수도 있다.

우리는 이 발상을 어떻게 추적할 수 있는가? 무의식적으로 나오는 욕설이 뇌 좌반구와 우반구 중 어느 한쪽의 통제를 받는다는 뇌 편향화를 뒷받침하는 가장 좋은 유형의 증거는 오직 뇌의 한 반구만을 사용할 수 있는 사람들에게서 나온다. 만일 그러한 사람들이 자동적인 언어와 의도적인 언어 중 어느 한 유형만을 사용하고 다른 한 유형의 언어를 사용할 수 없다면, 이것은 뇌의 작동하지 않는 반구가 손상된 유형의 언어에 필수적이라는 점을 암시할 것이다. 그리고 믿기 어려울 수도 있겠지만, 뇌의 한쪽 반구만을 사용할 수 있는 사람들이 실제로 있다 — 이유는 이 한쪽 반구가 그들 뇌의 전부이기 때문이다. 이들은 의학적인 이유로 뇌의 한쪽 반구를 부분적으로나 전면적으로 제거한 환자들이다.[17]

그러한 환자 중 한 명은 E.C.라는 가명의 47세 오른손잡이 남성 환자였다. 뇌 좌반구에 상당한 크기의 종양이 있어서 이 환자는 여러 심각한 증상을 드러냈다. 이러한 증상은 당신도 짐작할 수 있다. 뇌의 각 반구는 몸의 반대편 부위가 하는 운동 행위의 주요한 동인이기 때문에, 이러한 행위에는 실어증뿐만 아니라 구체적으로 오른손을 움직이는 운동 결함도 들어갔다. 이 환자는 1965년 3월에 입원해서 뇌 좌반구의 종양 제거 수술을 받았다. 그러나 이 종양은 악성으로 판명되었으며, 수술 이후에도 E.C.의 증상은 개선되지 않았다. 같은 해 12월에 의사는 그의 뇌 좌반구 전체를 제거하기로 결정했다. 이 수술이 철저한 근치 수술 – 뇌 절반을 다 드러내는 수술 – 이라는 사실을 고려할 때, 그의 예후는 분명히 암담했을 것이다.

그래서 여기에서 우리는 (언어가 편향적으로 뇌 좌반구의 통제를 받는다면) 당연히 말할 능력이 전혀 없는 어떤 사람을 보게 된다. 그런데 정말로 수술 이후에 이 사람은 언어 능력이 대부분 사라져버렸다. 하지만 전부 사라진 것은 아니었다. 그의 상태를 기록한 보고서에는 이렇게 씌어 있다. "수술 직후 질문에 대답하려 한 E.C.의 시도는 전부 다 실패했다. E. C.는 입을 열어 유리된 낱말들을 발음하곤 했다. 그리고 낱말들을 유의미한 말로 조합하려고 무지 애를 쓰고 난 뒤 자신에게 그럴 능력이 없음을 알고서 감탄성 상말, 즉 감정을 수반하는 짧은 어구[예: Goddamit!(뒈져라!)]를 내뱉곤 했다. 감탄성 상말과 악담은 명료하게 발음했으며 분명히 이해 가능했다."[18] 중요한 몇 가지 사항만을 분명히 조망하기로 하자. 먼저 이 사실을 상기해 보라. 이 사람은 뇌의 좌반구 전체가 비어 있다. 이것은 아주 놀라운 발견이다. 낙담하여 욕설을 내뱉고 있는 한, 말하는데 뇌 좌반구는 필요가 없다. 브로카 실어증 환자와 심지어는 전(全)실어증 환자가 여전히 욕설을 내뱉는 부분적인 이유는 뇌 우반구에 자리한 회로가 자동적인 말을 생성할 수 있기 때문으로 보인다.

이 회로의 모습은 어떠한가? 뇌 우반구에 자동적 발화에 특화된, 브로카 영역과 베르니케 영역의 상응물이 있는가? 전적으로 이 회로는 어떤 다른 유형의 장치인가?

어느 뇌반구가 관여하는가에서 해당 뇌반구 내의 어느 부위가 관여하는가로 질문의 범위를 좁힐 때는 우리가 필요로 하는 증거 유형도 더 구체적이 된다. 결정적인 증거는 뇌 우반구의 상이한 부분이 손상된 사람들의 상태에서 출현해야 할 것이다. 우리는 이들 중의 어떤 사람이 오직 자동적 입말에는 곤란을 겪지만 나머지 언어에는 곤란을 겪지 않는지 보고 싶다. 기본적으로 이것은 로크다트의 환자인 교구 신부와 정반대 경우이다. 그리고 우리는 그들의 언어 기능장애를 사용해서, 자동적인 입말을 생성하는 회로의 거처가 되는 뇌 부위에 접근한다. 그래서 문제는 우반구의 국소화된 뇌 손상으로 인해 욕설을 자발적으로 생성할 수 있는 능력을 상실한 환자를 찾는 일이 된다.

실어증 관련 문헌에는 그러한 사람이 없다. 적어도 복수의 '사람'은 없다. 딱 한 사람이 있다. 그들 중 한 사람이다. 당신에게 검토하도록 그 한 사례를 제시한다. 학술지 ≪신경학(Neurology)≫의 한 조사 보고는 (많은 사람들과 마찬가지로) 뇌 우반구의 손상을 입은 한 환자에 대해 서술한다.[19] 그러나 이 손상이 행동에 미치는 영향은 특이한 방식으로 드러났다. 이 환자는 프랑스어/히브리어 이중 언어 사용자였는데 이 두 언어를 다 전형적인 화자처럼 말했다. 즉, 자동적인 말하기 상황에 이를 때까지는 말이다. 뇌 손상을 겪고 난 뒤에는 익숙한 노래를 부르거나 동요를 암송할 수 없었고 무심코 욕설을 내뱉을 수도 없었다고 한다. 그리고 이것이 가장 놀라웠던 이유는, 그가 뇌 손상을 겪기 전에는 상말을 자주 내뱉는 사람이었다고 전해지기 때문이다. 이 환자는 바로 교구 신부의 거울 영상이다! 이 뇌손상으로 그는 감탄성 상말과 같은 자동적인 언어를 보존하기는커녕, 구체적으로 이 기능만을 상실했다.

그러면 이제 정리해 보자. 그는 뇌 우반구의 어디가 손상을 입었는가? 자동적인 말하기에는 뇌의 어떤 회로가 필수적인가? 기저핵(basal ganglia), 즉 하위 피질 뇌 구조들의 체계이다. '하위 피질'인 이유는 이 뇌 구조들이 대뇌 피질 아래에 놓여 있기 때문이다. 이 뇌 구조들은 우리가 수행하고 싶지 않은 행위를 억제함으로써 적절한 운동 행위를 선택하는 역할을 하고, 뇌의 감정 중심에 긴밀하게 연결되어 있다.[20] 뇌 손상으로 우반구 기저핵의 기능 작용이 망가졌을 때, 이 환자는 감정이 북받친 관용어를 무심코 내뱉는 능력을 상실했다.

단 하나의 사례 연구로부터 기저핵이 자동적인 말하기에 언제나 필수적이라고 성급하게 결론짓는 것은 우리가 원하는 바가 아닐 것이다. 우리는 또한 기저

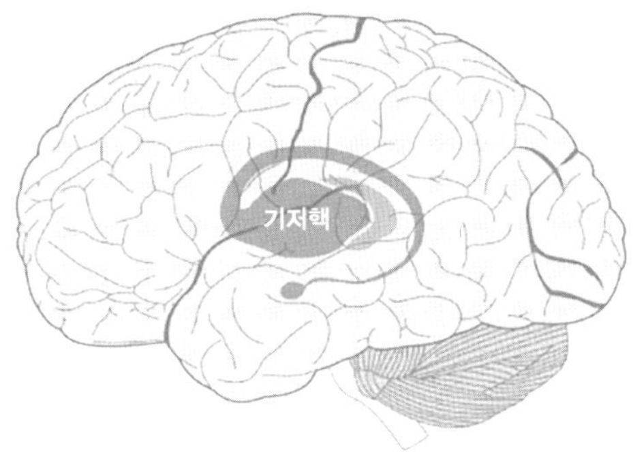

기저핵
대뇌 피질 아래에 자리 잡은 기저핵은 운동 행위를 선택하거나 억제하는 데 관여한다.
출처: 미국 식품의약국 존 헨켈(John Henkel)의 영상 (수정). Basil Ganglia.

핵이 자동적 말하기의 어떤 국면에 책임이 있는지, 기저핵이 모든 유형의 자동적 말하기에 필수적인지도 알지 못한다. 그러나 이 사례 연구는 (무심코 나오는 욕설을 비롯한) 자동적인 언어의 생성이 감정 중심에 긴밀하게 연결되어 있는, 언어 이외의 자동적인 처리를 담당하는 뇌 회로에서 이루어질 수 있다는 것을 암시한다. 이 장의 남은 부분에서는 이러한 주제를 각각 탐구할 것이다. 그러나 중간 결론으로서 우리는 다음 결론에 스스로 만족해야 할 것이다. 자동적 말하기는 그 밖의 유형의 언어와 다른 방식으로 국소화되며, 따라서 이 체계는 압박을 받거나 손상을 받을 때 다른 방식으로 행동한다. 비록 베르니케 영역이나 브로카 영역과 같은 구체적인 뇌 부위가 많은 언어의 사용에 아주 중요하지만, 다른 많은 뇌 부위도 관여한다. 언어는 뇌 속에서 이질적으로 발현된다.

$ % !

자동 실어증에서 나온 증거는 기저핵이 자동 말하기에 관여함을 암시한다. 그 자체로 이 증거는 암시적이지, 결정적이지 않을 것이다. 그렇지만 드러나는 바와 같이, 기저핵은 기능 작용을 다른 방식으로 변경하게 되었을 수도 있다.

투렛 증후군은 기저핵에 영향을 미치는 유전적인 신경 장애이다.[21] 이 장애는 이 구조의 알려진 기능에 따라 자신의 행동을 통제하는 사람들의 능력에 영향을 미친다. 투렛 증후군의 특징은 무의식적으로 발생하는 통제 불가능한 틱이다. 이러한 틱은 몸동작이나 얼굴 움직임의 형태를 띠거나, 투덜거림이나 헛기침처럼 들리는 해독 불가능한 소음의 형태를 띨 수 있다. 아니면 틱이 실제의 낱말일 수 있다.

어떤 경우에는 투렛 증후군을 앓는 사람들이 발화하는 낱말이 금기어이다. 아마도 투렛 증후군의 가장 잘 알려진 측면인 이 증상은 모욕증(侮辱症, coprolalia)이라 불린다. (낱말 coprolalia는 '똥'을 뜻하는 그리스어 낱말 *kopros*와 '입말'을 뜻하는 *lalia*에서 나왔다.) 이 모욕증은 미디어에서 가장 많은 초점을 맞추는 투렛 증후군의 특징이다. 예컨대 1999년 영화 〈두스 비갈로: 메일 지골로(Deuce Bigalo: Male Gigolo)〉에서 에이미 폴러(Amy Poehler)가 투렛 증후군을 앓는 사람을 묘사하는 것을 보라. 이 매혹 상태의 이유는 어쩌면 분명하다. 금기 언어를 통제하지 못하는 것이 헛기침을 통제하지 못하는 것보다 더 충격적이다. 이 증후군의 금기어 측면에 대한 이러한 관심에도 불구하고, 투렛 증후군을 앓는 사람들 중 (누가 세는지와 누구를 세는지에 따라) 대략 10%에서 50%만이 실제로 모욕증을 드러낸다.* 그럼에도 불구하고 투렛 증후군을 앓는 사람들 중에서 영어, 일본어, 체코어 등 수십 개의 언어 중 하나를 사용하는 화자들이 모욕증을 드러낸다는 사실은 입증되었다. 심지어는 수어를 사용하는 투렛 환자도 외설적인 신호 생성을 통제하지 못하는 모욕증을 드러낸다.** 투렛 증후군 환자

* 진정한 발생 범위를 평가하기 어려운 원인은 몇 가지가 있다. 가장 결정적으로는 투렛 증후군 진단 기준이 수년에 걸쳐 바뀌었다. 가장 주목할 변화는 2000년에 일어났다. 『정신질환 진단 및 통계 편람(4판)(DSM-IV)』에서 (무엇보다도 시작 연령 기준과 빈도 기준을 제거함으로써) 분류 기준을 완화해 지속적인 음성 틱이나 운동 틱을 하는 어떤 사람이든지 투렛 증후군 환자로 분류하게 되었다. 이로 인해 투렛 증후군 진단이 증가했으며 그 결과 모욕증 비율 추정치는 감소했다.

** 나는 당신이 무슨 생각을 하고 있는지 안다. 만일 일본어에 상말이 없다면, 일본어 화자는

의 말을 듣는 일부 사람들도 통제하지 못하고서 외설적인 제스처를 한다. [이른바 외설행동증(copropraxia)을 보인다.][22]

투렛 증후군의 영향을 받는 사람들에게는 모욕증과 함께 살아가는 것이 힘든 도전일 수 있다. 슈퍼마켓이나 사무실에 있을 때 또는 유치원에서 아이를 데리고 나올 때 입 밖으로 나오는 상말을 자신이 직접 제어할 수 없다고 상상해 보라. 모욕증을 앓는 일부 사람들은 이 강박 충동을 재채기와 유사한 것이라 묘사한다 — 당신은 오직 발산을 통해서만 완화될 수 있는 충동의 증가를 느낀다. (정말 재채기와 마찬가지로) 모욕증을 억제하기는 어렵다. 따라서 이 증상을 보이는 사람들은 흔히 회피 경로를 택해서 사람들과의 접촉을 최대한 멀리하는 방식을 찾는다. 또한 이들은 흔히 다른 사람들이 주위에 있는 경우를 위한 대처 전략도 개발한다. 가장 효율적인 전략 중 하나는 갑자기 말이 터져 나올 때 낱말들이나 그 일부를 대체하는 것이다. 분명히 모욕증을 앓는 많은 사람들에게는 어떻게 해서든 입 밖으로 나오는 어떤 낱말의 끝을 그냥 바꾸는 것보다 어떤 낱말 전체를 억제하거나 대체하는 것이 더 어렵다. 예컨대, 어떤 사람이 순간적인 충동에서 나오는 낱말 cock을 억제할 수 없어서 의도적으로 입을 다물어 이 낱말의 끝을 향하면 이 낱말 대신에 cop이 입 밖으로 나올 것이다. cop이라 소리치며 여기저기 돌아다닌다면 이상하게 보일 수 있다. 하지만 cock이라 소리치고 돌아다니는 것에 비하면 사회적으로 낙인찍히는 정도가 훨씬 더 약하다.[23]

모욕증을 실어증에서 유지되는 욕설과 나란히 배치하면, 우리는 이 둘의 발현 방식이 다름을 알 수 있다. 예컨대, 대체 전략과 같은 어떤 것도 실어증에서는 기술된 적이 없으며, 실어증 환자들은 모욕증을 앓는 대부분의 사람들이 경

어떻게 모욕증을 겪을 수 있는가? [반 랭커와 커밍스의 연구(Van Lancker and Cummings, 1999)에 요약된] 내가 알고 있는 세 개의 사례 연구에 따르면, 일본어 모욕증에는 ('어리석은'을 뜻하는 baba나 '추한'을 뜻하는 dobusu와 같은) 무례한 말과, ('잠지'라는 의미의 chin-chin과 같은) 성기를 지칭하는 유치한 낱말이 들어간다. 이들은 금기 개념을 묘사하는 낱말이나, 정중한 상황에서는 사용하지 않을 낱말이다. 비록 이러한 낱말 그 자체가 저속하지는 않지만 말이다.

험하는 저주의 말하기 충동이 솟구침을 느끼지 못한다. 그러나 더 흥미롭게도, 선택되는 구체적인 금기어들은 대부분 구별이 된다. 자동적인 말을 보존한 실어증 환자들은 흔히 shit이나 fuck, goddamnits와 같이 욕구 불만이나 놀라움을 표현하는 감탄성 상말을 주로 생성한다. 그러나 모욕증에 내재한 감탄성 상말은 주로 인종·종족 차별 욕설과 젠더 기반 모멸 표현은 물론 신체 부위 어구나 신체 분비물 어구이다.[24]

두 유형의 상말, 즉 실어증에도 보존되는 낱말들과 모욕증에서 터져 나오는 낱말들은 순간적인 강력한 감정 상태를 표현한다. 이로 인해 일부 이론가들은 실어증 유형의 욕설과 모욕증 유형의 욕설 둘 다 언어의 나머지 부분과 다른 뇌 장치에서 생성된다는 제안을 하게 되었다.[25] 앞에서 언급한 바와 같이, 수많은 언어를 생성하기 위한 하나의 경로가 있을 수 있다. 이론가들은 주로 인간 뇌에서 이 경로를 연구해 왔다. 이 경로는 대부분의 사람들에게서 주로 왼쪽 대뇌 피질의 언어 중심을 통과하고, 정상적인 언어의 체계적이고 의도적인 조합을 위해 사용된다. 두 번째 경로는 진화적으로 훨씬 더 오래되었다고 추정되며, 인간 언어와 비슷한 것을 스스로 잃어버린 다른 포유류도 이 경로를 공유한다.

뇌 속에 깊숙이 자리 잡은 감정 생성 부위인 변연계는 두 번째로 제안한 이 회로를 관할한다. 기저핵은 감정을 처리하는 뇌 조직(예: 전측 대상, 해마, 소뇌 편도)과 바로 인접하고 긴밀하게 서로 연결되어 있다. 이 오래된 뇌 조직들은 운동신경 충동을 야기하는 감정 상태를 생성하는 역할을 하는 것으로 보인다. 그러면 기저핵이 운동신경 충동을 조절하고 선별적으로 억압해야 한다. 모욕증의 경우에는 손상된 기저핵이 이 경로상에서 언어적 충동을 억압할 수 없으며, 결국 특유의 감탄성 상말이 입 밖으로 나오게 된다.

다른 동물 — 특히 다른 영장류 — 의 연구를 통해 그들에게도 유사한 상동(相同) 회로가 있음이 드러났다. 예컨대, 마카크원숭이나 다람쥐원숭이의 변연계 내 신경세포들이 자극을 받을 때, 이 동물들은 자기도 모르게 감정이 담긴 소리를 낸다.[26] 이것은 인간의 전형적인 뇌에서, 심지어는 어쩌면 나와 당신의 뇌에서도, 자동적으로 튀어나오는 일상의 충동적인 감정적 욕설이 바로 이 동일한 회로에서 촉발될 수 있음을 암시한다 — 이 회로는 특별히 인간에게서 새로 생겨난 것이라기보다 포유류나 영장류에게서 새로 생겨난 것이다. 이 회로는 사회적 존재를 위한 아주 중요한 진화적 기능을 수행한다. 이 회로 덕택에 한 개체는 자신의 내적인 감정 상태를 밝히는 신호를 동종의 다른 개체들에게 기꺼이 효율적으로 보낼 수 있다. 만일 상응하는 회로가 정말로 인간의 반사적인 욕설에 책임이 있다면, 이 회로 덕분에 우리는 뇌 속의 감정에 접근하는 특권을 누리며, 어떤 화자의 은밀한 내적 경험이 합리적인 신중한 계획의 조정을 거치지 않은 그대로 드러난다.

하지만 단서 조항이 있다. 감정을 유발하는 이 오래된 회로가 작동하는 방식은 인간과 동물이 동일하지 않다. 티모시 제이와 스티븐 핑커가 지적한 바와 같이 자기도 모르게 욕을 할 때 우리가 내는 소리는 관습화되어 있다 — 이 소리는 사회가 제공하는 학습의 산물이다.[27] 학습된 구체적인 형태를 지닌다는 점에서 욕설은 날카로운 비명이나 으르렁거리는 소리와는 다른 놈이다 — 당신은 구체적으로 영어나 중국어나 미국 수어로 욕을 하는 반면, 원숭이는 그냥 원숭이언어(Monkey)로 날카로운 비명을 내지른다.

#$%!

뇌에 관한 이러한 사실의 영향은 다면적이다. 첫째, 언어가 좌뇌 편향적이고 대뇌 피질 작용이며, 뚜렷이 다른 특수화된 뇌 회로들의 집합(예: 브로카 영역과 베르니케 영역)으로부터 자극을 받는다는 고전적인 견해는 전체 상황의 일부만을 말해주는 것으로 보인다. 우리는 또한 언어를 위해 또 하나의 경로를 사용한다. 이 경로의 구축은 진화적인 측면에서 훨씬 더 오래되었고 뇌 회로를 거의 공유하지 않는 장치에 근거한다. 언어는 뇌에서 단층적이 아니다.

조금만 천천히 생각해 보면 이것은 이해가 된다. 우리는 다양한 목적을 위해 언어를 사용한다. 우리는 (이 문장과 같은) 합리적 사고를 분명히 밝히는 온건한 어구들의 생성을 지원하는 뇌 체계가 이중의 임무를 수행할 역량이 있다고 좀처럼 기대해서는 안 된다. 즉, 이 뇌 체계가 욕구불만이나 격노와 같은 느닷없는 격정적인 감정 상태를 자기도 모르게 입 밖으로 나오는 원초적인 발화 — 이러한 감정을 표현하는 —에 연결하는 임무도 수행한다고 기대해서는 안 된다.

그리고 심지어 언어 역량을 이렇게 두 경로로 분리한다고 해도, 분명히 뇌 속에 존재하는 다양성을 제대로 설명하기에는 부족한 것이 사실이다. 비록 현재는 이 문제에 대한 증거가 빈약하지만, 언어로 행하는 이 다양한 일을 위해 우리가 상이한 장치를 사용한다 하더라도 놀랍지 않을 것이다. 우리는 관습화된 인사말(예: '안녕, 요즘 어때?', '좋아')을 위해 어떤 별개의 경로를 사용하는가? cock-a-doodle-doo처럼 의미하는 바와 비슷하게 들리는 낱말인 의성어를 위해 또 다른 경로를 사용하는가? 그리고 지금까지 논의해 온 이 두 외견상의 경로 내에서조차도 더 상세한 변이가 작용하는가? 우리의 양면적 구별은 너무 조악한가? 아마도 우리는 욕구불만 대 분노, 두려움 대 각성을 자기도 모르게 표출할 때 상이한 경로를 동원한다. 현재까지 정말로 우리는 모른다. 그 이유는 대부분 저차원 신경과학에서 동물 모형을 연구 활동의 토대로 삼고 있으며, 다른 동물들이 우리 인간 뇌 회로의 전부가 아니라 일부를 공유하기 때문이다. 예컨대 브로카 영역과 베르니케 영역은 주로 인간에게만 적용되는 것으로 보인다. 그리고 다른 동물은 언어를 사용하는 의사소통 기능의 (전부가 아니라) 일부를 보여준다. 분명히 미래에는 인간의 작동 중인 뇌를 직접 촬영해 보여주는 영상화 기술의 진보 덕택에 언어 행동을 신경적으로 예시하는 다양성의 범위가 밝혀질 것이다.

마지막으로 상이한 뇌 경로를 상이한 말에 연결할 수 없다는 것은 여기서도 다시 한번 언급할 만한 가치가 있다. 우리는 동일한 말을 상이한 방식으로 생산할 수 있다. 뇌 기능 손상으로 언어 결핍을 겪을 때, 보통 상실되는 것은 특정한 낱말이 아니라 낱말을 사용하는 특정한 방식이다. 브로카 실어증에서는 보통 낱말을 계획에 따라 의도적으로 분명하게 발음하는 능력이 손상을 입고, 자동적인 말하기 능력은 일부 보존한다. 즉, 욕구불만을 겪을 때 '해당 언어의 가장 강력한 저주의 말'을 자기도 모르게 입 밖으로 유창하게 내뱉는 실어증 신부님조차도 바로 이 동일한 말을 의도적으로는 분명하게 조음할 수 없을 것이다.[28]

05

교황이 상말 폭탄을 터뜨린 날

어쨌든 프란치스코 교황(Pope Francis)의 선택은 흥미로웠다. 전통적인 호화로운 교황 전용 아파트를 포기하고 그 대신에 바티칸 게스트하우스의 작고 수수한 침실에서 거주하기로 결정했다. 전통적인 금반지 대신에 은반지를 꼈다. 그리고 유월절이면 언제나 발을 씻어주었다. 그런데 선임 교황들이 했던 대로 성직자들의 발을 씻어주는 것이 아니라, 노인·장애인 요양소 환자들과 가톨릭 신자가 아닌 사람들, 여인들의 발을 씻어주었다. 전체적으로 이러한 많은 사소한 겸양 행위는 그가 낮은 사람들의 교황이라는 대중적 이미지를 쌓는 데 도움이 되었다.

그럼에도 불구하고 아무도 이 교황이 이렇게나 세속적일 것이라 기대하지는 않았다. 2014년 3월 2일 바티칸의 주간 정례 미사에서 강론을 하면서 교황은 세계를 놀라움에 빠뜨린 한 낱말을 슬며시 끼워 넣었다. 그는 이탈리아어로 강론을 하고 있었다. 교황의 입술에서 슬쩍 빠져나온 그 말은 바로 in questo cazzo였다.* 이것을 축자적으로 번역하면, in this dick(이 좆에서)이다. 하지만 불쾌

* (옮긴이) 2014년 4월 3일 우크라이나 사태의 평화적 해결을 촉구하는 연설에서, 프란치스코 교황은 '욕설' 실수를 한다. 교황은 6월 초쯤 "In questo cazzo . . ."라고 말한다. cazzo는 이탈리아어로 'fuck'이라는 뜻의 욕이다. 교황은 발음이 약간 헛 나왔음을 스스로 깨닫고서는 얼른 'in this case'를 뜻하는 "In questo caso . . ."라고 다시 말했다.

감을 유발하는 낱말 cazzo는 이탈리아어에서 영어의 fuck(씨부럴)이나 fucking(좆나)과 대충 비슷하게 사용하기 때문에, 구어적으로는 교황이 대충 in this fucking . . .(이 좆같은 ~에서)과 비슷한 말을 했다. 나는 결코 교황을 연구하는 학자가 아니다. 하지만 기꺼이 위험을 감수하고서 이 말이 교황 같은 인물에게는 흔치 않은 어투라고 말할 것이다. 심지어는 ≪롤링스톤(Rolling Stone)≫ 표지에 실려 기분이 황홀해진 사람에게도 이 말은 흔치 않은 어투일 것이다. 미디어는 이 어구 전환을 마음껏 이용했다. 몇 가지만 예로 들어도 이 이야기는 허핑턴 포스트[1]와 엔피알(NPR),[2] 데일리 메일[3]에서 특별 기사로 다루었다.

이 특별한 일은 아주 놀랍고 흥미진진하다. 부분적으로 교황이 자신의 느낌을 표현하는 방법에 대한 우리의 기대와 충돌하기 때문이다. cazzo(좆)와 같은 상말이 입 밖으로 나와서 교황은 이념적으로 진퇴양난의 곤경에 처하게 된다. 만일 악담이 우연히 나온 말이었다면, 교황은 그저 바보처럼 언어적인 실수를 잘 하는 사람이다. 필연적으로 이것은 신의 대표자로 인정받는 이 지구상 인물에 대한 대중의 이상적인 이미지가 아니다. 그는 여전히 절대적으로 신뢰할 수 있지만, cazzo라는 말을 의도적으로 했을지도 모른다. 다시 한번 말하지만, 이것은 교황이 투사하고자 하는 이미지가 아닐 가능성이 높다. cazzo가 잘못된 조음의 사례라는 전자의 설명은 확실해 보인다. 가장 명확한 증거는 교황이 다음에 한 말이다. in questo cazzo라는 말이 튀어나온 뒤 교황은 바로 이 말을 (in this case '이 경우에'라는 의미의) in questo caso로 수정했다. 이것은 교황청으로부터 들을 수 있는 설명과 더 비슷해 보인다. 말이 헛나온 이 실수로 프란치스코 교황은 자신이 어떻게 사람들과 비슷한지를 한 번 더 보여주었다. 아니 그가 그랬나?

프란치스코 교황은 물론 모든 사람들이 대화 중 말이 헛나오기도 한다. 이런 현상을 양화하고자 하는 연구자들은 사람들이 평균적으로 천 단어마다 한두 번씩 또는 10분의 발화에서 한 번씩 발화 실수를 한다고 말한다.[4] 하지만 이 실수가 다 똑같지는 않다. 일부 실수 — 특히 상말이 튀어나온 말실수 — 는 아주 흥미로운 사실을 알려준다. 이것은 사람들이 말하기 계획을 세우고 말할 낱말을 선택하고 소리를 만드는 방식을 다루는 음성 생성 과학의 중요한 문제이다. 사람마다 악의 없이 상말 실수를 하는 비율은 다르다. 이것은 우리가 왜 말실수를 하는지와 어떻게 실수를 피할 수 있는지, 그리고 뇌가 이 모든 것을 어떻게 관리하는지를 이해하는 최선의 방법들 중 하나이다. 그리고 앞으로 살펴보겠지만, caso를 실수로 cazzo라 발음했을 때, 이 교황은 자신이 의도했던 것보다 더 많은 속내를 드러냈을지도 모른다.

$ % !

언어 생산은 우리가 행하는 가장 복잡한 일 중 하나이다. 하지만 우리 자신은 이 일을 하고 있다는 것을 좀처럼 의식하지 못한다. 유창하게 말할 때 우리는 분당 약 120개에서 180개의 낱말을 사용한다.[5] 이것은 빠른 속도로 쏟아내는 엄청난 양으로 초당 2개에서 3개의 낱말이다. 쓰기를 할 때 여백으로 낱말을 분리한다는 사실에도 불구하고, [윌리엄 샤트너(William Shatner)가 아니라면] 우리는 보통 각 낱말 뒤에서 쉬지 않는다.* 부분적으로 그 이유는 많은 입말 공동체의 사람들이 일단 말을 시작하면 계속해서 말해야 한다는 압박감을 느끼기 때문이다. 만일 당신이 화자로서 어떻게든 소리를 다소간 지속적으로 입 밖으로 내보내지 못한다면, 다른 어떤 사람이 당신이 할 말이 더 없다고 믿으며 발언 기회를 가져갈 수도 있다. 아니면 그들은 무언가가 잘못되었다고 염려하게 되어, 당신이 음식 때문에 질식하거나 어느 틈에 잠들어 있는지를 분명히 점검하려 할 수도 있다. 그래서 당신은 계속해서 말을 한다. 그리고 이것은 몸 전체에 부담을 준다. 연속적인 말을 생성하기 위해서는 다음 말이 무엇일지를 결정해서 심지어는 현재의 말을 끝내기도 전에 그다음 말을 할 준비를 시작해야 할 것이다. 당신은 앞

* 그런데 친애하는 독자 여러분이 실제로 윌리엄 샤트너라면 나는 이 모든 것을 철회한다! 나는 당신의 열렬한 팬이다! 컬트의 고전인 1965년 영화 <인큐버스(Incubus)>에서 당신이 에스페란토를 구사하는 것을 특히 좋아했다! 나는 질문할 것이 아주 많다! 나를 불러달라!

을 내다보아야 한다. 이것은 부분적으로 입말에 왜 um(음~)이나 like(어~), 다른 사잇말이 들어 있는지를 설명해 준다. 이러한 사잇말 덕택에 당신은 쉬지 않고 말을 이어갈 수 있다. 설령 당신이 무엇을 말하고자 하는지를 정확히 모른다 하더라도 말이다. 그리고 이것 때문에 말하기 실수도 일어난다.

당신이 하는 (소리 교체나 소리 누락, 심지어는 소리 첨가와 같은) 상이한 종류의 말실수 중에서 어떤 실수는 조립선에서 조금 멀리 있는 낱말들을 미리 준비한 데서 유래함이 아주 분명하다. 단순하지만 흔한 유형의 말실수는 어떤 사람이 다음 소리를 예상하고 우연히 그 소리를 너무 빨리 발음할 때 일어난다. 예컨대, 당신은 shark pit(협잡꾼의 함정)을 말하고자 의도할 수도 있지만 우연히도 이 말 대신에 park pit(공원의 구덩이/함정)이라고 잘못 발음할 수도 있다. 이와 같은 오류는 이 화자가 다음 말(이 경우에는 pit)을 이미 설계하고 있지만 여전히 현재의 말(shark)을 분명히 발음하고 있는 경우에만 일어날 수 있다. 왜냐하면 두 번째 낱말의 p가 결국 첫 번째 낱말의 시작음이 되기 때문이다. 또한 두 낱말을 우연히 교체하는 일은 흔하다. 당신은 이것을 두음전환(spoonerism)이라 알고 있을 수도 있다. 하지만 언어심리학자들은 이것을 '교체 오류(exchange error)'라 일컫는다. 전형적인 한 실례는 shark pit을 말하려고 했지만 우연히도 park shit(공원의 똥)이라고 발음하는 경우일 것이다. 이런 일이 일어나는 이유는 다시 당신이 현재의 낱말을 조음하는 동안 다음 낱말을 계획하고 있기 때문일 것이다.

앞선 계획이 교체 오류와 기대 오류를 초래하기 때문에, 우리는 실제로 이러한 오류를 이용해 화자들이 정확히 얼마나 빠르게 앞선 계획을 세울 수 있는지를 보여줄 수 있다. 어떤 교체와 기대는 바로 인접하는 낱말보다 거리가 훨씬 더 멀다. 이것에 대한 우리의 지식은 바로 로스앤젤레스 캘리포니아 대학교(UCLA)의 언어학자 빅토리아 프롬킨(Victoria Fromkin) 덕택이다. 그는 관찰되는 실제 발화 실수의 거대한 데이터베이스를 축적하는 데 학문 활동의 아주 많은 부분을 집중했다. 이러한 실수 중에는 (Canadian 대신에 Tanadian이라 말한) a Tanadian from Toronto나 (Paris 대신에 Baris라 말한) Baris is the most beautiful city와 같은 사례가 있다. 이러한 사례는 낱말들이 얼마나 멀리 떨어질 수 있고 여전히 서로 영향을 미칠 수 있는지를 보여준다. Canadian과 Toronto의 거리는 두 낱말과 5음절인 반면, Paris와 beautiful의 거리는 네 낱말과 5음절이다.[6] 말실수의 분포는 실수를 할 때 당신이 현재 조음하고 있는 낱말보다 한 낱말에서 다섯 낱말 앞에서 이미 조음을 설계하고 있음을 암시한다.[7] 그리고 당신은 아마 실수를 하지 않을 때조차도 미리 계획을 세우고 있을 것이다.

그렇다면 교황의 말실수가 순전히 계획의 비효율성 때문이었을 수 있는가? 어떤 말실수의 어느 한 사례든지 원인은 다양할 수 있다. 그리고 계획이 말실수에서 어떤 역할을 한다고 말할 수 있으려면, 우리는 다만 여러 패턴 그 자체가 통계적으로 드러나는 많은 실수를 전체적으로 살펴보아야 한다. 그러나 만일 프란치스코 교황이 정확히 무엇을 말했는지와 그다음에 무엇을 말할 계획을 세우고 있었는지를 세밀히 검토해 보면, 최소한 우리는 사전 계획이 caso를 cazzo라고 말한 실수에 대한 그럴듯한 설명인지 결정할 수 있다. 그래서 여기에 이 말실수를 담고 있는 문장의 전체 텍스트가 있다. 이 텍스트는 교황이 준비한 논평을 바티칸이 공식적으로 필사해 배포한 것이다. 경고: 다음 텍스트는 이탈리아어를 담고 있을 수 있다.

> Se ognuno di noi non accumula ricchezze soltanto per sé ma le mette al servizio degli altri, in questo caso la Provvidenza di Dio si rende visibile in questo gesto di solidarietà.[8]

이 중요한 문장에서 교황은 자선을 위한 기부를 호소하고 있다. 우리는 이것을 다음 번역문으로부터 확인할 수 있다. "만일 우리들 각각이 자신만을 위한 부의 축적이 아니라 타인에게 봉사하기 위해 그 절반을 축적한다면, 이 경우에는 신의 섭리가 이 연대 표시를 통해 보이게 될 것이다."*

* (옮긴이) 원문의 영어 번역문은 다음과 같다. "If each one of us does not amass riches only for oneself, but half for the service of others, in this case the providence of God

caso 뒤에 오는 낱말들 중에서, 그 발음을 미리 예상함으로 인해 caso의 발음에 영향을 미칠 수 있는 후보 낱말들을 살펴보자. 정관사 the에 대응하는 낱말로서 여성 명사 앞에 쓰는 la가 있고 그다음에는 (providence '섭리'를 뜻하는) Provvidenza가 있다. caso의 경우에 마지막 모음 바로 앞에 s가 오고, Provvidenza의 경우에도 마지막 모음 바로 앞에 z가 온다는 점에 주목해 보라. 프란치스코 교황은 caso를 여전히 조음하고 있는 도중에 이 길고 복잡한 낱말 Provvidenza의 조음을 기대하고 있어서 caso의 s를 미리 기대한 z로 대체했을 수 있는가? 그럴 수 있다. s와 z는 아주 비슷한 소리이다.* 그리고 이 두 소리는 동일한 품사를 지닌 낱말 속에 들어 있으며, 단지 두 낱말 거리에서 동일한 자리에 있다. (이것이 실수의 가능성을 높일 수 있다.)[9] 그러나 텍스트를 이렇게 세밀하게 해석해도 무언가 결정적인 단언은 할 수 없다. 이로부터 우리는 기껏해야 앞선 계획이 합리적인 원인일 수 있다는 추정에 매달려야 한다는 것을 알 수 있다.

물론 교황이 한 실수에는 여러 다른 원인이 있을 수 있다. 말실수에 대한 인기 있는 발상에 따르면, 말실수는 기계보다 의미에 더 많은 원인이 있다. 지그문트 프로이트(Sigmund Freud)의 유명한 주장은 당신이 어떤 말실수를 할 때, 이것은 당신의 무의식적 마음의 내적 작용을 보여줄 수 있다는 것이다.[10] 그는 이렇게 썼다. "거의 변함없이 나는 의도한 입말을 제외한 무언가 …… 단 하나의 무의식적인 사고로부터 마음에 혼란을 주는 어떤 영향을 발견한다. 이것은 특별한 실수를 통해 드러난다."

will become visible through this gesture of solidarity."

* 그러나 아마도 이 둘은 당신이 생각하고 있는 그 소리가 아니다. 이탈리아어에서 caso 속 문자 s는 영어 화자들이 z를 발음할 그 방식으로 발음하고, Provvidenza 속 문자 z는 영어의 ts처럼 발음한다. cazzo의 이중 자음 zz는 길게 늘인 ts처럼 발음한다. 그러나 이렇다고 해서 내가 펼치고 있는 논증이 실질적으로 바뀌지는 않으며, 다만 당신이 이탈리아어를 말하지 못한다면 모든 것이 더 복잡하게 된다. 그 결과 이것은 세심한 저자라면 각주에 넣어둘 그런 부류의 일처럼 보인다.

분명히 프로이트식 말실수는 아주 많다. 십여 명의 여성이 타이거 우즈(Tiger Woods)를 간음으로 고소한 지 불과 몇 달 뒤인 2010년 그가 목의 통증으로 대회 시합에서 기권해야 했을 때, 골프 채널의 한 기자는 우즈가 a bulging dick(부풀어 오른 좆) 때문에 고통을 겪고 있다고 보도를 했다.* 11 프로이트는 이 말실수가 이 화자가 실제로 생각하고 있는 무언가로부터 나오며, 바로 이 생각이 이 기자의 입 밖으로 스멀스멀 기어 나와 말이 되었다고 해석할 수도 있다. 또 하나의 유명한 말실수는 그 당시 조지 W. 부시 대통령(George W. Bush)의 안보담당 보좌관이던 콘돌리자 라이스(Condoleezza Rice)가 했다고 알려져 있다. 라이스는 자신의 업무에 전념한 것으로 유명하다. (이 책을 쓰던 당시에 그녀는 결혼한 적도 아이를 낳은 적도 없었다.) 그래서 라이스가 워싱턴 디시의 한 디너파티에서 As I was telling my husb- . . . As I was telling President Bush(내 허즈브에게 말하고 있을 때 ……, 부시 대통령에게 말하고 있을 때)라고 말했다는 소식이 전해졌을 때 이 말실수는 신문기자단의 허를 찔렀다.[12]

husband는 President Bush와 전혀 비슷하게 들리지 않는다. 그래서 최선의 설명은 낱말들 사이의 소리 유사성이라기보다 의미의 어떤 국면 — 라이스가 의도적으로 말하려 했던 내용이나 생각하고 있던 주제 — 이 이 말실수를 유발했다는 것이다. 그러나 우리는 정신분석의 원리에 더 친숙한 사람들에게 이 경우의 정확한 의미적 동기를 규명하도록 맡겨야 할 것이다.**

앞선 기대로 인해 잘못 발음한 이 교황의 실수에는 프로이트식의 유사한 동기가 있었을 수도 있는가? 어쩌면 그럴 수도 있었다. 프로이트가 죽은 지 75년이 지난 지금 프로이트 정신분석 원리들은 대체로 지지를 잃게 되었다. 적어도

* (옮긴이) bulging dick은 '요추간판탈출증'을 뜻하는 bulging disc의 말실수이다.

** 이것은 나에게 프로이트식 말실수에 관한 다음 농담을 떠오르게 한다. 어떤 환자가 자신의 의사에게 이런 말을 한다. "의사 선생님, 지난 밤 프로이트식 말실수를 하나 했어요. 어머니와 저녁 식사를 하고 있었어요. '그 버터 좀 건네주실래요?(Could you please pass the butter?)'라는 말을 하고 싶었어요. 하지만 '이 사기꾼 암캐, 넌 내 인생을 다 망쳤어(You manipulative bitch, you completely ruined my life.)'라고 말했어요."

인지와 행동에 관심을 둔 대부분의 연구자들 사이에서는 그러하다. 그러나 프로이트 이론의 유산은 여전히 남아 있다. 이 유산이 행동의 예측에 도움이 될 때는 특히 그러하다. 그리고 금기 언어는 프로이트식 전제에 근거한 말실수 실험에서 빛이 난다.

프로이트라면 이렇게 말할 듯하지만, 당신이 미국 국가안전 보장국장이든 교황이든 아니면 그냥 당신이든, 주제로 삼아 생각은 하고 있으나 큰소리로 말하고 싶지는 않은 것들이 당신이 범하는 말실수에 영향을 미친다고 가정해 보라. 어떻게 당신은 이렇게 말할 수 있는가? 당신은 심리학자 마이클 모틀리(Michael Motley)와 그의 동료들이 1970년대 말과 1980년대 초에 수행한 일련의 연구에서 사용한 것과 같은 실험 패러다임을 떠올릴 수도 있다. 이들은 사람들에게 다수의 낱말 쌍 — back mud 대 bad mouth와 같은 쌍 — 을 소리 내어 읽게 했다. 이 패러다임을 사용할 때, 이들은 사람들이 일정한 기저 비율로 말실수를 한다는 것을 발견했다. 그리고 그들은 사람들이 대화의 주제로 삼지 않으려고 적극적으로 애쓰고 있는 무언가에 대해 생각하고 있을 때 이 비율이 올라갈 것인지를 알고 싶어 했다.[13] 그래서 그들이 고안했던 방법론이 여기 있다. 이 방법론은 아주 창조적이다.

참여자들은 모두 스스로 이성애자라고 밝힌 젊은 남성이었다. 이들 중 절반은 직업윤리에 맞는 복장을 하고서 모틀리 자신이 직접 맞이했고, 나머지 절반은 도발적인 의상을 차려 입은 젊은 여성 연구보조원이 만났다. 모틀리는 이 상황을 이렇게 묘사한다. "그녀는 반쯤 속이 비치는, 거의 투명한, 어깨가 드러나는 상의와 아주 짧은 노랑 치마를 입고 있었다." 이어지는 모틀리의 말이다. "그리고 우리는 그녀에게 무릎이 이 사내들의 눈높이에 오는, 등받이 없는 의자에 앉아 있도록 했다."[14] 모틀리가 이 젊은 이성애 남성 참여자들이 이 실험에서 무슨 생각을 하고 있을 것으로 예상했는지는 말할 필요조차 없다.

이 실험 그 자체에서 참여자들은 분당 한 쌍의 속도로 낱말 쌍을 읽어야 했다 — 평소의 입말 속도와 비슷했다. 그리고 이 실험의 가장 중요한 부분으로서, 낱말 쌍에는 두 가지 유형이 있었다. 첫 번째 유형에는 mad bug와 같은 쌍이 있다. 알 수 있는 바와 같이, 이 쌍을 발음할 때는 기대 실수나 교체 실수를 해도 완전히 악의 없는 어떤 말(예: bad mug '품질이 안 좋은 머그컵')이 입 밖으로 나올 것이다. 하지만 두 번째 유형에서 말실수를 하면 성 관련 표현이 튀어나올 것이다 — let gaid의 말실수는 get laid(성교하다)가 되고 share boulders(둥근 돌을 공유하다)의 말실수는 bare shoulders(드러낸 어깻죽지)가 나온다.

이 참여자들이 범한 교체 말실수의 수를 셌을 때, 모틀리와 그의 동료들은 허접하게 차려 입은 연구조교와 앉아 있었던 참여자들의 절반이 전체적으로 실제로 말실수를 더 많이 했음을 발견했다. 하지만 말실수가 이렇게 늘어난 것은 전적으로 성 관련 낱말 쌍 때문이었다. 예컨대 mad bug가 아니라 let gaid에서 참여자들이 더 많은 말실수를 했다. 하지만 이 참여자들이 범한 악의 없는 말실수의 수는 그들의 옆에 누가 앉아 있는지에 관계없이 동일했다.

이것은 프로이트가 설명하고자 했던 것처럼 우리의 인지적 무의식이 일상의 말실수를 통해서 하고 싶은 말을 하고자 애쓰고 있음을 의미하는가? 아니면 단지 성에 관한 생각을 하고 있을 때, 당신이 성 관련 낱말을 입 밖에 낼 가능성이 더 높음을 의미하는가? 우리는 결코 이 의문을 해소하지 못할지도 모른다. 하지만 마음속에 떠오르는 생각을 억제하고자 하는 당신의 의지를 때때로 넘어서서 이러한 생각이 밖으로 나올 수 있음은 분명하다. 이것은 분명하게 조음할 낱말을 선택하는 것이 단지 당신이 표현하고 싶은 의미에 어울리는 낱말을 집어내는 것보다 더 복잡함을 우리에게 알려준다. 이것은 또한 생각을 선택하고 억압하는 것과 관련이 있다. 왜냐하면 어떤 조건하에서는 그러한 생각이 말실수의 형태로 솟구쳐 오르기 때문이다.

단지 실수하기 쉬운 인간 — 게다가 어쩌면 이성애자 남성 인간 — 으로서, 심지어는 교황도 이런 부류의 프로이트식 영향으로부터 자유롭지 못하다. 무심코 cazzo(좆)를 내뱉을 때 교황은 자선의 미덕에 대해 이야기하고 있지만 자신의 순결 서약에 대해 이런저런 생각을 계속해 올 수 있었을까? 그럴 수 있다.

우리는 이 교황의 말실수가 입 밖에 내려고 미리 계획하고 있었던 소리들의 연쇄 때문일 수도 있다는 주장을 분명히 했으며, 드러나지 않은 이면의 일이 그의 마음을 압박했다는 이 프로이트식 가능성을 수용했다. 그러나 이 교황은 또한 도전적인 조건 아래에서 말하고 있었다. 이것은 그가 샤워를 하며 홀로 내뱉은 언사가 아니었다. 대중적 말하기는 마음을 산만하게 할 수 있다 — 확성기로부터 다시 돌아오는 소리와 군중 속에서 일어나는 일들은 당면 과제로부터 당신의 주의를 흩트릴 수 있다. 그리고 이것은 또한 긴장을 유발할 수 있다. 이 두 요인은 다 말실수의 비율을 높일 수 있다.[15] 나는 일상의 생활에서 이것을 자주 관찰할 기회가 있다. 나는 샌디에이고에 산다. 뛰어난 뉴스 방송으로 미국 최고의 도시가 누리는 명성에도 불구하고* 지역 아나운서들은 진행이 약간 고르지 못하다. 공영 라디오 방송국의 오후 진행을 맡은 한 아나운서는 All Things Considered라는 뉴스 프로그램에서 뒤따르는 내용을 소개하든 현지 보증을 제공하는 회사의 이름을 발표하든 말을 더듬는 습관이 있다.** 그리고 해당 현지 업체의 이름이 Chism Brothers Painting이나 Bastyr University 따위였을 때는 특히 심하게 머뭇거린 적도 몇 번 있었다.*** 나는 당신이 이러한 말더듬 사례를 상상할 수 있다고 확신한다. 분명히 대중 연설의 압박감은 여느 사람과 마찬가지로 교황에게도 어려운 과제임에 틀림없다.

더욱이 이 교황은 외국어로 말하고 있었으며, 이 경우에는 유창하게 말하기

* 역사적 시각에 대해서는 다큐멘터리 애퍼타우와 매캐이(Apatow and McKay, 2004)를 보시오.

** (옮긴이) All Things Considered(ATC)는 ('모든 것을 다 다룬다'는 취지의) 미국의 공영라디오방송국의 주요 뉴스 프로그램으로 1971년 5월 3일 첫 방송을 시작했다.

*** 역설적으로 우리는 사람들에게 정확히 말실수를 유발할 가능성이 가장 높은 그러한 조건에서 더 높은 수준을 따르도록 요구한다. 특히 어떤 사람이 (아마도 라디오 방송 출연자들처럼) 정신적 압박감을 느끼고 있을 때, 말실수는 입말 생성의 불가피한 부분이다. 이것을 잘 알고 있음에도 내 자신이 라디오에 대고 이렇게 소리치고 있음을 자주 보게 된다. "자, 더 분발하라구! 이건 공영라디오이잖아! 내가 단지 토트백이나 받으려고 후원을 한 건 아니잖아, 안 그래?" 그러고 나서는 올해 후원을 하지 않았음을 기억하고서 양심의 가책을 느낀다. 하지만 후원을 건너뛴 내 자신의 행위를 다시 합리화한다. 만일 방송인들이 매번 말실수를 하지는 않는다면, 아마도 내 돈을 받을 자격이 있을 것이라는 생각을 하면서 말이다. 인간의 마음은 터무니없는 곳이다.

가 더욱 어렵다. 당신이 어떤 외국어로 말할 때 실수하는 이유는 단지 어떤 낱말의 성(性)을 모르거나, 해당 외국어 문법의 어떤 세부 사항에 대한 당신의 이해가 부족하기 때문이다. (간접목적어 대명사는 동사 앞에 오는가 동사 뒤에 오는가? 그리고 말이 났으니 말이지, 게다가 간접목적어는 무엇인가?) 지식 부족으로 인한 이러한 말실수를 제쳐두면, 당신이 통상적으로 하는 말실수의 기저 비율도 또한 올라간다 — 1400%까지나.[16] 그래서 아마도 우리는 이 교황이 모국어인 아르헨티나식 스페인어가 아니라 이탈리아어로 연설을 하면 말실수 빈도가 점차 늘어날 수도 있다는 데에 놀라지 않을 것이다.

말실수를 하기 쉬운 어떤 교황이 틀림없이 여느 사람들과 마찬가지로 동일한 압박감을 느끼고 동일한 언어적 덫에 걸린다는 것은 합리적으로 보인다. 그리고 이 특별한 경우에는 압박감과 언어적 덫이 연합해서 우리가 목격한 C-폭탄을 생성했을지도 모른다. 정말로 이 모든 압박감이 작용하고 있어서, 놀랍게도 당신의 입 — 또는 이 교황의 입 — 밖으로 나오는 말은 단지 일련의 실수가 아니다. 이상하게도 대체로 실수가 아니다. 우리는 모두 말실수를 하지만, 실제로 생성하는 대다수의 낱말은 정확히 우리가 의도하는 것이다. 그리고 앞으로 살펴보겠지만, 상말은 우리가 이 의도를 달성하는 방식의 내면을 가장 많이 보여주는 실마리를 제공한다.

$ % !

일부 심리언어학자들은 어쩌면 당신이 현재처럼 말을 능숙하게 잘할 수 있었던 유일한 방식은 계획한 입말을 어떻게든 검토하는 것이라는 가설을 세웠다. 이 견해에서는 당신이 말하고자 계획하는 낱말들과, 이 낱말들을 배열하고자 계획하는 순서, 이 낱말들을 정확히 어떻게 발음할 계획인지에 주의를 기울이는 내부 편집자가 당신의 머릿속에 있을지도 모른다고 본다. 이것은 마치 조립선 끝에서 하는 품질 관리와 같다. 이 품질 관리는 낱말들을 꾸러미로 모아서 이 공장 밖으로 내보내기 직전에 이루어진다. 막 비뚤어지려 하고 있는 무언가를 주목할 때, 당신 내부의 편집자는 컨베이어 벨트를 멈추어 세우고 불쾌감을 유발하는 낱말을 보수하도록 되돌려 보낸다. 물론 일부 말실수는 그대로 통과한다. 그래서 우리는 이 내부 편집자가 완벽할 수 없음을 알고 있지만, 이 발상은 아마도 내부의 자기 교정이 당신의 말실수를 현재의 수용 가능한 수준까지 계속 낮추어 준다는 것이다.

이러한 내부 편집자를 탐지하는 일을 어떻게 시작할 것인가? 이 일이 까다로운 이유는 편집자가 거의 흔적을 남기지 않을 것이기 때문이다. 만일 정말로 편집자가 있다면, 그리고 이 편집자가 대체로 성공적이라면, 눈여겨보아야 할 소수의 말실수가 있겠지만 많지는 않을 것이다. 마찬가지로 설령 편집자가 없다 하더라도 소수의 말실수가 있을 것이다. 문제는 편집자가 없다면 어떤 사람이 얼마나 많은 말실수를 했을 것인지를 알아내는 것이다. 만일 맨 먼저 관여하는 편집자가 있는지 우리가 알지 못한다면 말이다.

공장 유추로 이 문제를 구체화해 보자. 다이어트 탄산음료를 만드는 어떤 공장에 품질 관리 부서가 있는지 당신이 알고 싶어 한다고 가정해 보라. 당신은 하자를 관찰함으로써 이 일을 시작할 수 있다 — 이따금 어떤 사람이 봉인된 다이어트 탄산음료 캔에 바퀴벌레가 들어 있음을 발견한다. 개봉된 캔 1억 개당 한 번 바퀴벌레가 나온다고 해보자. 이제, 수많은 탄산음료 캔 속의 다른 바퀴벌레 수천 마리는 경계심이 많은 품질 관리 부서에서 포착했는가? 아니면 이 조립 과정 그 자체가 아주 위생적이어서, 1억 개의 캔에서 딱 한 번 스며든 한 바퀴벌레가 사카린 석관 속에 갇혀 있다가 스스로 모습을 드러내는가? 당신은 이 두 방안을 어떻게 분리할 것인가? 이것은 (바퀴벌레에게만이 아니라) 막다른 길처럼 보인다.

그러나 여기에 앞으로 나아가는 가능한 길이 있다. 이 공장 유추를 계속하기 위해서, 바퀴벌레가 길을 찾아서 특정한 유형의 탄산음료 속으로 들어온다면, 이 공장의 명성에 특히 치명적일 것이라는 점을 당신이 알고 있다고 가정해 보라. 예컨대, 바로 이 공장이 이 동일한 액체를 캔에 담아 단지 유명 상표 제품뿐만 아니라, 다른 명칭을 달고 있겠지만 상표 등록을 하지 않은 가정용 슈퍼마켓 상품으로도 내어놓는다. 유일한 차이는 이 캔이다. 그리고 이 회사가 유명 상표 탄산음료에 바퀴벌레가 하나도 들어가지 않도록 확실히 보장하기 위해 더 많은 유인책을 제시하는 이유는 이 유형의 소다가 더 큰 소득원이기 때문이며, 단 한 장의 유명 상표 탄산음료 속 바퀴벌레 사진만으로도 인터넷에서 난리가 나고 이 회사의 수익이 나락으로 떨어질 것이라고 가정해 보자. 대조적으로 이 회사는 사람들이 가정용 슈퍼마켓 상표 탄산음료에서 벌레를 발견할 것으로 어느 정도 기대한다고 추론할지도 모른다. 어쩌면 심지어는 이것이 바로 사람들이 이 유형의 탄산음료를 사는 이유이다. 여기에 핵심이 있다. 만일 품질 관리 부서가 전혀 없다면, 당신은 유명 상표 탄산음료와 일반 탄산음료에서 대략 동일한 빈도로 바퀴벌레를 발견할 것이라 기대할 것이다. 이 두 유형의 소다는 다 동일한 공장에서 동일한 공정을 거쳐 생산하고 캔에 담는다. 그러나 만일 당신이 일반 탄산음료에 비해 유명 상표 탄산음료에서 훨씬 더 적은 수의 바퀴벌레를 발견하게 된다면, 이것은 이 문제가 더 중요할 때 실수로 공장 문밖을 벗어나 확산되지 않도록 누군가가 확인하고 있다는 의미일 것이다.

몇몇 심리언어학자들은 말실수에 대해서 정확히 동일한 논리를 사용했다. 이렇게 하려면 다른 말실수보다 더 심각한 결과를 초래할 특정한 말실수를 발견해야 한다. 유명 상표 탄산음료에 들어 있는 바퀴벌레의 언어적 대응물은 무엇인가? 글쎄, 아마도 가장 끔찍한 결과를 초래하는 말실수는 상말(신성모독)로 이어지는 그러한 말실수이다. 그래서 질문은 이렇게 바뀐다. 당신이 사람들을 잘못된 낱말을 말할 상황에 배치하면, 그들은 동일한 수의 말실수를 하는가? 이 말실수가 상말을 생성할 것인지에 관계없이 말이다. 만일 그러하다면, 내부 편집자의 증거는 전혀 없다. 그러나 만일 사람들이 하는 비외설적인 말실수의 수보다 외설적인 말실수의 수가 더 적다면, 이것은 사람들이 혀를 움직이기 전에 내적으로 실수를 억제하고 있음을 암시한다. 사람들은 자신의 말을 스스로 점검하고 있다.

만일 이 논리를 사용하고 싶다면, 당신은 실험실에서 말실수를 유도하는 방법을 고안해야 한다. 이 논리를 사용한 첫 집단은 영리한 복안을 내어놓았다.[17]

프로이트식 말실수를 연구할 때 연구 조교에게 도발적인 복장을 입힌 연구자인 마이클 모틀리를 회상해 보라. 모틀리와 그의 동료들은 세심하게 고안한 낱말 쌍을 한 번에 하나씩 읽게 했다. 이들 중 일부 낱말 쌍은 참여자가 교체 실수를 한다면 외설적인 쌍이 될 잠재력을 지니고 있었다. 예컨대, tool kits(연장통)는 불쾌감을 하나도 유발하지 않는 무해한 쌍으로 보인다. 이 쌍이 두음 전환(spoonerism)으로 어떻게 소리 날 수 있는지를 인식할 때까지는 그러하다. 당신은 잠재적으로 외설적인 표현이 될 수 있는 수많은 낱말 쌍을 만들 수 있다. bunt call(번트 사인), hit shed(헛간을 두드리다), duck fate(오리의 운명), heap chore(엄청난 허드렛일), fast luck(탄탄한 운명) 등의 쌍을 보라. 모틀리의 연구에서 핵심 질문은 당신이 사람들에게 이러한 쌍의 발음 실수를 유도할 수 있는지가 아니었다. 당신은 그렇게 질문할 수 있다. 바퀴벌레 논리에 따르면, 이 질문은 외설 표현이 될 염려가 전혀 없는 쌍보다 외설 표현이 될 잠재력이 있는 이러한 쌍에서 사람들이 말실수를 더 적게 할 것인지 그 여부였다. 그래서 tool kicks(연장 차기)와 같은 두 번째 유형의 쌍이 있었다. 이러한 어구는 거의 모든 측면에서 tool kits와 동일하다. 다시 말하면 동일한 소리로 시작하고, 발음이 날 때 동일한 길이이며, 동일한 품사이고, 이 밖에도 동일한 측면은 많다. 차이는 당신이 범할 수도 있는 말실수 – cool ticks(시원한 똑딱 소리)와 같은 식으로 발음한 결과 – 가 전혀 금기어가 아니라는 점이다. 불쾌감을 주지 않는 이러한 쌍의 말실수가 불쾌감을 주는 쌍의 말실수보다 더 많을 것인가?

다음은 방법론적 핵심의 하나이다. 집에서 이 질문을 시험해 보는 데 관심이 있다면 이 핵심을 명심하라. 단지 다수의 낱말 쌍을 큰소리로 읽는 것만으로는 많은 말실수가 나오지 않는다. 그래서 당신은 실수 신호를 강화할 필요가 있다. (연구자들이 했고) 당신이 할 수 있는 한 가지 일은 사람들의 실수를 유발하기 위해 다수의 낱말 쌍을 차례대로 꾸려서 결정적인 쌍에 이르게 하는 것이다. 예컨대, 만일 tool kits에서 사람들이 어두의 t와 k를 서로 바꾸는 '교체 실수'를 범하기 원한다면, 당신은 여러 쌍을 이 쌍 앞에 아래와 같이 배치할 것이다. 다음 네 쌍의 낱말을 큰소리로 한 번 읽어보라.

kind tiger(친절한 호랑이)

calm time(고요한 시간)

cold tea(차가운 차)

tool kits(연장통)

tool kits나 tin cable(주석 전선)과 같은 결정적인 쌍 앞에 교체되는 자음들을 지닌 쌍들이 오도록 배치할 때, 참여자들이 말실수를 할 가능성은 더 높아진다. 이것은 실수를 할 더 많은 기회를 제공한다. 그러면 금기어 말실수 대 비금기어 말실수의 잠재적인 빈도 차이를 더 쉽게 측정할 수 있다.

따라서 다른 모든 것이 동일할 때 사람들은 tin cable과 같은 낱말 쌍보다 tool kits와 같은 낱말 쌍에서 말실수를 더 적게 하는가? tool kits의 말실수 결과[즉, cool tits(끝내주는 젖통)]는 불쾌감을 유발하지만, tin cable의 말실수 결과[즉, kin table(동질의 식탁)]는 그렇지 않을 것이다.

두 연구에서 이 실험을 맨 처음 했다. 1981년과 1982년이었다. 다음 페이지의 차트는 사람들이 평균적으로 범하는 말실수의 수를 보여준다. 이 두 연구에서는 금기어 말실수보다 중립적인 말실수의 수가 더 많았다.(비록 이 차이가 두 번째 연구에서 더 컸지만 말이다.) 이로부터 이 두 연구의 참여자들은 특히 말실수 결과들이 외설적일 때 말실수를 성공적으로 회피했다는 귀결이 나온다. 유명 상표 탄산음료 속의 바퀴벌레 수가 더 적었다. 사람들은 스스로 검열하고 있었다.

그러나 이것은 증거의 시작일 뿐이다. 만일 이 실험을 진행하는 연구자들처럼 매우 영리하다면, 당신은 사람들이 내적인 품질 관리를 하고 있는 경우에 당신 자신이 볼 것이라 기대하는 어떤 다른 것을 내어놓을 수 있다. 여기에 한 사례가 있다. 공장의 품질 관리를 맡고 있는 당신의 눈에 한 불청객이 들어 있는 한 캔이 들어온다고 가정해 보라. 이 캔을 다시 돌려보내 보수하거나 대체하려면, 당연히 공정의 시간이 더 늘어나야 한다. 그래서 궁극적인 산물이 어떤 실수의 징후도 보여주지 않는 때조차도, 이 산물을 생성하는 데 걸리는 시

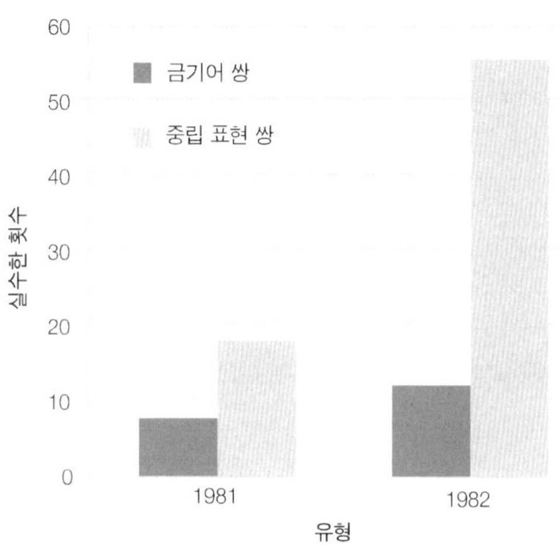

결과가 금기어일 때 사람들은 실수를 더 적게 한다.

간은 검열의 증표일 수 있다. 이 소요 시간을 입말에 대비해 보라. 만일 금기 낱말 쌍의 더 낮은 말실수 비율이 편집 활동 때문이라면, 이것은 사람들이 해당 낱말 쌍을 정확하게 생산하는 데 걸리는 시간이 얼마나 오래 걸리는지를 바탕으로 드러날 것이다. 즉, 사람들이 발음의 설계를 잘못했지만 바로 뒤이어 시간을 들여서 이 오류를 포착하고 수정했을 때는 낱말 쌍을 정확하게 말하는 데 당연히 더 많은 시간이 걸린다.

그러나 사람들이 끊임없이 실수를 하는 것은 아니다. 우리는 사람들이 금기 낱말을 생산하는 말실수를 더 적게 한다는 것을 알고 있다. 하지만 이것이 사람들이 말실수를 성공적으로 피할 때마다 수정을 하고 있다는 의미는 아니다. 시간에 어느 정도 비례해서 어쩌면 그들은 그냥 처음부터 제대로 말하고 있을 것이다. 우리는 사람들이 결국은 생산하지 않는 어떤 말을 할 내부 계획을 활성화하는지를 진단하는 방법이 필요하다. 이것은 실행하기 거의 불가능하다.

금기 낱말은 예외이다. 금기 낱말은 생각만 해도 인간의 몸에 특별한 영향을 미치기 때문이다. 금기 낱말을 입 밖에 낼 때, 사람들은 몇 초 이내에 땀구멍이 활짝 열리고 땀을 흘린다. 그리고 이것은 측정 가능하다.[18] 땀은 전기를 전도하고, 피부에 땀이 더 많이 있을수록 피부 표면은 더 많은 전도력을 지닐 것이다. 그래서 당신은 사람들의 손가락을 지나가도록 예컨대 피부 위로 매우 낮은 수준의 전류를 보낼 수 있으며, 이 피부의 전도력이 얼마나 되는지 측정할 수 있다. 사람들이 땀을 흘리기 시작할 때, 전도력은 올라간다. 이것이 이른바 피부 전류반응(GSR: galvanic skin response) 이면에 있는 기본 논리이다. 당신은 이 도구에 친숙할지도 모른다. 바로 이 도구가 전통적인 거짓말탐지기 시험의 구성요소 중 하나이기 때문이다 – 피부 전도력의 변화는 또한 불안의 함수이며, 불안감은 거짓말할 때 어떤 사람들 내부에서 일어날 수 있다.[19] 결정적으로는 비록 murder(살인)나 hate(증오)를 비롯한 많은 낱말로 인해 사람들이 땀을 흘리게 되지만, 가장 풍부하고 가장 확실한 발한은 금기 낱말을 들을 때 일어난다.[20]

사람들이 낱말 쌍 읽기 과제를 수행할 때 당신이 피부 전도력을 측정할 수 있다고 가정해 보라. 만일 단지 어떤 금기어 – 심지어는 결국 내적인 수정을 거치게 되어서 결코 입 밖으로 나오지 않는 금기어 – 를 설계하기만 해도 사람들이 땀을 흘리게 된다면, 이것은 당연히 피부 전도력의 증가로 나타날 것이다.

그래 여기에 바로 그 아이디어가 있다. 당신은 사람들에게 낱말 쌍을 생산하게 한다. tool kits와 같은 일부 낱말 쌍은 외설적인 말실수를 유발할 수 있다. 그런데 이러한 말실수는 대부분의 경우에 사람들이 성공적으로 피한다. 그러나 단지 사람들이 말실수를 하지 않았던 때만을 살펴볼 때, 당신은 이 정확한 낱말 쌍들을 두 집단으로 나눌 수 있다. 첫째 집단은 참여자들의 피부 전도력이 극파(極波)를 이루었던 쌍을 포함한다 – 이것은 그들이 비록 말실수를 하지는 않았지만 내적으로 어떤 금기어를 활성화했음을 암시한다. 그리고 나머지 한 집단은 어떤 말실수도 없고 또한 어떤 극파도 없는 사례를 포함한다 – 이것은 그들이 어떤 상말도 검토조차 한 적이 없음을 암시한다. 그리고 당신은 발한 시도에 더 많은 시간이 걸리는지 알고 싶어 한다. 피부 전도력의 증가와 낱말 쌍 생성에 걸리는 더 많은 시간이 합해지면, 이 둘은 사람들이 금기 낱말을 내적으로 계획하고 있었지만 결국은 시간을 들여 수정하고 있었다는 매력적인 증거가 될 것이다. 비록 여전히 정황적인 증거이지만 말이다.

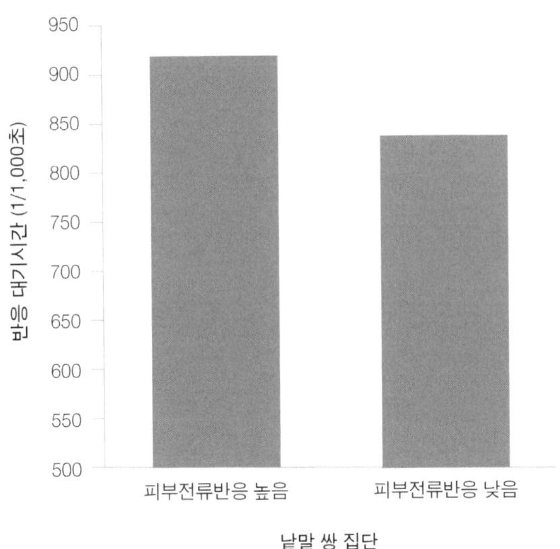

금기어 말실수를 성공적으로 피하는 사람들은 땀이 더 많이 날 때(높은 피부전류반응) 말하는 시간이 더 오래 걸린다.

그리고 이것이 바로 발견의 내용이다. 위의 도표는 사람들의 피부전류반응이 많았을 때와 적었을 때 그들이 성공적으로 금기어 말실수를 피하는 데 걸리는 시간이 얼마나 길었는지를 보여준다.[21] 보이는 바와 같이, 사람들이 땀을 흘리고 있을 때(피부전류반응이 높은 집단), 그들은 또한 상당히 더 오래 기다려서 말을 하기 시작했다(왼쪽 막대가 더 높다).

말하기 전에 사람들이 활발한 편집 활동을 하는지를 탐지하는 또 하나의 방법 — 기술 수준이 더 낮은 — 이 여기에 있다. 이것은 사람들이 범하는 상이한 유형의 말실수와 관련이 있다. 이미 우리는 (hit shed가 shit shed가 되는) 기대 말실수와 (hit shed가 shit head가 되는) 교체 말실수에 대해 얘기했다. 그러나 사람들은 또한 지속성 말실수라 알려진 그런 실수도 한다. (hit shed가 hit head가 되는) 이 실수에서는 먼저 발음한 소리를 취해서 나중에 다시 반복한다. 우리가 논의해 오고 있는 금기 말실수 낱말 쌍(예: hit shed, heap chore)은 보통 앞 낱말

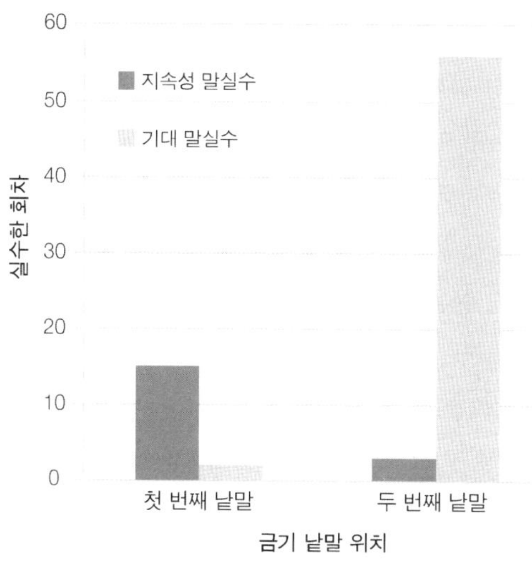

사람들은 말실수를 할 때 금기어가 입 밖으로 나오는 것을 회피한다.

이나 뒤 낱말 중 하나가 외설적 낱말이 될 가능성이 있지만, 두 낱말이 다 외설적 낱말이 될 가능성은 없다. 그 결과 어떤 주어진 쌍에 대해서든 교체 말실수는 언제나 외설적 낱말을 만들어낼 것이다(hit shed가 shit head가 될 것이다). 그리고 기대 말실수나 지속성 말실수 둘 중 하나가 외설적 낱말을 만들어낼 것이지만, 두 실수가 동시에 그렇게 하지는 못할 것이다. hit shed의 경우에 기대 말실수는 외설적인 shit shed(똥간)를 생성하지만, 지속성 말실수로 생겨나는 hit head(머리를 때리다)는 그렇게 나쁜 말이 아니다. 금기 낱말이 두 번째 위치에 올 쌍(예: heap chore)의 경우에는 지속성 말실수[heap whore(쓰레기 매춘부)]만이 외설적이고 기대 말실수[cheap chore(싸구려 허드렛일)]는 외설적이지 않을 것이다. 따라서 만일 사람들이 머릿속에서 편집 활동을 하고 있다면, 금기 낱말이 첫 자리에 있을 때는 당연히 지속성 말실수를 더 많이 하고 기대 말실수를 더 적게 함으로써 금기 낱말을 피할 것이다. 그리고 금기 낱말이 두 번째 위치에 올 때는 당연히 정반대일 것이다. 즉 사람들이 지속성 말실수보다 기대 말실수를 더 많이 할 것이다. 이것이 바로 앞의 도표에서 보는 것이다.

더욱이 이 쌍의 첫 번째 낱말이 금기어일 때보다 두 번째 낱말이 금기어일 때 말실수를 훨씬 더 많이 한다 – 도표에서 두 번째 낱말의 회색 막대가 나머지 막대들보다 더 높다. 왜 이러할까? 왜 사람들은 두 번째 낱말이 금기어일 때 더 많은 기대 말실수를 할까? 이것은 또한 내적인 편집 활동을 함축하는 것으로 보인다. 만일 편집 활동에 시간이 소요된다면, 아마도 당신은 금기어가 낱말 쌍의 첫 번째 위치에 있을 때보다 두 번째 위치에 있을 때 말실수를 포착하고 차단할 가능성이 더 높을 것이다. 만일 당신이 가장 경계하는 말실수가 금기어 말실수라면, 말실수가 두 번째 낱말의 발음 계획과 관련이 있을 때 당신이 그러한 말실수를 포착해 회피할 가능성이 가장 높을 것이라는 귀결이 나온다.

1970년대 말과 1980년대 초에 수행된 이 연구는 그 당시에 영향력이 절대적이었다. 왜냐하면 금기어가 내적인 편집 과정을 탐사하는 특별한 방식을 제공했기 때문이다. 더 최근에는 연구자들이 언어의 내적인 품질 관리를 위한 뇌 기저를 철저하게 추적하는 데 관심을 가져왔다. 그리고 그들은 동일한 기본 패러다임으로 관심을 돌렸으며, 몇 가지 주요한 기술을 더했다.

최초의 새로운 방식은 뇌파를 측정하는 뇌파도(EEG: electroencephalogram) 기계에 사람들의 뇌를 연결하고 그들에게 기본적으로 동일한 낱말 쌍 읽기 과제를 수행하도록 했다.[22] 간결하게 요약하면, 뇌파도가 작동하는 방식은 다음과 같다. (256개나 되지만, 더 흔하게는 32개나 64개인) 아주 많은 전극을 두피에 무해하게 연결한다. 전극은 전기장 내의 변동을 측정하고, 뇌파도 실험에 사용되는 구체적인 전극은 마이크로볼트 – 더블에이 전지(AA battery) 볼트의 100만분의 1 – 를 측정할 정도로 매우 민감하다. 날아가는 비행기나 엘리베이터, 심지어는 참여자가 눈을 깜박거릴 때 일어나는 근육의 점화를 비롯해, 수많은 것들이 두피에 배치된 전극이 측정하는 전기장(電氣場)에 영향을 미친다. 그러나 밝혀진 바와 같이, 민감도가 아주 높은 전극 덕택에 인지과학자들은 훨씬 더 중요한 무언가 – 즉 뉴런들의 활동 – 를 탐지할 수 있다. 어떤 뉴런이 점화할 때, 화학적 수준에서 한 다발의 이온이 이 뉴런 안으로 흘러 들어오거나 밖으로 나간다. 그리고 이러한 이온이 전하(電荷)(Ca^{2+} 또는 Cl^{-}에 부착된 양전하와 음전하)를 운반한다. 그래서 어떤 신경세포가 점화할 때, 이온의 흐름은 이 신경세포 주변의 전기장에 영향을 미친다. 그리고 비슷한 방위를 지니고 있고 서로 근접하여 위치한 수천 개 또는 수백만 개의 뉴런이 동시에 점화할 때, 전기장 변화는 매우 강력해서 그러한 민감한 두피 전극으로 측정할 수 있다.

수십 년에 걸쳐 연구를 수행하면서 신경과학자들은 뇌파도를 사용하여 뇌파장을 측정하는 동안 사람들이 수백 개의 과제를 수행하는 과정을 관찰해 왔다. 그리고 그들은 특정한 유형의 행동이 측정되는 전기장 내의 예측 가능한 변화를 생성한다는 점에 주목했다. 예컨대 어떤 낱말이 당신의 눈에 들어오고 약 400밀리초 후에, 당신의 두피 꼭대기에 집중되는 전기장이 음의 굴절을 한다. 이것이 이 낱말의 의미를 해석해서 이 의미를 당신이 읽고 있거나 듣고 있는 언어에 대한 당신의 현재 진행 중인 이해로 통합하는 과정을 가리킨다고들 믿는다.[23] 전기 신호의 다른 성분들은 다른 구체적인 행동 및 인지 과정과 관련이 있다.

그래서 사람들을 뇌파도 기계에 연결하고 그들에게 말실수를 유발하는 낱말 쌍을 읽게 할 때, 그들이 어떤 유형의 말실수를 회피하고 있는지에 따라 그들의 뇌는 상이한 전기 신호를 생성한다.[24] bunt call(번트 사인)과 같이 사람의 마음을 끄는 금기어 쌍은 말할 단서 자극의 약 600밀리초 후에 두피의 중심 위로 퍼져가는 음전기 흐름의 더 강한 변곡을 유발한다. 이것은 동일한 뇌가 bunt hall(번트 홀)과 같은 중립적인 쌍을 볼 때 일어나는 일과 비교가 된다. 그리고 이것은 사람이 말실수를 실제로 범하지 않을 때조차도 사실이다. 이것은 우리에게 금기어 말실수 대 중립어 말실수를 성공적으로 회피할 때 상이한 일을 수행하고 있음을 알려준다. 이것은 이러한 상이한 과정이 무엇인지를 정확히 보여주지는 않는다 — 우리는 뉴런들이 상이하게 점화하고 있다는 것만을 확실히 안다. 하지만 이것은 이 차이가 언제 발생하는지 실제로 우리에게 알려준다. 말할 단서 자극의 600밀리초 후에, 사람들의 뇌 활동은 생산될 말실수의 유형에 따라 달라진다. 이것은 당신이 입말을 계획하여 금기어 말실수를 피하고 있을 때 뇌가 수행하는 활동은, 당신이 입말을 계획하여 평범한 말실수를 피하고 있을 때 뇌가 수행하는 활동과 무언가 다르다는 것을 암시한다.

그러나 우리는 무언가 다른 일이 일어나고 있는지, 언제 일어나는지뿐만 아니라, 일어나고 있는 그 일이 무엇인지도 알고 싶다. 그리고 인간의 뇌는 기능의 국소화를 보여주기 때문에, 즉 앞 장에서 살펴본 바와 같이 상이한 장소에 위치한 회로는 상이한 계산을 수행하기 때문에, 뇌파도가 보여주는 뇌 차이의 위치를 안다면 우리가 이러한 차이가 무엇을 의미하는지를 이해하는 데 도움이 될 수 있다. 불운하게도 뇌파도로부터 뇌 속의 위치 관련 정보를 끌어내는 것은 지독하게 까다로운 도전이다. 즉, 어떤 특정한 전극에서 측정되는 전기장의 변화가 반드시 가장 가까운 세포 조직 단편 내에서 이 전극 바로 아래에 위치한 뉴런들의 활동 때문인 것은 아니다. (이 쟁점은 복잡하지만, 복잡하게 뒤엉킨 다른 요인들에 비해 뉴런들이 가리키는 방향이 중요하다.)*

그러나 다양한 기술이 뇌 속 위치에 대한 실제적인 무언가를 우리에게 알려줄 수 있다. 하나는 기능성자기공명영상(fMRI)이다. 이 기술은 신체 외부에서 (뇌의) 자기장 내의 변동을 측정한다. 뉴런들은 점화할 때 에너지를 사용하고, 더 많이 점화할수록 더 많은 산소를 공급받은 혈액이 [아데노신 3인산(ATP)의 형태로] 뉴런으로 흘러간다. [아데노신 3인산(ATP)은 고등학교 생물 시간에 배운 기억이 날 수도 있다.] 산소를 공급받은 혈액의 맹렬한 흐름은 뉴런의 자기 신호로 측정할 수 있다. 그래서 이 자기 신호는 뇌 속의 어디에서 뉴런들이 점화하고 있는지에 대한 다소 지연된 어지러운 대체물의 역할을 할 수 있다. 당신이 다른 한 과제보다 어떤 한 과제를 위해 뇌 속의 특정 부위로 혈액이 흐른다는 이 신호를 더 많이 받을 때는, 아마도 이 부위의 뉴런들이 다른 과제보다 해당 과제

* 실제 쟁점은 이것이 '역문제(inverse problem)'의 한 유형이라는 점이다. 여기에 기본 발상이 있다. 설령 어떤 복잡계의 산출이 무엇인지 당신이 알고 있다 하더라도, 그 원인을 추적하는 것은 불가능하다고 판명된다. 이것은 비록 이 출력의 결정 주체가 이 체계이지만, 많은 상이한 체계 행동이 동일한 산출을 생산할 수 있을 정도로 이 체계가 아주 복잡하기 때문이다. 더 많은 세부사항은 바이에(Baillet, 2014)를 보라.

를 수행하는 도중에 더 많은 일을 할 것이다.

우리가 추적해 오고 있는 동일한 낱말 쌍 읽기 과제에 적용할 때, 기능성자기공명영상(fMRI)은 뇌가 예정된 낱말을 편집하고 있을 때 무엇에 집중하는지 그림을 채우기 시작한다. 금기어 유도 쌍(예: tool kits)과 중립어 쌍(예: tin cable) 과제를 수행하는 도중에 뇌의 혈액 흐름 신호를 비교할 때, 당신은 이 쌍들이 한 부위에서 유의미하게 다르다는 것을 보게 된다. 이 부위는 다음 쪽에 제시되어 있다.[25]

우측 뇌반구 전두엽 하부의 작은 반점은 우측 하전두회라 불리는 부위에 있다. 이 부위는 억제적 통제, 즉 무언가를 실행하지 못하도록 스스로 차단하거나 예방하는 당신의 능력과 관련이 있다. 예컨대 (교차로에서) 교통 신호를 기다리고 있다고 가정해 보라. 신호가 파란불로 바뀐다. 그래서 당신은 가속기를 밟을 준비를 한다. 하지만 그때 정말로 그렇게도 빨리 신호가 빨간불로 바뀐다. (그 이유는 아마 응급차나 기차가 통상적인 신호등 순서를 무력화했기 때문일 것이다.) 당신은 앞으로 나가려는 계획을 재빠르게 저지할 필요가 있다. 이것은 우측 하전두회가 전담하는 능력으로 보인다. 이 부위는 출발 전에 '잠깐 멈추고 기다리라'는 신호를 보내서 출발을 저지한다.[26]

이것은 단지 나만의 행동인가? 아니면 입 밖으로 막 나오려 하는 금기어에 직면할 때 우리 내부의 편집자가 하고 있을 어떤 행동과 아주 비슷하게 들리는가?

$ % !

금기어 말실수로부터 나오는 증거와 이 말실수를 피할 때 일어나는 일은 내적인 자기 검열 과정을 함축한다. 당신은 낱말을 분명히 발음하기 전에 끊임없이 스스로 검열하고 있다. 이 검열의 목적은 프란치스코 교황의 실수와 같은 실수를 회피하기 위함이다. 그리고 뇌에 관한 한, 어떤 말실수 – 특히 금기어 말실수 – 를 억제하는 것은 외적인 저지 신호에 반응해 어떤 행동을 억압하는 것

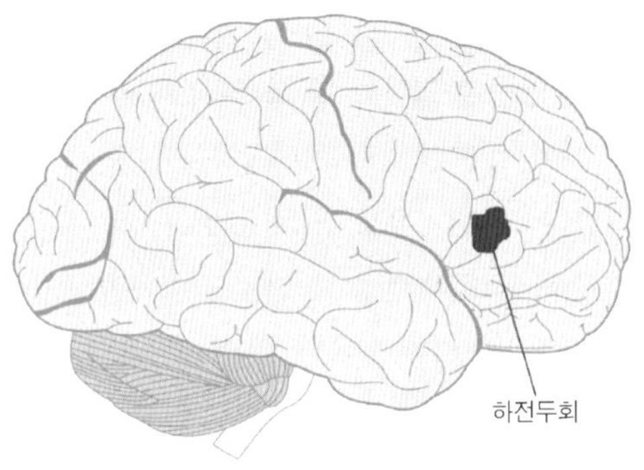

우측 하전두회(억제적 통제에 관여하는 뇌 부위)는 사람들이 비금기어 말실수에 비해 금기어 말실수를 회피할 때 혈류가 증가한다.

과 많이 비슷한 것으로 보인다.

그러나 이것은 시작일 뿐이다. 자기도 모르게 외설적인 말이 막 나오려 하고 있다고 느낄 때 사람들이 '모든 시스템 정지' 신호를 불러들인다고 말하는 다양한 방식이 있다. 우리가 이것을 알고 있는 이유는 심리학자들이 수십 년 동안 다양한 방식으로 사람들을 기만하여 외설적인 말실수를 이끌어내는 시도를 해왔기 때문이다.

한 방식은 스트룹 효과(Stroop effect)라 불리는 잘 알려진 현상이다. 기본적으로 만일 당신이 사람들에게 낱말을 보여주고 낱말이 무슨 색상으로 적혀 있는지를 말하도록 한다면, 그들은 아주 잘 한다. 파란색으로 적은 어떤 낱말을 보여주면, 사람들은 이 낱말이 파란색이라 말할 수 있다. 다시 말하면, 파란색 잉크로 쓴 이 낱말이 우연히 낱말 '빨강'이 아니라면 말이다. 이 경우에는 훨씬 더 어려워진다 — 사람들의 반응 시간이 더 느려지고 더 많은 실수가 나온다. 이것은 정상적인 스트룹 효과이다. 이 효과가 그 자체로 흥미로운 이유는 우리의 주의를 잉크 색상에만 기울이고자 결심할 때조차도 읽는 낱말의 의미를 처리할 수밖에 없다는 것을 보여주기 때문이다. 당신은 자동적으로 의미를 처리하고 의미를 생산하고 싶어진다. 말실수를 피하기 위해, 당신은 말의 속도를 늦춘다.

이상하게도, 금기어도 또한 스트룹 효과를 유발한다. 즉, 금기어는 낱말이 어떤 색상으로 적혀 있는지를 말할 수 있는 사람들의 능력을 방해한다. 검은색 잉크밖에 없을 때는 인쇄 책 페이지에서 이것을 예시하기 어렵다. (그런데 지금이 몇 세기인가?) 하지만 임시로 간단히 변경한 유사물이 여기 있다. 우리는 색상을 글씨체로 대체하겠다. 당신은 아래의 낱말 목록을 처음부터 끝까지 순서대로 읽고서 각 낱말이 이탤릭체로 적혀 있는지, 굵은 글자로 적혀 있는지, 밑줄이 쳐져 있는지 말하면 된다. 가능한 한 빠르고 정확하게 이 과제를 수행하라. 자, 시작.

rib-eye
<u>stethoscope</u>
mountain
<u>pitchfork</u>
italics
donut
<u>library</u>
underline
fire-engine
barley
<u>philanthropy</u>
<u>bold</u>
stegosaurus
clandestine
cunt
fortuitous
bicycle
<u>fuck</u>
momentum

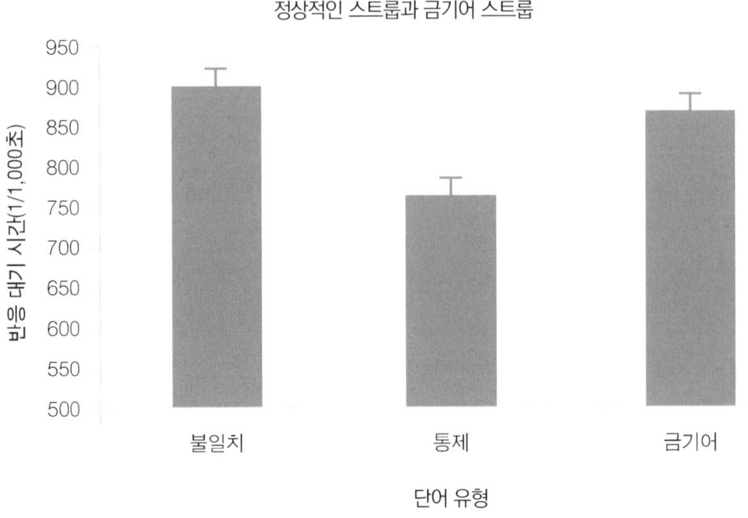

정상적인 스트룹 효과는 사람들에게 통제 조건과 불일치 조건 사이의 차이가 보여주는 바와 같이 색상의 이름을 약 150×1/1000초 뒤에 더 늦게 말한다. 금기어 스트룹도 비슷한 크기를 지닌다. 이것은 통제 조건과 금기어 조건 사이의 차이가 예시한다.

만일 모든 것이 계획에 따라 작동한다면, 당신은 이 과제가 다른 낱말에 비해 어떤 낱말에 더 어려웠다는 것을 눈치 챘어야 한다. 만일 이탤릭체나 굵은 글자체와 같이 어떤 특정한 글자체 유형을 지시하는 낱말은 자신의 인쇄 방식과 어울리지 않았을 때 대답하기 어려웠을 것이다. 그러한 낱말은 대답하는 데 시간이 더 많이 걸렸을 것이고, 심지어는 말실수를 했을 수도 있다. 이것은 정상적인 스트룹 효과이다. 그러나 금기어 낱말도 더 오래 걸렸을 것이다. 이것이 금기어 스트룹 효과이다. 금기어 스트룹 효과 실험의 수행에서 나온 자료가 위의 도표이다. 이 자료는 1995년 논문에 묘사된 그대로이다.[27] 보시는 바와 같이, 정상적인 스트룹 과제는 약 150밀리초의 지연을 초래한다 — 가운데 막대를 맨 왼쪽의 '불일치' 막대와 비교해 보라. (통제 조건과 금기어 조건의 비교에서 보듯이) 금기어 스트룹도 비슷한 크기이다.

무엇이 금기어 스트룹을 초래하는가? 분명히 이 이야기의 일부는 표준 스트룹의 경우와 동일해야 한다. 즉, 당신은 초점을 두는 낱말의 의미를 무시하기 어렵다. 그렇지 않다면, 활자 인쇄의 유형에 선별적으로 주의를 기울일 수 있으며, 우리의 논의 주제가 된 스트룹 효과도 애초에 전혀 없을 것이다. 물론 금기어는 무시하기 특히 어렵다. 그러나 왜 금기어는 통제어에 비해 말하기 지연을 초래하는가? 앞에서 추정한 바와 같이, 실수로 금기어를 말할 수도 있음을 지각할 때, 우리의 내부 검열 장치가 브레이크를 밟는다고 가정해 보라. 추정상 당신이 무시해야 하(지만 잘못 생산할 수도 있)는 정보가 금기어일 때, 이것은 더 긴 반응시간을 초래할 것이다. 그래서 금기어 스트룹 효과는 다시 한번 내부의 자기 검열로 설명할 수도 있다.

공정하게 말하자면, 다른 여러 설명도 가능하다. 어쩌면 가장 설득력 있는 설명은 생산과 억제의 쟁점을 완전히 비켜갈 것이다. 우리는 금기어를 보게 되면 감정적인 반응이 일어남을 알고 있다. 앞에서 언급한 바와 같이, 사람들이 단지 낱말을 듣기만 할 때, 심지어는 전혀 말할 필요조차 없을 때도, 그들의 피부전도율을 측정하는 경우에, 피부전기반응(GSR)은 중립어보다 금기어가 더 크다.[28] 그래서 금기어 스트룹 효과의 다른 한 설명은 단지 이 감정적 반응이 아니라면 이 (금기) 낱말의 색상 이름을 말하는 데 필수적일 심적 자원이 이 반응 속으로 흡수된다는 식이다.[29] 요컨대, 상말로 인한 감정적 동요에 심하게 압도되어서 당신이 동시에 수행하고자 애쓰고 있는 다른 과제들이 뒷전으로 밀려난다. 그 결과로 금기어에서 과제 수행 시간이 더 오래 걸린다.

이 견해를 강화하는 어떤 증거가 있다. 강한 감정을 경험하면, 사람들은 이 감정이 터질 때 자신들이 경험하고 있는 것의 기억을 즉각 부호화하면서, 아이의 탄생이나 우주선 폭발의 목격과 같은 이른바 섬광기억을 생성하게 된다. 그래서 만일 금기어 스트룹이 어떤 심리학 실험 도중에 금기어를 보는 경험에 대한 강한 감정 반응에서 유래한다면, 당신의 뇌는 동일한 실험의 중립적 낱말과 같은 덜 감정적인 경험을 전형적으로 부호화한 기억보다 더 강한 사건(이 경우에는 금기 낱말)의 이미지를 부호화해야 한다.

사실상, 당신이 이러한 금기어 스트룹 실험 중의 하나에 참여해 왔던 사람들에게 예고 없이 깜짝 퀴즈를 낼 때, 그들은 자신이 보았던 금기어를 중립어보다 훨씬 더 잘 기억한다. 그들은 어떤 낱말을 보았는지뿐만 아니라 금기어들이 어떤 색상으로 적혀 있었는지와 심지어 스크린상에서 어디에 나타났는지도 더 잘 기억할 수 있다.[30]

결국 금기어 스트룹 효과는 사람들이 자기 검열을 하고 있어서 실수로 말이 헛나오는 오류를 범하지는 않는다는 추가적인 증거를 제공할 수 있다. 하지만 이 효과는 이 대안적인 감정 기반 설명과도 일치한다.

스트룹과 비슷한 또 하나의 강력한 효과가 있다. 이 효과는 그림-단어 간섭이라 알려진 패러다임에서 나온다.[31] 기본 발상은 당신이 사람들에게 친밀한 인공물(예: 망치) 그림과 유기체(예: 호랑이) 그림의 이름을 대도록 하는 것이다. 이것은 어렵지 않다. 그러나 그림 위에 낱말을 적을 때는 이 과제가 약간 더 어려워진다. 낱말은 대상을 지각하는 당신의 능력을 실제로 저해하지 않는다. 하지만 낱말과 그림이 어떤 관련성을 지니는지에 따라, 낱말로 인해 대상의 이름을 대는 것이 더 어려워질 수 있다. 세부사항은 다루기 까다롭다. 하지만 일반적으로 만일 당신이 사람들에게 그림의 이름처럼 들리는 낱말을 보여준다면(예컨대, 만일 dog 그림 위에 낱말 'dock'을 적어놓으면), 그들은 그림의 이름을 더 빨리 댄다. 그렇지만 만일 (dog 그림 위에 적힌 'cat'처럼) 낱말이 의미상 관련이 있다면, 이름을 대는 데 시간이 더 걸린다.*

스트룹 효과의 금기어 판형이 있는 것처럼, 이 그림-단어 간섭 효과의 금기어 판형도 있다. 만일 당신이 무관한 중립어를 그림 위에 적는다면(다음 그림에서 왼쪽), 사람들은 이 그림의 이름을 대는 데 아무런 어려움을 겪지 않는다. 그러나 그림에 금기어를 적는다면(다음 그림에서 오른쪽), 사람들은 평균 40밀리초쯤 반응 속도가 느려진다.[32]

* 당신이 심리학자이거나 심리학자가 될 계획인 경우의 주의사항. 그림과 낱말이 스크린에 나타나는 정확한 시간 측정이 이러한 효과의 크기에 영향을 미친다.

그림-단어 간섭에서, 사람은 적혀 있는 낱말을 무시하고자 시도하는 동안 가능한 한 빨리 그림의 이름을 댄다. 중립어에 비해 금기어는 그림의 이름을 대는 반응에 간섭하는 정도가 상당하다.

다시 한번, 내부의 편집자가 이 경우에도 품질 관리를 수행하고 있을 수 있다. 대안적으로 이 일반화된 속도 저하는 적혀 있는 금기어에 대한 사람들의 감정적 반응에서 유래할 수 있다. 금기어는 몇 가지 측면에서 특별하다. 이것은 금기어가 입말을 생성하려고 하는 사람들에게 동일한 효과를 미칠 수 있는 상이한 방식이 있음을 의미한다.

$ % !

왜 프란치스코 교황은 상말을 입 밖에 내는 실수를 하게 되었는가? 바로 이 동일한 이유로 나머지 우리들도 이따금 똑같은 실수를 한다. 화자는 뒤따르는 낱말을 계획하면서 현재의 낱말을 발음해야 하는 시간 압박을 받는다. 이 밖에도 여러 부담이 쌓인다. 대중적인 말하기의 압박과 외국어 장벽을 뛰어넘는 도전, 억압해야 한다고 느끼는 프로이트식 사고 유인이라는 층이 있다. 그래서 어떤 말이든 유창하게 할 수 있는 교황의 능력은 작은 기적이다[하지만 전문적인 의미에서 이 기적이 교황에게 시성식(諡聖式) 주재 권한을 부여하지는 않을 것이다]. 이 교황의 사례와 같은 말실수는 언어를 사용하는 매 순간 받는 압박을 보여준다. 말실수는 어구를 바꾸는 매 순간 실수할 가능성이 있는 어려운 상황을 헤쳐 나갈 때 우리가 얼마나 뛰어난 기예를 펼치는지를 보여준다. 그리고 비록 말실수가 금기어를 생성할 때 (실제로 우리의 귀를 불편하게 할 때) 우리가 이러한 말실수에 주목하는 경향이 있지만, 이러한 말실수는 불쾌감을 유발하지 않는 말실수보다 빈도가 훨씬 더 낮다. 우리는 왜 그런지 살펴보았다. 사람의 내부 검열 장치는 의도하지 않은 낱말이 불쾌감을 주지 않을 때는 그 낱말을 검열하라는 요구를 그렇게 강하게 받지 않는다. 그래서 (caso를 cazzo로 대체한) 프란치스코 교황의 이 특별한 말실수는 두 가지 이유에서 실제로 약간 놀랍다. 먼저 이 말실수는 그가 실수를 하는 사람임을 알려주기 때문이다. 그리고 어떤 잠재적인 상말을 탐지했을 때는 그의 검열 장치가 작동했을 것이라고 생각할 수 있기 때문이다.

그래서 이 특별한 경우에 이 교황의 자기 검열 활동은 왜 실패하고 C로 시작하는 이 이탈리아어 낱말이 화려하게 입 밖으로 나왔는가? 어쩌면 외국어로 대중 앞에서 연설을 해야 하는 압박감으로 그의 자기 검열 능력이 제대로 발휘되지 않았으며, 이 상말이 저지를 받지 않은 채 입 밖으로 나왔을 것이다. 하지만 또 다른 방식으로 설명을 해 보자. 프란치스코 교황이 외설적인 말실수를 저질렀던 이유는, 그의 외설적인 말실수가 임박했음을 그의 자기 검열 체계가 알아채지 못했기 때문일 수도 있다. 달리 말하면, 이 교황은 단지 이탈리아어의 이 C-낱말을 알지 못함을 스스로 밝혔을지도 모른다. 그는 자신이 의미를 알지 못했던 낱말을 생성하고 나서, 단순히 틀렸을 뿐 아무런 악의 없는 이 말실수를 스스로 정정했을지도 모른다. 반어적으로 그는 상말 실수를 함으로써 자신의 대중적인 이미지가 암시하는 '(보통) 사람들의 교황'이 아닌 무언가 대단한 존재임을 스스로 보여 주었을지도 모른다.

06

fucking 문법

모든 언어에는 낱말들이 어디에 놓이는지의 논리가 있다. 명사와 동사, 전치사는 자리를 잡고서 구와 문장을 만든다. 이것이 문법이다. 나는 문법을 단지 언급하기만 해도 일부 사람들이 바로 야유하는 급우들 앞에서 식은땀을 삘삘 흘리며 칠판 위에 문장을 도해하던 아동기의 트라우마 순간으로 되돌아간다고 알고 있다. 그러나 만일 당신 자신도 이러한 순간을 떠올린다고 느낀다면, 당신에게 위안의 말을 몇 마디 하고자 한다. 나와 같은 인지과학자가 문법으로 의미하는 바는 당신의 아동기 불안을 떠오르게 하는 그런 게 아니다. 우리의 의도는 이중 부정을 하지 말라거나 전치사로 문장을 끝내지 말라는 훈계가 아니다. 이러한 초등학교 수업은 '규범적' 문법 규칙이라 불린다. 이것은 언어를 어떻게 사용해야 하는지에 대해 어떤 권위자가 제시하는 의제의 일부로서, 어린이들의 마음속으로 어렵사리 밀고 들어온 규칙이다. 하지만 이러한 규칙은 그들의 마음속에서 순식간에 잊힌다.

이것은 우리의 일이 아니다. 과학자의 본분은 규범을 정하는 것이 아니다. 예컨대 생물학자의 본분은 새와 꿀벌에게 최적의 짝짓기 기교를 알려주는 것이 아니다. 또한 불활성이 되는 방법에 대해 기체를 조련하는 것도 화학자의 임무가 아니다. 과학자들은 관찰하고 입증하고 기술하고 이해하고 설명한다. 언어 과학은 분리부정사나 옥스퍼드 콤마에 대한 토론에서 (비록 정답이 분명히 있지만) 둘 중의 어느 한 쪽을 편들지 않는다.* 오히려 언어 과학의 목적은 당신과 같은 사람들의 마음 곳곳에 이미 바글거리는 언어 지식을 기술하고 이해하는 것이다.

그리고 문법 역량은 진화로 인해 인간의 마음에 스며든 가장 탁월한 것들 중 하나이다. 우리가 알고 있는 문법 규칙은 암묵적으로, 아무런 훈련을 받지 않아도, 곰곰이 생각하지 않아도, 우리로 하여금 인간 언어의 가장 강력한 디자인 특징을 발휘하도록 해준다. 우리는 새로운 일련의 낱말들을 한데 모아서 마음속에 떠오를 수 있는 생각들의 어떤 조합이든지 분명히 표현할 수 있는 능력을 지녔다. 마찬가지로 문법 지식을 이용해서, 우리는 어떤 사람이 조합하고자 할 수도 있는 어떤 문장이든지 다 이해할 수 있다. 아무리 돌발적이라 하더라도 말이다.

아마도 이 요지는 언어를 다루는 많은 사람들과 마찬가지로 코미디언 조지 칼린(George Carlin)이 가장 분명하게 표현했다. 바로 그가 아무도 말한 적이 없고 따라서 아무도 들어본 적이 없는 어떤 문장이 있다는 점을 분명히 지적했을 때였다. 예컨대, As soon as I put this hot poker in my ass, I'm going to chop my dick off(나는 꼴린 이 좆나무를 내 똥구멍에 넣자마자, 내 좆을 싹둑 잘라낼 거야.)라는 문장이나 Honey, let's sell the children, move to Zanzibar, and begin taking opium rectally(자기, 이 새끼들을 팔아치우고 잔지바르로 이동해서, 아편을 똥구멍으로 빨아보자고.)라는 문장을 보라.[1] 칼린이 이 구체적인 낱말 연

* 옥스퍼드 콤마(즉, 연쇄 콤마)는 세 개나 그 이상의 목록에서 and나 or 앞에 삽입되는 쉼표이다. 예컨대 I bought bread, milk, and carrots라는 표현에서 and 바로 앞의 쉼표이다. 이 옥스퍼드 콤마를 선호하는 주요 논증은 중의성 해소에 유용할 수 있다는 것이다. 예컨대 이 콤마가 없다면, 다음 문장은 중의적일 것이다: This morning, the president met with lunatic fringe groups, the Republicans and the Democrats. 먼저 이 문장은 목록으로 읽혀서 '대통령이 별개의 세 집단을 만났다'는 해석을 지닐 수 있다. 아니면 공화당원들과 민주당원들(the Republicans and the Democrats)이 광신적인 소수 과격파(the lunatic fringe groups)에 대한 더 많은 세부 정보를 제공한다는 동격 해석을 지닐 수 있다. 옥스퍼드 콤마를 반대하는 유일한 논증은 귀찮다는 것이다. 이보세요, 정말로 콤마 하나 더 입력할 수 없어요? 가운뎃손가락 바로 옆에 있어요. 그래요, 바로 그 손가락 말이에요.

쇄를 발화할 수 있고, 당신이 이 연쇄를 이해할 수 있다는 사실이 언어의 조합 능력을 보여주는 증거이다. 이 조합 능력은 지구상 모든 언어의 특유한 문법이 제공한다.

전형적으로 성장하는 인간은 다 문법을 사용하여 예전의 낱말들을 새로운 방식으로 조합한다. 그러나 다른 동물은 그렇게 하지 못한다. 최소한 인간들처럼 그렇게 강력하고 유연하게는 하지 못한다. 그리고 예전에 경험하지 않은 일련의 낱말을 조합하고 해석하는 능력 덕택에 인간의 언어는 자연계의 모든 다른 소통 체계를 넘어서서 질적으로 비약하게 된다. 그래서 문법이 무언가 대단한 것이라는 말은 공정하다.

그러나 당신의 머릿속 문법 규칙의 모습은 어떠한가? 달리 말하면, 당신이 이전에 한 번도 들어본 적이 없는 문장(예: Honey, let's sell the children, move to Zanzibar, and begin taking opium rectally?)을 이해하기 위해서 당신이 알고 있(고 적절히 사용할 수 있)는 지식은 바로 무엇인가? 만일 이전에 한 번도 본 적이 없다면, 당신은 이 문장을 암기했다고 대답할 수 없다. 오히려 이 문장의 낱말들이 어떻게 한데 어울리는지 당신이 파악할 수 있는 이유는, 이 낱말들이 당신 언어의 다른 낱말들이 공유하는 체계적인 방식으로 결합하기 때문임에 틀림없다. 비록 the children을 sell의 직접목적어로 사용해 본 적이 없을 수도 있지만, 당신은 the car나 the house와 함께 sell을 사용했을 수도 있다. 영어에서 children과 house, car의 행동은 유사하다. 그래서 우리의 머릿속 문법 규칙은 일련의 유사한 낱말을 포괄할 정도로 매우 일반적이라는 데 대체로 동의한다. car에 대한 어떤 규칙과 children에 대한 다른 어떤 규칙을 아는 것이 아니라, 아마도 당신은 명사 일반과 명사로 할 수 있는 일에 대한 중요한 무언가를 알고 있을 것이다. 이 무언가에 children과 car, house가 명사라는 당신의 (또 다시 암묵적인) 지식을 더해보라. 그러면 당신이 이전의 낱말들로 새로운 것을 어떻게 수행할 수 있는가에 대한 하나의 이야기가 시작된다. 암묵적으로 당신은 어느 누구도 이전에 말해본 적도, 들어본 적도 없는 수백만 개 – 원칙적으로는 잠재적으로 무한한 수 – 의 새로운 문장 중의 어느 하나를 구성하기 위해서 자신이 알고 있는 수만 개의 낱말에 적용할 수 있는 일반적인 문법 규칙을 알고 있다.

그러나 당신이 이 혼합물에 상말을 더하자마자, 이 규칙은 변하기 시작한다. 언어의 나머지 요소와 같이, 상말은 당신의 머릿속에서 여기저기 표류하는, 대체로 진술되지 않고 보통 주목받지 않는, 문법 규칙을 따른다. 예컨대 유창한 영어 화자는 다음 문장으로 불평할 수도 있다. There's too much homework in this *fucking* class(이 좆같은 수업은 숙제가 너무 많아.). 내가 이 문장을 문법적인 문장, 즉 영어 화자들이 유창하게 생성하고 이해하는 문장이라고 알고 있는 이유는, 현장의 어떤 실제 대학생이 발화한 바로 이 문장이 우연히 내 귀에 들렸을 때 바로 이해했기 때문이다.* 이 문장은 미국 영어 화자들이 머릿속에 담고 있는 일반적인 문법 규칙을 철저히 준수한다.

하지만 이 문장을 약간 비틀어보라. 그러면 이 문장의 문법이 약간 이상하다고 느끼게 될 것이다. 그리고 fucking이 이 모든 어려움의 근원이다. fucking 자리에 다른 낱말, 예컨대 stupid나 inspiring과 같은 형용사를 집어넣을 때 무슨 일이 일어나는지 살펴보라. 표면상 이러한 교체는 불쾌감을 유발하지 않는 작은 변화 — 별다른 차이를 내지 않는 — 로 보인다. 하지만 잘 생각해 보면, 낙하산을 탁자보로 교체해도, 당신이 비행기로부터 뛰어나올 때까지는 현저한 차이를 실제로 느끼지 못한다. 그러니까 이러한 문장을 비행기 밖으로 내던져 보자 — 문법적으로 말하자면 말이다.

우리의 논의는 문장 There's too much homework in *this* fucking class를 문장 There's too much homework in this *stupid* class와 비교함으로써 시작한다. 이 수업이 정확히 얼마나 형편없는지를 강조하기 위해, 당신은 really나 very를 stupid 바로 앞에 추가해서 There's too much homework in this *very stupid* class라고 말할 수 있다. 분명히 이 문장은 약간 투박하게 들린다. 그러나 설령 당신에게 절대로 퓰리처상의 영예를 안겨주지 않을지라도, 이 문장은 여전히

* 이 여학생이 내 수업에 대해 말하고 있지 않다고 가정해 보자. 그리고 우리가 자기기만에 빠져 있는 동안, 내가 이런 말을 딱 한 번 들었다고 상상해 보는 게 어떨까?

영어 문장이다. 일반적으로 당신은 아무런 걱정 없이 stupid 바로 앞에 very와 같은 형용사를 덧붙일 수 있다. inspiring도 마찬가지로 당연히 this *very inspiring* class(아주 고무적인 이 수업)라고 말할 수 있다. 그러나 당신이 fucking에 대해 이 시도를 하면 어떤 일이 일어나는가? There's too much homework in this *very fucking* class라고 직접 말해보라. 나는 당신에 대해 모르지만, 절대로 이 문장을 영어라고 해석할 수 없다. 이 문장은 문법적으로 보이지 않는다 — 나 자신(이나 내가 질문을 해왔던 다른 원어민들)에게는 가능한 영어 문장으로 보이지 않는다. 간단히 말해서, 상말이 들어 있는 문장은 상말이 없는 문장과 동일한 규칙을 따르지 않는다.

여기에 또 다른 스트레스 테스트가 있다. 동일한 문장의 미묘한 변이를 살펴보자. 낱말 fucking을 끝에서 두 번째 위치가 아니라 낱말 too 바로 뒤에 넣는다고 가정해 보라. There's too *fucking* much homework in this class!처럼 말이다. 나의 질문을 받은 대부분의 원어민들은 이 변이가 가능한 영어 문장이라는 데 동의한다. 다시 한번, 이것은 이 변이가 영작문 책에서 접할 문장 유형이라거나, 영어 교사가 당신에게 암송하도록 할 문장 유형이라는 것을 의미하지 않는다. 하지만 명심하라. 우리의 관심은 사람들이 실제로 무엇을 말하는가에 있지, 그들이 무엇을 말하라(거나 말하지 말라)는 말을 듣는가에 있지 않다.

그리고 이 문장에서 무엇이 특별한가에 주목하라. There's too *goddamn* much homework in this class!(이 수업은 염병헐 숙제가 너무 많아!)에서처럼, fucking은 다른 낱말(예: goddamn)로 대체할 수도 있다. 이 교체는 잘 작동한다. damn(우라질)과 bloody(빌어먹을), darn(제기랄), friggin(졸라)도 마찬가지이다. 이 낱말들로의 교체도 다 작동한다. 그러나 갑자기 당신은 fucking을 이미 알려진 형용사로 교체할 수 없다. 예컨대 There's too *inspiring* much homework in this class!(이 수업은 고무적인 숙제가 너무 많아!)라고 말하면, 이 문장은 문법적으로 보이지 않는다. 그런데 형용사만이 아니다. 즉, fucking은 흔히 동일한 패턴으로 분류되는 다른 낱말 유형 중의 어느 하나(예: 양화사 some이나 강화사 really)로 교체할 수 없다.[2] There is too *some* much homework in this class!(이 수업은 상당한 숙제가 너무 많아!)에서 보듯이, 이렇게 교체하면 다 분명히 비문법적인 문장이 된다. 언뜻 보기에는 상말(이나 friggin과 같은 상말의 복제 표현)만이 이 특별한 자리(slot)에 들어맞을 수 있다. 이것은 일반적인 문법 규칙이 이 특별한 문장 패턴을 설명할 수 없다는 의미는 아니다. 그 대신에, 당신은 상말과 그 아류에만 적용되는 특별한 문법 규칙을 알아야 한다.

중요하게도 fucking은 절대로 아무렇게나 이리저리 옮길 수 없다. 우리의 문장 표본에서 이 fucking을 바로 끝으로 가져가 보라. 그러면 There is too much homework in this class *fucking*이 나온다. 이 문장은 아주 비문법적으로 들린다. 그래서 당신이 fucking에 대해 내면화해 온 규칙은 그냥 더 느슨한 게 아니다 — 당신은 fucking이 정확히 어디로 갈 수 있는지와 어떤 낱말과 함께 갈 수 있는지, (중요하게도) 어디로 갈 수 없는지를 알고 있다. 그리고 이 특별한 규칙에서 가장 특별한 점은 이 규칙에 대한 당신의 지식이 암묵적이라는 사실이다. 이 장을 읽기 전에, 당신이 명시적인 훈련을 통해 이 규칙을 학습했을 리 없다 — 어느 누구도 당신을 앉혀놓고서 fucking이 명사 앞은 물론 양화사 뒤로도 갈 수 있다고 설명하지 않았다는 데 내 전 재산을 다 걸겠다. 당신은 관찰과 귀납 추론, 모방, 시행착오를 통해 이 규칙을 학습했다. 당신은 fucking 문법의 많은 것을 안다. 이 fucking 문법을 의식적으로 자각해 본 적이 전혀 없지만 말이다.

우리의 직관을 혼란케 하는 또 다른 실례가 여기에 있다. not을 어떤 문장에 삽입할 때, 당신은 이 문장 의미의 어떤 부분을 부정한다. Let's sell the children(그 아이들을 팔자.)과 Let's not sell the children(그 아이들을 팔지 말자.)을 비교해 보라. 중요한 의미적 차이가 있다. 그러나 이 규칙은 어떤 저속한 문장을 접할 때 호적수를 만난다. 예컨대 You know jack-shit(알기는 개뿔.)과 You don't know jack-shit(넌 좆도 몰라.)을 비교해 보라. 둘 사이에 조금이라도 의미 차이가 있는가? 대부분의 사람들은 이 둘 다 당신이 아무것도 모른다는 것을 의미한다는 데 동의한다. 그러니까 여기서 not은 어떤 의미적 효과도 내지 않는다. 도대체 어떻게 그럴 수 있는가? 우리는 다시 한번 더 특별한 상말 규칙을 마주할 수 있는가?

언어 과학의 경우에 이러한 특별한 규칙은 싫은 일이자 반가운 일이다. 이러한 규칙은 인간 언어의 표현력과 힘을 강화하는 바로 그 속성 – 즉 일반 규칙에 따라 유연하게 낱말들을 결합하고 짝짓는 능력 – 에 의문을 제기한다. 하지만 우리의 임무가 이러한 규칙을 기술하고 이해하는 것이기 때문에, 우리는 이러한 특별한 규칙에 직면해야 한다. 이러한 규칙의 본성은 무엇인가? 우리는 모어의 욕설 문법에 대해 무엇을 알고 있는가? 그리고 애당초 우리는 왜 이러한 규칙을 가지고 있는가? 이러한 질문으로 인해 언어과학자들은 더러운 문법의 핵심적인 특별한 세부사항을 파고듦으로써 자신들의 명예를 조금 더럽혔다. 그래서 나는 당신에게 당신이 사용하는 언어의 상말 문법에 대해 알고 있는 것들 – 하지만 알고 있음을 알지 못하는 것들 – 의 일부에 대해 성찰하도록 요청한다. 어쩌면 이것이 당신의 첫 성찰이겠지만, 마지막 성찰이 되지 않기를 희망한다.

$ % !

영어의 상말은 거의 모든 문법 범주로 분류된다. 물론 상말에는 친밀한 동사(예: to fuck, to shit)도 있고 친밀한 명사(예: a fuck, a shit)도 있다. 그러나 문법적으로 가장 기괴한 낱말 중의 하나는 바로 위에서 언급했던 사례(예: You don't know *jack-shit*)와 같은 문장에서 분명히 드러난다. 이 문장에서 jack-shit은 '최소화소(minimizer)'라 불리는 무언가의 역할을 수행하고 있다. 아마도 이러한 것에 대해서는 들어본 적이 없을 것이다. 그럼에도 여전히 당신은 이러한 낱말을 늘 사용한다. 만일 당신이 상말이 아닌 다른 낱말을 내놓아야 한다면, 이 낱말은 아마도 더 빈번한 낱말인 anything일 것이다. 그러면 You don't know anything(넌 아무것도 몰라.)이라는 문장이 될 것이다. 영어에는 anything과 같이 부정과 잘 어울리는 다양한 '최소화소'가 있다. 이들은 부정이 얼마나 철저한지를 강조하는 역할을 한다. 예컨대 at all(조금이라도)이나 one bit(조금도), a drop(눈곱만큼도)과 같은 낱말(이나 구)이다. 이러한 표현은 다 You don't know(넌 몰라.)나 He doesn't drink(그는 마시지 않아.)와 같은 부정문의 끝에다 붙일 수 있다. 이러한 최소화하는 낱말의 일부는 at all과 같이 일반적이다. at all은 거의 모든 부정 서술 속으로 밀어 넣을 수 있다. 예컨대 I do not skydive *at all*(난 스카이다이빙을 전혀 안 해.)이나 It doesn't hurt *at all*(전혀 안 아파.)을 보라. 다른 최소화 낱말은 He didn't eat *a morsel*(그는 한술도 뜨지 않았어.)에 들어 있는 a morsel(한 입)과 같이, 아주 특정한 행동에 사용된다. a drop(한 방울)도 똑같다. 다만 최소화소 a drop은 흘리거나 마시는 행동에만 사용되는 것으로 보인다.

이러한 최소화소는 일반 규칙을 따른다. 즉, 이들은 사실적이 아닌 무언가를 기술하는 문장 – 어떤 것이 사실이 아니라고 명확하게 서술하는 문장 – 에 사용해야 한다. 물론 not을 포함한 부정 진술이 이것을 행하는 최선의 방식이다. 그래서 He doesn't skydive는 at all에 사실적이 아닌 좋은 근거지를 제공한다. 그러나 질문도 역시 약간은 비사실적이다. 왜냐하면 질문은 어떤 것이 사실일 수도 있는지 의문을 제기하기 때문이다. 그래서 질문에 at all이나 다른 최소화 어구를 밀어 넣을 수 있다. 예컨대 Do you skydive at all?(혹시 스카이다이빙 해?)을 보라. 의심의 표현들이 동일하게 작동하는 이유는, 가능한 비사실성의 그림자가 이 표현 속으로 기어들 수 있기 때문이다. 예컨대 I doubt you skydive at all(난 네가 스카이다이빙을 조금이라도 한다는 게 의심스러워.)을 보라. 이 밖에도 이러한 표현은 많다. 하지만 문장이 사실적이 되자마자 – 문장이 무언가를 사실이라고 단언하자마자, at all이나 유사한 어구는 사용할 수 없다. I skydive at all(난 행여 스카이다이빙 한다.)이나 He really wants to skydive at all(그는 정말로 행여 스카이다이빙 하고 싶다.)이라고 말한다면, 이 말은 의미가 통하지 않을 것이다. 이것은 이러한 낱말에 대한 일반적인 문법 규칙이다. 이러한 낱말은 진술의 사실성이 언어적으로 의심스럽게 될 때만 사용할 수 있다.

그러나 jack-shit이나 유사한 상말은 이 규칙을 무시한다. 당신은 부정적인 맥락에서 jack-shit을 이용해 You *don't* know *jack-shit*(넌 좆도 몰라.)이라고 말할 수 있다. 하지만 똑같이 쉽게 You know *jack-shit*(알기는 개뿔!)이라고 말할 수도 있다. dick의 경우에도 마찬가지이다. I *don't* draw *dick* unless the price is right(가격이 맞지 않으면 난 아무 관심 없어.)이라 말해도 좋고 I draw *dick* unless the price is right(가격이 맞지 않으면 난 관심 꺼.)이라고 말해도 좋다. 그리고 crap(똥/헛소리), shit(똥/무가치한 것), fuck-all(좆도 아님/전혀 없음) 등 다른 용어도 다 동일한 방식으로 행동한다. 예컨대, You get fuck-all until you say 'please'('제발 좀'이라 말할 때까지 넌 완전히 좆 된다.)는 이 문장의 부정형과 마찬가지로 정말로 잘 작동한다.* 이 맥락에서 이 특별한 무리의 상말이 하는 이상한 행동으로 인해 이들은 ("맞아, 문법은 존재한다."라며 문법 연구의 삶을 살아가는 사람들인) 통사론 연구자들 사이에서 이름을 부여받았을 정도로 악명이 드높았다. 실제로 두 개의 이름이 있다. 이 상말 무리는 때때로 '상말 최소화소(vulgar minimizers)'라 불린다. 이것은 적절한 기술이다. 이 상말 무리는 저속한 말이며 동시에 자신을 선행하는 어구를 최저 수준으로 평가절하하기 때문이다.[3] 그러

* 내가 말했던 대로, 이것은 예외적인 행동이다. I don't know anyone이라고는 말할 수 있지만 I know anyone이라고는 말할 수는 없다. 그러나 긍정 맥락과 부정 맥락에서 다 사용할 수 있다는 점에서, 대략 상말과 비슷하게 행동하는 것으로 보이는 소수의 다른 낱말(예: dick)이 있다. 그리고 때로는 anymore도 이들 중 하나이다. 대부분의 미국인들은 정말로 기꺼이 Honey badger doesn't give a shit anymore(벌꿀오소리는 이제는 전혀 개의치 않는다.)라고 말한다. 하지만 Honey badger gives a shit anymore(벌꿀오소리는 이제는 신경을 쓴다.)는 어떠한가? 매혹적이게도 이 문장의 사용은 실제로 지역적인 차이가 있다. 만일 Honey badger gives a shit anymore라는 말이 완전히 적절하게 들린다고 생각한다면, 당신(이나 당신의 부모)은 아마도 중서부, 특히 오하이오와 펜실베이니아 출신일 것이다. 당신은 이른바 긍정 극성의 anymore를 지니고 있다 — 정말로 dick과 마찬가지로 부정이 있든 없든 anymore를 사용할 수 있다. 미국의 나머지 지역과 아마도 전 세계는 이 사용을 완강히 반대할 것이다. 주로 이 지역에서는 anymore가 부정 맥락을 요구한다고 범주화하기 때문이다. 긍정 극성의 anymore와 상말 최소화소(예: dick, jack-shit) 사이의 차이는 anymore를 사용한 문장이 부정될 때와 그렇지 않을 때는 의미적 차이가 있음에 반해, jack-shit의 경우는 그렇지 않다는 것이다. 그래서 I go there anymore(이제는 그곳에 간다.)와 I don't go there anymore(이제는 그곳에 가지 않아.)는 다른 의미를 지니고 있지만, You know jack-shit(넌 좆도 몰라.)과 You don't know jack-shit(넌 좆도 몰라 좆도.)이 대략 동일한 의미를 지닌다.

나 '상말 최소화소'는 이 표현들의 다른 이름인 부정 극성 금기어(squatitives)* 만큼 환기력이 강하지 않다. 이 이름은 무엇보다도 낱말 squat[아무것도 없음(零)/전혀 아님]의 특별한 지위를 강조한다.[4]

이들의 상대적 유연성을 넘어서서, jack-shit과 같은 '상말 최소화소'의 가장 현저한 점은 물론 이 문장의 부정 형태와 긍정 형태가 거의 동일한 의미를 지닌 것으로 보인다는 것이다. 앞에서 언급한 바와 같이, 실제로 이것이 아주 이상한 이유는 문장에 not을 넣으면 보통은 의미의 어떤 부분이 뒤집어지기 때문이다. Let's sell the children(그 아이들을 팔자.)은 대략 Let's not sell the children(그 아이들을 팔지 말자.)의 정반대를 의미할 것이다. 그래서 당신이 상말을 최소화소로 사용할 때, 문장의 긍정 형태와 부정 형태가 의미적으로 유사하다. You don't know dick(넌 좆도 몰라.)은 의미적으로 You know dick(알기는 개뿔.)과 거의 동일하다. He doesn't know jack-shit(그는 좆도 몰라.)은 He knows jack-shit(그가 알기는 개뿔.)과 동일한 의미를 지닌다. 이것은 마치 영어 flammable-inflammable(가연성의/인화성의) 혼란의 문장 유형을 보고 있는 것과 거의 같다.**

* (옮긴이) 부정 극성 금기어(squatitives): 부정을 극대화하기 위해 사용할 수 있는 한 무리의 금기어를 지칭하는 용어이다. 예컨대 squat, fuck-all, beans, crap, dick, diddley, diddley-poo, diddleysquat, doodleysquat, jack, jack-shit, jack-squat, piss-all, poo, shit, shit-all, sod-all, buggerall, naff-all, crap-all 등이 이 무리에 들어가는 금기어이다. squatitive는 Claudia saw squat("클로디아는 아무것도 보지 못했다.")에서처럼 nothing을 뜻하는 squat에서 파생한 명칭으로, 긍정 속성을 완전히 상실한 상태인 부정 극성을 나타낸다는 점에서 '부정 극성 금기어'라고 옮겼다. 더 상세한 논의는 참고문헌에 있는 혼(Horn, 1997)을 참조하시오.

** 확실히 말하자면, 여기서 나는 반어(irony)에 대해 얘기하고 있는 것이 아니다. 언제나 화자(나 저자)는 무언가를 말하지만 실제로는 정반대의 의미를 전달할 수 있다. 예컨대 당신은 반어적으로 Mary doesn't know jack-shit을 말하여 이 문장이 글자 그대로 의미하는 바 — 즉 그녀가 아무것도 모른다는 것 — 가 아니라 오히려 정반대의 의미를 전달할 수 있다. 예컨대 Mary has spent twenty years as a veterinarian caring for orphaned kittens and puppies, so obviously she doesn't know jack-shit about animals(메리는 어미 없는 새끼 고양이와 강아지를 보살피면서 채식주의자로 20년을 보냈으며, 따라서 그녀가 동물에 대해

어림짐작해 보면, 이러한 상말은 이 언어의 나머지 표현에는 절대로 적용되지 않는 특별한 규칙을 따르는 것으로 보인다. 일반 규칙 밖의 국외 표현이지만 임의적인 표현은 아니다. 이러한 상말은 자기들끼리 유사한 패턴을 보여주는 소규모 연합 편대를 형성하지만, 상말이 아닌 낱말에 적용되는 규칙을 따르지는 않는다.

$ % !

자유의 여신상에는 에마 라자루스(Emma Lazarus)의 시 「새로운 거상(The New Colossus)」이 새겨져 있다. 이 시의 유명한 시행(詩行)은 "Give me your tired, your poor, your huddled masses yearning to breathe free(피곤한 사람들과 가난한 사람들, 움츠러든 사람들은 자유를 숨 쉬고자 열망하라.)"이다. 이 특별한 문장은 헤아릴 수 없는 사회적 영향력을 지녔다. 하지만 언어학적으로 말하자면 이 문장에 문법적으로 주목할 만한 것은 전혀 없다. 이 문장은 완전히 동사 give(주다)를 중심으로 구성된다. 이 문장에서 동사 give는 자신이 통상적으로 행하는 일을 하고 있다. 이 문장은 제공되어야 하는 대상(your tired, your poor 등)의 정체는 물론 수령인의 정체(me)를 둘 다 명시적으로 제시한다. 추정컨대, me가 누구인지는 해석에 따라 다르다. 즉, 레이디 리버티(Lady Liberty)일 수도 있고 더 높은 가능성으로 이 여인이 표상하는 나라일 수도 있다. 하지만 give의 수령자가 있다는 것이 중요하다. 이것이 giving의 필수조건으로 보인다. 어떤 것을 누군가**에게**(to) 주지 않고서는 그것을 줄 수는 없다. 따라서 심지어는 문장에 명시적으로 언급되어 있지 않을 때도 give의 수령자는 거의 언제나 암시되어 있고 맥락으로부터 추론할 수 있다. 예컨대 I don't give handouts라는 서술은 발화 상황에 어떤 사람이 있고 당신이 이 사람**에게**(to) 발표문(handouts)을

아무것도 모르지 않음은 분명하다.)를 생각해 보라. jack-shit과 그 밖의 부정 극성 금기어로 인해 어떤 문장과 정반대의 부정형 문장이 동일한 의미를 전달하는 것은 반어적이 아니다.

주지 않는다는 것을 암시한다. 물론 당신은 I don't give handouts to bums like you, Mr. Lebowski(레보프스키 너 같은 쓰레기한테는 발표문을 주지 않아.)와 같이 이 사람을 문장에 넣을 수 있다. 그러나 이러한 진술이 수령자의 신원을 분명히 제시하지 않을 때조차도, 무언가를 받거나 받지 않는 누군가가 있다는 것은 말할 필요조차 없다.

그러나 상말은 다시 또 예외이다. 당신이 주는 것이 상스러움일 때는 그리고 여기서 내가 구체적으로 giving a fuck을 떠올릴 때는, 수령인이 있다는 give의 규칙이 적용되지 않는 것으로 보인다. 당신은 (어떤 잠재적인 수령자도 염두에 두지 않고서) a fuck을 **줄** 수 있(거나 **주지** 않기로 결심할 수 있)다. 그리고 이것은 a shit이나 a damn도 마찬가지이다. 예컨대 매우 원기 왕성한 벌꿀오소리는 수천의 꿀벌에 쏘일 수 있다고 전해지는데 그 결과는 무엇인가? **그는 전혀 신경 쓰지 않는다**(He doesn't give a shit). 영화 〈바람과 함께 사라지다(Gone with the Wind)〉의 끝부분에서 스칼릿 오하라(Scarlett O'Hara)는 레트 버틀러(Rhett Butler)에게 그가 떠날 때 자신이 무엇을 해야 하는지 묻는다. 버틀러는 "Frankly, my dear, I don't give a damn(솔직히 아무 관심 없어, 자기.)"이라고 대답한다. 이 유형의 giving(주는 것)이나 nongiving(주지 않는 것) — shits와 damns, fucks와 관련한 — 은 문법적으로 특별하다. 당신은 수령자를 언급하지 않는다. 즉 당신은 누구**에게** a damn을 주는지 명시하지 않는다. 그러나 상황은 이보다 훨씬 더 유별나다. 명시적으로 언급된 수령자도 없을 뿐만 아니라, 심지어는 암시된 수령자도 전혀 없다. 어떤 암시된 수령자도 없다고 확실히 말할 수 있는 이유는, 설령 당신이 그렇게 해야 한다 하더라도 어떤 수령자를 그러한 문장 속으로 밀어넣을 수조차 없기 때문이다. I don't care(관심 없어.)를 의미하기 위해 I don't give you a fuck이나 I don't give any fucks to you라고 말한다면, 결코 뜻이 통하지 않는다.

그래서 왜 당신은 어느 누구**에게도** a fuck**을 줄**(give) 수 없는가? 가능한 하나의 합리적 설명은 단지 I don't give a fuck이 굳은 표현이기 때문이라는 것이다. 아마도 이 표현은 수령인을 암시하지만 당신이 어떤 수령자를 끼워 넣을 수 없는 일련의 낱말일 것이다. 왜냐하면 I don't give a fuck은 정확히 그 순서로 말해야 하기 때문이다. 마치 이 다섯 낱말이 내부 여백을 두고 철자한 단 하나의 낱말인 것처럼 말이다. 이 주장의 난점은 give a fuck 내의 낱말들이 사실상 유연하다는 것이다. 이 표현은 수동화해 No fucks were given이라 말할 수 있다. 아니면 Not one single fuck was given과 같이 아주 분명하게 말할 수 있다. 그리고 당신이 (누구에게도) 주고 있지 않는 이 fuck은 수식을 받을 수 있다. give a fuck에서 fuck을 a flying fuck이나 the slightest fuck, a single fuck으로 대체할 수 있다. 아니다, give a fuck이 너무 단단해서 수령자를 중간에 끼워줄 수 없다는 것이 아니다. 수령자와 관련해 give a fuck이 좋아하지 않는 무언가가 있다는 것이다.

당신은 여기서 어떤 경향을 탐지하기 시작할 것이다. 다시 한번 이것은 give a fuck을 위해 작동하는 특별한 문법 규칙이 있기 때문으로 보인다. 이 규칙은 give a shit이나 give a damn에도 적용되지만 상말 영역 밖에서는 적절하지 않다. fuckall이나 다른 부정 극성 금기어의 경우에서처럼 give a fuck이 더 느슨하다는 것이 아니다. 아니다, 이 경우에는 문법이 give anything else보다 give a fuck에 대해 실제로 더 엄격하다. give는 물론 give의 작동 방식에 대한 일반적인 특성화(명시적이든 암묵적이든 give의 수령자가 있음)가 give의 모든 사용에 다 동일하게 적용되지는 않는다. 이 상말 표현을 문법적으로 사용하기 위해서는, 문장을 만드는 방법에 대한 아주 구체적인 사항 — 선택된 낱말의 특정한 사용에만 적용되는 문법적 패턴 — 을 알아야 한다.

$ % !

이렇게 우리는 이제 어떤 경우에는 상말 문법이 이 언어의 문법 전반보다 더 유연하고 다른 어떤 경우에는 덜 유연함을 살펴보았다. 그러나 대체적으로 우리가 지금까지 살펴보았던 차이는 낱말을 사용할 수 있거나 사용할 수 없는 구체적인 방식의 미세한 피상적 변화이다. 상말의 특별한 행동은 얼마나 깊이 들어가는가? 상말이 전적으로 그 자체의 질적으로 다른 규칙 체계를 따르는 측면이 있는가? 어쩌면 그럴 수도 있다.

모든 문장에 주어가 있어야 한다는 것은 문법학계에서 일반적으로 인정한다. 영어에서는 보통 주어를 분명히 표현한다. 예컨대 이 단락의 첫 문장(It's generally agreed in grammar circles that every sentence has to have a subject)을 보라. 이 문장에는 주어 it이 있고 ('s로 축약되어 있는) 동사 is는 이 주어와 일치한다. 그다음 문장(In English, you usually express the subject overtly)에는 주어 you가 있고, 동사 express가 이 주어와 일치한다. 그런데 때로는 문장에 분명한 주어가 없다. 명령문이 이러한 문장의 사례이다. Look at the sentences in this paragraph라는 문장에는 주어가 없다. 그러나 여전히 우리는 모두 누가 이 바라보기(looking)를 행하고 있는지 안다. 즉 이 명령이 향하는 그 사람이 누구인지 안다. 친애하는 독자인 **당신**(you)이 Look at the sentences in this paragraph의 주어이다. 이러한 명령형 문장에는 주어가 있다. 다만 암묵적일 뿐이다.

주어가 암묵적일 수 있다는 발상이 산뜻한 개념인 이유는, 이 발상으로 인해 영어 문장에는 다 주어가 있다는 일반화를 유지할 수 있기 때문이다. 어떤 주어는 외현적이지만 다른 어떤 주어는 암묵적이다. 우리는 이것이 일반적인 영어 규칙이라고 믿는다. 아주 일반적인 규칙이다. 과학이 일반적인 규칙을 좋아하는 이유는, 일반화를 하면 다양한 관찰을 간명하게 기술하고 설명할 수 있기 때문이다. 중력은 위성의 궤도 선회와 스카이다이버의 수직 낙하를 둘 다 설명한다. 그리고 이것은 좋은 일이다.

그래서 모든 문장에는 주어가 있다고 가정해 보라. 아주 좋다. 이 경우에 Fuck you의 주어는 무엇인가?[5] * 분명하지 않다. 당신은 이 문장의 you가 주

* 이것은 시카고 대학교 언어학과 교수였던 제임스 매콜리가 학식의 고전적인 한 단면을 보여주며 다룬 주제이다. 매콜리는 매사추세츠 공과대학(MIT)에서 촘스키의 지도 아래 박사학위를 받았다. 어느 누구에게 물어보아도 매콜리는 박학다식한 사람(예컨대 수학 분야의 몇 개 학위 보유)이자, (16세에 시카고 대학교 학생으로 대학생활을 시작한) 신동이고, 못 말리는 악동이었다. 표면상 남하노이 공과대학(South Hanoi Institute of Technology)의 꽝푹

어라고 생각하고 싶을지도 모른다. 그리고 (you가 하는 행위의 공표인) 유사한 문장 You fuck의 경우에는 주어 — 이 행위를 수행하는 사람 — 가 분명히 you이다. 그러나 Fuck you에서는 이 you가 주어일 수 없는 이유는 you가 어떤 행위를 수행하고 있지 않기 때문이다.

이 경우에는 Fuck you가 아마도 명령형일 것이라는 당신의 추측이 합리적일 수도 있다. 그리고 만일 명령형이라면, Fuck you는 Look at the sentences와 마찬가지로 암묵적인 주어가 있다. 그러나 이것도 역시 참일 수 없다. 그리고 우리는 어떤 아주 미묘한 문법적인 이유로 이렇게 말할 수 있다. 이제 그 이유를 설명하고자 한다.

통사론 연구자들은 표층 아래에서 실제로 무슨 일이 일어나고 있는지 — 이 경우에는 어떤 것이 주어인지 아닌지 — 를 알아내기 위해 낱말들이 결합할 수 있는 방식이나 결합할 수 없는 방식에 세심한 주의를 기울인다. 여기에 우리가 사용할 수 있는 정교한 검사가 있다. 동사의 주어와 목적어가 동일한 사람이나 사물을 지칭할 때는 무언가 특별한 일이 일어난다. 목적어는 끝에 -self를 붙인다. 예컨대 만일 당신이 스스로 몸을 씻는 행위를 내가 기술하고 싶다면, 나는 You cleaned you라고 말할 수 없고 You cleaned yourself라고 말해야 할 것이다. I cleaned myself나 He cleaned himself 등도 마찬가지이다. 그래서 우리는 이 재귀대명사 -self를 보면 언제나 주어와 목적어가 동일한 사람이라고 안다. 이것은 당신이 문장에 적용할 수 있는 일종의 문법적 검사이다.

이 검사의 강점은 명령문의 암묵적인 주어도 탐지한다는 것이다. 만일 당신에게 씻으라는 말을 하고 싶다면, 나는 Clean you가 아니라 Clean yourself라고 말할 것이다. 명령문이 yourself를 요구하기 때문에, 우리는 명령문의 암묵

동(Quang Phuc Dong)이라는 필명으로, 매콜리는 직접 '분변언어학(scatolinguistics)'이라 이름을 붙인 분야의 싹을 틔운 몇 편의 독창적인 논문을 썼다. 「분명한 문법적 주어가 없는 영어 문장」이라는 첫 논문은 Fuck you의 문법을 다룬다. 매콜리는 1999년에 타계했다. 그와 함께 언어학의 수많은 즐거움도 사라졌다.

적인 주어가 you임에 틀림없다고 안다. 아주 좋다. 명령형이 you를 암묵적인 주어로 갖는다는 추가적인 증거가 있다. 그러나 Fuck you에 대해서 이 지식이 무엇을 의미하는지 주목해 보라. 만일 Fuck yourself라면, 우리는 이 형태가 you를 암묵적인 주어로 갖는 명령형이라고 알 것이다. Clean yourself와 똑같이 말이다. 그리고 정말로 Fuck yourself라고 말할 수 있지만, 이것은 Fuck you와 다른 무언가를 의미한다. Fuck yourself는 실제 명령문이다. 주어 you가 역시 you인 목적어에 대해 성교 행위(fuck)를 수행하라는 명령이다. 그러나 Fuck you의 경우에는 주어가 you일 수 없다. 왜냐하면 목적어가 yourself가 아니라 you이기 때문이다. 주어는 다른 어떤 것이나 다른 어떤 사람이어야 한다.

그래서 어쩌면 Fuck you는 단지 you가 아닌 주어를 지닌 어떤 특별한 종류의 명령형일 수 있다. 우리는 Fuck you에 수많은 다른 문법 검사를 시행하여 이것이 명령형인지를 진단할 수 있다. 그리고 이러한 검사의 결과는 모두 부정적이다. 예컨대 당신은 명령문을 부정할 수 있다. 예컨대 Don't read this sentence!라고 말할 수 있다. 하지만 Don't fuck you!라고 말할 수는 없다. Please read this sentence나 Do look at this sentence와 같이, 명령문 앞에는 please나 do를 더할 수 있다. 하지만 Please fuck you나 Do fuck you를 결코 해석할 수 없다. 어떻게 생각해 보아도, Fuck you는 명령형이 아니다. 만일 명령형이 아니라면 Fuck you는 암묵적 주어가 없다. 또한 Fuck you는 외현적인 주어도 없다. 따라서 이것은 Fuck you에 어떤 주어도 없다는 것을 의미한다.

주어가 빠져 있는 것은 Fuck you만이 아니다. 다른 저속한 저주도 동일한 처지에 있다. 예컨대 Damn you도 동일한 방식으로 작동한다. Damn you와 Damn yourself의 동일한 차이 – 앞에서 살펴보았던 – 에 주목해 보라. Damn you는 당신에게 자신을 저주하는 행위를 하라는 말이 아니지만, Damn yourself는 그렇게 하라는 말이다. 그런데 다시 한번 당신은 Damn you를 부정하여 Don't damn you라고 말할 수 없다. Screw you도 마찬가지이다. Fuck you와 Damn you, Screw you는 명령형이 아닌 것으로 보인다. 그 결과 이 표현 중 어느 것도 주어는 없으며, 심지어는 암묵적인 주어조차도 없다.

바로 지금 당신은 God을 떠올리고 있을지도 모른다. 주어로서 떠올린다는 말이다. Damn you는 실제로 God damn you나 May God damn you의 축약형일 수 없는가? 그리고 Fuck you도 마찬가지로 실제로 May God fuck you의 축약형일 수 없는가? 이것이 이러한 표현의 역사적 근원일 수 있다 – goddamnits에 God이 들어 있다는 사실에서 알 수 있는 바와 같이 적어도 Damn you의 경우에는 그럴 수 있다. 하지만 단지 오늘날 사용되는 그대로의 영어 문법을 살펴볼 때는, Damn you나 Fuck you에 God이 전혀 남아 있지 않다. 그리고 우리는 you가 이들의 주어가 아니라는 점을 보여주었던 바로 그 재귀대명사 검사를 사용하여 이렇게 말할 수 있다. 당신이 말을 걸고 있는 사람이 아니라 어떤 제삼자를 모욕하고자 한다고 가정해 보라. 당신은 Damn him이나 Fuck her라고 말할 것이다. 자 그런데, 당신이 모욕하고자 하는 그 사람이 만일 사람이 아니라 신이라면, 당신은 (신성모독임에도 불구하고) 아주 문법적으로 Fuck God이나 Damn God이라 말할 수 있는 것으로 드러난다. 그런데 문제는 바로 여기에 있다. 만일 God이 이러한 문장의 주어라면, Fuck God이라고 말할 수는 없을 것이다. Fuck himself라고 말해야 할 것이다. God이 주어이고, 따라서 직접목적어는 이 주어와 일치하는 재귀대명사여야 하기 때문이다. 하지만 Fuck God을 의미하기 위해서 Fuck himself라고 말할 수는 없다. 그래서 이것은 God이 Fuck God이나 Fuck you의 암묵적 주어가 아니라는 것을 암시한다. 이 표현들은 어떤 주어도 가지지 않은 것으로 보인다.

이것은 큰 문제이다. 이러한 상말 저주가 가장 중요한 문법 규칙을 확실히 파괴하고 있다. 모든 문장은 명시적이든 암묵적이든 주어를 가져야 한다. 이것은 우리가 논의의 출발점으로 삼은 훌륭한 일반화였다. 이 문제는 마치 우리가 중력 규칙이 적용되지 않는 한 유형의 물질을 발견한 것이나 다름없다. 그래서 이로부터 두 결론 중 하나가 나온다.

결론 1: Fuck you는 주어가 없지만, 문법적이다. 그래서 만일 모든 문법적인 일련의 낱말이 문장이라면, Fuck you와 같은 일부 문장은 주어 없이도 살아남을 수 있다고 결론지어야 한다. 이것은 삼키기 어려운 알약이 될 것이다. 중력에 하나의 예외가 있다.

만일 이 결론이 마음에 들지 않는다면, 실제로 또 다른 방안이 있다. 결론 2: 모든 문장에는 여전히 주어가 있다. 그러나 Fuck you와 그 밖의 저주 표현은 문장 이외의 어떤 것이다. 이 결론 뒤의 추론은 다음과 같은 삼단논법일 것이다. 문장은 주어를 지녀야 한다. Fuck you는 주어를 가지고 있지 않다. 그러므로 Fuck you는 문장이 아니다. 이 논리에 따르면, 문장은 당신이 영어로 말하는 방법을 알고 있는 몇 유형의 대상 중 단지 하나를 구성한다. 모욕적 별칭(epithets)과 같은 다른 대상도 있다. 아마도 어떤 모욕적 별칭은 고유한 별개의 문법 규칙을 따른다. 문장에는 주어가 있다. 모욕적 별칭은 그럴 필요가 없다. 모욕적 별칭은 사람들이 말하는 방법을 알고 있는 완전한 별개 부류의 대상이다. 언어학자들에게 이것은 물리학자들에게 중력의 영향을 받지 않는 유형의 물질을 찾는 일이나, 생물학자들에게 새로운 계통발생론적인 자연계를 발견하는 일만큼이나 중요한 과제일 것이다.

그리고 Fuck you만이 아니다. 파헤쳐 들어가기 시작하면, 그 밖의 상말로 인해 우리는 이 동일한 딜레마의 뿔 한가운데에 처하게 된다는 것을 알게 된다. 예컨대 White wedding, my ass!(순백의 결혼, 엿 먹어라!)와 같은 발화를 살펴보라. 이 발화는 문장인가? 우선 여기서 주어가 무엇인지 분명하지 않다. white wedding일 수도 있고, my ass일 수도 있다. 또는 둘 다 아닐 수도 있다. 하지만 이것은 진짜 문제가 아니다. 다른 무엇이 빠져 있다. 세밀하게 살펴보면, 이 발화에 동사가 없음을 알 것이다. 그리고 암시된 동사가 있는 것 같지도 않다. 혹시라도 무엇이 이 동사일 수 있는가? White wedding is my ass!라고 말할 수 없다. 문장은 주어뿐만 아니라 동사도 필요로 한다. 이 발화가 문장이라면 심히 퇴행적인 문장이다.

이 문제는 고립된 낱말 Fuck!과 같은 한 낱말 발화에서조차도 확인할 수 있다. 사실상 이 낱말을 사용하여 실제의 문장 – you가 명령받은 행위의 암묵적 주어인 명령문 – 을 형성할 수 있는 하나의 방법이 있다. 예컨대 이 낱말은 사육사가 발정 나 있는 골든두들에게 내리는 명령 – Fuck!(가만히 있어!) – 일 수도 있다. 그러나 Fuck!이라는 이 동일한 단 하나의 낱말을 사용하는 더 흔한 방법이 있는데 이 방법으로는 정상적인 문장을 만들지 못한다. 좌절이나 분노, 흥분의 표현으로 사용될 때, Fuck!은 어떤 주어도 없다. 다른 어떤 사람에게 어떤 것을 하라는 명령을 받고 있는 사람이 아무도 없다. 문장과 모욕적 별칭 사이의 동일한 중의성은 Shit!이나 Crap! 또는 우연히 동사일 수도 있는 어떤 모욕적 별칭에나 다 존재한다. 모욕적 별칭은 자신의 고유한 문법 규칙을 지니고 있는 것으로 보인다.

그리고 비록 이러한 발화가 지금까지 우리가 살펴본 일반적인 문법 규칙을 사용해서 형성할 수 있는 문장이 아닐 수도 있지만, 이러한 발화는 여전히 아주 정확한 문법적 제약을 따른다. 예컨대 White wedding, my ass!를 둘러싼 뉘앙스를 살펴보자. 우선은 누구의 엉덩이인지와 관련해 당신에게 재량권이 많지 않다 — White wedding, his ass!나 White wedding, our asses!라는 당신의 말은 적절할 수 없다. 그리고 이 마지막 자리에는 낱말 ass나 근접한 동의어가 와야 하는 것으로 보인다. 그래서 White wedding, my tuchus!나 White wedding, my butt!이라고는 말할 수 있다. 하지만 (비록 어쩌면 여전히 수용 가능할지도 모르지만) 신체의 다른 부위를 사용하여 말하기는 더 어려울 것이다 — 예컨대 White wedding, my hymen!(순백의 결혼, 내 처녀막이여!)은 사용하기 더 어렵다.

결국 요지는 다음과 같다. Fuck you로부터 점진적으로 펼쳐지는 어떤 유형의 상말은 고유한 부류의 발화이다. 이들은 통상적인 정의에 따르면 절대로 문장이 아니고, 완전한 문장의 내부를 조금 생략한 축약형도 아니다. 당신이 발화할 수 있는 그 나름대로 고유한 부류의 존재이다. 상말의 문법과 언어 전반의 문법 사이에는 커다란 괴리가 있다.

$ % !

하지만 이 심오한 특별함에도 불구하고, 우리가 지금까지 살펴보고 있는 상스러운 발화 – 비록 통상적인 문장은 아니지만 – 는 여전히 어떤 일반적인 문법 규칙을 따른다. 예컨대 White wedding, my ass 유형의 문장에서 비록 대명사는 거의 언제나 my여야 하고 명사는 엉덩이와 관련한 신체 부위를 지칭해야 함에도 불구하고, 어느 정도의 유연성이 있다. 나는 White wedding, my fucking ass!나 White wedding, my big fat Greek ass!라고 말하는 것이 여전히 문법적이라고 믿는다. 즉, 낱말들을 한데 모아 문장으로 만드는, 언어 전반에 적용되는 바로 그 동일한 규칙 – 이러한 경우에는 형용사나 부사 등으로 명사를 수식하는 – 을 사용할 수 있다. 그래서 이러한 발화는 희미한 공간에서 숨 쉰다. 한편으로 이 발화들은 전적으로 다른 유형의 존재이다 – 우리가 아는 어떤 문장도 아니다. 다른 한편으로는 제한적인 측면에서 이 언어의 일반적인 문법 규칙의 지배를 받을 수 있다. 상말은 그 나름대로 고유한 문법을 지니고 있지만, 언어 전반을 지배하는 일반적인 원칙 위에서 구성된다.

다음은 다른 일반적인 규칙을 여전히 따르는 구체적인 문법 패턴의 또 다른 사례이다. 동사 tear는 보통 타동사이다. 이것은 tear가 직접목적어를 갖는다는 것을 의미한다. 예컨대 당신은 I tore my hamstring(나는 내 햄스트링을 찢었다.)이라고 말할지도 모른다. 이 문장에서 I는 주어로서 '찢는 자(tearer)'이고, my hamstring은 목적어로서 '찢는 행위(tearing)'의 영향을 받는 대상 – 말하자면 '찢어진 것' – 이다. 그러나 때로는 드물게 동사 tear가 둘 이상의 목적어를 지닐 수 있다. 이 tear는 '이중타동사(ditransitive)'라 불릴 수 있다. 문장 Mary tore me a new asshole(메리는 나를 심하게 혼냈다.)이 tear를 이중타동사로 사용한 사례이다. 이 문장에는 두 개의 문법적인 목적어 – 즉 me와 a new asshole – 가 있다.

give a fuck의 경우와 마찬가지로, 이 패턴(동사 + someone + a new asshole)에는 약간의 느슨함이 있다. 그리고 이 패턴에서 바로 당신의 언어에 대한 나머지 문법 지식이 관여한다. 동사가 tear일 필요는 없다. rip(거칠게 찢다)이나 ream(구멍을 넓히다), pound(매질하다)를 동사로 사용해 rip someone a new asshole이나 ream someone a new asshole, pound someone a new asshole

이라고 말할 수 있다. 심지어는 fuck[(격렬하게) 성교하다]을 사용해 어쩌면 fuck someone a new asshole이라고 말할 수도 있다. 그리고 new asshole에도 약간의 여지가 있다. 이 표현은 a new one이나 another asshole이 될 수도 있고, 실제로 새로운 구멍을 기술하는 어떤 것이든지 다 될 수 있다. 그러면 만일 내가 잘못 판단하고 있지 않다면, 당신이 곧 하려는 행위가 shag someone a supplementary shit shoot이나 hammer him home a hasty Hershey highway라고 말하는 것은 이 패턴에 합치할 것이다.* give a fuck과 마찬가지로, 이 문법적 패턴은 그 내부에서 일어날 수 있는 일에 적절한 제약을 가한다. 그러나 그렇지 않으면 당신이 기대할 그대로 이 패턴은 행동한다. 이 언어의 나머지가 주어져 있다면 말이다.

따라서 이러한 상말의 문법 패턴은 왜 영어의 어떤 문법 규칙 관습은 준수하면서 다른 어떤 문법 규칙 관습은 무시하는가? 어떤 경우에는 알기 어렵다. 그러나 아마도 모든 경우에 다 그렇지는 않다. 우리가 살펴본 마지막 패턴 — tear someone a new asshole — 에 일말의 이유가 있을지도 모른다. (예컨대 문장에는 주어가 있다는 규칙과 같은) 일반적인 문법 규칙과 달리, 지금까지 살펴보고 있는 패턴은 어떤 매우 특별한 의미를 부호화하거나, 어떤 특정한 기능에 맞도록 재단된다. 패턴 tear him a new one은 주어 위치의 사람이 첫 목적어를 물리적으로나 언어적으로 타격을 가한다는 특별한 의미를 전달한다. 그리고 이 의미는 이 패턴의 구성 방식을 설명할지도 모른다. 그냥 어떤 동사라도 여기에 나타날

* (옮긴이) 글자 그대로는 "한 번 더 누군가와 거칠게 똥구멍 성교를 하다"를 의미하겠지만 관용적으로는 '누군가를 심하게 꾸짖다/비난하다/혹평하다'라는 의미를 지니는 tear someone a new asshole처럼 (rip/ream/pound/fuck) someone a new asshole도 비슷한 관용적인 의미를 지니는 것으로 보인다. 또한 shag someone a supplementary shit shoot과 hammer him home a hasty Hershey highway도 역시 "누군가를 심하게 꾸짖다/비난하다/혹평하다"라는 관용적인 의미로 사용될 수 있을 것이다. 원래 "쓸데없이 계속 수다 떨다"를 뜻하는 shoot the shit에서 파생된 어구인 shit shoot이나, 허쉬 초콜릿(Hershey chocolate)의 갈색이 변의 색깔과 비슷하게 보인다는 데서 유래한 어구인 Hershey highway도 asshole, butthole, cornhole 등과 같이 '똥구멍'을 가리킨다는 점에서 말이다.

수 있는 것이 아니다 — 구멍 창조 행위를 그럴듯하게 기술할 수 있는 동사들만 이 그 자격이 있다. 그리고 이러한 동사가 어떤 직접목적어나 다 취하는 것도 아니다. 첫 번째 목적어는 타격을 받을 수 있는 어떤 사람이나 어떤 사물이어야 하고, 두 번째 목적어는 새로운 구멍을 기술해야 한다. 의미나 기능은 상말의 문법적 행위에 제약을 가할 수 있는가?

이것은 상말 문법의 어떤 다른 패턴에서 더 분명할 수도 있다. 의문문에서 사용될 때, the fuck을 구체적으로 어디에 밀어 넣을 수 있는지 검토해 보라. 물론 the fuck은 what 바로 뒤에 들어가서 what the fuck을 만들 수 있다. who나 why와 같은 어떤 다른 wh-의문문도 동일한 방식으로 작동한다. 예를 들어, Who the fuck do you think you are?(씨팔, 넌 누구라고 생각하느냐?)나 Why the fuck would I tell you?(씨발, 내가 왜 너에게 말해야 하는데?)를 보라.* 그러나 이러한 의문사의 왕은 실제로 what이다 — 현재 널리 퍼져 있는 두문자어 WTF는 who the fuck이나 why the fuck보다 오히려 what the fuck을 가리킨다. [How the fuck should I know?(씨부럴 난 어떻게 알아야 해?)에서 보듯이 해당 wh-의문사 목록에 how도 들어간다는 점에 주목하라. 비록 how는 wh-로 시작하지 않지만 말이다. 그러나 이 목록에 which는 들어가지 않을지 모른다. 모두 다 그런 것은 아니지만 많은 영어 화자들은 Which the fuck should I choose?(염병할, 어느 쪽을 선택해야 하지?)라는 질문을 비문법적이라고 판단한다.] 이런 식으로 사용될 때, the fuck은 대부분 the hell, the shit, the devil, the deuce는 물론 소수의 다른 어구로 교체할 수 있다. 그리고 이러한 교체에는 상응하는 강도의 차이가 있다.

이것은 상말이 언어의 나머지 표현과 다르게 행동하는 또 다른 사례이다. 당신은 the fuck이나 유사 어구를 wh-의문문에 집어넣을 수 있지만, 오직 어떤 특정한 유형의 wh-의문문에만 가능하다. 얼핏 보기에, 이 규칙은 wh-의문사가 절의 첫 낱말이어야 한다는 것이다. 따라서 What the fuck did you open that

* 이 논의는 필모어의 1985년 연구(Fillmore, 1985)에서 많은 영감을 받았다. 그리운 필모어 선생님.

jar with?(도대체 뭘로 저 항아리를 열었어?)라는 말은 문법적이지만, *With* what the fuck did you open that jar?라고 말할 수는 없다. 또한 You opened the jar with what the fuck?이라고 말할 수도 없다.

삽입되는 이 fuck들도 역시 영어에서 특이하다. 왜냐하면 앞에서 살펴본 다른 상말 패턴과 마찬가지로 당신이 이 정확한 제약에 따라 바로 이러한 자리에 집어넣을 수 있는 다른 낱말이 전혀 없기 때문이다. 예컨대 What did you say you opened that jar *with*?(뭘로 저 항아리를 열었다고 말했어?)에서와 같이 명확성을 요청하기 위해 wh-의문사 바로 뒤에 did you say를 삽입할 수 있다. 그러나 이 경우에는 *With* what did you say you opened that jar?에서와 같이 with를 맨 앞에 두는 것도 역시 완전히 수용 가능하다. 또는 심지어 You opened that jar *with* what did you say?와 같이 with를 중간 자리에 삽입할 수도 있다. 달리 말하면, 상말 규칙은 이 언어의 나머지 표현의 규칙과 유사하지만 다르다. 당연히 이것은 상당히 친밀하게 보일 것이다.

그러나 이 패턴은 또한 당면 문제에 대해 많은 것을 알려주고 있다. 이 패턴의 문법적 행동은 이러한 낱말의 의미나 기능으로부터 제약을 받는가?

다음 사실을 생각해 보라. wh-절은 더 큰 문장 속에 집어넣을 수 있다. 절은 단지 또 다른 문장 속에 있는 문장 같은 것이다. 예컨대 I can't imagine what he cooked(난 그가 무얼 요리했는지 짐작할 수 없어.)와 같은 문장은 절 what he cooked를 내포한다. 자, 이 경우에는 아무런 문제없이 the fuck을 what 바로 뒤에 삽입할 수 있다. 왜냐하면 what이 여전히 내포절의 첫 낱말이기 때문이다. 따라서 I can't imagine what the fuck he cooked(염병헐 그가 무얼 요리했는지 난 짐작할 수 없어.)는 완전히 문법적이다. 지금까지는 아주 좋다. 하지만 언제나 the fuck을 그 자리에 밀어 넣을 수 있는 것은 아니다. 외관상으로는 아주 유사하게 보이는 문장이 대부분의 사람들에게 문법적으로 보이지 않는다. 예컨대 당신은 I can't disclose what the fuck he cooked(염병헐 그가 무얼 요리했는지 난 까발릴 수 없어.)를 어떻게 판단하는가? 만일 이 문장이 이상하게 보인다거나 적어도 I can't imagine what the fuck he cooked보다는 더 이상하게 보인다는 데 동의한다면, 이것은 imagine(상상하다)과 disclose(폭로하다)의 차이 때문임에 틀림없다. 왜 disclose보다는 imagine이 the fuck에 더 우호적인가?

이 둘은 다른 의미를 전달한다. the fuck을 내포할 수 있는 imagine what he cooked의 경우에는 그가 요리한 것이 궁금하게 여겨지는 미지의 무언가이다. disclose what he cooked의 경우에는 그가 요리한 것이 무엇인지 화자가 알고 있지만 밝히고 싶지 않은 어떤 구체적인 것이다. 그래서 the fuck을 삽입할 수 있는 문장이 사건에 대한 불확실성을 표현하기 때문일 수 있는가? 글쎄 한번 살펴보자. 우리는 I have no idea what the fuck he cooked(염병할 그가 무얼 요리했는지 난 몰라.)라고 말할 수 있다. 아주 분명히 이 문장은 불확실성을 표현하고 the fuck을 허용한다. 하지만 문장이 확실성을 표현할 때는 갑자기 the fuck이 부적절하게 보인다. 그래서 I can't eat what the fuck he cooked(난 먹을 수 없어, 염병할 그가 요리한 것을.)는 This is what the fuck he cooked(이게 바로 염병할 그가 요리한 거야.)와 마찬가지로 많은 사람들에게 이상하게 들린다. 달리 말하면, the fuck의 문법은 부분적으로 문장이 무엇을 의미하는가의 제약을 받는다. 우리는 미지의 무언가에 대한 불신을 표현하기 위해 the fuck을 what 뒤에 삽입한다. 그 결과, 불확실성을 표현하지 않는 문장에서는 the fuck을 삽입할 수 없다. 이것은 문법이 의미와 관련이 있음을 보여준다. 낱말을 결합하는 방법에 대한 우리의 지식은 우리가 문법으로 행하고자 하는 의미 있는 활동에 민감하다.*

* 이 사례의 흥미로운 마지막 한 측면은 이 상말(fuck이나 hell)이 명사처럼 보이지만 — 명사들이 늘 그러하듯이 the를 따르지만, 단지 여느 명사처럼 행동하지 않는다는 점이다. 즉, 만일 우리가 자기 언어의 문법에 대한 사람들의 지식에 관심을 갖는다면, 우리가 알고 싶은 측면의 일부는 그들이 문법 규칙에서 어떤 범주를 사용하고 있는가이다. 예컨대 영어에는 the가 일반적으로 명사 — aardvark(땅돼지)에서 zythology(맥주제조학)에 이르는 — 를 선행할 수 있다는 규칙이 있는 것으로 보인다. (물론 zythology는 맥주 만들기에 관한 탐구이다.) 그러나 우리에게 what the fuck을 생성하고 이해하도록 해주는 문법 규칙은 훨씬 덜 일반적이다. 그냥 어떤 명사든지 다 wh-의문사 뒤에 삽입할 수는 없다. 즉 What the aardvark is on your plate?는 How the zythology am I supposed to drink this?와 마찬가지로 부적절

어떤 상말 패턴은 왜 현재와 같은 규칙만을 따르는가? 또는 왜 그렇게 하기를 거부하는가? 또 하나의 이유가 있다. 그리고 이것은 상말 패턴의 역사와 관련이 있다. 이것을 확인하기 위해서 the fuck에 대한 다른 두 사용을 살펴보자.[6] 비록 이 둘이 꽤나 유사하게 보이지만, 각각 그 나름대로 특이한 의미와 미세한 문법적 차이를 지녔다.

the fuck의 첫 번째 사용은 Step the fuck down(씨발 꺼져라!)이나 Shut the hell up(염병헐 아가리 닥쳐라)과 같은 문장에서 드러난다. 이 사용은 Get-the-hell-out-of-here 구문이라 부르겠다. 이 명명은 그 기원이 1895년으로 거슬러 올라간다. 이 최초의 사용은 분명한 증거가 있다고 알려져 있다. 이때 사용된 표현은 말 그대로 Get the hell out of here였다.[7] 피상적으로 이 사용은 첫 번째 사용과 매우 유사하게 보이지만 분명히 구별되는 사용이 있다. 바로 앞으로 살펴볼 'the+감탄성 상말'의 두 번째 사용이다. 이 사용은 That girl knocked

해 보인다. 따라서 우리는 the fuck이나 the hell에 대한 사람들의 지식을 어떻게 기술할 수 있는가? 어떤 문법 규칙 덕택에 이러한 낱말을 앞에서 살펴본 바와 같은 방식으로 삽입할 수 있는가? 분명히 이것은 wh-의문사와 the 뒤에 명사 전체를 삽입할 수 있다고 서술하는 문법 규칙일 수 없다. 더 구체적이어야 한다. 짧은 목록의 구체적인 명사들을 이 특정한 규칙에 이용할 수 있다고 말해야 한다.

그래서 다시 한번 우리는 the hell이나 the fuck이 단지 굳은 표현, 즉 '관용어'라고 생각하거나, 아마도 what the fuck이 관용어라고 생각하고픈 마음이 들 수도 있다. 그렇다면 그냥 전부 다 암기하고 규칙 적용은 잊어버려라. 기본적으로 what the hell은 단지 내부에 약간의 여백이 있는 거대한 한 낱말이다. 그러나 문제는 이 표현 내의 hell과 fuck이 가변적이다 — 여느 규칙적이고 생기 있는 명사처럼 행동한다 — 는 것이다. 예컨대 hell과 fuck은 우리가 일반적으로 명사에 대해 수행하는 어떤 통상적인 문법 연산에 이용할 수 있다. 우리는 형용사를 명사 앞에 두어 명사를 수식할 수 있다. 이 연산은 여기서도 작동한다. 즉 What the bloody hell?이라 말할 수 있다. What the everlasting bloody hell?에서처럼 우리는 부사 다음에 형용사를 부가할 수 있다. 요컨대 hell은 (단지 유연성이 아주 제한적이기는 하지만) 여기에서 명사와 상당히 유사하게 행동하고 있는 것으로 보인다. hell을 선행하는 관사는 the이지 a가 아니다. 예컨대 What a hell!은 성립하지 않는다. 그리고 hell은 단수여야 한다. 그래서 What the hells!는 전혀 의미를 구성하지 못한다.

the hell out of that piñata(염병할, 그 소녀는 그 사탕 통을 좆나 때려 부숴버렸다.)나 I'm going to eat the fuck out of this lasagna(이 라자냐를 좆나 다 먹어 치울 거야.)와 같은 사례에서 드러난다. 이 사용은 Beat-the-devil-out-of-her 구문이라 부르기로 하자. 이 명명의 기원은 1885년의 한 연애소설에서 맨 처음 알려진 사용인 Loubitza will beat the devil out of her when she gets her home(루비차는 그녀가 집에 도착하면 그녀를 좆나 꾸지람할 거야.)에 근거한다.[8]

우리는 왜 당연히 Shut the hell up이 Knock the hell out of that piñata와는 다른 사용이라고 생각하는가? 결국 이 둘의 유사성은 현저하다. 동일한 금기어(shit, hell, fuck 등)를 인정하는 것으로 보이며, 동일한 금기 형태인 'the+감탄성 상말'를 보여준다. 그러나 이 둘은 실제로 별개의 규칙을 따른다. 즉 다른 속성을 지녔고 다른 제약을 받는다고 생각하는 이유가 몇 가지 있다.*

첫째, 감탄성 상말이 Beat-the-devil-out-of-her 구문에는 의무적이지만 Get-the-hell-out-of-here 구문에는 선택적으로 보인다. 우리가 이렇게 알고 있는 이유는, the fuck이나 the hell을 Get the hell out과 Step the fuck down, Shut the fuck up으로부터 제거해도 완전히 문법적인 문장인 Get out과 Step down, Shut up이 생성되기 때문이다. 후자 유형은 단지 의미의 강도가 약간 더 약하게 된다. 상말을 뺄 때 당신이 예상했을 것처럼 말이다. 그러나 The girl knocked the hell out of that piñata로부터 욕설을 제거할 때는 동일한 결과가 나오지 않는다. 오히려 The girl knocked out of that piñata라는 비문법적인 문장이 생성된다. 이상하다. I'm going to eat the fuck out of this lasagna에서 the fuck을 제거하면, I'm going to eat out of this lasagna가 생성된다. 이것은 eating the fuck out of this lasagna가 전달하는 것과 동일한 부류의 의미를 기술한다고 해석할 수 없다. (eating out of this lasagna는 해석할 수도 있지만, 전적으로 다른 의미를 지닌다. 이 경우에는 라자냐가 먹고 있는 음식을 위한 그릇이 된다.)

* 혹스마와 나폴리(Hoeksema and Napoli, 2008)는 이 두 구문을 즐겁게 철저히 탐구했다. 나의 다음 논의는 이 탐구에 심히 의존해 왔다.

상말의 수의성은 Beat-the-devil과 Get-the-hell이 차이가 나는 단지 한 측면이다. 이 둘에 다른 문법 규칙을 적용하면, 이들의 문법적 행동이 또한 달라진다. 예컨대 영어에서는 John ate the carrots와 같은 능동문을 수동문으로 만들 수 있다. 그러면 이 문장은 The carrots were eaten by John이 된다. 현재 살펴보고 있는 이 두 구문에 수동화 규칙을 적용하고자 할 때, 다시 한번 이들의 차이가 드러난다. 구체적으로 Beat-the-devil-out-of-her 유형 문장은 수동문으로 만들 수 있지만, Get-the-hell-out-of-here 유형 문장은 그렇게 할 수 없다. 예컨대 The piñata got the hell knocked out of it by the girl이라고 말하거나 어쩌면 심지어 The hell got knocked out of the piñata by the girl이라고도 말할 수 있다. 그러나 Get-the-hell-out-of-here 유형의 한 문장(예: Get the hell out of here)을 살펴보라. 그러면 이 문장을 수동화하기는 무지 힘들 것이다. The hell was gotten out of here나, Here was gotten the hell out of는 둘 다 본래의 능동문 의미를 제대로 담아내지 못한다. 외관상으로는 이 두 유형의 문장에 유사한 상말이 들어 있다. 비록 그렇기는 하지만 이 둘은 실제로 상당히 다르게 행동한다. 우리가 할 수 있는 최선은 Get-the-hell-out-of-here와 Beat-the-devil-out-of-her를 상이한 문법 패턴으로 칭하고, 왜 이들이 현재와 같이 다르게 작동하는가를 이해하고자 시도하는 것이다.

그리고 이 절의 시작 부분에서 암시한 바와 같이, 우리는 역사 속에서 이 둘의 상이하고 특징적인 속성을 설명한 부분을 볼 수 있다. Beat-the-devil-out-of-her 구문의 최초 사용이 암시하는 바와 같이, 이 구문은 애초에 영어에서 기존의 영어 문장 형태로부터 패턴이 나왔다. 문장 They beat the devil out of her는 They pulled the survivors out of the ship(그들은 생존자들을 그 배에서 끌어냈다)이나 They forced the mayor out of office(그들은 그 시장을 시장직에서 끌어냈다)와 똑같은 형태의 문장이다. 즉, 주어(they)가 있고, 어떤 사물을 움직이게 할 정도로 그 사물에 충분한 힘을 가하는 행위를 기술하는 동사(beat, pull, force)가 있고, 또 힘을 받아서 움직이는 사물(the devil, the survivors, the mayor)이 있고, 마지막으로 힘을 받은 사물이 이동하는 방향(out of him, out of the ship, out of office)이 있다. 이 패턴이 흔히 사역이동 구문이라 불리는 이유는, 어떤 사람이 어떤 사물에 힘을 강하게 가해 그 사물**로 하여금** 이동**하게 하**는 행위를 기술하기 때문이다.[9]

달리 말하면, 애초에는 Loubitza will beat the devil out of her when she gets her home과 같은 문장이 실제로 특별한 Beat-the-devil-out-of-her 구문의 명백한 사례가 아니었다. 오히려 그러한 문장은 어쩌면 어떤 강력한 행위(beating)를 통해 어떤 사람(her)에게 힘을 가해 어떤 사물(the devil)로 하여금 어떤 방향(out of her)으로 이동하게 하는 행위에 대해 말하고 있었다. 이 Beat-the-devil-out-of-her 구문의 많은 사례는 오늘날까지 중의적으로 남아 있으며, 사역이동 해석과 Beat-the-devil-out-of-her 해석 사이에서 헤매고 있다. 예컨대, 문장 If you keep misbehaving, I'll knock the hell out of you는 행동이 완료되는 순간 지옥(즉 나쁜 의도와 나쁜 행위)이 너로부터 제거되어 있을 것임을 의미하는가? They're going to beat the shit out of me는 피해자(me)가 두드려 맞아 몸 밖으로 글자 그대로의 똥이 나오는 것을 기술하는가, 아니면 은유적인 똥이 나오는 것을 기술하는가?

Beat-the-devil-out-of-her 구문의 기원은 이 구문의 특징적인 행동을 설명한다. 이 구문에서 상말이 의무적인 이유는, the hell이나 the fuck이나 the devil이 애초에는 (어쩌면 어떤 중의적인 경우에는 오늘날까지도 계속) 힘의 작용을 받아서 움직일 실제 사물이었기 때문이다. 일반적으로 사역이동 구문에서는 이 특별한 성분이 의무적이 된다. 예컨대 They forced the mayor out of office에서는 the mayor를 생략할 수 없다. 따라서 이 어구를 생략하여 나오는 They forced out of office는 비문법적이다. 그리고 Beat-the-devil-out-of-her 구문은 기원이 되는 사역이동 구문(예: The mayor was forced out of office by them '그 시장은 그들한테 직위에서 강제로 쫓겨났다.')과 같이 즉시 수동화를 허용한다. 달리 말하면, 이 Beat-the-devil-out-of-her 구문이 문법적으로 현재와 같은 방식으로 행동하는 이유는 이 구문이 여전히 창조되고 있었을 때 정립된 패턴 때문이다.

이 Beat-the-devil-out-of-her 구문은 맨 처음 생겨날 때는 중의적이었다. 그러나 200년 이상 사용되면서 이 구문은 확장하여 우리가 더 이상 애초의 사역 이동 구문을 통해서 해석할 수 없는 다양한 사례를 포함하게 되었다. 예컨대, 분명히 I'm going to eat the fuck out of this lasagna(난 이 라자냐 끝까지 좆나게 먹어치울 거야.)는 어떻게든 먹는 행위(eating)를 통해서 내가 제거할 성교 상대(fuck)가 라자냐 속에 있다는 것을 암시하지 않는다. 그리고 점점 더 많은 동사가 이 구문으로 들어오고 있다는 점에서, 이 구문은 규모가 확대되고 있는 것으로 보인다. 이제는 많은 사람들에게 I'm going to sprint the fuck out of this marathon(이 마라톤에서 끝까지 좆나게 질주할거야.)이나 After this semester, I'm going to know the hell out of physics(이번 학기 끝나면 물리학을 좆나 다 알아버릴 거야.)는 완전히 문법적으로 보인다. 분명히 이 두 문장은 '어떤 대상을 이동시키는 행위'와 관련이 없지만, 놀랍게도 여전히 Beat-the-devil에서 유래된 특징적인 문법적 속성을 보여준다. 이러한 문장에서는 상말이 여전히 의무적이다. 따라서 you'll know the hell out of physics라고 말해야 하며, you'll know out of physics라고 말할 수는 없다.* 그래서 우리의 문법적 마음에는 이러한 특별한 상말 표현이 통과해 온 역사의 흔적이 여기저기 흩어져 있다.

$ % !

상말은 아쉬운 대로 그 자체의 문법을 가지고 있지만, 깔끔히 정리된 상황이 아니다. 만일 어떤 언어의 문법이 어떤 규칙성 체계 — 단일한 행동 패턴의 체계 — 라면, 상말은 규칙성의 일부를 활용하는 동시에 그 자체의 수많은 상이한 하위규칙성을 부과한다. 이로 인해서 때로는 표준적인 분류 기준 중 어느 것에

* 그렇지만 어떤 경우에는 이 문장을 이제 수동문으로 바꿀 수 없다. 그래서 The hell will be known out of physics by me와 Physics will be known the hell out of by me는 둘 다 분명히 비문법적이다. 이에 대한 설명은 혹스마와 나폴리(Hoeksema and Napoli, 2008)를 보라.

따라도 결코 문장이 아닌 발화가 생성되고, 다른 어떤 때에는 어떤 성분이 빠져 있는 것으로 보이는 문장이나, 이 언어의 지배적인 규칙을 무시하는 문장이 생성된다. 이러한 불규칙성의 일부는 이들을 사용해서 전달하고자 하는 의미나, 이들이 수행하게 되는 기능, 이들이 어떻게 존재하게 되었는가의 역사에 매달림으로써 설명할 수 있다.

범위를 조금 넓힐 때, 상말 이외에도 다른 여러 유형의 말이 비슷하게 작동할 수 있다는 추정은 정당하다. 어쩌면 우리가 언어로 달성하려는 각각의 목적에 맞는 특화된 하위문법이 있을지 모른다. 수와 날짜를 암송하는 특별한 방법이 있다. 조리법 영어(Recipese)에는 특별한 형식이 있다. [표준 영어 Mix the eggs into the flour and beat them together.(달걀을 밀가루에 섞고 함께 두드려라.)를 Mix eggs into flour. Beat together.(달걀을 밀가루에 섞어라. 함께 두드려라.)라는 조리법 영어와 비교해 보라.] 아이들이나 애완동물을 겨냥한 입말도 그러하다. 그리고 물론 우리는 상이한 집단의 사람들이 상이한 문법 규칙을 지녔다는 것과, 그러한 하위집단 사이를 쉽게 오가는 사람들이 어떤 언어의 여러 다른 방언 – 상이한 문법 규칙을 지닌 – 을 사용하는 언어 능력을 지녔다는 것을 알고 있다. 비록 상말로 우리의 논의를 시작했지만, 여기에는 실제로 더 큰 문제가 놓여 있다. 문법에 대해 말하고 문법이 마음속에서 작동하는 방식을 이해하려고 할 때, 우리는 어떤 언어에 대해 단일 문법을 논의해야 하는가, 아니면 여러 특정한 목적에 맞게 특화된 잡다한 하위문법을 논의해야 하는가? 문법의 구조를 형성하는 토대는 당신이 문법으로 행하고자 하는 목적으로 보인다.

나의 목적은 간결성이 전부이다. 문법이 본연의 일에만 매달린다면, 훨씬 더 간단할 것이다. 낱말이 의미를 전달하도록 해서, 문법은 단지 낱말들을 한데 모아서 더 큰 구조를 만드는 일만 할 수 있도록 해보자. 하지만 인간의 언어는 이런 식으로 작동하지 않는 것으로 보인다. 오히려 구체적인 문법적 선택은 자신과 짝을 이루는 의미나 기능을 동반하(거나 이러한 의미나 기능으로부터 촉발되)는 것으로 보인다. 이제 다음 질문이 남는다. 언어의 얼마나 많은 부분이 이와 같은가? 지금까지 여기서 살펴보고 있는 구체적인 유의미한 특징적인 패턴과 정말로 일반적이고 진정으로 의미와 무관한 표면적인 문법 패턴 사이의 균형은 무엇인가? 상말이 이 문제를 제기한다. 하지만 우리에게는 아직 답이 답이 없다.

07

어쩌다가 cock(수탉)은 깃털이 뽑혀 '좆'이 되었나?

천 년 전 영국 제도에서 사는 사람들은 다양하게 발현되는 고대 영어를 말했다. 이 언어는 뒤이은 천 년 동안 현재 우리가 아는 그대로의 현대 영어로 진화했을 것이다. 낱말의 측면에서는, 구체적으로 낱말이 무엇을 의미하는지와 낱말의 발음을 어떻게 하는지, 문법적으로 낱말을 어떻게 정렬하는지의 측면에서는 어쩌면 고대 영어가 현대 영어 화자들에게는 독일어나 네덜란드어만큼 외국어일 것이다. 예컨대 고대 영어 판 주기도문을 살펴보라. [당신의 기억을 일깨우자면 그러니까 "Our Father who art in heaven, hallowed be thy name(하늘에 계신 우리 아버지, 이름이 거룩히 여김을 받으옵소서)"과 같이 나아가는 기도문이다.] 고대 영어의 주기도문 원문은 다음과 같다.

> Fæder ure þu þe eart on heofonum; Si þin nama gehalgod to becume þin rice gewurþe ðin willa on eorðan swa swa on heofonum. urne gedæghwamlican hlaf syle us todæg and forgyf us ure gyltas swa swa we forgyfað urum gyltendum and ne gelæd þu us on costnunge ac alys us of yfele soþlice.[1]

행여 운이 좋다면, 당신은 어렴풋이 인식 가능한 낱말을 두세 개 집어낼 수 있을지 모른다. 일단 '낱말 대 낱말' 번역으로 대충 옮긴 현대 영어의 주기도문이 "Father ours, you who are in heaven . . ."으로 시작한다는 것을 알고 있다면 특히 그럴 수도 있다. 짐작할 수 있겠지만, father(아버지)는 예전에 fæder였고 heaven(하늘)은 heofonum였다. 흐릿한 흑백사진 속에 묘사되어 있는 증조부모처럼, 이러한 낱말의 일부는 자신의 현대어 친척 낱말과 가족유사성을 지녔다. 다른 낱말은 완전히 생소하다. gedæghwamlican은 daily(하루의)를 의미한다. alys는 redeem(되찾다)과 비슷한 무언가를 의미한다. 시간의 흐름상에서 이런 일이 언어에 일어난다. 세월이 흘러감에 따라 어떤 낱말은 점점 더 인식하기 힘든 형태로 변해가고, 다른 어떤 낱말은 완전히 대체된다.

주기도문이 영어의 고대 역사에서 나온 유일한 보존 기록은 아니다 – 영어 사용 국가들의 박물관과 문서기록관에 소장된 전례 문서와 과학 텍스트, 법률 텍스트, 문학 텍스트는 우리 언어의 신성한 낱말뿐만 아니라 상스러운 낱말의 역사도 추적해 내는 필수적인 시원을 담고 있다.

상말이 어떻게 변화하는가를 잘 보여주는 예는 영어 그 자체만큼이나 오래된 낱말인 cock이다. 고대 기록에서 cock의 철자가 coc이나 cocc, kok으로 다양했음을 알 수 있다 – 보다시피 철자법은 중세 시대에도 (핸드폰으로 메시지를 주고받는 현재의) 문자 전송 시대만큼이나 일관성이 없었다. 그러나 기록상으로는 최초인 서기 890~897년의 사용으로부터, 우리는 낱말 cock이 첫 번째 천 년 동안에는 한 특별한 종류의 **수탉**, 즉 홰를 치며 울면서 때를 알리는 수탉의 유형을 지칭했음을 안다.[2] 1100년 이후에 이 낱말은 변화를 겪어왔다. 물론 현대 미국인들의 귀에는 어떤 cock이 다른 어떤 것일 가능성이 가장 높다. 전형적으로 이 다른 것은 부리와 깃털이 달려 있지 않은 무언가일 것이다. cock의 의미가 근본적으로 변했다.*

현대 미국 영어 화자들은 cock 대신에 rooster를 사용해서 닭의 학명인 **갈루**

* 만일 마크 트웨인이 『아서 왕궁의 코네티컷 양키(A Connecticut Yankee in King Arthur's Court)』를 희극으로 쓰고자 했다면, 이것을 충분히 이용할 수 있었을 것이다. 한 신경질적인 매춘부가 "오늘 밤 난 수탉이 고파요."라거나 "난 오늘 아침 깨어나서 다시 그 빌어먹을 수탉에게 향했어요."라고 떠벌릴 때 소란스러운 오해에 대해 생각해 보라.

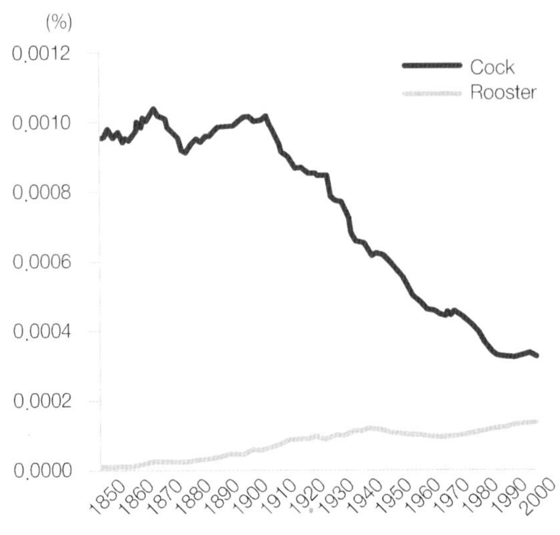

cock의 검색수 하락과 rooster의 검색수 상승

스 갈루스 도메스티쿠스(Gallus gallus domesticus)라는 종(種)의 수컷을 지칭하는 것을 더 선호한다. 우리는 영어의 역사적인 기록을 통해 이 변화를 추적할 수 있다. 구글 엔그램(Google NGram) 코퍼스는 여러 다른 낱말이 시간의 흐름상 얼마나 빈번하게 사용되었는지 그 빈도수를 제공한다. 이것은 적어도 구글이 지금까지 스캔해 왔던 책에 기록된 그대로의 빈도수이다. 이 기록의 신뢰도는 과거로 더 멀리 거슬러 올라갈수록 더 낮아진다. cock처럼 이따금씩 별안간 출현하는 비교적 빈도수가 낮은 낱말의 경우에는 특히 그러하다. 그러나 만일 지난 150년에 걸쳐 cock을 추적한다면, 이 기간 동안에 이 낱말의 사용 빈도가 점점 더 낮아졌음을 금방 확인할 것이다. 위의 도표는 x축에 1850년부터 2000년까지 시간을 기입한다. 그리고 y축에는 모든 낱말 중에서 그 특정한 해에 나온 책에 들어 있는 cock의 빈도가 놓여 있다. 우리는 cock의 빈도가 수세기 동안 상당히 낮았음을 알 수 있다. 즉 10만 개의 낱말 중 오직 한 개쯤이 cock이다. 추정컨대 그 이유는 닭(fowl)이나 남근(penises) 이외에도 작가들이 논의할 대상이 많이 있기 때문이다. 그러나 중요한 것은 시간상의 변화이다. 2000년쯤

엔 cock의 사용 빈도가 100년 전 사용 빈도의 약 1/3에 불과했다. 그리고 그 이유가 단지 수컷 병아리가 글쓰기 주제로서 인기를 점점 잃었기 때문이라고 생각하지 않도록, cock 곡선의 하향 흐름을 (앞의 도표에서 cock곡선 아래에 표시되어 있는) rooster 곡선의 상향 궤적을 비교해 보라. 기본적으로 낱말 rooster는 1860년까지 문헌상으로 입증된 적이 없으며, 그 이후로 그 빈도가 cock과 거의 비슷한 수준까지 쭉 상승했다. 사람들이 cock을 사용하는 빈도는 줄어들고 있고, rooster를 사용하는 빈도는 늘어나고 있다.

잠깐 기다려 보라. 이 구글 코퍼스에 1860년 낱말 rooster의 기록 사례는 정말로 하나도 없는가? 아니면 1850년에는? 아니면 1860년과 1850년 사이 어느 시점에는? 아예 없는가? 어떻게 이럴 수 있는가? rooster는 이 언어만큼이나 오래된 것 같은 느낌이다. 그렇지 않은가?

이제 이 문제를 다루겠다.

하지만 먼저 지금까지 우리가 알고 있는 것을 요약해 보자. cock은 한때 불쾌감을 유발하지 않는 동물 명칭이었다. 그렇지만 21세기가 한창 진행 중인 이제는 만일 우리가 어떤 목축업자에게 가금 보유량에 대해 묻는다면, 적어도 미국에서는 그가 pigs(돼지) 300마리와 cocks 500마리가 있다고 대답할 것 같지 않다. cock의 원래 의미인 '수탉'은 계속 사그라들었으며, 얼핏 보기에 19세기에 출현한 낱말인 rooster로 대체되어 왔다.

상말에서 특별한 점은 무엇인가? 어떤 연유로 상말은 다른 유형의 말과 구별되고 중요한 연구 대상이 되는가? 바로 이 모든 사실이 다수의 상말에서 끝없이 반복적으로 출현하기 때문이다. 상말이 진화할 때는 언어 변화 방식과 이유를 들여다볼 창을 열어주는 반복적으로 출현하는 어떤 패턴을 따르는 경향이 있다.

$ % !

예증 B는 dick이다.

딕(Dick)이라는 이름의 유명인사는 정말 많다. 여기서 바로 수많은 '딕'이 내 마음속에 떠오른다. 예컨대 딕 반 다이크(Dick Van Dyke), 딕 스머더스(Dick Smothers), 딕 체니(Dick Cheney), 딕 카벳(Dick Cavett), 딕 클라크(Dick Clark) 등이다. 만일 나이가 20세이거나 더 어리다면, 이들 중 어느 이름도 친숙하지 않을 수 있다. 메리 포핀스(Mary Poppins)나 아메리칸 밴드스탠드(American Bandstand)와 같은 미국의 특이한 문화적 보물을 보지 못한 당신에게는 말이다. 만일 당신이 이 '딕'들을 알지 못한다면, 그것은 이들이 모두 노인이기 때문이다. 이들의 출생연도는 각각 언제인가? 1925년, 1938년, 1941년, 1936년, 1939년, 1929년이다. 밝혀진 바와 같이, '딕'이라는 이름은 사실상 20세기 전반부나 훨씬 이전에 출생한 사람들에게 많다. '딕'을 이름에 사용한 것으로 입증된 최초의 사례는 윌리엄 셰익스피어가 태어나기 꼭 11년 전인 1553년에 출현한다.[3] 셰익스피어(The Bard) 그 자신은 당연히 이 '딕'을 동시대 사람으로 여겼을 것이다. 한동안 '딕'은 톰(Tom)이나 해리(Harry)만큼 흔한 이름이었다.

하지만 '딕'을 이름에 사용하지 않는 이들이 누구인지 아는가? 1968년에 태어난 사람은 거의 대부분이 다 그렇다. 별칭의 입증 가능한 정확한 수를 구하기는 불가능하다. 그 이유는 별칭의 수명이 아주 짧기 때문이다. 하지만 우리에게는 실제로 사회보장국(SSA: Social Security Administration)의 자료가 있다. 이 기관은 매년 태어나는 아이들의 이름을 추적한다.[4] 다음 도표에서 보다시피, '딕'은 한때 어린 소년들에게 붙여주는 꽤나 인기 있는 이름이었다. 분명히 이들은 이름이 Richard(리처드)이고 별칭이 Dick(딕)인 아동이 아니다. 오, 아니다. 이들은 출생증명서에 이름이 '딕'이라고 당당히 올라와 있는 아동이다. 사회보장국에 따르면, 1920년대와 1930년대에는 '딕'이라는 이름이 매년 800개 있었다. 도표에서 볼 수 있는 바와 같이, 1930년대 초반 최고점에 이른 뒤에 점차 줄어들기 시작했다. 신생아들에게 1950년대가 끝날 때까지는 여전히 '딕'이라 이름을 지어주었다. 하지만 1960년대 말쯤엔 분명히 '딕'이 사라져가고 있었다. 그다음으로 1970년부터 살펴볼 때 더 이상은 아동의 이름에 '딕'이 없다. 그 대신에 릭(Rick)이란 이름의 아동이 다수이다.

cock과 dick 사이의 유사성은 아주 분명하다. 두 경우 다 한때는 낱말이 전

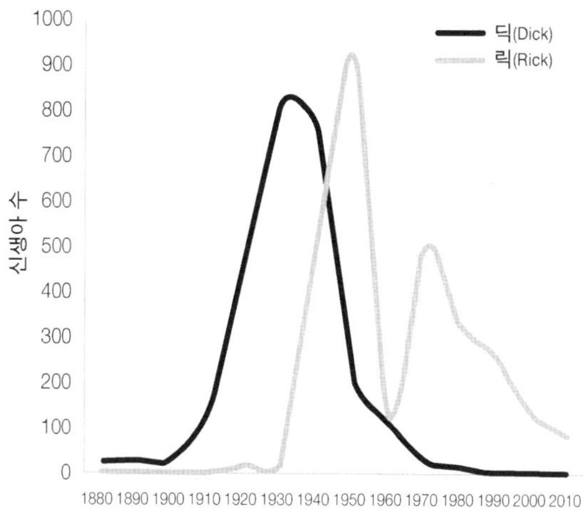

딕과 릭이란 이름의 연간 신생아 수(1880년에서 2010년까지)

적으로 진정제였다. 더 나중의 시점에서는 각 낱말이 다르고 상스러운 무언가를 의미하고, 본래 그들이 수행했던 역할은 다른 어떤 낱말 ― rooster나 Rick ― 에게 전적으로 넘어간다. 영어의 상말 목록은 대체로 본래는 다 비슷하게 불쾌감을 주지 않는 소박한 낱말들의 목록이다. bitch는 단지 개 암컷을 지칭했고, faggot은 한 묶음의 막대기를 지칭했으며, ass는 당나귀를 가리켰다. 이 밖에도 다수의 표현이 그러했다.

언어과학자를 향해 이러한 경향은 더 깊은 탐구를 해달라고 소리친다. 이 특별한 낱말들은 어떻게 선발되어 상말이 되는가? 옛날의 의미는 어디로 가는가? 그리고 이 대체어는 어디에서 오는가? 예컨대 rooster나 Rick과 같은 낱말은 어디에서 오는가? 그래서 다음 내용은 cock과 dick과 많은 다른 금기어가 일상성에서 비속성을 거쳐 결국은 애매성에 이르기까지 훑으며 지나왔던 경로 모양(career arc)의 개괄이다.

단계 1: 낱말은 의미를 확장한다

상말이 되기 전에 cock과 dick은 낱말로서 이미 존재했지만, 상이한 의미를 지니고 있었다. 이것은 대부분의 상말의 경우에 참이다. 앞에서 bitch와 ass, faggot을 언급했지만, 다른 사례도 풍부하다. 예컨대 Jesus는 단지 유대인 소년의 멋진 이름에 불과했다.

당신은 정반대의 이야기를 들었을지 모르지만, fuck의 역사도 비슷해 보인다. fuck이 두문자어로서 창조되었다는 주장이 떠돌고 있다. 예컨대 fuck이 어쩌면 For Unlawful Carnal Knowledge(불법적인 성욕 지식을 위해)나 Fornicate Under Command of the King(왕의 명령하의 간음) 따위를 대신한다는 주장이다. 확실히 두문자어는 상말의 풍부한 근원이다. 이것은 MILF나 심지어는 GILF, THOT, WTF와 같은 최근의 사례가 잘 보여준다.* 그러나 역사적 기록은 fuck이 두문자어로 탄생했다고 믿어야 할 어떤 근거도 제공하지 않는다. 약간의 중요한 증거는 fuck이 영어와 관련이 있는 여러 언어에 외견상 동족의 낱말이 있다는 것이다. 우리가 아는 한, fuck은 독일어의 대응어 ficken과 관련이 있다. ficken은 (비록 사용 범위가 더 좁고 비속함의 정도가 덜하지만) 영어 사촌 낱말과 의미가 대략 비슷하다. 또한 네덜란드어의 fokken(교배하다)이나 아이슬란드어의 fjúka(바람에 심란해지다)와도 관련이 있다.[5] 이것은 낱말 fuck의 조상이 수천 년을 거슬러 현대 독일어와 현대 영어로 진화한 언어들이 갈라지기 전의 어느 시점까지 올라갈 수 있음을 암시한다. 그래서 만일 fuck이 두문자어로 형성되었(고 그랬다는 증거가 전혀 없)다면, 이 낱말은 수천 년 전에 발생했을 것이며, 이 낱말이 첫 글자를 따왔던 특정한 낱말들은 현대 영어의 낱말과는 완전히 달랐을 것이다. carnal, knowledge, command 등의 낱말은 영어와 독일어의 공통 조상의 일부가 아니었으며, 따라서 두음문자를 형성하는 데 사용될 수 없었을 것이다.

* (옮긴이) MILF=Mom I'd like to fuck, GILF=grandmother/grandfather I'd like to fuck, THOT=That hoe over there, WTF=What the fuck.

따라서 만일 두문자어를 형성하지 않는다면, fuck은 어떻게 현대 영어의 가장 흔한 욕설이 되었는가? fuck이 그렇게 오래되었고 그렇게 오랫동안 의미를 지니고 있었다면, 이 낱말이 상말로서의 삶 이전에 어떤 삶을 살았는지는 알기 어렵다 — 그렇게 멀리까지 거슬러 올라가는 보전된 문자 텍스트를 통해서는 정말로 우리가 얻을 게 거의 없다. 그러나 fuck이 자신의 고대 역사에서 수천 년 전의 인도유럽어 뿌리로부터 도출된다는 약간의 간접적 증거가 있다. 이 뿌리는 'to strike(때리다)'나 'to stab(찌르다)', 'to stuff(구멍을 메우다)'와 비슷한 무언가를 의미한다.[6] 즉, 성교를 지칭하게 되기 전과 상말이 되기 전에는, 아마도 이 낱말이 아무런 불쾌감을 유발하지 않는 어떤 단순한 물리적 행위를 기술하는 인도유럽어 동사였을 것이다.

fuck은 정확히 언제 특별히 선정적인 유형의 때리기나 찌르기, 구멍 막기를 구체적으로 지칭하는 의미로 확대되었는가? 이 질문의 답은 현재 알려져 있지 않다. 비록 적어도 14세기 전에는 fuck의 이 의미 확대가 발생했던 것으로 보이지만 말이다. 중세연구자 폴 부스(Paul Booth)는 최근에 현재까지 알려진 fuck의 가장 오래된 기록을 찾아냈다. 이 기록은 어떤 사람을 Roger Fuckebythenavel(로저 퍼케바이더네이블)로 분류한 1310년의 법률 문서 속에 있었다. 띄어 쓰면, 이 이름은 ("배꼽 씹하다"를 뜻하는) Fucke by the navel이 된다. 부스는 이 이름이 성 경험이 없는 청년의 실제 성교 시도 — 거절당한 여자 친구가 나중에 전해준 — 를 의미하거나, 낱말 dimwit — 그렇게 하는 것이 성교의 정확한 방법이라고 생각할지도 모르는 사람 — 의 등가어를 의미할 수 있다고 설명한다.[7] 이것은 이 낱말이 적어도 700년 동안 더러운 일을 떠맡아 오고 있음을 암시한다.

이 흔한 상말 경로는 비록 '맙소사·씨부럴·똥지랄·깜둥이' 원리가 우리에게 어느 의미 밭으로부터 상말이 도출될 가능성이 가장 높은지를 말해주지만, 상말의 역사가 훨씬 더 오래되었음을 암시한다. 성기나 성교를 지칭하기 전에 이러한 상말은 농장 동물이나 흔한 행위(예: 때리기)를 지칭한 낱말로서 다른 삶을 살았다. 그래서 실제로 상말을 향한 첫 단계는 '맙소사·씨부럴·똥지랄·깜둥이' 관련 의미를 습득하는 것이다.

상말이 이 새로운 의미를 추가하는 방식은 대체로 낱말 의미 확장의 전형적인 방식이다. 흔한 한 기제는 은유이다. 즉 흔히 우리는 원래의 의미와 유사하다고 지각되는 어떤 대상을 지칭하는 데 낱말을 사용하게 된다. 사람이나 동물의 얼굴뿐만 아니라 시계의 문자반(文字盤)도 얼굴(face)이라고 지칭하는 이유가 정말 무엇인지 생각해 보라. 비록 시계 문자반에는 눈이나 코, 입이 없지만, 사람들은 인간의 얼굴과의 전면적인 시각적 유사성을 파악할 수 있다. 이것은 서기 1300년 인간의 신체 부위를 지칭한다고 최초로 기록된 낱말 face가 왜 그 직후에 시계로 확대되었는지를 설명한다.[8] 이 경우에 인간의 얼굴과 시계의 문자반 사이의 유사성은 외형적이고 시각적이다. 아마 cock도 또한 이 유사성의 사례이다. 일찍이 1400년 무렵에 cock이 수탉뿐만 아니라 남성의 성기를 지칭한 기록이 있다. 그리고 그 이유는 당연히 수탉과 남근 사이의 외견상의 시각적 유사성이다. 마찬가지로 이름 Dick도 1870년대에 추가적인 한 의미를 얻었다. 이 의미는 당신이 떠올리고 있는 것이 아니다. 처음에는 Dick이 승마용 채찍을 지칭하게 되었다(어떻게 그랬는지는 모른다). 그 후 몇 십 년 동안에 이 의미로부터 Dick은 다시 한번 새로운 의미로 확장되어, 이번에는 (일부 출처에 따르면 아마도 군사적인 사용에서) 남성 성기를 지칭했다.[9] 이것은 아마도 채찍 손잡이와 남성 성기 사이의 외형적인 시각적 유사성 때문일지 모른다 — 비록 이 유사성이 충분하지 않다는 것이 중요하지만 말이다. 넓다기보다 긴 사물을 지칭하는 많은 낱말은 이 기간 동안에 남성 성기를 지칭하는 의미로 확대되지 않았다. 그래서 (Dick의) 의미 확대 과정에서 ('남성 성기'를 지칭하게 되는) 이 부분에는 틀림없이 우연이 작용한다.

그러나 은유는 단지 외양에만 근거하지 않는다. 낱말은 또한 더 심오한 구조적 연결에 근거해 은유적인 의미 확장 경로를 찾을 수 있다. 이제 face는 on the face of it(외견상)과 같은 표현에서 사용하며, 이 구는 어떤 물리적인 외형도 가지고 있지 않은 상황을 지칭할 수 있다. 예컨대 "외견상 이 이론은 딛고 설 발판이 없다!"를 의미하는 문장 On the face of it, this theory doesn't have a leg to stand on!을 보라. 이 종류의 더 심오한 은유 덕택에 상말의 일부가 또한 생겨났다. bitch(암캐)를 생각해 보라. bitch의 외연이 개로부터 사람으로 확장된 것은 분명히 외견상의 시각적 유사성 때문이 아니었다. 이제는 bitch가 악의적인 사람이나 불쾌한 사람을 지칭하는 데 사용된다. 이 사용은 특히 그러한 여성을 지칭하지만 반드시 그런 것은 아니다. 하지만 bitch가 갑자기 인간을 지칭하게 되었던 최초의 의미적 침투는 음란하거나 육감적인 여인을 뜻하는 것이었다. 다시 한번 말하지만, 암컷 개와 암컷 사람 사이에는 시각적 유사성이 거의 없다. 그러나 bitch가 이런 식으로 확장되어서 암컷 개의 (특히 발정기) 행동과 음란한 여성의 행동 사이에서 추상적인 유사성을 지각하고픈 마음이 들었을지 모른다.[10]

은유는 fuck의 조상 — 그럴듯한 진정 작용을 하는 — 이 어떻게 성교를 지칭하게 되었는가를 설명할지도 모른다. 추정컨대, 찌르기·메우기·때리기(stabbing, stuffing, or striking)와 성교의 어떤 국면 사이의 외형적인 시각적 유사성을 설명할 필요가 없다. 의미가 확장되는 이러한 방식은 결코 상말에만 특별한 것이 아니다. dick이나 cock, bitch, fuck과 같은 상말은 무엇이 특별한가? 바로 이러한 낱말이 습득한 의미가 불경스럽게 될 최적의 상황에 있었다는 것이다. 이 의미는 성교나 성기를 지칭했다.

단계 2: 전파

새로운 의미를 얻은 어떤 낱말이 상말이 되기 위해서는 이 의미 변화가 인기를 얻어야 한다. 어떤 사람이 어떤 변화를 어떤 언어에 도입한다고 해보자. 예컨대 어떤 사람이 cock을 사용해서 남성 성기를 지칭하기 시작한다. 이 변화가 초래한 일련의 귀결이 cock의 의미로 살아남기 위해서는 다른 사람들도 cock을 변화된 이 의미로 사용하기 시작해야 한다는 것을 안다. 사실은 대부분의 변화가 인기를 얻지 못한다. 예컨대 내 자신이 직접 만들어낸 낱말 — hummerbird — 을 생각해 보라. 이 낱말을 만든 의도는 성적 상대자를 가리지 않고 구강성교를 하며 돌아다니는 어떤 사람을 지칭하기 위함이었다.* 나는 당신이 이 낱말의 어떤 사용을 찾아내기를 바란다. 하지만 만일 당신이 찾아낸다면, 기본적으로 혼자만의 능력으로 그렇게 할 것이다. 아주 분명히 이 낱말은 지금까지 인기를 얻지 못했으니까 말이다. 당신과 내가 hummerbird가 얼마나 유용한지 알아낸다 하더라도, 우리가 아무리 빈번하게 이 낱말을 사용한다 하더라도, 다른 사람들이 이 낱말을 사용하기 시작하지 않는다면, 이 변화는 당신과 내가 쓰지 않는 그 순간 바로 사라질 것이다. 당신은 새로운 낱말을 만들고 그다음에는 다른 사람들에게 그 낱말을 사용하도록 시도하는 사람을 알고 있을지도 모른다. 그러한 사람은 보통 실패한다 — 언어에 도입된 거의 모든 변화는 행여 인기를 얻기 전에 사라져버린다. 어번딕셔너리(urbandictionary.com)는 엄청난 인기를 곧 얻을 것이라고들 생각했던 낱말들의 묘지이다. 이 낱말들은 '좋아요' 두 번과 '싫어요' 세 번을 받은 무명 상태에서 그냥 영구 매장된다.

그렇지만 이따금 어떤 변화는 인기를 얻는다. 누군가가 낱말 taint를 말했고, 영어권 세계는 끊임없이 변화를 겪었다. 왜? 무엇 때문에 어떤 변화는 공동체 곳곳으로 퍼져나갈 가능성이 다소 높은지를 이해하고자 시도할 가치가 있다. 사람들에게 다시 사용하고 싶은 마음이 들게 하는 내재적 속성이 새로운 낱말에 들어 있는가? 그리고 낱말은 어떻게 퍼져나가는가? 누가 사용해야만 다른 사람들도 해당 낱말을 사용하고 싶은 마음이 드는가? 예를 들어 cock은 어떻게 깃털을 잃고 난 뒤에 날개를 그럭저럭 펼쳤는가?

이것이 어떻게 작동하는가에 대해 조금은 알고 있다. 어떤 새로운 낱말의 성공이나 어떤 오래된 낱말의 새로운 사용은 적어도 세 가지 바탕에 의존한다. 첫째, 낱말 자체의 내재적 속성이 중요하다.[11] 모든 혁신이 다 동일하지는 않다. 어떤 낱말은 다른 낱말보다 길이가 더 짧고, 생산하기 더 쉽고, 기억하기 더 쉽다. 이것이 이러한 낱말의 궁극적인 성공에 기여할 수 있다. 특히 영어 상말

* [특히 텍사스주(州)의] 어떤 새 사냥꾼들이 벌새들을 지칭하기 위해 낱말 hummerbird를 이미 사용한다는 점이 나의 관심을 끌었다. 비록 새 사냥 공동체의 영향력이 강할 수 있지만, 내가 새로 만든 이 낱말이 인기를 얻지 못한 것이 이 영향력 때문이라고는 믿지 않는다.

은 살펴본 바와 같이 역시 낱말을 욕설처럼 들리게 하는 어떤 소리 패턴(어말 자음의 단음절)이 있다. 그래서 다른 모든 조건이 같다면, 이 특별한 음운 속성을 지닌 낱말이 그렇지 않은 낱말에 비해 (상말로) 성공할 가능성이 더 높다.

중요하게 보이는 또 하나의 내재적 측면은 해당 낱말의 투명성 (대 불투명성) 정도이다. 상말로 새롭게 사용될 수 있는 잠재력에는 핵심 요소가 있다. 어떤 낱말의 의미를 그 낱말이 소리 나는 방식으로부터 쉽게 계산해 낼 수 있다면, 이 낱말은 투명하다. 역으로 불투명한 낱말은 그 의미를 헤아릴 수 없다. 불투명한 낱말은 기억하기 힘들어서 퍼져나갈 가능성이 더 낮을 수 있다. 그래서 만일 당신이 회음부를 baint라고 부르기 시작하고 이 낱말이 완전히 불투명하다면, 아마도 이 낱말을 사용하는 청소년들을 5년이 다 되어도 발견하지 못할 것이다. 만일 당신이 회음부를 ('기관 사이 부위'라는 뜻인) interorgan region처럼 완전히 투명한 무언가라고 부른다면, 엄청난 성공을 거둘 가능성은 높지 않을 것이다. 그러나 투명성과 불투명성 사이의 중간지대가 있다. 낱말이 '동기를 부여받을' 수 있다. 예를 들어 taint는 상당히 성공적이었다. 그리고 이 성공의 근원은 이 낱말이 동기성의 골디락스 지대(Goldilocks region)에 산다는 사실 때문일 수 있다.* 외부 관찰자들에게는 왜 회음부가 taint라 불릴 것인지 분명하지 않다. 설령 taint가 또 다른 부정적인 의미('얼룩'이나 '오점')를 실제로 지녔다 하더라도 말이다. 그러나 만일 당신이 아마도 정설로 인정받지 못할 기원

* (옮긴이) Goldilocks: '골디락스(Goldilocks)'는 영국 민담 「곰 세 마리(The Three Bears)」에 등장하는 주인공 소녀의 이름이다. 이 소녀는 숲 속에서 길을 헤매다가 곰 세 마리가 살고 있는 빈집에 들어가서 세 그릇의 죽을 먹어보고, 세 개의 의자에 앉아 보고, 세 개의 침대에 누워보았다. 그중에서 너무 뜨겁지도 차갑지도 않은 죽을 먹고, 너무 크지도 작지도 않은 의자에 앉아 쉬고, 너무 딱딱하지도 너무 푹신하지도 않은 침대에 누워 잤다. 각 유형의 세 물건 중 딱 하나씩만 골디락스에게 적합했다는 내용에서 '가장 적절한 상태'를 가리키는 의미로 일반화되었다. 경제학에서는 '고성장에도 물가 상승률이 낮은 안정적인 경제 상태'를 '골디락스'라 일컫고, 과학계에서는 생명체가 살기에 적합한 환경의 행성 등이 존재하는 우주 공간을 '골디락스 지대(Goldilocks region)'라 칭한다. 여기서는 어떤 낱말이 상말로 성공할 수 있는지를 결정하는 핵심 요인인 낱말이 완전히 투명하지도 완전히 불투명하지도 않은 상태를 가리킨다.

일화를 알고 있는 내부자라면,* 이 낱말은 완전히 새로운 생명을 얻는다. 이 낱말은 새로운 사용의 동기를 부여받는다.

완전히 불투명한 낱말은 인정받기 위한 기나긴 험난한 여정에 직면한다. 동시에 완전히 투명한 낱말은 이 낱말을 알고 있는 사람들에게서 공식적으로 인정을 받지 못할 수도 있다. 그러나 taint는 이 두 극단의 딱 중간에 있다. MILF(따먹고 싶은 연상녀)나 butterface(몸매만 좋은 못생긴 여자)도 그러하고, 어쩌면 bitch(암캐), cock(좆), fuck(씹하다) 등의 기원도 그러하다. 투명한 낱말보다 동기가 있는 낱말이 인기를 얻을 가능성이 더 높을 수 있는 것은 그 의미를 해석하는 데 약간의 추가적인 지식이 필요하기 때문이다. 이러한 낱말은 내부자들만이 해독의 열쇠를 지니고 있는 비밀 암호와 같다. 불투명한 낱말은 모든 사람에게 똑같이 색다른 반면, 동기가 있는 낱말은 어떤 면에서 내부자들에게만 투명하다.

그리고 이것 때문에 우리는 낱말 변화가 퍼져나갈 수 있는 두 번째 이유에 도달하게 된다. 흔히 언어 속 변화가 인기를 얻는 이유는 바로 이 변화가 수행하는 사회적 기능 때문이다 — 상말의 경우에는 사람들에게 구체적인 사회 내 집단의 일원으로서 감정을 느끼고 정체성을 갖게 해준다. 또 다른 방식으로 말해보자. 만일 10대 청소년의 부모들이 자녀가 말하는 hummerbird의 의미를 즉시 계산해 낼 수 있다면, 이 낱말을 쓰는 재미는 다 사라질 것이다. 그러면 그 자녀는 이 낱말을 사용하지 않을지도 모른다. 달리 말하면, 어떤 적절한 환경적 적소(適所)를 발견할 때 생명 형태가 번성하는 것처럼, 낱말도 비옥한 언어적 적소에서 번성한다.

어떤 새로운 낱말이든 오래된 낱말의 새로운 사용 방식이든, 우리는 이렇게

* 외견상 이 taint가 그러한 이름을 갖게 된 것은 "Taint your ass, taint your balls(씹해라!)"란 표현 때문이다. 나는 이 설명을 입증할 수 없다 — 이 설명이 사후적(事後的) 민간어원학이라는 주장과 낱말의 원래 동기가 실제로 taint의 다른 의미('청결하지 않음')로부터 나온다는 주장은 똑같이 그럴듯하다. 둘 중 어떤 방식으로든 골디락스는 행복해야 한다.

물을 수 있다. 이 혁신은 어떤 적소의 필요를 채우는가? 성공적인 혁신의 한 사례인 앞 장에서 나온 tear someone a new one(어떤 사람을 말로 찢어발기다) 패턴을 살펴보자. 비교적 새로운 고안인 이 패턴은 한 사람이 다른 한 사람을 언어적으로나 물리적으로 공격하는 빈번한 상황 – 또한 그런다고 빈번하게 언급되는 상황 – 을 묘사한다. 대인 갈등은 우리가 대화 주제로 삼기를 좋아하는 관심사 중 하나이다. 그래서 이를 언어로 묘사할 필요가 있다. 이제는 사실 갈등에 대해 말하는 여러 방식이 있다. 예컨대 언어적 갈등에만 초점을 맞추어보면, 당신은 chew someone out(야단치다), bite someone's head off(누군가에게 이유 없이 화를 내다), give someone an earful(누군가에게 화가 나 있음을 알리다) 등의 행위를 할 수 있다. 그러나 tear someone a new one은 이 의미를 더 통속적이고 야한 방식으로 표현한다. 최근에 혁신적인 사용에 성공한 어구(예: MILF, THOT)도 역시 그 이전에는 텅 비어 있었던 의미 영토를 차지한다.

그리고 마지막으로 어떤 낱말이 성공하는 세 번째 요인은 누가 사용하고 있는가 – 이 낱말을 사용하는 사람의 지위가 무엇인가와 언어 공동체를 구성하는 사람들의 망 내에서 이 사용자는 어떻게 연결되어 있는가 – 에 적잖이 의존한다. 당신이 어떤 낱말을 혁신적으로 사용하고, 이 혁신적 사용이 특별한 언어적 적소에 딱 들어맞고 내재적으로 유망하다고 가정한다고 하더라도, 이 사용이 언어 집단으로 속속 퍼져나갈 것이라는 보장은 없다. 변화는 다소간 예측 가능한 방식으로 언어 집단 곳곳으로 퍼져나간다. 먼저 가장 많은 말을 서로 주고받는 사람들 사이에서, 특히 자신의 정체성을 동일한 사회 집단에 속한다고 분류하는 사람들 사이에서 퍼진다. 언어적 혁신이 사회적 미디어를 통해 퍼져나가는 방식에 대한 연구로 이것을 양화할 수 있다. 예컨대 최근의 한 연구는 한 도시의 사람들이 사용하는 새로운 낱말이 다른 도시로 퍼져나갈지 그 여부를 예측하는 것이 무엇인가를 조사했다.[12] 연구자들은 서로 가까이 있는 도시들이 새로운 낱말을 공유할 가능성이 더 높다는 것과, 사회경제적 구성과 인종적 기질이 유사한 언어 사용자 집단들 사이에서 어떤 변화가 퍼져나갈 가능성이 높다는 것을 발견했다. 그래서 지리적 근접성과 인구학적 유사성 둘 다 중요하다. 우리는 이 발견의 의미를 다음과 같이 해석할 수 있다. 즉, 변화는 서로 소통하는 사람들 사이에서, 또한 서로 비슷하다고 생각하는 사람들 사이에서 퍼져나갈 것이다.

그러나 변화는 모든 방향으로 똑같이 흘러가지 않는다. 어떤 집단 — 예컨대 탈의실에서 함께 노는 아이들이나 휴게실에서 함께 노니는 동료들 또는 온라인 대화방에서 배회하는 게이머들 — 에서는 개인들의 지배력과 영향력이 동일하지 않을 것이다. 만일 영향력이 더 큰 사람이 언어를 새로운 방식으로 사용한다면, 다른 사람들이 따라서 사용할 가능성이 높다. 물론 반대 방향의 변화는 그만큼 빠르게 퍼지지 않는다. 차별적 영향은 대중 매체에서 엄청난 효과를 낸다. 스티븐 콜버트(Stephen Colbert)는 어떤 용어를 새로 만들 수 있다(실제로 빈번히 그렇게 한다). 그다음 자신의 텔레비전 쇼에서 이 용어를 사용한다. 그러면 이 용어는 인기를 얻을 것이다. 반면에 콜버트의 수백만 팬들 중 한 사람은 화면에서 아무리 큰소리로 외친다 해도 결코 동일한 성공을 거두지 못할 것이다. 많은 상말이 미디어를 통해서 인기를 얻는다.

그러나 이것이 반드시 그 많은 상말이 항상 미디어에서 유래했다는 의미는 아니다. 예컨대 많은 사람들은 낱말 MILF가 1999년 영화 〈아메리칸 파이(American Pie)〉 작가들의 창의적인 소산이라고 믿는다. 이 영화에서는 10대 소년들이 시끄럽게 지껄이며 이 두문자어의 철자를 다 풀어서 말한다. 하지만 한 작은 인터넷 탐정 사이트는 MILF가 적어도 몇 년은 더 앞선 시점에 출현했다고 말한다. 확인할 수 있는 이 두문자어의 공인받는 최초 사용은 1995년이다. 이 사용은 잡지 ≪플레이보이≫의 한 양면 화보에 관한 1995년의 유스넷 게시물에 실려 있다. 다음은 내가 찾은 바로 그 게시물이다.* [바로 이 게시물에 실린 MILF가 최초의

* 나는 안드레아노 씨에게 연락해서 이 낱말이 맨 처음 어디에서 나왔다고 생각하는지를 물었으나 답신을 듣지 못했다. 당신은 그의 이름을 여기에 밝히는 것이 사생활 침해라고 우려한다. 나 또한 이 경우를 우려해, 처음에는 그 포스트를 익명으로 처리할 계획이었다. 하지만 두 가지 이유에서 나는 마음을 바꾸었다. 첫째, 이 게시물은 접근 가능한 온라인이며, 이 메시지의 내용을 조금만 탐색해도 이 게시물을 올린 사람의 서명은 드러날 것이다. 그다음 두

사용이 아닐 수도 있지만 말이다. — 켈레허(T. J. Kelleher)는 UCLA 대학교 언어학과 학생들이 만든 슬랭 사전에 들어 있는 사례를 몇 년 더 앞서서 보고한다.[13]

와! 2월호에서 그 화보를 봤어. 정말로 감동받았어.

저런 아줌마들이 내 영계야!! 거의 믿을 수 없다니까[원문 그대로]. 특히 앞쪽으로 저 노조원 아줌마, 넌 두 번 봐야 할 정도야……

여기에 멋진 용어가 있어. 그건[원문 그대로] MILF야.

이 말은 Mothers I'd Like to Fuck의 약어야.

어쩌면 MILF를 이 화보의 제목으로 붙였어야 했을 거야.

-그냥 내 소견이야.

마이크

==

마이클 안드레아노 치 피 사교클럽

뉴저지주, 호보컨 스티븐스 공과대학

비록 MILF가 영화 〈아메리칸 파이〉에 앞서서 생명을 얻었지만, 이 용어의 현재 인기는 의심할 바 없이 ≪플레이보이≫ 잡지 애호가 집단이 사용한 것보다는 영화나 텔레비전 화면에서 사용했기 때문이다. 마찬가지로 penis(남근)를 대신하는 낱말인 Johnson(거시기)의 인기도 1998년 영화 〈위대한 레보프스키(The Big Lebowski)〉에 등장한 이후에야 치솟았다. 그러나 MILF의 뿌리가 영화 〈위대한 레보프스키〉의 개봉을 앞서는 것처럼, 이 영화 속의 허무주의자들은 사람들의 거시기(Johnsons) 손상에 관해 처음으로 말한 사람들이 결코 아니다. 월터 버틀러 치들(Walter Butler Cheadle)의 『캐나다 횡단기(Journal of a Trip Across Canada)』는 코언 형제의 1998년 영화보다 시기적으로 앞서고, 퀘벡에서

번째로 온라인에서 당신이 하는 모든 일은 대중이 영원히 접근 가능한 상태로 남아 있을 것임을 일깨워 주는 것이 유용하다고 생각했다.

캐나다 로키산맥을 가로질러 브리티시컬럼비아에 이르는 긴 여정을 묘사한다. 이 횡단기에서 나온 문구인 Neck frozen. Face ditto; tights ditto; Johnson ditto, & sphincter vesicae partially paralyzed를 살펴보라. (이 문구는 "목은 얼어붙음, 방광도 그러함, 타이츠도 그러함, 거시기도 그러함, 방광괄약근은 부분 마비"를 의미한다.)[14] 월터 치들은 1863년 딱딱하게 언 종이에 펜을 대어 횡단기의 이 기록을 썼다.

근대에는 낱말이 어떻게 어떤 입말 공동체 곳곳으로 퍼져나가는지를 추적하기 비교적 쉽다. 예컨대 우리는 (cracking the fuck up의 줄임말인) ctfu가 대체로 클리블랜드로부터 수많은 대서양 연안 중부 도시로 퍼져나갔다고 알고 있다. 이것은 다음 그림에서 볼 수 있다.[15] 그리고 우리가 이것을 알고 있는 이유는 사람들이 자신들의 언어 사용에 대한 양화 가능한 기록을 위성항법장치(GPS)로 암호화된 트윗의 형태로 남겨놓기 때문이다.

그러나 우리는 장구한 영어사 – 인터넷 이전의 – 에서 일어났던 변화를 보여주는 그러한 호사한 자료가 전혀 없다. 그래서 우리는 cock의 새로운 의미가 15세기에 시작해 영어권 세계 전역으로 정확히 어떻게 퍼져나갔는지 아는 게 거의 없다. 그러나 이 새로운 의미가 어떤 적소(適所)를 채웠는지 실제로 안다. 모든 언어에는 인간의 성기(性器)를 묘사하는 방식이 있다. 성기는 문화적으로 생물학적으로 개인적으로 아주 중요하다. cock의 새로운 의미에 상당한 동기가 있다. 즉 수탉과 남근 사이에 우연한 유사성이 있다는 가정은 타당해 보인다. 그리고 이제 우리는 cock이 폐쇄 단음절어로서 영어 금기어의 소리 패턴에 일치한다는 것을 안다. 그렇지만 누가 cock을 이 새로운 의미로 사용했는지나, 이 의미가 어떻게 퍼졌는지는 모른다. 이 낱말은 서로 말을 거는 사람들의 망을 통해서 퍼져나갔으며, 이 경우에 이 낱말을 사용하는 사람들의 지위가 이 낱말의 궁극적인 성공에 영향을 미쳤을 가능성이 아주 높다. 그리고 그 당시의 대중 매체 – 예컨대 노래와 시와, 궁극적으로는 책과 신문 – 가 어떤 역할을 수행했을지 모른다. 오늘날까지도 마찬가지로 이 대중 매체는 언어의 변화를 확산하는 데 어떤 역할을 한다.

단계 3: 모든 행위는 반응 속에 있다

그래서 우리 이야기는 예전에 주목을 받지 못한 어떤 낱말이 언어공동체 내에서 퍼져나가 어떤 새로운 의미를 습득한 지점에 이르렀다. 이제는 Dick이 Richard뿐만 아니라 penis도 의미하고, 많은 사람들이 dick을 이런 식으로 사용하고 있다. 하지만 분명히 말하자면, 이러한 낱말은 아직 상스럽게 되지 않았다. dick과 cock은 각각 14세기와 19세기에 남근을 지칭하게 되었지만, 이러한 변화 그 자체만으로는 이 두 낱말이 상말이 되지 못했다. fuck은 적어도

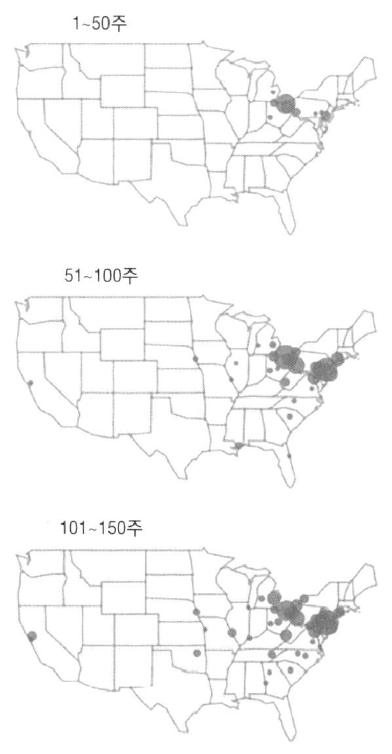

위성항법장치 암호화된 트윗을 통한 ctfu의 시간별 추적
출처: J. Eisenstein et al.(2014).

14세기 이래로 성교를 지칭해 왔지만, 다만 아주 금기시되어서 18세기 말에 상류층 부인의 서한에서는 사라졌다.[16]

이것은 낱말 cunt도 마찬가지이다. 이 낱말은 사람들이 불쾌감을 준다고 생각하기 전에는 수 세기 동안 vagina(음부)를 지칭하는 일반적인 의미로 사용되었다. 사실은 cunt가 초기 영어에서는 분명히 아주 광범위하게 순수한 의미로 사용되어서 심지어는 사람들의 이름에도 들어 있었다. 『옥스퍼드영어사전(Oxford English Dictionary)』은 cunt가 들어 있는 이름의 목록을 제시한다. 존 필컨트(John Fillecunt, 1246), 로버트 클리브컨트(Robert Clevecunt, 1302), 벨 와이드컨트(Bele Wydecunthe, 1328)가 바로 그러한 사례이다. cunt는 장소 이름에도 나타났다. 거리의 이름은 거리 전역의 눈에 띄는 경제 활동을 따라 짓는 것이 영국의 오랜 전통이었다. 이 전통으로부터 Silver Street나 Fish Street와 같은 이름이 생겨났다. 그리고 13세기에서 16세기까지 많은 영국 도시에서는 매춘이 특정한 장소에 집중되어 있었다. 이 시기에 이러한 거리의 이름은 보통 Gropecunt Lane을 약간 바꾼 것이었다. 분명히 말해보자. 바로 grope(더듬다)에 cunt(음부)가 더해진 Gropecunt(음부 더듬는 곳)이다.[17] 아주 교묘하게 감추지도 않는구나, 영국이여. 그리고 cunt가 그렇게 널리 퍼졌던 것은 그 당시에는 이 낱말이 여성 성기에 대한 불쾌감을 유발하지 않는 간명한 기술이었기 때문이다. cunt는 심지어 서기 1400년에 나온 랭프랭크(Lanfrank)의 ≪외과학(Science of Cirurgie)≫과 같은 의학 텍스트에도 등장한다.[18]

> *In wymmen þe necke of þe bladdre is schort, & is maad fast to the cunte.*
> In women, the neck of the bladder is short, and is made fast to the cunt.
> (여성의 방광목은 짧고 음부에 딱 붙어 있다.).

이것은 상스럽게 된다는 것이 사회적 변화이지 의미적 변화가 아님을 보여준다. 인간의 다른 행동과 마찬가지로, 언어 사용은 문화적 믿음과 규범, 기대, 금지의 영향을 받는다. 수용 가능한 복장 규범이 시간상에서 변하거나 문화에 따라 달라지는 방식을 생각해 보라. 흔히 우리는 역사가 자유의 신장을 향해 결연히 전진하고 있다고 생각한다. 그래서 예컨대 당신은 사람들이 해변의 옷차림 규범 — 빅토리아 여왕 시대의 전신 가운에서 100년 뒤의 비키니와 스피도 수영복에 이르는 — 을 이 전진의 사례로서 생각해 볼 수 있다. 그러나 복장 규범은 썰물처럼 사라지고 또한 밀물처럼 밀려온다. 예컨대 지난 수십 년에 걸쳐 우리는 아프가니스탄과 이란에서 사람들이 공공연히 드러낼 수 있는 (특히 여성의) 신체 부위의 범위가 상당히 줄어듦을 보았다. 이것은 다른 행위에서도 동일하다. 그래서 이러한 행위의 수용 정도나 금지 정도는 시대별로 다르고 문화마다 다르다. 예컨대 땅바닥에 침을 뱉는 행위는 홍콩에서 불법이며, 그렇게 하면 수천 달러의 벌금을 내야 한다. 반면에 대만 사람들은 식사 도중에 식탁이나 바닥에 뼈다귀를 내뱉는 것이 손을 사용하는 것보다 더 낫다고 여긴다.

핵심은 어떤 행동이 어떤 맥락에서 허용 가능한가에 대한 믿음이 흔히 어떤 도덕적·정신적·종교적·과학적·의학적 토대를 지니고 있지만, 또한 문화에 상대적이라는 점이다. 어느 장소에서나 어떤 시간에나 어떤 사람이 수행할 때는 용인되는 행위가 다른 환경에서는 사회적으로 수용 불가할 수도 있다. 그리고 이것은 언어도 마찬가지이다.

사람들이 어느 시점이나 어느 장소에서 어떤 낱말을 수용 불가하다고 볼 수도 있는 이유는 다양하다. 사람들이 이 낱말을 불쾌하다고 보는 이유는, 아마도 이 낱말이 떠올리고 싶지 않은 생각 — 예컨대 금기 개념에 대한 이런저런 생각 — 을 유발하기 때문일지 모른다. 또는 어쩌면 그들이 이 낱말이 그들 자신이나 소속된 사회 집단을 모욕하고 있다고 보기 때문일 수 있다. (10장에서 다양한 모멸 표현과 그 기원을 더 자세히 들여다볼 것이다.) 수용 가능한 행위에 대한 이러한 개인적인 느낌은 충분히 많은 사람들이 이 행위를 제약하는 조치에 관여할 때 사회적 규범이 된다. 공연 음란 방지법(public indecency laws)에서 낮은 목소리의 불쾌감 표출에 이르는 모든 것이 복장이나 침 뱉기에 관한 규범을 강제한다. 예컨대 Can you believe he's wearing THAT?(그가 저것을 입을 것이라고 믿을 수 있냐?)을 보라. 그리고 이 동일한 유형의 강제로 인해 언어적 혁신 —

새로운 낱말이나 낱말 사용의 새로운 방식 — 이 상말의 영역으로 들어간다. 어떤 낱말을 사용하는 사람들을 추방하거나 처벌하는 대인 행동을 통해서 직접적으로 그 낱말을 주변화하거나, 검열을 부과하는 사회적 행위자나 국가 행위자를 통해서 간접적으로 주변화할 때, 그러한 낱말은 상말이 될 것이다.

단계 4: 균형추 이동

일단 어떤 낱말이 추가적인 의미를 얻었다면, 그리고 일단 이 추가적인 의미가 dick과 cock의 경우처럼 사회적으로 배척당한다면, 이 낱말을 어떤 의미로 사용하든 이 새로운 의미는 이 낱말에 스며들기 시작한다. 많은 낱말이 그러하듯이 어떤 낱말이 다중 의미를 지니고 있을 때, 사람들의 마음속에서 다른 가능한 해석을 활성화하지 않고서 한 가지 방식으로 이 낱말을 사용하기는 흔히 불가능하다. 예컨대 당신이 한 뉴스 앵커가 Nice pussy!라는 말로 사자를 비롯한 다양한 외국산 동물을 주제로 다룬 보도를 마무리하는 것을 들을 때,[19] pussy에 대한 당신의 해석을 그가 의도한 단 하나의 의미로 제한하기는 절대로 불가능하다. 이에 대해서 죄책감을 느껴서는 안 된다. 이것이 바로 당신의 뇌가 작동하는 방식이다. 어떤 낱말이 다중 의미를 지닐 때, 당신은 체계적으로 또한 자동적으로 이 다양한 의미를 활성화한다. 이것은 화자가 이 의미들을 의도하는지의 여부와 관계없다.[20]

이것은 cock과 dick에도 똑같이 사실이다. 20세기가 막 시작할 무렵 dick은 유사한 삶을 살고 있었다. dick이 성기를 지칭하고 있던 바로 그 시기에 Dick이라는 이름의 아이들과 청년들, 성인들이 여전히 있었다. 이 낱말은 여러 의미를 지니고 있었다. 이로 인해 혼란이 일어났다. 일부는 의도하지 않은 혼란이었고, 다른 일부 혼란은 상당히 고의적이었다. 후자일 수밖에 없다고 생각되는 한 가지 사례는 리처드 닉슨(Richard Nixon)의 실제 선거운동 배지(campaign button)이다. 이 선거운동 배지가 다음 페이지에 실려 있다. 한번 음미해 보라.

이 효과 — 한 낱말이 지닌 다중 의미의 자발적인 활성화 — 는 너무나도 강력해서, 상황이 허락할 때만 아주 드물게 우리는 pussy를 들을 때 마음속으로 고양이만을 떠올린다.[21] 이런 일이 일어나려면, 맥락이 의도된 의미와의 양립 가능성은 강력해야 하지만, 의도되지 않은 의미와는 양립 가능성은 전혀 없어야 한다. What a nice pussy는 두 해석과 다 양립 가능하지만, 오직 고양이 해석만이 어울리는 맥락을 찾기 위해서는 실제로 당신의 상상력을 길게 펼쳐야만 한다. 아마도 I predict that my cat is going to give birth to a calico pussy(내 예측으로는 내 고양이가 곧 캘리코 고양이 새끼를 낳을 거야.)가 이 맥락의 한 실례일 것이다. 하지만 그렇지 않을 수도 있다. 그리고 두 번째로 의도되지 않은 의미가 계속 관심을 받지 못한 상태로 있으려면, 이 낱말의 빈번하지 않은 주변적인 의미여야 한다. pussy의 성기 의미는 현재 빈번하지 않은 주변적인 의미로서 적합하지 않다. tea-bag이 적어도 많은 사람들에게는 빈번하지 않은 주변적인 저속한 의미를 지니는 낱말의 더 좋은 실례일 수도 있다. 그러나 낱말의 상스러운 의미는 빠르게 중심적인 의미가 될 수 있다. 앞에서 살펴보았던 것처럼, 상말은 뇌의 감정 체계 속으로 깊숙이 뿌리를 내뻗는다. 어떤 저속한 의미를 지니고 있는 낱말을 단순히 보거나 듣기만 해도 즉시 이 의미가 활성화된다. 맥락과 관계없이 말이다. pussy가 당신의 마음속에서 다른 의미를 활성화하지 못하도록 막아줄 고양이 비디오는 단 한 개도 없다.

출처: Gene Dillman of Old Politicals Auctions, www.oldpoliticals.com

그리고 사람들은 의식적이든 무의식적이든 이것을 알고 있는 것으로 보인다. 이중 의미(double entendres)는 바로 인간 언어 처리의 이 자질을 이용한다. 작가들은 언제나 이 이중 의미를 사용해 언어유희를 펼친다. 영화 〈제임스 본드〉의 등장인물 푸시 갈로어(Pussy Galore)는 아무렇게나 지은 이름이 아니었다. 시트콤 애니메이션 〈심슨 가족(The Simpsons)〉의 초기 삽화(공포의 나무 위 오두막 III(Treehouse of Horrors III))에서 마지(Marge)는 막 배에 오르려고 한다. 이때 (성적 지향이 애매한 번스 씨 조수인) 스미더스는 다음 의견을 낸다. '내 생각엔 여성들(women)과 선원들(seamen)은 섞이지 않아요.' 번스 씨는 이렇게 반응한다. "당신이 무얼 생각하는지 알아요." *

말로 실족하지 않으려는 사람들에게 가장 안전한 전략은 두 번째 의미를 지닐 수 있는 그러한 낱말을 전체적으로 그냥 피하는 것이다. 우선은 나 자신이 절대로 고양이를 지칭하기 위해 낱말 pussy를 사용하지 않는다는 것을 안다. 분명히 그렇다. 나는 수탉을 cock이라고 지칭하지도 않는다. 내 개는 bitch라고 부를 것이지만, 이 지칭은 언제나 계획적인 적의를 담고 있으며, 청중이 용서할 것이라는 생각이 들 때나 약간은 화를 내고자 할 때만 그렇게 부른다.

따라서 결론은 이와 같다. 낱말이 의미 확장의 자연스러운 과정을 통해서 새로운 의미를 얻을 때, 그리고 이 새로운 의미가 저속한 의미일 때, 이러한 저속한 의미가 부정적 영향을 미칠 것이라고 느끼는 한, 화자들은 이 상스러운 의미가 바로 자신들이 의도하는 바일 때만 해당 낱말을 사용하기 시작할 것이다. 그리고 이 화자들은 해당 낱말을 원래의 의미로 사용하는 것을 피할 것이다. Dick의 경우에는 왜 일부 사람들이 이 중의성을 유지하기 불가능하다고 볼 수도 있는지 우리가 알 수 있다. 1960년대쯤 이 낱말은 중대한 국면을 맞게 되었다. 이 낱말의 저속한 사용이 너무 많아서 억누를 수 없게 되었다. 그래서 사람들은 Dick을 사람 이름으로 사용하길 포기했다. 마찬가지로 cock에도 비슷한 일이 일어났다고, 즉 어느 시점에서 cock의 저속한 의미가 원래의 수탉(galline) 의미를 압도했다고 추정할 수 있다.

* 통찰력 있는 언어학자는 이것이 실제로 동음이의어임을 알아차렸을 것이다 – seamen(선원)과 semen(정자)은 우연히 발음이 유사한 별개의 낱말이다. 그럼에도 불구하고 우리는 금기 동음이의어들에 대해서도 사람들은 마음속으로 다중 의미를 지닌 낱말(즉, 다의어)의 경우와 같은 줄다리기를 행한다고 말할 수 있다.

그리고 정말로 이렇게 균형추는 흔히 오래된 의미로부터 새로운 의미로 꽤나 빠르게 이동할 수 있다. 이것은 상말의 특별한 무언가, 아니면 적어도 아주 현저한 무언가이다. 저속하지 않은 낱말 변화에서는 이 균형추 이동을 쉽게 볼 수 없다. 예컨대 cell은 이제 감방과 생물 유기체의 기본 구조 단위뿐만 아니라 당신이 고양이 동영상을 시청하는 데 사용하는 호주머니 속 기기도 지칭하지만, 그렇다고 해서 우리가 낱말 cell을 예전의 의미로 사용하지 않는 것은 아니다. mobile도 마찬가지이다. 이 낱말은 예전에 유아용 침대 위에 걸려 있는 조각품을 묘사(했고 지금도 여전히 묘사)한다. 이제는 이 낱말이 당신의 호주머니 속 고양이 동영상을 시청하는 데 사용하는 호주머니 속 기기도 지칭하지만 말이다. (물론 어떤 사람들은 이 두 mobile을 다르게 발음할 수도 있다.) 이것은 새로운 의미가 저속하지 않다면 오래된 의미의 지위를 빼앗을 수 없다는 의미가 아니다. 분명히 그럴 수 있다. 하지만 그럴 가능성이 높지 않으며, 재빠르게 그렇게 할 가능성도 완벽하게 그렇게 할 가능성도 높지 않다.

분명히 말하자면, 이 이동은 일어날 필요가 없다. 비록 미국 영어에서는 대체로 cock과 dick의 더 오래된 의미가 인기를 잃었지만, 영어의 다른 변종에서는 대부분 이 이동이 일어나지 않았다. 예컨대 영국에서 말하는 대부분의 영어 변종에서는 수탉을 지칭한 기본 용어로서 cock의 인기가 여전하다. 분명히 어느 시대에나 어느 장소에서는 특별한 언어 변종의 화자들에게 의도하지 않은 원래 의미가 더 편하다. 하지만 이 상황은 불안정하다.

단계 5: 대체

그래서 지금까지 일단 낱말이 새로운 저속한 의미를 얻고 나면 이 새로운 의미가 어떻게 예전의 의미를 밀어내기 시작할 수 있는지 살펴보았다. 그러나 이로 인해 해당 언어 속에는 논리적 공백이 남는다. cock(수탉)을 지칭할 방법이 필요하고, Richards(리처드)를 대신할 애칭이 필요하다. 우리는 무엇을 하는가?

때로는 이미 대안이 있다. 살펴본 바와 같이, Dick(딕)이 새로운 의미로 변화할 때, Rick(릭)이 나서서 Dick(딕)의 자리를 대신했다. (**우리는 사회보장국 명명 자료 표에서 이것을 확인할 수 있다. 1970년 이후로는 쭉 Rick이란 애칭이 Dick보다 더 많았다.**) 마찬가지로 broad(넓이뛰기)가 여성에 대한 경멸적인 함축(매춘부)을 지니게 되었기 때문에, 육상경기 명칭으로서 이 낱말은 1960년대 말 long jump(멀리뛰기)로 대체되었다. 그리고 비록 약간은 귀찮지만, female dog(암컷 개)가 (**완전히 그렇지는 않지만**) 대개 bitch(암캐)를 대체했다.

다른 경우에는 예의 바른 맥락에서 사용할 수 없게 된 낱말 대신에 사용할 수 있는 생존력 있는 기존의 낱말이 아직 없다. 이 경우에는 새로운 낱말을 만드는 것 이외에 다른 어떤 방법이 없다. 사람들은 언제나 어떤 규칙적인 방식으로 새로운 낱말을 만든다.

비록 영어만큼이나 오래된 낱말로 보이지만, 앞에서 살펴본 바와 같이 rooster는 비교적 최근에 추가된 낱말이다. 기록상에서 이 낱말의 최초 사용은 1772년 한 보스턴 여학생의 일기에 등장한다.[22] 실제로 이 낱말은 의도적으로 만들었다. 18세기 말에 이르러, cock은 의미 균형추가 많이 이동해서 '남성 성기' 의미가 우월성을 점하게 되었다. 그 결과 단지 수탉에 대해 말하기 위해서도 청교도 미국인들은 cock의 이 두 번째 금기 의미를 세심하게 우회해야 했다. 그래서 그들은 새로운 낱말 rooster를 그냥 만들었다. 그들이 이 낱말을 새로 만들어낸 방식은 아주 간명했다. 그들에게는 마음대로 사용하는 낱말 roost가 있었고, 지금도 그렇지만 그 당시 이 낱말은 닭들이 잠자는 곳을 묘사했다. 또한 동사 to roost도 있으며, 이 동사는 닭장에서 병아리들이 자는 행위를 지칭했다. 그리고 이 언어 혁신가들은 영어에서 선호하는 전형적인 방식으로 이 낱말의 끝에다가 -er을 붙이면 새로운 낱말(rooster)이 나오고 이 낱말이 홰에 앉아 있는 어떤 대상 — '남근' 의미가 달려 있지 않는 — 을 묘사할 것이라 생각했다. 그들의 생각은 옳았다. 대체로 rooster는 출현한 이후 200여 년 동안 저속한 함축이 없었다.

동사에 -er을 붙여서 우리에게 새로운 명사를 만들도록 해주는 이 규칙은 영어에서 특히 강력하여 상말과 비(非)상말에 두루 퍼져 있다. 이 규칙의 다른 흔한 사례는 catcher(포수)와 pencil sharpener(연필깎이)이며, 저속한 사례에는 cock-blocker(연애훼방꾼), shit-eater(더러운 놈), muff-diver(구강애무남/동성애자) 등이 들어간다. 그러나 어떤 규칙을 적용해 어떤 새로운 낱말을 만든다는 것은 이 설명의 일부에 불과하다. 이어서 rooster는 물론 이렇게 구성된 모든 낱말은 다 이 구체적인 새로운 의미로 사용해야 한다. 이 낱말들은 '관습화'되어야 한다 — 언어 공동체는 이러한 낱말이 우선적으로 이 구체적인 의미를 지닌다는 해석을 받을 것이라고 결정해야 한다. 이제 우리는 약정에 따라 rooster가 다 자란 수컷인 닭을 지칭하지만, 우연히 닭장과 관계되는 어떤 것도 지칭하지 않는다는 데 동의한다. 예컨대 만일 어떤 달걀이나 보금자리가 닭장 속에 있다 하더라도, 우리는 그것을 rooster라고 지칭하지 않을 것이다. 이것은 영어의 통상적인 과정을 이용하여 새로 만든 다른 낱말들도 마찬가지이다. cock-blocker(연애훼방꾼)는 이제 영어의 관습화된 낱말이 되었다. 우리가 이렇게 말할 수 있는 이유는, cock-blocker가 구체적인 의미를 지니고 있기 때문이다 — 이 낱말이 cock의 한 유형(깃털이 없는 유형)만을 지칭하고 (이 cock**이 하는** 방해 행위가 아니라) 이 cock**을 겨냥한** 방해 행위만을 지칭하기 때문이다. motherfucker(니미 씨팔)는 '명사 - 동사 - er' 판형을 이용해 놀라울 정도로 최근에 만들어낸 또 하나의 낱말이다. 기록상 이 낱말이 최초로 출현한 시기는 20세기이다![23] 하지만 그 이후로 이 낱말은 아주 빈번하게 사용되어 왔으며, 이제는 그 자체로 한 낱말로 대접받을 자격이 있다. 그리고 rooster나 cock-blocker와 마찬가지로, motherfucker는 한 무리의 구체적이고 관습적인 의미를 지닌다.

물론 이러한 사례에서처럼 기존의 낱말에 접미사를 붙이는 것이 새로운 낱말을 만드는 유일한 방식은 아니다. 이미 살펴본 바와 같이, 완전히 새로운 낱말이 어떤 언어에서든 생겨날 수 있으며, 이러한 낱말은 해당 언어에서 이용할 수 있는 생성적인 문법·어휘 자원으로부터 조합된다. 일부는 기존의 낱말들을 혼합하여 만든다. 달리 말하면, 기존의 낱말들을 한데 병합해서 발음이 이들이 결합한 상태와 비슷한 어떤 새로운 낱말, 즉 혼성어를 만든다. 예컨대, mangina(여성숭배남)는 man과 vagina의 혼성어이다. 동일한 방식으로 fucking(졸라)과 ugly

(추한)가 합하면 fugly(졸라 추한)가 나오고, pornography(포르노)와 cornucopia(풍요)가 합하면 pornucopia(쏟아지는 포르노)가 나온다.

낱말을 혁신하기 위한 이러한 도구 중 어떤 것이든 새로운 저속한 의미로 더러워진 낱말의 대치어를 새로 만들어서 해당 언어 속의 공백을 메울 수 있다.

그래서 우리의 논의가 얼마쯤 와 있는지 세밀히 알아보기 위해서, 평범한 낱말이 금기어 후보가 되는 정도까지 의미 변화를 겪을 수 있다는 것을 방금 살펴보았다. 행여 이런 일이 일어나는 경우에는 사람들이 해당 낱말을 예전의 의미로 사용하기를 꺼려해서 대체어를 찾거나 새로 만들 필요가 있다. 그리고 언어에는 일반적으로 이러한 대체어를 위한 다양한 도구가 있다. 한 낱말의 작은 의미 변화 하나가 다른 여러 낱말에도 후속 효과를 낼 수 있다.

단계 6: 순화된 욕설

상말 사용의 또 다른 우회로가 있다. 이것은 낱말이 금기어가 되는 또 다른 외적 요인이다. 일단 사람들이 어떤 낱말을 어떤 환경에서 피하기 시작한다면, 그들은 그 대신에 무슨 낱말을 사용하는가? 예컨대 자동차 문에 손가락을 넣고 세게 닫아서 당신은 통증을 느낀다. 또는 이웃이 자동차 문에 손가락을 넣고서 세게 닫은 당신을 보고서 웃고 있기 때문에 당신은 화가 난다. 이 상황은 가장 적절한 상말 영토이다. 그렇지만 만일 개인적·종교적·문화적 이유나 다른 이유로 감탄성 상말인 fuck!이나 shit!이 사회적 관례에서 벗어난다고 판단한다면, 당신은 무슨 말을 하는가?

하나의 선택은 금기어처럼 소리 나지만 금기어는 아닌 어떤 말(예: frick, dang)을 하는 것이다. 이들은 '순화된 욕설(minced oaths)'이라 알려져 있다. 때로는 이 순화된 욕설이 새로운 방식으로 사용된 기존의 실제 기존 낱말(예: shoot, fudge)이다. 이러한 욕설은 또한 더욱 정교해진다. 예컨대 Cheese and rice!는 Jesus Christ!를 대체하는 순화된 욕설이며, Shut the front door!는 Shut the fuck up!을 대치한다. 하지만 순화된 욕설은 완전히 새로운 낱말일 수도 있다. 이를 테면 세월이 흐르면서 사람들은 sheesh, gee whiz, crickey 등 Jesus Christ!를 피하는 새로운 방법을 내놓았다. gosh나 shucks, frig와 같이 만들어 낸 다른 순화된 욕설도 마찬가지로 자신들이 대신하는 낱말과 비슷하게 발음이 난다.

순화된 욕설에는 어울리는 미세한 적정선이 있다. 어떤 순화된 욕설이 어떤 금기어를 대신하고자 할 때는 이 금기어를 대신하고 있다고 인정받을 정도로 이 목표 금기어와 유사하게 발음이 나야 한다. 하지만 순화된 욕설은 화자가 목표 금기어와의 관련성을 그럴듯하게 계속 부인할 수 있을 만큼 충분히 달라야 한다 — 아니에요 난 그 추잡한 낱말을 의도하지 않았어요(윙크, 윙크). 아주 흔하게도 어떤 순화된 욕설의 맨 앞 소리는 위의 사례에서 보듯이 자신이 희미하게 내비치고 있는 금기어와 비슷하다. 이것은 외설어를 남발하는 사람들이 채택하는 책략과 관련이 있을 수도 있다 — 이 책략은 일단 작동하기 시작하면 감탄성 상말을 새로 만든다.

그러나 순화된 욕설은 자신이 대체하고 있는 상말과 운을 이룰 수도 있으며, 모습을 드러내는 가장 정교한 순화된 욕설 중 일부는 런던사투리 압운 속어(Cockney rhyming slang)라 불리는 영국식 속어 형태로 출현한다.[24] 이 언어적인 기교 형태는 어떤 욕설과 운을 이루는 표현을 수용함으로써 시작한다. 예컨대 Richard the Third는 turd(똥)와 운을 이룬다. Cattle truck은 fuck(씨부럴)과 운을 이룬다. 그래서 이 표현은 일종의 순화된 욕설로서 해당 상말을 대신하게 된다. 그러나 압운 속어는 이러한 순화된 욕설에서 한 걸음 더 나아가 동일한 표현에서 나온 어떤 다른 비(非)압운 낱말을 그러한 욕설에 대한 위장된 단서로 사용한다. 그래서 사람들은 fuck을 의미하기 위해 cattle truck이나 그냥 truck이라 말하는 대신에 cattle이라 말한다. 바로 fuck의 의미를 전달하기 위함이다. 이해되죠? 좋아, 영국이여, 이제 좀 더 교묘하군.

더 간명한 책략은 상말을 약어로 쓰는 것이다. 1장에서 언급한 바와 같이, 이제는 상당히 온건한 (하지만 예전에는 아주 상스러운) 표현인 zounds(제기랄)는 God's wounds의 약어이다. 가장 극단적인 경우에는 두문자어에서처럼 불쾌감을 주는 낱말이 단 한 글자로 줄어든다. WTF나 MILF는 금기 표현 속 낱말의 첫 글자를 딴다. 유사한 다른 사례는 BJ와 T&A이다.* 그리고 성적 함축이 가장 강력한 낱말에 대해서는 심지어 단 한 글자로 지칭할 수 있다. 이 F-낱말은 F로 시작하는 영어의 유일한 낱말이 아니다 — 심지어는 가장 빈번한 상말 근처에도 들지 못한다. [이 왕관은 for의 차지이다. (Fuck off Rudy의 약어인) for는 상위 20개의 가장 빈번한 영어 상말에 들어간다.[25]] 모욕감 유발의 측면을 제외하면, C-낱말이나 N-낱말도 이 언어의 특히 현저한 표본이 아니다. 이러한 두문자어는 (He said the N-word!처럼) 문제의 낱말을 지칭하는 데 사용할 수 있지만, 또한 보통은 그러한 낱말을 대신하는 표현으로 사용할 수도 있다. 예컨대 F는 F off!(꺼져!)나 F you in the A(구강성교)는 물론 What the F?(씨발 뭐야?)와 같은 표현에서 fuck을 대신한다.

순화된 욕설이나 약어는 입 밖으로 나오지 않은 낱말의 소리나 철자를 충분히 보존하고 있어서, 충분한 통찰력을 지닌 청자는 (화자가) 의도했지만 입으로 말하지 않은 해당 낱말을 쉽게 복구할 수 있다는 장점이 있다. 그러나 일부 상황은 더 섬세한 접근이 필요함을 분명히 보여준다. 심지어는 바로 뒤이어 입 밖으로 내지도 않은 상말을 염두에 두었다는 이유만으로 곤란을 겪고 싶지 않다면, 당신은 완곡어법을 사용할 필요가 있다. 예컨대 사람들은 흔히 낱말 die를 사용해서 죽음에 대해 직접 말하는 것을 꺼려한다. 그 대신에 사람들은 물러서서 to pass on(세상을 떠나다)이나 to leave us(우리를 떠나다)와 같이 이 (죽음) 개념을 간접적으로 지칭하는 낱말과 표현을 사용한다. 마찬가지로 남근을 Johnson(거시기)이나 wiener(비엔나소시지)라고 말하는 것은 분명히 저속한 말을 완곡하게 우회하는 길이다.

핵심적인 한 사례로서, 아래에서 넓게는 동일한 대상을 지칭하지만 성적 불쾌감을 자극할 수 있는 민감성의 정도가 다양한 낱말과 표현의 무리를 다 볼

* (옮긴이) BJ는 '구강성교'를 뜻한 Blow Job의 약어이고, T&A는 '젖가슴과 엉덩이'를 뜻하는 tits and ass의 약어이다.

수 있다. 맨 위에 가까운 낱말과 표현은 완곡 어구이다. 이들은 powder my nose이나 visit the ladies' room과 같이 묘사되는 행위를 직접 지칭하지 않고 오히려 자극적이지 않은 관련 활동을 언급하는 낱말들을 포함하는 담고 있는 경향이 있다.

powder my nose (화장을 고치다 → 화장실에 가다)
visit the ladies' room (부인의 방을 방문하다 → 화장실에 가다)
go to the bathroom (욕실에 가다 → 화장실에 가다)
use the toilet (변기를 사용하다 → 똥을 싸다)
defecate (불순물을 제거하다 → 배변하다)
take a shit (똥을 싸다)
cop a squat (자리에 쪼그려 앉다 → 똥을 누다)
do some paperwork (문서 작업을 조금 하다 → 똥을 싸다)
drop the kids off at the pool (똥을 싸다)
pinch off a loaf (똥을 누다)

위 목록의 아래쪽으로 쭉 내려가며 살펴볼 때는 동일한 행위를 훨씬 더 생생하게 묘사하는 방식을 보게 된다. 목록 위쪽의 완곡 어구들이 무례로부터 멀어져 가는 만큼, 아래쪽의 용어들은 무례를 향해 멀리 나아간다. 이들은 또 다른 적소를 채우고 있다. 위쪽의 완곡 어구들이 금기 주제를 가능한 한 언어적으로 가장 위생적인 방식으로 묘사하고 싶은 소망을 달성하는 반면, 아래쪽의 위악 어구들(dysphemisms)은 선정성을 환기하는 말을 통해서 불쾌감을 유발하거나 강한 인상을 심어주거나 즐거움을 주고 싶은 충동을 그대로 표출한다. 흔히 이 위악 어구들은 [squat(쪼그려 앉은 자세)나 pinch(신체 일부를 꼭 쥐다)처럼] 묘사되는 사건의 생생한 세부사항을 기술한다. 때로는 (loaf처럼) 그 자체로 생생한 영상을 불러내는 다른 무언가의 측면에서 활동을 은유적으로 기술한다. 이로부터 특별히 그림처럼 생생하거나 창의적이거나 묘사적인 말이 나온다. 하지만 결정적으로 이러한 말은 엄밀한 의미에서 저속하지 않다. to pinch off a loaf(똥을 싸다)라는 행위를 해야 한다고 말하는 아이는 구역질나게 한다는 이유로 벌을 받을 수도 있다. 하지만 이것은 그 아이가 선택한 구체적인 낱말 중의 어느 하나 때문이 아니다. 위악 어구는 아주 많다. 특히 금기 주제에 관한 위악 어구가 풍부하다. to die 대신에 사람들은 to croak나 to bite it, to eat it과 같이 더 강력한 어구를 사용하기로 선택할 수도 있다. 그리고 우리의 당면 목적에서 가장 중요한 점은 이 모든 경우에 기존 낱말의 의미가 확장되어 새로운 영역을 포괄하게 되었다는 점이다. 예컨대 이제 croak는 단지 to make a croaking sound(침울한 소리를 내다) 이상의 의미를 지닌다.

위악 어구는 단지 동일한 동전의 다른 면으로서 완곡 어구와 순화된 욕설이 돋아나는 토대가 된다. 상말은 해당 언어의 나머지에 외적인 영향을 미친다. 이것은 사람들이 금기라고 알고 있는 낱말을 말하지 않거나, 입 밖에 내지도 않고 전달하거나, 훨씬 더 좋게 말하려고 애쓰기 때문이다.

단계 7: 변화는 유일한 상수

낱말은 수명이 끝날 때까지 계속 변화한다 — 상말이 되는 것은 종착점이 아니라 중간 지점이다. 이것은 dick과 cock의 역사에서 분명히 볼 수 있다. 예컨대 심지어 해부학적 의미를 얻고 난 뒤에도 이 두 낱말은 기분 나쁜 사람을 또한 지칭하게 되었다. 그리고 비록 (지칭되는) 그 사람이 원래는 남성이어야 했지만, 최근의 사용을 보면 일부 영어 사용자들에게는 남성성이 그 사람을 dick이나 cock으로 명명하기 위한 전제조건이 아니다. 또한 어떤 사람이 남성이라고 해서 그 사람을 절대로 bitch나 cunt라고 부를 수 없는 것도 아니다.

훨씬 더 근본적인 변화는 상말의 역사에서 분명하다. 일부 낱말은 문법 범주, 즉 품사가 변화한다. 물론 우리는 이미 dick이나 많은 다른 상말이 어떻게 You don't know dick과 같은 표현에서 상말 최소화소가 되었는지를 살펴보았다. 하지만 이것은 시작에 불과하다. 비록 dick과 cock은 물건을 지칭하는 명사로서 삶을 시작했지만, 얼마 안 되어 동사로도 사용되었다. cock이 동사 to cock(곧추세우다/곧추서다)으로 사용되기 시작한 된 때는 17세기였고, dick은 to dick around(시간을 허송하다)나 to dick someone over(차별하다)에서와 같이 20세기에야 비로소 동사로 사용되었다. 그리고 이 밖의 사례도 풍부하다. 예컨대 tea-bag은 Dave fell asleep at the party so Ray *tea-bagged* him(데이브가 그 파티에서 잠이 빠지자 레이가 그에게 감자 주먹을 날렸다.)에서 보듯이 이제 명사뿐만 아니라 동사의 기능도 수행한다. (이것은 레이가 자신의 음낭을 데이브에게 올려놓았다는 것을 의미한다 — 그리고 이 두 사람을 다 알고 있으니 아마도 어딘가에 그 사진이 있을 거야.) 밝혀진 바와 같이, 영어는 명사를 동사화하는 사용이나 동사를 명사화하는 사용이 특히 풍부하다. 어떤 문법 범주에서 또 다른 문법 범주로 바뀌면 새로운 의미가 나온다. 영어의 역사에서 ('고환'의 의미로 예전에 은유적으로 확장되었던) 명사 nut도 최근에 동사화되었다. 아마도 ('신나게 사정하다'를 뜻하는) to bust a nut이라는 표현을 거쳐서 'to ejaculate(사정하다)'를 의미하는 동사 to nut이 되었을 것이다.

모든 것이 그러하듯이, 상말도 결국 최후를 맞으며, 서서히 약화되어 궁극적으로는 평범하고 애매한 말이 된다. 15세기에는 낱말 swive[screw(성교하다)]가 현대 영어의 fuck과 비슷하게 사용되었다. 그러나 그 이후 이 낱말은 사라져버렸기 때문에 아마도 한 번도 들어본 적이 없을 것이다. 실제로 이 낱말은 수백 년 동안 사용되지 않았다. 예외적으로 르네상스 박람회(Renaissance Faire)의 관람석 뒤에서 양고기 갈비를 두고 다투는 열정적인 처녀들이 벌이는 뜨거운 언쟁에서는 어쩌면 이 낱말을 사용할지도 모른다.

우리가 잃어버린 상말은 swive만이 아니다. 아마도 당신은 fart-sucker라고 불려본 적이 없을 것이다. 하지만 fart-sucker는 brown-noser(아첨꾼)와 같은 대상을 묘사하는 흔한 말이었다. 이렇게 불린 이유는 당신도 분명히 짐작할 수 있다. 그리고 이제는 사라져버린 상말의 목록은 zounds(제기랄), gadzooks(빌어먹을), consarn(염병헐) 등 계속 이어진다. zounds나 gadzooks는 앞에서 이미 논의했다. 또한 consarn을 비롯한 다른 표현도 사라졌다. consarn은 damn

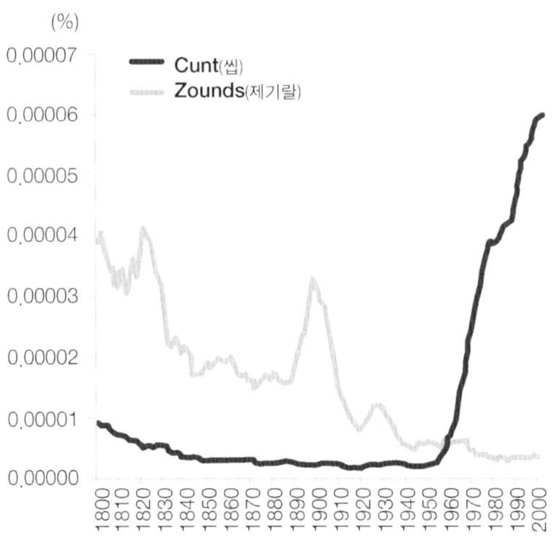

zounds(제기랄)의 하락과 cunt(씹)의 상승

과 비슷한 무언가를 의미한다. 당신은 zounds가 시간이 흐르면서 쇠락하는 것을 위의 도표에서 확인할 수 있다. (swive는 발생 시기가 consarn보다 몇 세기 앞선다. 이 경우에는 문자 기록이 훨씬 더 드물다.) zounds는 1800년대에 한창이었지만, 1900년쯤에 점차 소멸하기 시작했다. 오늘날 cunt는 분명히 대유행이다. 하지만 이 낱말 또한 잊힐 가능성이 아주 높을 것이다. 비록 이번 21세기에는 그럴 일이 없겠지만 말이다.

상말은 기록된 영어사의 시간 내내 부단한 변화를 겪었다. 그리고 여전히 그러하다. 그 이유는 상말이 사람들에게 미치는 효과는 물론 이 효과를 유지하는 데 드는 노력과 관련이 있다.

이것을 구체적으로 살펴보자. 어떤 상말을 사용하면 그 낱말에 대해 강한 감정적 연상을 가지고 있는 사람들은 영향을 받을 수 있다. 하지만 이 영향은 사용 함수로서 약화된다. 텔레비전[어쩌면 만화영화 〈사우스파크(South Park)〉]에서 shit을 맨 처음 들었을 때는 아마도 심히 거슬렸을 것이다. 매운 고추를 한 입 베어 물었을 때처럼 말이다. 그러나 검열을 받지 않는 케이블 텔레비전이나 팟

캐스트, 소셜미디어에서 이제 이 낱말을 관례처럼 사용함에 따라, 매운 맛을 더하는 이 언어적 양념을 대하는 당신의 인내심도 증가했다. 심지어는 이 양념 낱말을 들어도 주목하지 않을 수도 있다. 어떤 상말의 사용 빈도가 많을수록, 이 낱말이 미치는 영향력은 줄어들게 될 것이다. 하지만 cunt나 nigger처럼 여전히 제한적으로만 사용되는 낱말은 계속 위력을 발휘한다. fuck도 어느 정도는 그러하다. 적어도 현재는 실제로 위력이 있다. 사용 빈도가 늘어나게 될 때, 이러한 낱말도 영향력이 점점 약화되어 불쾌감을 주지 않는 낱말이 되고 그다음에는 애매한 낱말이 될 것이다. 마치 swive나 zouunds처럼 말이다. 이것은 가장 전문적인 지식을 이용한 나의 추측이다.

그래서 얼핏 슬픈 일이지만 dick과 cock의 전성기가 얼마 남지 않았다. 이 징후는 충분하다. 당연히 그리 머지않아 딕(Dick)이란 이름의 어린이들이 자기 이름이 한때 전달했던 의미를 모른 채 학교운동장에서 다시 한번 피터(Peter)나 윌리(Willy)라는 이름의 어린이들이랑 함께 뛰어노는 시기가 올 것이다. 동시에 이 공백을 채울 낱말이 어떤 낱말일지 예측할 수는 없지만, dick과 cock이 영어의 생태계에 남겨놓은 공백을 채우기 위해 다른 낱말들이 발흥할 것이라고 확신할 수는 있다.

08

사모아 아동의 더러운 입

당신이 처음으로 말한 낱말이 무엇이었는지 알기 좋은 기회가 있다. 도움이 될지 모르겠지만, 나의 첫 낱말은 tick-tock이었던 것 같다. 내가 '것 같다'라고 말하는 이유는, 당신처럼 나도 생후 12개월이었을 때 일어났던 일은 개인적으로 하나도 떠올리지 못하기 때문이다. 다른 모든 사람들과 마찬가지로 생후 처음으로 말한 낱말이 무엇인지 우리가 알고 있는 이유는 단 하나이다. 이러한 낱말이 우리 정체성의 계시적인 단편이라고 믿는 부모님과 친척들이 이러한 낱말에 대한 이야기를 하고 또 해주었기 때문이다. 어쨌든 아이의 첫 낱말은 발달상의 결정적 이정표이다. 하지만 당신의 첫 미소나 첫 걸음마는 나의 첫 미소나 걸음마와 구별할 것이 거의 없는 반면, 첫 낱말은 개인에 대한 특이한 무언가를 알려준다. 우리는 어떤 아이가 맨 처음 한 말이 우리에게 그의 싹트는 정신생활, 즉 그의 가치나 관심사에 대해 무언가를 말해준다고 믿는 경향이 있다. tick-tock이라 말한 아이는 소리나 기계 장치에 특히 관심을 보일지도 모르고, 조급할지도 모른다. (내 아들이 그랬던 것처럼) 개의 이름을 맨 처음 말한 아이는 미래에 생물학자로서 살지도 모르고, 자기 부모보다 개가 더 흥미롭다고 생각할지도 모른다.

그래서 우리는 아이들이 생후 처음 하는 말에 관심이 많다. 특히 우리가 (개인적인 인연에 따라) 직접 보살피는 돌보미*일 때 그러하다. 개와 시계를 지칭하는 낱말은 사실 영어를 말하는 아이들의 첫 낱말로 비교적 드물게 나타난다.

훨씬 더 빈번하게 아이들은 맨 처음 자기 부모 중 한 사람을 부른다. 영국에서 수행한 2010년 설문 조사에 따르면, 정확히 63%의 부모들이 자녀들이 dada(아빠)나 mama(엄마)의 어떤 변이형을 첫 낱말로 말했다고 보고했다. 그리고 당신이 생각하는 비율이 아닐 것이다. 이 조사에서는 25%의 아이들이 (mom과 mommy를 비롯한) mama의 변이형을 자신들의 첫 낱말로 표현했다고 보고했다. 하지만 적어도 38%의 아이들은 (dad와 daddy를 비롯한) dada의 어떤 변이형으로 시작했다.[1]

영어를 말하는 아이들의 대부분이 표면상 부모나 돌보미, 다른 식구의 이름을 맨 처음 말한다는 사실은 많은 사람들이 직관적으로 이해한다. 왜냐하면 이 사실이 이러한 사람들이 아이들의 발달 세계의 가장 중요한 일원이라는 우리의 믿음과 잘 어울리기 때문이다. 하지만 관심만이 아이가 어떤 낱말을 맨 처음 말하는가를 충분히 설명하는 요인일 수는 없다. 결국 우리는 mama보다 dada를 먼저 말하는 아이들이 어머니보다 아버지에게 더 많은 관심이 있다거나 아버지를 더 사랑한다고 믿어야 할 이유가 전혀 없다. 노출 빈도가 또한 어떤 역할을 수행할 수도 있다. 아버지보다 어머니가 아이에게 더 많이 말하는 경우에는 자기 이름보다 다른 사람의 이름(예: dada)을 더 빈번히 언급한다. 그리고 이 문제에 관련해서는 어쩌면 어떤 낱말이 한 살 아이에게는 다른 어떤 낱말보다 발음하기 쉬울지 모른다.

전반적으로 아이가 왜 자신의 첫 말로 어떤 특정한 낱말을 조음하는지 그 이유를 말하기 상당히 어렵다. 그리고 영어 밖으로 옮겨가면 우리는 상황이 훨씬 더 복잡해짐을 알게 된다. 만일 내가 당신에게 아이들이 소리 내는 첫 낱말이 mama나 dada가 아닌 어떤 곳 – 예컨대 어떤 섬 – 이 있다고 말한다면 어떨까? 더욱이 어떤 아이는 맨 처음 이 낱말을 말하고 다른 아이는 저 낱말을 말하는

* (옮긴이) '직접 보살피는 돌보미'는 personally invested caregivers의 번역어로 '부모', '조부모', '형', '언니' 등 사적인 인연에 근거해 아이를 돌보는 양육자를 가리킨다. 반면에 국공립 탁아소나 유치원의 교사나 보모는 '공적인 계약에 따라 아이를 양육하는 사람'이다.

영어권 아이들과 달리, 이 섬의 아이들이 말하는 첫 낱말은 심하게 변하지 않는다. 이 섬에서는 모든 아이들이 동일한 낱말을 맨 처음 말한다. 만일 당신에게 이 낱말이 shit이라고 말한다면 어떨까? 그러면 아마도 아이의 첫 낱말이 무엇을 의미하는지와 이 낱말이 어디에서 오는지에 대한 당신의 생각이 바뀔 것이다.

1970년대 말 캘리포니아 대학교(UCLA)의 인류학자 엘리너 옥스(Elinor Ochs)는 아이들이 첫 낱말을 어떻게 습득하는지와 관련해 가장 놀랍다고 주장할 수 있는 발견을 기록했다. 옥스가 이 발견을 한 곳은 태평양 한가운데였다. 옥스는 사모아에서 연구를 수행하며 그곳 사람들이 상호 작용하고 언어를 사용하는 방식을 찾고 있었다.[2] 지역 사람들과 시간을 보내면서 그들의 일과를 관찰하고 그들의 경험에 대해 질문했다. 옥스가 그곳 어머니들에게 자녀의 첫 낱말이 무엇이었는지도 물었다. 의심할 바 없이 옥스는 영어나 다른 많은 언어로부터 우리가 익히 알고 있는 패턴의 노선을 따르는 어떤 낱말을 기대했다. 예컨대 식구들의 이름이나 동물 이름, 또는 흔한 사물을 칭하는 다른 명사[예: balls(공), bottle(병)], 또는 (영국 조사에서 드러난 바와 같이) beer(맥주)를 기대했다. 아마도 옥스는 많은 가변성도 또한 기대했다. 영어권 아이들의 절반 이상이 실제로 보모의 이름을 맨 처음 말하지만, 첫 낱말의 분포는 아주 다양하다. 나의 수업 시간에 학생들에게 질문하면 보통은 거의 학생들의 수만큼이나 첫 낱말의 수가 많다.

하지만 옥스가 자신에게 협조하고 있던 가정에서 어머니들에게 물었을 때는 완전히 뜻밖의 대답이 돌아왔다. 이 어머니들은 한 사람 한 사람 다 동일한 낱말을 언급했다. 우연히도 이 낱말은 명사였다. 하지만 특별한 명사로서 아주 구체적인 방식으로 사용되었다. 바로 *tae*였다. 이 낱말은 앞에서 암시한 것처럼 '엄마'나 '아빠'를 의미하는 것이 아니라, '똥(shit)'을 의미한다. 더 구체적으로 *tae*는 사모아어 표현 *'ai tae*의 약어이다. *'ai tae*는 '똥을 먹다(Eat shit)'를 뜻한다.

이 놀라운 사실은 아이들의 첫 낱말에 대한 우리의 생각을 완전히 뒤집는다. 이것은 아이의 첫 낱말이 단지 자신의 내적 가치 이상의 그 무엇에 의해 결정된다는 것을 의미한다. 분명히 이러한 가정의 아이들이 자신을 돌보아 주는 사람들보다 '똥 먹어라!'고 말하는 사람들을 더 소중히 여겼다는 것은 아니다. 아니, 다른 무언가가 작용하고 있었음에 틀림없다 — 아마도 아이들이 처음부터 계속 특정한 언어 표현을 접했을 수도 있고, 어쩌면 이 낱말의 발음과 관련이 있는 무언가로 인해 이 아이들에게는 특히 이 낱말이 쉬웠을 수도 있다. 앞으로 살펴보겠지만, 첫 낱말의 기원이 무엇인지와 첫 낱말이 무엇을 의미하는지에 대해 이 특별한 사모아 아이들과 (생후 첫 말로 '똥 먹어라!'라는) 상말을 하는 그들의 귀여운 입에 관한 이야기보다 더 분명히 밝혀주는 것은 아무것도 없다.

$ % !

왜 '똥'이 사모아 아이들이 말한 첫 낱말이었는가? 먼저 이들의 환경을 살펴보자. 어쩌면 우연히도 이 낱말이 아이가 접했던 주변 언어에서 특히 빈번했을 수 있다. 물론 아이들은 두 돌이 지나면 언어를 스폰지처럼 잘 흡수한다. 그들이 주의를 기울이고 있다는 것조차 당신이 몰랐던 낱말이 그들의 낮은 목소리로 당신에게로 되돌아온다. 그래서 아이들이 말하는 낱말은 흔히 부모들이 주의를 기울이지 않고 하는 말을 불안정한 방식으로 드러낸다. 이 사모아 아이들이 사람들에게 *'ai tae*(똥 먹어라!)라고 말하고 있는 이유가 부모들도 마찬가지로 이 표현을 여기저기서 불쑥 내뱉고 있기 때문이라는 추정은 합리적이다. 그냥 이 부모들의 행위가 그들의 어린 앵무새들에게 딱 걸렸다.

아이의 언어적 죄를 부모 탓으로 돌리는 것은 원칙적으로 합리적이다. 하지만 이 특별한 경우에는 아마도 사모아 아이들이 부모로부터 이 어구(*'ai tae*)를 배우지 않았을 것이다. 옥스가 물었을 때, 이 사모아 어머니들은 이 낱말의 근원이 자신들일 수 있다는 견해를 그 자리에서 철저히 거부했다. 이 어머니들은 자신들을 놀라 뒷걸음치게 하는 낱말을 아이들이 사용하고 있어서 당황스럽다고 말했다. 그리고 설령 우리에게 약간의 미심쩍음이 남아 있다고 하더라도, 즉 아마도 이 어머니들이 단지 자신들이 하고 있던 말을 자각하지 못했다거나 캘리포니아 출신의 약간 이상한 여인에게 이 견해를 인정하는 것이 당황스러웠을지도 모른다거나 어쩌면 아버지들이 이 문제의 근원일지도 모른다고 하더라도, 이 설명은 여전히 가능성이 없어 보인다. 얼마나 많은 요인을 줄 세워야 할 것인지 상상해 보라. *'ai tae*(똥 먹어라!)와 같은 경멸적인 말은 부모의 말에 아주 압도적인 빈도로 들어가야 아이들의 어휘부에서 친밀한 사람들이나 사물, 행위, 사건을 지칭하는 다른 낱말보다 앞선 선두 자리를 차지할 것이다. 그리고 이것은 모든 가정(家庭), 모든 부모에게 사실이어야 할 것이다. 이것은 옥스와 같은 주의 깊은 인류학자라면 누구라도 주목했을 유형의 부모 행위이다.

그래서 만일 우리가 부모가 이 낱말의 유일한 근원일 가능성이 없다고 생각한다면, 어쩌면 이 아이들은 환경 내의 어떤 다른 근원으로부터 이 낱말을 배우고 있을지 모른다. 물론 이것은 부모들이 하는 흔한 불평이다 — 당신은 사모아로 여행가서 부모들을 찾아가 아이가 저속한 어떤 말을 하는 법을 어디에서 배웠는지 물을 필요가 없다. 흔히 이 질문에의 답은 다른 아이들이다. 이 사모아 아이들은 부모가 아니라 더 나이 든 친척들과 이웃들의 말을 앵무새처럼 줄곧 흉내 내왔을 가능성이 있는가?

다시 한번 표면상으로는 이 추정이 그럴듯해 보인다. 나이 어린 이 사모아 아이들은 다른 아이들과 상호작용을 많이 했다. 이 마을의 어린아이들이 어떻게 양육을 받는지를 세밀히 살폈을 때, 옥스는 친숙한 북아메리카 방식과의 분명한 차이를 확인했다. 대부분의 미국 아이들은 대부분의 시간을 부모, 더 나이 든 친척, 유모, 돌보미, 교사 등 성인들의 보살핌 속에서 보낸다. 그러나 옥스가 관찰한 사모아 가정에서는 부모가 아주 어린 유아만을 주로 보살폈다. 일정한 시기가 지나면, 부모는 더 큰 자녀들을 불러다가 유아 동생을 우선 돌보도록 맡겼다. 그래서 한 살 아기를 더 가까이서 돌보는 일은 여섯 살 아이가 하고 어머니는 멀리서 감독하는 일만 할 수도 있다. 어린이가 어린이를 돌보고 있다.

따라서 어쩌면 부모보다는 오히려 다른 아동기 돌보미들이 어린 동생의 귀에 상말의 씨앗을 뿌린 책임이 있을지 모른다. 6세 아이들이 자기들끼리나 돌보고 있는 아이에게 *'ai tae*(똥 먹어라!)라고 말하는 것은 상상하기 어렵지 않다 — 특히 이 말이 아이 돌보미 자신의 첫 낱말이었다면 말이다! 사모아 유아들은 자신들의 첫 낱말('*ai tae*)로 이어진 (똥 관련) 상말 입력을 다른 어른들이 아니라 자신들을 보살피고 있는 더 나이 많은 아이들에게서 들었을지도 모른다. 이 돌보미 아이들 또한 자신들을 돌보았던 더 나이든 아이들에게서 욕하는 법을 배웠을지 모른다. 이런 식으로 계속 이어져 왔을 것이다.

이 견해는 쉽사리 무너지지 않는다. 비록 우리는 성인 돌보미들이 어린아이들에게 대부분의 언어적 안내를 제공한다고 상상하길 좋아하지만, 사실 아이들은 성인들보다 다른 아이들로부터 더 많은 것을 배우고 있을 때 어떤 단계에 재빠르게 도달한다.

발달심리학자 부부인 폴 블룸과 로이스 블룸(Paul and Lois Bloom)은 자기 자녀들에게 작은 실험을 하나 수행하면서 우연히 이 견해의 아주 분명한 한 실례를 접했다. 이 두 사람은 자녀들을 욕설을 하지 않도록 교모하게 유도할 수 있는지 알아보고 싶어서, 그들에게 만들어낸 저주 낱말을 사용하도록 내밀히 훈련시켰다. 그리하여 (욕설처럼 들리는) 가짜 욕설인 flep의 실패한 짧은 삶이 시작되었다. 두 자녀 중 첫째가 그루터기에 발끝이 걸려 넘어지면, 이 부부는 Flep!이라 외쳤다. 접시가 깨질 때는? Flep! 또 다른 빨간 신호가 나오면? Flep! 이렇게 계속 소리쳤다. 그렇지만 폴 블룸이 보고하는 바와 같이 이 훈련은 처절한 실패였다. 폴과 로이스가 flep!이라 외칠 때마다, 그들의 아이들은 마치 이 두 사람이 flep이라 소리치느라 정신이 나갔다는 듯 그들을 쳐다보았다.[3]

일단 일정한 나이에 이르기만 하면, 실제로 아이들은 자기 언어의 대부분을 또래와 나이가 더 많은 아이들로부터 배우고, 부모로부터 듣는 말을 아주 능숙하게 무시한다. 스티븐 핑커가 지적한 그대로 말이다.[4] 그 결과로 흔히 아이들은 부모들이 사용하지 않고 심지어는 알지도 못하는 낱말을 입에 달고 집에 온다. 아이들은 또한 부모들이 결코 상상하지 못할 방식으로 부모들이 실제로 아는 낱말을 사용하면서 집으로 온다. 상말은 또래들로부터 배울 가능성이 특히 높다. 이것은 단지 저녁 식탁보다 운동장에서 상말을 할 가능성이 높기 때문만이 아니라 아이들이 이 상말을 사용하는 목적 때문이기도 하다. 상말은 아이들이 부모로부터 배우는 mama나 bottle, 그 밖의 다른 낱말과는 다르다. 아이들이 자신들이 누구인지를 보여주는 방식 — 자기 자신의 정체성을 힘써 만드는 방식 — 으로 상말을 사용한다는 점에서 그러하다.

그리고 대부분의 아이들에게는 정체성의 많은 부분이 또래들과의 관계 속에 둘러싸여 있다. 그 결과 가장 먼저 사용하는 낱말은 아이들이 보호자에게서 배우지만, 금기어를 비롯해 더 나중에 사용하는 낱말은 다른 아이들에게서 배우는 경향이 있다.

그러나 부모의 욕설과 마찬가지로 아이들을 보살피는 아이들도 사모아어 *'ai tae*의 경우에 대한 만족스러운 설명을 제공하지 않는다. 우선 옥스가 관찰했던 부류의 일관성을 얻으려면 아이 돌보미들이 들인 조직화된 노력이 필요할 것이다. 전언에 의하면 부모들이 가하는 열정적인 전면 압박에도 불구하고 단지 63%의 영국 아이들만이 mom이나 dad의 변이형을 맨 처음 말한다는 점을 생각해 보라. 분명히 아이를 보살피는 어린이들은 주도면밀하게 의도했든 안 했든 *'ai tae*로 그렇게 엄청난 일을 해낼 수 없었다.

요약하면 환경적 요인 — 사람들이 아이들 주변에서 말하는 방식 — 은 우리의 주의를 다른 데로 돌리는 요인으로 보인다. 사모아어 *tae*를 위한 또 다른 설명이 있음에 틀림없다.

$ % !

만일 주변 낱말만이 *tae*를 생후 첫 낱말로 사용하도록 아이들을 온전히 이끌지 않았다면, 어쩌면 그 이유는 그들이 듣는 말보다 조음할 수 있는 말과 점점 더 많은 관련성이 있을지 모른다. 아이들은 결국 자기 언어의 소리들을 다 숙달하게 된다 — 두세 살쯤에는 귀에 들어오는 대부분의 입말 소리를 아주 능숙하게 따라 한다. 비록 그렇기는 하지만, 처음부터 그렇게 능숙하지는 않다. 말하기를 배우는 것은 어렵다. 어쩌면 *tae*는 한 살 아이가 발음하기 정말 쉬울지 모른다.

다시 한번 *tae* 수수께끼에 대해 이 설명을 추천할 요인은 많다. 그래서 이 설명을 그 성분들로 쪼개어보자. 첫째, 이 설명은 언어를 조음하는 방법을 배우는 것이 어렵다고 가정한다. 이것이 사실이라고 우리는 알고 있다. 당신이 한 살이고 첫 낱말을 발음할 준비가 거의 다 되어 있다고 가정해 보라. 당신 주변의 사람들이 입술을 위아래로 퍼덕이고 있고 소리 ― 예컨대 영어나 사모아어의 소리 ― 가 나오고 있다. 생각해 보니 이 활동은 당신도 할 수 있을 것 같다. 하지만 당신은 파악할 것이 많이 있다. 무엇보다도 당신은 중요한 소리가 무엇인지 모른다 ― 즉 어떤 차이가 주의를 기울일 가치가 있는지 모른다. tuck의 첫 소리는 truck의 첫 소리와 달라 보인다(낱말 truck의 첫소리는 우리가 ch라고 쓰는 철자와 더 비슷하게 소리 난다). 이 차이는 당신이 이 두 소리를 다르게 발음해야 할 정도로 정말 중요한가? 더욱이 입술과 피부가 성도(vocal tract)의 대부분(폐, 후두, 연구개 등)을 가리기 때문에, 당신은 사람들이 발음할 때 일어나고 있는 많은 일을 볼 수 없다. 그래서 당신은 추론을 통해서 또한 당신 자신의 성도에 대한 시행착오 탐색을 거쳐 언제 무엇을 이동해야 하는지 계산해 내야 한다. 그리고 마지막으로 낱말의 조음을 배우는 것이 어려운 까닭은, 설령 당신이 어떤 소리가 중요한지와 어떻게 그 소리를 발음해야 하는지를 안다고 하더라도 여전히 이 소리를 발음하기 위해서는 실제로 훈련 과정을 거쳐야 할 것이기 때문이다. 당신은 입술 열기나 후두 작용과 같은 다양한 행위를 바르게 해야 하고, 그것도 적시에 수행해야 한다. 후두 작용을 몇 밀리초 늦추면, 우연히도 b음 대신에 p음이 생성될 수도 있다. 그리고 이 모든 행위가 단지 한 소리를 내기 위한 것이다. 어떤 주어진 낱말에 필요한 소리들을 실시간에서 올바른 순서로 정확히 연결하는 것은 훨씬 더 까다롭다. 그래서 우리는 그 결과로 아이들이 낱말을 발음하기 위해 초기부터 계속 체계적으로 분투한다는 것을 안다.

'아이들이 낱말 *tae*를 말하는 이유는 조음하기 쉽기 때문이다.'는 설명은 또한 모든 소리가 다 똑같이 발음하기 어려운 것은 아니라고 가정한다. 이 가정도 역시 사실이다. 일부 소리는 다른 사람들보다 어린아이들에게 더 자연스럽게 다가온다. 대략 6개월쯤 유아는 dadada나 bidubidubidu와 같은 무의미한

(일련의) 소리를 생성하는 옹알이를 하는 발달 단계에 들어간다. 그리고 이 유아들이 내는 특정한 소리들은 놀라울 정도로 일관성이 있다.[5] 이 일관성은 어떤 문화·언어의 내부뿐만 아니라 여러 문화·언어 사이에도 존재한다.[6] 선도적인 이론가들은 심지어 아이들이 조음하는 구체적인 소리를 비롯한 옹알이가 태어날 때부터 보유한 보편적인 유전적 프로그램의 일부라는 제안과, 옹알이가 2차 성징이나 폐경처럼 개인의 자연적인 예정된 성숙의 자동적인 일부라는 제안을 하기도 했다.[7]

전 세계의 유아들이 옹알이 중에 생성하는 초기 소리를 들을 때, 아이들 주변에서 시간을 보내는 어느 누구도 놀라워하지 않을 것이다. 자음에 관한 한, 옹알이에서 당신이 보통 발견하는 자음에는 m, n, b, d가 들어가고, 이러한 소리 뒤에는 흔히 p, h, f, t, k, g, f, w가 온다.[8] 모음의 경우에는 여러 언어에서 아이들이 초기부터 계속 당신이 ee, ey, uh, ah라고 전사할 수도 있는 모음을 조음하는 데 더 능숙한 것으로 보인다.[9]

물론 인간 발달을 추동하는 선천적인 성향과 관련해 거의 모든 주장이 있는 것처럼, 이와 충돌하는 증거도 있다. 예컨대 한때는 청각 장애 아동들이 청각 보유 아동들과 똑같이 옹알이를 한다고 믿은 적도 있었다 ― 이것은 옹알이의 보편적인 유전적 토대를 뒷받침하는 상당히 분명한 반박 불가 증거일 것이다.[10] 그러나 더 철저한 여러 연구에 따르면, 청각 장애 아동은 청각 보유 아동에 비해 몇 개월 뒤인 생후 약 10개월 때까지 언어적 옹알이를 시작하지 않는다.[11] 동시에 청각 장애 아동들은 손짓 옹알이 ― 언어와 같이 반복적이고 정형화된 손의 움직임 ― 를 실제로 일찍 시작한다.[12] 청각 장애 아동들의 언어적 옹알이가 늦다는 사실과 함께, 그들이 손짓 옹알이를 한다는 사실은 (아이들의 귀에 들어오는) 언어적 입력이 (청각 보유) 아이들이 행하는 현재의 옹알이에 중요하다는 것을 암시한다. 더욱이 아동을 둘러싸고 있는 언어가 그가 생성하는 소리를 구체화할 수 있음을 예증하는 다른 증거도 있다.[13]

그럼에도 불구하고 초기의 입말 소리 ― 적어도 청각 보유 아동들이 내는 소리 ― 는 비교적 예측 가능하다. 그리고 아이들이 그러한 입말 소리를 조합하여 만

s	p	a	gh	e	tt	i
|	|	|	|	|	|	|
C	C	V	C	V	C	V

들어내는 음절도 역시 그러하다. 2장에서 논의한 바와 같이, 음절은 낱말을 구조화하는 리듬 단위이다. 그리고 모든 음절이 똑같이 아이들에게 쉬운 것은 아니다. 음절은 여러 다른 형태로 나타난다. 가장 단순하게 어떤 음절이든지 하나의 모음을 중심으로 구조화되며 하나의 자음이나 둘 이상의 자음이 선택적으로 이 모음의 앞이나 뒤에 온다고 당신은 생각할 수 있다. 그래서 만일 우리가 자음과 모음을 각각 C와 V로 표기한다면, the는 CV 음절일 것이다. (중요하게도 the가 CCV가 아닌 것은 우리의 논의 초점이 철자가 아니라 발음에 있기 때문이다. 낱말 the에 단지 하나의 자음과 하나의 모음이 있는 것은 두 문자 th가 단 하나의 자음을 나타내고 이 소리는 혀를 윗니와 아랫니 사이에 두어 그 사이로 통과하는 공기의 흐름을 방해하는 방식으로 생성되기 때문이다. 실제로 고대 영어와 중세 영어에서는 이 소리를 단 하나의 글자 þ로 썼다.) 가장 단순한 음절은 낱말 a나 I와 같이 V 음절이다. 아이들은 V 음절의 생성에 아주 능숙하다. 심지어는 it이나 up과 같은 VC 음절도 꽤나 잘 생성한다. 그러나 초기에는 계속 아이들이 CV 음절을 선호하는 것으로 보인다. mama나 dada와 같은 낱말에 그 증거가 있다. 이러한 낱말은 각각 CV 음절 하나를 단지 두 번 반복한다.[14]

우리가 CV 음절이 어린아이의 디딤돌이라고 알고 있는 것은, 그들이 더 복잡한 낱말을 흉내 내려고 시도할 때조차도 흔히 이러한 낱말을 이 틀에 맞게 축소하기 때문이다. 흔히 접하는 한 사례는 spaghetti이다. 이 낱말을 음절로 표시하면, 위에서 볼 수 있듯이 CCVCVCV이다.

첫 음절 spa가 흔히 아이들을 헷갈리게 한다. 아이들은 이 낱말의 발음을 단순화하여 이 음절을 우회한다. 흔히 하나의 음을 빼고 paghetti로 발음하거나 심지어는 한 음절을 몽땅 빼고 ghetti라고 발음한다. 이러한 축약이 우리에게 중요한 것은 아이가 말하는 것이 아이가 듣는 것과 다르기 때문이다. 이것은 어떤 주어진 나이에 무엇은 말할 수 있고 무엇을 말할 수 없는지를 우리에게 알려준다. 일반적으로 생후 1년쯤 아이들은 CV와 V, VC 음절에 능숙하며, 일련의 소리를 상당히 능숙하게 낸다.

그래서 우리는 입말 소리를 발음하는 법을 배우는 것이 어렵지만 모든 소리의 발음이 똑같이 어렵지는 않다는 것을 분명히 보여주었다. 아이들은 첫 소리와 첫 음절을 생성할 때 대체로 유사한 경로를 따른다. 이것은 아이들이 삶 속에서 낱말 같은 특정한 소리 연쇄를 일찍 조음하고 주변 언어의 낱말을 특별한 방식으로 단순화할 가능성이 더 높음을 의미한다. *tae*는 그저 전형적으로 일찍 배우고 조음하기 쉬운 소리들의 우연한 조합일 수도 있을까?

이 질문에 답하기 위해서는 이 낱말을 쪼개볼 필요가 있다. t는 아이들이 일찍 조음하는 입말의 좋은 후보처럼 보인다. 그러나 t는 당신이 생각하는 그런 방식으로 발음되지 않는다. 철자는 기만적일 수 있다. 철자 t를 지닌 사모아어 낱말은 오직 격식체 말에서만 영어의 t처럼 발음한다. 누군가에게 *'ai tae*(똥 먹어라!)라고 말하는 경우와 같은 비격식체 사용역에서는 t를 k처럼 발음한다.[15] (만일 이것이 비합리적으로 보인다면, 이에 비해서 영어 정자법이 얼마나 더 이상한지 생각해 보라. t가 tree와 nation, the에서 어떻게 발음되는지 비교해 보라.) 그래서 *tae*의 발음은 k로 시작한다. k는 전 세계의 아이들이 약간 늦게 숙달하는 소리로서, 보통은 m과 n, b, d를 숙달하고 난 뒤에야 비로소 실시간으로 나타난다. (k로 소리 나는 철자 t) 다음에 *ae*가 나타난다. 이 소리는 이중모음이다. 당신은 당연히 영어의 이중모음과 친밀할 것이다. 영어에는 이중모음이 아주 많이 있기 때문이다. 이중모음은 단지 입의 한 부위에서 시작하여 다른 어떤 부위에서 끝나는 모음이다. 예컨대 영어 낱말 night와 out의 모음이 이중모음이다. *tae*의 이중모음은 night의 모음과 비슷하지만, 입이 약간 더 넓게 벌어진 상태에서 끝난다. 결론적으로 *ae*는 복잡한 소리이다. 정확히 아이들의 생후 첫 낱말에 나올 만한 그런 소리가 아니다.

요약하면 *tae*는 아이가 발음하려고 도전하기에 적절할 것처럼 보인다. 이 t 철자 — 즉 k 소리 — 는 아이들이 가장 빠르게 조음한다고 표상되는 소리에 들어 있지 않다. 비록 그 이후에 곧 실제로 함께 나타나기는 하지만 말이다. *tae*의 이중모음은 그 자체가 쉽지 않을 것이다. 그래서 아이들이 입말 소리를 탐구하는 과정의 일부로서 정확하게 *tae*를 규칙적으로 조음할 것이라는 생각은 무리한 확대 해석이다. 그리고 설령 아이들이 그렇게 한다 하더라도, 이것은 그들이 조음하고 있을 수많은 음절의 하나에 불과하고, 보통은 그들이 맨 처음 조음하는 음절에 들어 있지 않을 것이다.

그래서 다음 의문이 여전히 남는다. 왜 (사모아 부모들은) 이 드물고 다소 도전적인 음절을 사모아 아이의 첫 낱말로 해석하는가? 이 질문에 답을 하고자 우리의 논의는 부모에게로 되돌아갈 것이다. 결국 영어를 말하는 유아들도 역시 많은 점에서 바로 이 음절과 비슷한 어떤 소리를 조음한다고 추정할 수 있다. 그렇지만 영어권 부모들은 좀처럼 자녀들의 첫 낱말을 caw(까마귀)나 kite(연)라고 기록하지 않는다. 애초에 적어도 본보기 행위의 측면에서는 *tae*의 근원이 부모가 아니라고 말했다. 그렇지만 옹알이를 하는 동안에 홍수처럼 쏟아지는 수많은 낱말 후보와 옹알이 다음의 수많은 단일 음절에 직면해서 사모아 부모들이 왜 이 특별한 소리(*tae*)를 자녀의 첫 낱말로 해석하는지를 이해하려면 다시 이 부모들에게 우리의 주의를 돌려야 한다.

$ % !

전 세계의 다양한 언어를 사용하는 아이들이 자신을 둘러싼 모어의 상당한 영향을 받아 옹알이와 초기 단어 시도를 통해서 대체로 유사한 소리 패턴을 생성한다고 가정하자. 이 경우에는 몇 가지 요인이 아이 돌보미가 무엇을 아이의 첫 낱말로 간주하는가를 결정한다. 물론 이러한 요인 중 적지 않은 부분이 아이 돌보미가 사용하는 언어의 낱말들이다. 만일 당신의 아이가 dada처럼 소리 나는 어떤 소리를 생성하고 당신의 언어에 이와 비슷한 어떤 소리를 지닌 낱말이 있다면, 당신은 이 낱말을 아이의 첫 낱말로 해석할 가능성이 있다.

그러나 어쩌면 더 중요한 것은 아이가 어떤 부류의 낱말을 말할 가능성이 높은가에 대한 당신의 기대이다. 만일 아이가 dada와 같은 어떤 말을 한다면, 아이 돌보미는 이 말을 dada나 daddy의 유사물이라고 해석할 수도 있다. 그러나 생후 1년쯤 된 유아들이 내뱉는 낱말 비슷한 발성은 주위 언어의 특정한 소리를 잘 사용하지 않기 때문에, 아빠를 가리키는 dada보다 20세기 초반의 유럽 전위미술 운동 Dada(다다)와 더 비슷하게 들릴지도 모른다. 전위미술 운동 Dada의 발음은 아빠 dada의 발음과 약간 다르다. 이 동일한 발성은 dawdle이나 ta-ta나 duh-duh와 많이 또는 훨씬 더 비슷하게 들릴지도 모른다. 아이 돌보미가 이 중의적인 소리 연쇄가 dada의 초기 유사물인 이유라고 가정하는 부분적인 이유는, 1세 유아에게 Dadaism(다다이즘)이나 dwadling(꾸물거림)에 대한 특별한 관심이나 지식이 없을 것이라는 믿음 때문일지도 모른다. 아니다, 아이 돌보미는 아이가 Dad(아빠)에 관심이 있다고 가정한다.

그리고 이 두 요인은 인과적으로 관련이 있다. 역설적이게도 아이 돌보미의 가정은 어떤 언어가 선택의 근원으로 삼아야 하는 낱말에 영향을 준다. 이제 설명해 보자.

1장에서 우리는 음성상징(이나 의성어)이라는 예외가 있기는 하지만 구어의 낱말 대부분이 자의적이라는 사실을 살펴보았다. 그러나 나는 그때 또 하나의 예외를 얼버무리고 넘어갔다. 세계의 언어들은 부모 명칭의 놀라운 체계성을 보여준다. 대체로 관련성이 전혀 없거나 아주 약한 수많은 언어들에 있는 위의 mom 대응어와 dad 대응어 목록을 살펴보라[이 목록은 이 주제에 대한 재미있는 한 논문에서 래리 트라스크(Larry Trask)가 수집했다].[16]

이 목록에 있는 mother의 거의 모든 대응어에는 m이 들어 있고, 그렇지 않은 대응어에는 n이 들어 있다. father의 대응어는 가변성이 더 높지만, 옹알이에서 더 빈번하게 우리의 눈에 띄는 동일한 무리의 소리 – 모음 a와 함께 오는 b, p, d, t – 를 여전히 사용한다. 1959년에 인류학자 조지 머독(George Murdock)은 세계의 언어 중 거의 500개 언어의 부모 명칭에 대한 아주 거대한 조사 보고서를 출간했다.[17] 절반 이상(52%)의 언어에 m이나 n을 사용한 mother의 대응어가 있었다. 다시 한번 father의 대응어는 더 높은 가변성을 보여주었지만, 절반 이

언어	'Mother'	'Father'
스와힐리	mama	baba
키쿠유(동아프리카)	nana	baba
코사(남아프리카)	-mama	-tata
타갈로그(필리핀)	nanay	tatay
말레이	emak	bapa
루마니아	mama	tata
웨일즈	mama	tata
우르두	mang	bap
터키	ana, anne	baba
피필(엘살바도르)	naan	tatah
코본(뉴기니아)	amy	bap
바스크	ama	aita
헝가리	anya	apa
다코타(미국)	ena	ate
나후탈(멕시코)	naan	ta'
루오(케냐)	mama	baba
아팔라이(아마존)	aya	papa
체첸(코카서스)	naana	daa
크리(캐나다)	-mama	-tata
퀘차(에콰도르)	mama	tayta
만다린 중국어	mama	baba

상(55%)의 대응어가 pa, po, ta, to라는 네 음절 중 하나를 가지고 있었다. 분명히 이것은 임의적이 아니다. 어떤 과정(들)의 작용으로 인해 세계의 이 많은 언어에 비슷한 소리를 지닌 mother 대응어나 father 대응어가 들어 있음에 틀림없다.

이 설명은 음성상징*이 아니다. 어머니들이 어떤 낱말로 명명할 수도 있는

* (옮긴이) 음성 상징: 의성어나 의태어처럼, 낱말의 음성과 의미 사이에 밀접한 연관성이 있다는 언어학의 한 견해이다. '개굴개굴', '꼬끼오' 따위의 소리를 듣고 '개구리', '닭' 등을

다른 어떤 대상보다 m이나 n 소리와 다소 비슷하게 들리지는 않기 때문이다. 이 설명은 인간이 10만 년 전에 사용한 낱말이 오늘날까지 보존되어 왔다는 어떤 종류의 언어 창시자 효과 때문도 아니다. 이것은 불가능할 것이다. 세계의 언어들에서 낱말이 얼마나 빠르게 바뀌는지를 고려한다면, (만일 그러한 분지가 실제로 일어난 일이라면) 모든 언어들이 서로 갈라지기 전의 어느 한 시기에 사용한 낱말들은 지금쯤은 완전히 인식 불가능할 것이다. [세계의 언어가 정말로 하나로 통합되어 있다가 어느 시기에 갈라졌는지의 사실 여부를 판단하기는 아직은 이르다.]

아니다, 세계의 언어들에 mama-나 papa-와 비슷한 낱말이 존재하는 것은 부모들이 자신이 듣고 싶은 것을 듣기 때문이다.

러시아 볼셰비키 혁명의 망명자로서, 제2차 세계대전 중 미국으로 다시 망명해 예일 대학교에서 교수직을 얻기 전 20세기 초반 언어학계의 유력한 프라하 학파를 설립한 영향력 있는 언어학자 로만 야콥슨(Roman Jakobson)은 지금까지 어느 누구보다도 이 현상을 더 잘 설명했다.[18] 야콥슨은 부모들이 자녀들이 무엇을 말할 것인가에 대한 여러 기대를 하고 있으며, 자녀들이 자기에 대해 말할 것이라고 구체적으로 기대한다고 주장했다. 전 역사에 걸쳐서 아버지보다 어머니들이 생물학적 이유와 문화적 이유로 유아들과 더 많은 시간을 보내는 경향이 있기 때문에, 그들은 흔히 가장 가까이에서 자신들의 뜻대로 이 가정을 채택해 왔다. 그리고 (가장 최근에 나온 영국의 조사 보고서의 발견과는 반대이지만) 아이들이 가장 흔하게 ada나 papa보다 먼저 mama와 비슷한 어떤 말을 생산하기 때문에, mama가 어머니를 지칭한다는 해석이 나온다.

이것은 어떤 언어에 어머니에 해당하는 mama와 같은 낱말이 이미 있을 때 특히 사실이지만, 그렇지 않을 때조차도 역시 사실이다. 부모들은 빠르게 성인들이 언어를 사용하는 방식과 아이들이 그 사용을 흉내 내는 방식 사이의 편차를 고려한다. 그래서 흔히 아이 돌보미들은 아이들의 일탈적인 낱말과 발음을

떠올리거나, '방긋방긋'이란 소리를 듣고 '웃는 아이'를 떠올리는 관계가 바로 음성 상징의 한 사례이다.

성인들의 등가 낱말과 발음에 대한 대리물로 수용한다. 만일 내 자녀가 나를 daddy라고 부를 것이라고 나는 기대하지만 그가 dahdah와 비슷한 어떤 말을 하고 있다면, 나는 이 말을 수용할 것이다. 그러나 부모들은 더 멀리 나아간다. 그들은 아이가 하는 말을 기존 낱말의 한 사례로 범주화할 뿐만 아니라, 빈번하게 그 말을 따라 하고 다시 사용하고 강화한다. 생후 14개월에 내 아들은 night-night의 t 소리를 발음할 수 없었(거나 그냥 발음하지 않았)다. (예상한 대로 그가 CVC 음절을 CV 음절로 바꾸었다는 점에 주목하라.) 그래서 집안의 나머지 식구들은 내 아들의 말을 따라 했고, 그에게 nigh-nigh(안녕하고 자러 갈) 시간이라 말했다. 생후 15개월에 내 아들은 lifeguard의 발음을 할 수 없었다. 수영장에서 내 아들이 먼저 gar-gar라고 말하자 우리는 그대로 따라 했다. 성인들은 이러한 방식으로 접근해서 아이 돌보미들이 특정한 사물을 의미한다고 해석하는, 아이들에게서 유래한 변화를 수용한다. 그 결과 언어는 변화한다. 충분히 많은 성인들이 어떤 낱말을 사용할 때, 이 낱말은 결국 해당 언어의 낱말이 된다. 그리고 이 과정에 의해서 설령 어떤 언어에 처음에는 mama와 같은 낱말이 없다 하더라도, 이 언어는 한 세대 안에 그 낱말을 얻을 수 있다.

이것은 왜 그렇게 많은 언어에 mother나 father의 그렇게 비슷한 대응어가 있는지 설명해 준다. 그리고 mother와 father의 대응어들이 유사하지 않을 때조차도 왜 아이들이 발음하기 수월한지도 역시 설명해 준다. 이러한 대응어가 수월한 것은 진화와 문화적 기대, 문화적 변화의 상호작용 때문이다. 진화는 아이들에게 특정한 단계에서 특정한 소리를 발음하는 능력과 기질이 유사한 뇌와 몸을 부여했고, 문화적 기대는 아이 돌보미들이 자녀들에게 적용한다. 그리고 수많은 세월의 시간 척도상에서 문화적 변화가 일어나고 이 과정에서 언어의 변화가 공동체 내에 정착한다.

이 점을 염두에 두고서 우리의 관심을 다시 사모아어로 돌려보자. 사모아어에는 실제로 mother와 father에 각각 대응하는 낱말인 (/kina/와 /kama/로 발음되는) tina와 tama가 있다. 그러나 옥스의 연구는 이 둘 중의 어느 것도 아이들의 첫 낱말로 보고하지 않았다. 물론 그 첫 낱말은 *tae*(똥)였다. 그렇다면 야콥슨의 설명은 왜 여기에 또한 적용되지 않는가? 왜 사모아의 어머니들은 전 세계의 어머니들처럼 믿으려 하지 않았을까? 자녀들의 해석 가능한 첫 낱말이 어머니를 가리킨다고 말이다. 옥스에게 협력하고 있던 사모아 부모들은 아이들에 대한 특정한 믿음을 가지고 있었으며, 이 믿음이 그들을 다른 논리적 경로로 안내했다. 이것은 나에게 놀라움으로 다가왔다 — 비록 어쩌면 전 세계의 문화가 어떻게 다른지 더 잘 알고 있는 인류학자들에게는 그렇지 않았을 테지만 말이다.

여기에 옥스의 연구에서 함께 활동했던 사모아의 시골사람들이 자녀들에 대해 생각했던 방식이 있다. 이 서술은 옥스 자신이 설명했던 그대로이다.[19]

> 사모아어의 관점에서 나이 어린아이는 사람들을 사회적으로 파괴적인 방식으로 행동하도록 인도하는 자연적 충동인 아미오(amio)의 영향을 심히 받는다. 유아들과 어린아이들은 교회 예배 중이나 공식적인 주요한 의회 회의 중에 달리며 외치는 것이나 돌보미에게 돌을 던지는 것, 형제자매 등을 때리는 것과 같은 그러한 무도한 행위를 한다. 왜냐하면 그들이 아미오를 억제할 …… 능력이 없(다고 믿)기 때문이다.[20]

이 사모아 부모들은 자녀들을 통제 불가능하고, 무절제하고, 사회적으로 파괴적이라고 여겼다. 무엇이 어떤 사람을 그러한 믿음으로 이끄는지는 이해하기 어렵지 않다. 내 자신도 집에 억압할 수 없는 30파운드짜리 아미오가 있다. 이 사모아 어머니들과 예컨대 내 가정의 차이는 사모아인들이 아이들을 통제 불가능하다고 생각하는 반면, 우리는 그렇게 생각하지 않는다는 것이 아니다. 이 차이는 이 일련의 믿음과, 아이들이 소통을 처음 시작하는 귀여운 존재로서 다른 사람과의 분명한 상호작용을 추구한다는 생각 사이의 균형에 있다. 이 균형추에서 나의 가정(家庭)은 후자의 생각이 조금 더 많으며, 사모아 어머니들은 전자의 믿음이 더 많다. 그리고 만일 당신이 아이들이 아미오의 지배를 받는다고 생각하는 경향이 더 많다면, 그들이 무슨 말을 할 것인가에 대한 당신의 기대는 이 믿음을 반영할 것이다. 마치 아이들이 언어를 통해 부모와 연결을 맺으려고 시도하고 있다는 당신의 믿음에서 그들이 돌보미의 이름을 맨 처음 말할 것이라는 당신의 기대가 생겨날 것처럼 말이다. 통제 불가능하고 무절제하고 사회적으로 파괴적인 어린 사람들은 주변 사람들에게 *'ai tae*(똥 먹어라!)라고 말할 가능성이 더 높다. 그래서 영어를 말하는 북아메리카 사람은 아이가 내뱉는 ka처럼 소리 나는 어떤 말을 car나 cat으로 해석할지도 모른다. 하지만 얼핏 보기에 옥스의 연구를 도운 사모아 부모들은 자신들의 기대로 인해 자녀의 어린 아미오가 반사회적 경구를 토하고 있다고 믿게 되었을 것이다.*

그래서 욕하는 사모아 어린이들의 신비는 끝이 난다. 이 부모들이 예외적인 이유는 그들이 우연히 극악한 자녀를 가지고 있기 때문이라거나, 그들이 유아 자녀들 앞에서 자기도 모르게 부주의하게 욕설을 입 밖에 냈기 때문이 아니다. 전 세계의 돌보미들처럼, 이 사모아 부모들도 그들의 기대가 그들의 믿음에 영향을 미칠 수밖에 없었다. 자녀들의 고르지 못하고 부정확한 발성에서, 이 부모들은 자신들이 듣고자 기대하는 말을 들었다. 달리 말하면, 이 특별한 경우에 아이들은 더러운 입을 가지고 있지 않으며, 성인들이 더러운 귀를 가지고 있다.

* 사모아 어머니들은 옥스에게 다른 어떤 말을 했다. 옥스는 매우 친절하게 나에게 이 말을 전해주었다. 그 어머니들은 어떤 수준에서는 자녀들이 자기 보호를 위해 강인해지는 것을 좋아한다고 옥스에게 말했다. 자신을 위해 반항하는 것은 유용한 생존 도구일 수 있다. 그래서 그 어머니들이 설명했듯, '때로는 나쁜 것이 좋은 것이다.' 이 믿음 덕택에 이 부모들은 상말을 더 쉽게 듣게 되었을지도 모른다.

09

연약한 어린애 마음

2014년 여름 대니얼 울프(Danielle Wolf)는 사우스캐롤라이나주 노스오거스타(North Augusta)의 한 슈퍼마켓에서 자신의 두 자녀 앞에서 욕설을 내뱉은 뒤 체포되었다. 이 사건의 소문은 사람에 따라 다르다. 울프가 다음 말을 했다는 데는 모두가 동의한다. "그만해 씨팔, 빵 뭉개지잖아!(Stop squishing the fucking bread!)"[1] 그러나 그녀가 누구에게 이 말을 했는지를 두고 약간의 논란이 있다. 울프는 남편에게 이 말을 했다고 주장한다. 그녀는 남편이 냉동피자를 쇼핑카트에 내던지는 바람에 그 아래에 있던 빵이 짓뭉개지고 있었기 때문이라고 말했다. 한 목격자는 울프가 자기 자녀들에게 이 욕설을 했다고 주장한다. 여하튼 이 자녀들은 이 욕설이 들리는 곳에 있었다. 이 목격자가 경찰에게 전화를 했고 울프는 풍기문란 행위로 체포되었다. 노스오거스타시 조례(§ 16-88[12])에 따르면, 풍기문란 행위에는 '화난 상태에서 다른 사람의 면전에서 추잡하거나 외설적이거나 음란한 상말이나 감탄성 상말을 내뱉는 행위'가 들어간다.[2]

그리고 (나는 사우스캐롤라이나주의 이상한 행위를 예상할 어떤 이유가 있음을 암시하고 있지 않기 때문에) 이 일을 단지 사우스캐롤라이나주의 특수성이라고 생각하지 말라.[3] 아주 비슷한 일이 바로 내 집 뒤뜰인 남부 캘리포니아에서도 일어났다. 리버사이드 시에 있는 캘리포니아 대학교(UC Riverside) 박사과정 학생인 엘리자베스 베너블(Elizabeth Venable)은 존 웨인(John Wayne) 공항에서 주변에 들릴 정도로 한 친구와 함께 상말을 사용했다. ≪로스앤젤레스 타임스

(Los Angeles Times)≫의 보도에 따르면, 오렌지카운티의 한 보안관 대리는 '주변에 몇 가정이 어린아이들과 함께 있음에 주목하고서' 베너블에게 "공항에 있는 동안 언어 사용에 주의해 주십시오."라고 요청했다.[4] ≪오렌지카운티 레지스터(Orange County Register)≫에 따르면, 베너블은 "[감탄성 상말을] 말하는 것이 [감탄성 상말] 법 위반이에요?"라고 물었다.[5] 비록 이 신문이 이 감탄성 상말이 무엇인지 보도하지 않았지만, 우리는 교육과 경험을 바탕으로 논리적인 추측을 할 수 있다. 바로 이때 이 보안관 대리는 베너블에게 법정 소환을 공지했다. 이후에 그녀는 두 가지 경범죄로 기소되었다. 하나는 풍기문란이고 다른 하나는 치안 방해이다. 그녀가 위반했던 법은 구체적으로 존 웨인 공항에 적용되는 오렌지카운티의 한 조례로 보인다. 이 조례는 사람들에게 "질서를 저해하거나 볼썽사납거나 외설적인 행위나 다른 어떤 불쾌 유발 행위를 자행하지 못하도록 금한다." 영화에서 이 '듀크'(배우 존 웨인의 별명)는 상말 사용을 정말로 강력하게 반대했다. 이 점을 고려해 본다면, 그가 자기 이름을 딴 이 공항에서 이루어진 이 조례의 집행을 직접 승인하지 않았을까? 그냥 내 상상이다.

분명히 말하자면, 상말에의 직간접적인 노출을 제외하면 두 경우 다 아이들을 비롯한 어느 누구에게 해를 끼치고 있다는 문제가 전혀 없다. 울프는 물리적으로나 언어적으로 자녀를 학대한 혐의로 기소되지 않았고, 베너블도 어린이들을 공항에서 위협했다는 혐의로 기소되지 않았다. 그들을 법정으로 데려간 행위는 아이들 주변에서 fuck을 입 밖에 낸 것이었다. 이러한 법이 특히 헌법에서 보장하는 표현의 자유와 관련해 헌법에 합치하는지에 대해서는 할 말이 많다. 이 주제는 이 책의 뒷부분에서 다시 다룰 것이다. 현재는 단지 상말에의 노출이 아이들에게 해를 끼친다는 깊숙이 자리 잡은 우리의 믿음, 즉 우리의 법체계와 사회적 관행 속에 고착화된 믿음을 부각하기 위해서 이 두 사건을 언급한다.

만일 상말이 해를 끼친다면, 우리는 주의를 기울어야 한다. 사회와 공적인 사회 제도, 우리 개인은 모두 아이들의 안녕을 보장할 책임이 있다. 우리는 아이들을 보호하기 위해 아이들에게 노출되는 언어를 감시할 필요가 있는가? 만일 상말이 실제로 아이들을 해친다면, 당연히 사회적·법적 귀결이 있어야 한다 — 아이들 주변에서 욕설하는 행위는 아동학대로 간주하는 것이 가장 적합할 수도 있고 당연히 합당한 처벌을 해야 한다.

미국소아과학회(AAP: American Academy of Pediatrics)가 이 질문의 답을 가지고 있는 것으로 보인다. 2011년 가을, 이 학회는 상말이 아이들에게 해롭다고 경고하는 보도자료를 냈다.[6] 미국소아과학회는 권위 있는 유명 의학학술지인 ≪소아과학(Pediatrics)≫에 실린 최근의 한 연구에 의존하고 있었다. 이 학회의 성명은 두 부분으로 나뉘어 있었다. 첫째는 상말에 노출되면 아이들 — 이 연구의 경우에는 중학생들 — 의 상말 사용이 늘어난다는 발표였다. 이 발표 그 자체에는 아마도 사람들이 놀라지 않을 것이다. 우리는 아이들이 들려오는 말에 주의를 기울인다는 것을 알고 있다. 그러나 곧이어 미국소아과학회는 미성년자들의 욕설이 「물리적 공격과 관계상 침해의 증가를 초래할 위험 요인」이라는 보고서를 계속 냈다. 미국소아과학회는 어린 마음이 부서지기 쉽다 — 아주 허약해서 상말조차도 그들을 해칠 수 있다 — 는 믿음을 우리에게 심어주고자 했다.

미디어는 이 이야기를 재빨리 포착해서 자신들이 원하는 대로 바꾸어 말하며 부풀렸다. 예컨대 ≪데일리 메일(Daily Mail)≫은 이 결과가 '상말을 사용하는 어린이들이 다른 사람들에게 더 폭력적이 될 가능성이 더 높다.'는 것을 나타낸다고 해석하는 미디어 전문가의 말을 인용했다.[7] ≪메디컬 뉴스 투데이(Medical News Today)≫는 다음과 같은 발견을 보고했다. "욕설과 상말은 …… 10대의 폭력 증가를 유발하는 것으로 보인다."[8] 그리고 한 기사는 해당 연구의 제1저자의 말을 인용하여 이 발견이 어떻게 작동하는지 설명했다. "상말은 일종의 디딤돌이다. …… 당신은 영화를 보러 가서 욕설을 듣고 난 뒤에 누군가에게 가서 총을 쏘지 않는다. 하지만 젊은이들이 상말을 들을 때나 듣고 난 다음 자신이 직접 상말을 내뱉을 때는 더 공격적인 행위를 향한 급속한 질주를 시작할 수 있다."[9] 경계선은 분명하다. 상말이 위험한 것은 공격으로 유도하는 일종의 관문이기 때문이다.

그리고 이것은 상말이 아이들에게 해를 끼친다는 주장을 펴왔던 단지 한 방식이다. ≪소아과학≫의 그 논문은 상말이 유발하는 가능한 몇 가지 다른 위험을 분류했다.[10] 첫째, "상말에의 노출은 정상적인 감정 반응을 차단하는 마비 효과를 초래할 수 있다." 그리고 둘째로는 상말에의 노출이 사람들에게 "심박수 증가나 거친 호흡과 같은 부정적인 생리적 반응을 초래할 수 있다."

만일 사실이라면 이러한 주장은 큰 문제이다. 예컨대 만일 이러한 주장이 정말이라면, 어쩌면 당신의 열두 살 자녀에게 이 책을 읽지 못하게 해야 할 것이다.

그래서 그 ≪소아과학≫ 논문의 주장을 자세히 살펴보자. 반복하면 이 논문이 제기하는 핵심 쟁점은 다음 세 가지이다.

1. 상말에의 노출은 아이들에게 직접적인 해를 끼칠 수 있다.
2. 상말에의 노출은 아이들의 상말 사용 가능성을 더 높인다.
3. 상말 사용은 다시 아이들의 공격적인 행동 가능성을 더 높인다.

이 논문은 철저한 전문가 심사를 하는 권위 있는 학회지 ≪소아과학≫에 실렸다. 따라서 이러한 주장을 액면 그대로 수용하고 싶은 마음이 든다. 하지만 면밀하게 검토하고 난 뒤에도 당신이 읽은 모든 것이 그대로 유지되는 것은 아니다. 과학에 정통한 소비자로서 이 논점을 하나하나 살펴보자. 이 증거는 얼마나 강력한가? 아이들을 무엇으로부터 보호할 필요가 있는가? 그리고 왜 그러한가?

$ % !

논점 1: 상말에의 노출이 아이들에게 직접 해를 끼치는가?

2011년 ≪소아과학≫에 실린 이 독창적인 논문은 상말의 두 가지 직접적인 영향을 기술한다. 하나는 정상적인 감정 반응을 차단하는 마비 효과이고, 다른 하나는 즉각적이고 부정적인 생리적 반응의 증가이다. 이 두 가지를 차례대로 논해보자.

첫째는 마비 효과이다. 논문은 이렇게 주장한다. "다수의 연구에 따르면, 상말에의 노출이 정상적인 감정 반응을 차단하는 마비 효과를 유발할 수 있다."[11] 이것은 아주 대담한 주장이다. 이 주장의 근원은 어디인가? 실제로 이 논문 자체는 이 근원을 예증하지 않는다 — 이 근원은 기존의 과학 문헌에 대해 이 논문이 실은 논평의 일부이다. 그러나 만일 참고문헌을 살펴보면, 이 ≪소아과학≫ 논문은 표면상 감정적 마비를 예증했던 단 하나의 논문만을 인용한다. 바로 1989년에 나온 「텔레비전 폭력에의 둔감화: 새로운 모형」이라는 제목의 논문이다.[12] 여기에 문제가 있다. 이 1989년 논문은 상말을 (단 한 번도) 언급하지 않는다. profanity(상말)라는 낱말이 아예 들어 있지 않다. 심지어는 word라는 낱말도 없다. language라는 낱말도 없다. 이 논문은 명성에 걸맞게 상당히 흥미롭다. '원색적인 사지 절단'과 같은 긴 시간의 '폭력 장면'을 계속 보면 시청자들의 감정 반응이 무뎌진다는 연구 결과에 새로운 이론적인 해석을 제시한다. 이것은 당연히 사실이다! 그러나 이 논문은 언어에 대해 전혀 말하지 않는다. 그리고 성인 시청자에 대해서만 얘기한다 — 아이들은 전혀 언급하지 않는다. 여기에 결정타가 있다. 이 둔감화 논문은 완전히 이론적이다. 따라서 어떤 새로운 자료도 제시하지 않으며 언어와 전혀 관련이 없다. 이 논문이 인용하는 23개의 논문 중 어느 것이나 다 마찬가지이다. 이것은 내가 직접 확인했다.

당신은 이 ≪소아과학≫ 연구가 상말이 감정을 무디게 한다는 것을 보여주는 더 적절한 연구를 왜 인용하지 않았는지 합리적인 의문을 제기할 수도 있다. 예컨대 상말로 인해 사람들이 폭력에 둔감하게 된다는 것을 경험적으로 예증하는 연구는 어떤가? 이 ≪소아과학≫ 연구에서 이러한 논문을 인용하지 않은 것은 그러한 논문이 그냥 존재하지 않기 때문이다. 상말의 마비 효과를 입증하는 어떤 증거도 없다 — 성인에게든 아이에게든 말이다. 자, 나는 증거의 부재가 부재의 증거라는 데 주목하는 첫 번째 사람이 아니다. 상말에의 노출이 실제로 사람들의 폭력 민감성을 즉시 무디게 할 수도 있고, 단지 과학자들이 합당한 방식으로 이 문제를 제기하지 않았을 수도 있다. 그러나 현재로서는 상말에의 노출이 폭력에 대한 아이들의 반응을 무디게 한다는 어떤 경험적인 증거도 없다. 단 하나도 없다. 이 ≪소아과학≫ 논문은 그 정도로 잘못 되었다. 우리가 점검한 것은 다행이었다.*

이 ≪소아과학≫ 논문은 더 나아가 상말이 '심박수 증가나 거친 호흡을 유발함으로써' 사람들의 안녕에 영향을 준다고 주장했다.[13] 더 짧은 척도상에서는 이 주장이 처음 주장의 정반대나 다름없다. 이 주장은 상말이 노출 순간에 해를 끼치는 것은 사람들의 몸이 상말에 강하게 반응하기 때문이라고 단언한다. 논문의 저자들은 이 주장을 뒷받침하는 단 하나의 증거도 인용하지 않는다. 그러나 상말 노출의 영향을 다룬 문헌을 슬쩍 보아도 이 논문의 주장은 절반만 맞다는 것이 드러난다. 몸이 심박수 증가나 거친 호흡을 비롯해 예측 가능한 방식으로 상말에 반응한다는 증거는 정말로 아주 많다. 돌이켜 볼 수 있는 바와 같이, 이것은 5장에서 논의했다. 예컨대 2006년의 한 연구는 사람들이 중립적인 낱말과 학교 관련 낱말, 불쾌한 낱말, 금기어를 읽는 동안 그들의 심박수를 측정했다.[14] 심박수는 참여자들이 금기어를 보고 난 약 2초 뒤에 올라가기 시작했고 몇 초 동안 더 계속 올라갔다.

그러나 심박수 증가는 이 ≪소아과학≫ 논문의 주장대로 사람들이 '부정적인 생리적 반응'을 경험하고 있었다는 것을 의미하는가? 전혀 그렇지 않다. 심박수 증가와 거친 호흡은 둘 다 근본적으로 상당히 상이한 상태의 구분을 동반한다. 심박수와 호흡률은 사람들이 산술 문제 풀기나 컴퓨터 게임 하기와 같은 어려운 심리적 과제를 수행할 때 올라가고, 분노 상태이든 두려운 상태이든 매우 기쁜 상태이든 감정적인 자극을 받을 때도 또한 올라간다.[15] 심박수와 호흡률의 증가는 금기어뿐만 아니라 성적 자극을 암시하는 거의 모든 것에 대한 반응이다. [영어에서 arousal(흥분/각성)은 영어에서 구체적으로 성적인 함축을 담고 있

* 과학 전반에 불신의 씨앗을 뿌릴 생각은 없다. 그러나 과학자들은 인간이며, 인간은 때때로 상황을 그르친다. 그래서 로널드 레이건의 책에서 한 소절 ─ "신뢰하라. 그러나 입증하라." ─ 을 따오는 것도 터무니없지는 않다.

지만, 심리학자들은 이 낱말을 사용해 자극 일반에 대한 민감성을 나타낸다.] 예컨대 대학생들을 대상으로 조사한 한 연구에 따르면, (휴대전화) 문자 송수신 도중에 심박수와 호흡률이 둘 다 증가했다. 특히 학생들이 문자 메시지를 보내거나 받는 도중에 그러했다.[16] (어쩌면 이것은 상대방이 자신의 문자를 어떻게 생각할지 또는 어떤 대답이 돌아올지 기대를 할 때 학생들이 더 흥분한 상태에 있기 때문일지 모른다.) 내 주장의 핵심은 상말이 야기하는 이 두 가지 생리적 반응이 내재적으로 부정적이지는 않다는 것이다. 이 ≪소아과학≫ 논문 주장의 문제는 상말이 우리의 심장과 폐에 유발하는 즉각적인 반응과 관련한 사실이 아니라, 이 반응이 의미하는 바에 대한 해석에 있다. 이것은 다만 당신이 사람들을 실험실로 데려와서 그들에게 상말을 제시할 때 그들이 감정적으로 자극을 받게 된다는 것을 의미한다. 이것은 놀라운 일이 아니다. 그러나 이것은 상말이 해를 끼친다는 것을 결코 암시하지 않는다 — 문자 메시지 보내기나 심리적 산술 활동이 해를 끼치지 않는 것처럼 말이다.

문헌에서 찾을 수 있는 논의 중에서 상말이 해를 끼친다는 주장에 가장 가까운 논의는 공중보건학 연구에서 나온다. 실제로 이 논의는 파헤칠 필요가 있다. 앞으로 살펴보겠지만 그러한 연구조차도 상말의 문제를 직접 다루지 않는다. 수많은 이러한 연구는 돌보미에 의한 다양한 유형의 아동 학대가 아이들의 심리적·물리적 건강 결과를 어떻게 예측하는지 묻는다. 예컨대 2010년에 약 1만 명의 스칸디나비아 10대를 조사했던 대규모 연구를 살펴보자. 이 연구는 이 10대들에게 지난 12개월 동안 특정한 유형의 학대를 경험한 적이 있는지 물었다. 물리적 학대 이외에 그들은 언어적 학대에 관한 질문도 받았다. 그리고 이 언어적 학대 범주에는 '실쭉거림이나 말하기 거부, 모욕이나 힐책이나 욕설, 폭력적인 물건 던지기와 위협'에 관한 질문이 들어 있었다.[17] 이러한 행위 중 적어도 하나에 노출된 적이 있다고 대답한 10대들은 다 함께 '언어적 학대' 받음으로 분류되었다. 그리고 이들은 하나의 집단으로서 어떤 종류의 학대도 받은 적이 없다고 말한 10대들보다 우울이나 불안, 공격성, 과잉행동과 같은 심리적 문제를 보고할 가능성도 역시 더 높았다.

이 연구와 같은 조사 보고서는 언어적 학대가 사춘기 10대들의 심리적 안녕에 어떻게 영향을 미치는가에 (적절하게) 주의의 초점을 맞춘다. 학대가 심리적 문제와 상관관계를 지닌다는 강력한 증거가 있다. 이 연구는 그 자체의 특수한 방식으로 정의한 언어적 학대가 심리적 곤란 총점수 – 사춘기 10대들이 겪고 있는 심리적 문제의 척도인 – 의 약 16% 증가라는 상관관계를 지녔음을 보여주었다. 훨씬 더 심한 손상을 준 것은 물리적 학대로서, 상관관계가 이 총점수의 37%나 49% 증가였다. 이 차이는 물리적 학대의 분류가 (밀기나 밀치기, 흔들기, 회초리질과 같은) '가벼운 학대'였는지 아니면 (후려치기나 물건으로 때리기, 발로 차기와 같은) '심한 학대'였는지에 따른 차이였다. 나는 물리적 학대의 엄청난 결과가 언어적 학대를 주변화한다는 것이 아니라, 미성년자들의 부정적인 정신건강 결과나 이 결과의 상대적인 심각함과 상관관계가 있다고 알려진 여러 다른 상황을 또한 부각한다는 점을 지적한다. 상이한 유형의 학대는 상이한 정도의 해를 아이들에게 끼친다.

이 스칸디나비아 조사 연구에 따르면, 명백히 상말은 그러한 유형의 학대 중 하나가 아니다. 이러한 연구는 우리에게 상말 그 자체에 대해 아무것도 말해주지 않는다. 왜냐하면 이러한 모든 연구는 상말을 분명히 언어적인 학대 상황에 슬쩍 끼워 넣어서 이 두 유형의 명확한 구별을 방해하기 때문이다. 이 경우에는 상말을 예컨대 폭력적인 위협이나 물건 던지기, 아이 혼내기와 같은 상황과 한데 섞어버렸다. 그리고 언어적 학대 질문들 중 어느 하나에라도 '예'라고 말한 참여자는 다 언어적 학대를 당한 적이 있다는 범주에 넣었다. 따라서 분명히 학대에 해당하는 이러한 다른 활동이 관찰된 효과 전체의 원인이 되었는지 아니면 상말도 어떤 역할을 수행했는지를 구별할 방법이 전혀 없다.

그리고 행여 상말에의 노출을 분리해 낸다 하더라도 당신이 (이 노출이) 아이의 안녕에 미치는 어떤 효과도 식별하지 못할 것이라고 추정할 만한 충분한 이유가 있다. 물론 상말을 사용하는 목적은 많이 다를 수 있다. 상말 사용의 일부 목적이 학대라는 것은 절대적으로 참이다. 그러나 상말이 나오든 안 나오든 아이에게 쓸모없다고 소리치거나 신체적 해를 가하겠다고 위협하면, 당연히 아이의 우울감이나 적대감은 올라갈 가능성이 크다. 역으로 어떤 10대에게 “성적표 **졸라 환상적이다!**(fucking fantastic)”라고 말할 때, 이 말이 그에게 어떤 해를 끼칠 가능성이 있다고 상상하기는 어렵다. 이 말을 “**넌 멍청해서 싫어**(You're stupid, and I hate you)”라는 말과 비교해 보라. 우리는 상말을 긍정적으로 사용할 수 있고, ‘깨끗한’ 말을 학대의 말로 사용할 수 있다. 상말은 (언어적) 학대와 독립적으로 존재한다.

물론 아이에 대한 언어적 학대는 더 많이 연구해야 하고 경계심을 늘려야 할 쟁점이다. 그러나 상말 자체가 아이들에게 해를 직접 끼친다거나, 폭언이 상말을 포함할 때 더 해롭다는 증거는 전혀 없다. 다시 한번, 나는 증거의 부재라는 망령을 언급해야 한다. 우리가 아는 것은 다만 상말이 아이들에게 직접 해를 끼친다는 증거가 우리에게 없다는 것뿐이다. 그러나 이 증거가 없을 때, 사람들은 증거가 있는 척하지 않는다고 기대할 것이다.

$ % !

그래서 우리는 위에서 언급한 그 ≪소아과학≫ 논문의 첫 번째 주장, 즉 상말에의 노출이 아이들에게 직접 해를 끼친다는 주장을 허구라고 비판했다. 이제 상말에 더 많이 노출될수록 아이들 자신이 직접 상말을 더 많이 사용하게 될 것이라는 두 번째 주장으로 넘어가 보자.

이 한도 내에서 정언적인 유형의 이 주장은 참임에 틀림없다. 아이들은 자기 주변에서 듣는 말에 근거해 언어를 배운다. 이 주변 말에는 보통 상말이 들어 있다. 그래서 만일 단 한 번도 듣지 않는다면, 아이들은 상말을 배우지 않을 것이다. 그리고 비록 많은 부모들이 아이들에게서 상말을 차단하려고 시도하지만, 이것은 대체로 불가능하다. 흔히 부모들은 아이들이 다가올 때 자기 검열을 하지만, 이것은 힘든 도전일 수 있다. 맨발로 레고 블록을 밟아본 적이 있거나 기저귀 갈이용 탁자에서 오줌 세례를 받아본 적이 있는 사람은 누구나 이 도전을 실현 불가능하다고 증언할 수 있다. 모든 욕설이 다 억제되는 것은 아니다.

그리고 물론 아이들은 자신을 주로 돌보아 주는 사람들뿐만 아니라 모어를 말하는 자기 주변의 다른 화자들로부터도 언어를 배운다. 그리고 이 다른 사람들은 흔히 이 발상을 수용하지 않는다 — 고모나 할아버지, 언니, 오빠, 친구는 때때로 여기서는 shit이라 말하고 저기서는 bastard라고 말하면서 어떤 문제도 인식하지 못할지도 모른다. 어쩌면 이 개인들 중 어떤 사람은 심지어 '아이들을 위한 언어적 표백'이라는 이 순수한 기획을 은밀히 (또는 그렇게 은밀하지도 않게) 방해하고 싶을 것이다. 그래서 아이들은 주변 사람들의 상말에 노출될 것이다.

그리고 인터넷도 있다.

그러나 이 논문은 미묘한 차이가 더 많은 양적인 관계를 제안한다. 어떤 아이 주변에서 상말을 더 빈번하게 사용하면 이 아이는 상말을 더 많이 사용하게 되는가? 아마도.

아이의 환경 내에서 어떤 낱말을 사용하는 빈도가 이 낱말의 습득에 어떤 영향을 미치는지를 파고든 오랜 연구 역사가 있다. 앞 장에서 살펴본 바와 같이, 아이들은 보통 생후 1년 내에 몇 가지 낱말을 이해하기 시작하고, 첫 생일 무렵 첫 낱말을 말한다. 그때부터 보통은 아이들이 (6개월 차이는 있겠지만) 약 18개월쯤까지 한 달에 낱말을 몇 개씩 습득할 것이다. 바로 이때 아이들의 어휘는 '낱말 분출(word spurt)'로 폭발하기 시작한다. 학교에 다니기 시작할 때쯤에는 아이들의 어휘가 급격히 늘어나 1만 개 정도에 이르고 대학에 들어갈 때쯤에는 다섯 배나 더 늘어날 것이다.

그리고 아이들이 가장 빈번하게 듣는 낱말이 역시 가장 먼저 배우고 가장 많이 사용하는 낱말이라는 생각은 합리적이다. 그러나 이 발상은 복잡하다. 아이들의 초기 낱말은 사람들이나 동물, 물건, 물건의 부분(특히 신체 부위), 행위를 명명하거나, 사회적 상호작용 상투어(예: bye-bye, up, all gone)를 나타내는 경향이 있다. 아이의 초기 어휘부에 들어 있는 이러한 일련의 낱말들의 분포는 아이에 따라, 언어·문화에 따라 다르다. 예컨대 영어를 말하는 아이들은 한국어를 말하는 또래 아이들보다 더 빨리 명사를 배운다.[18] 그리고 아이의 첫 낱말 중 많은 것이 (집에서 기르는 반려동물의 이름이나, 인형·공·병과 같은 흔히 경험하는 물건을 가리키는 낱말과 같이) 빈번하게 나타나는 낱말이지만, 흔히 아이의 가장 빠른 낱말에는 해당 언어의 가장 빈번한 낱말이 들어가지 않는다. 예컨대 [미국 국가말뭉치(American National Corpus)의 구어 부문에서 측정한][19] 가장 빈번하게 사용되는 상위 10개 낱말은 가장 빈번한 낱말부터 시작해서 the, of, and, to, a, in, it, is, for, I이다. 그렇지만 이들 중 어느 것도 아이의 가장 빠른 낱말에서 발견되지 않는다. 사실상 만일 돌보미가 아이들을 향해서 하는 말('아이 겨냥 말')을 살펴보면, 우리는 더 빈번한 낱말을 덜 빈번한 낱말보다 약간 더 늦게 배운다는 것을 알게 된다. 이것은 대체로 (관사나 전치사와 같은) 더 빈번한 유형의 낱말을 명사와 같은 덜 빈번한 낱말보다 더 늦게 배우기 때문이다.[20]

그래서 최소한 우리는 빈도가 낱말 학습에 영향을 미친다는 단순한 발상보다 (빈도 대 학습의 관계에 대한) 설명이 더 복잡하다고 말할 수 있다. 사실상 낱말을 보통명사, 사람을 기술하는 낱말, 행위 낱말 등 다양한 무리로 나눌 때, 정말로 우리는 각 범주 내에서 더 빈번한 낱말을 더 일찍 배우는 경향이 있음을 알게 된다. 예를 들어, 어떤 특정 아이가 각 명사를 처음 사용한 나이의 도표가 다음 쪽에 있다. 이 도표에서 나이는 x축에 있다. 이 도표는 각 명사가 이 아이가 들은 말 – 아이 겨냥 말 – 에 들어 있는 빈도를 바탕으로 그렸다. [이 도표가 실제로 낱말 빈도의 로그인 것은 언어 속 빈도 효과가 대수적 효과(logarithmic effect)를 지니고 있기 때문이다.][21] 우리는 이 아이가 명사 내에서는 더 빈번한 낱말을 평균적으로 더 빨리 배우고, 그다음에 계속해서 덜 빈번한 낱말도 배운다는 것을 알 수 있다.

물론 합리적인 사람은 이와 같은 연구에 반대할 수도 있다. 물론 상관관계는 인과관계를 함축하지 않는다. 그래서 아이들이 더 빈번한 낱말을 더 빨리 배운다는 사실은 빈도가 더 빠른 낱말 학습의 이유라는 것을 함의하지 않는다. 다른 요인이 작용하고 있을지도 모른다. 예컨대 다른 모든 조건이 동일하다고 할 때 더 빈번한 낱말은 길이가 더 짧다. 그리고 아이들은 더 짧은 낱말을 더 빨리 배운다. 어쩌면 빈도는 인과적인 역할을 하나도 안 할지 모른다.

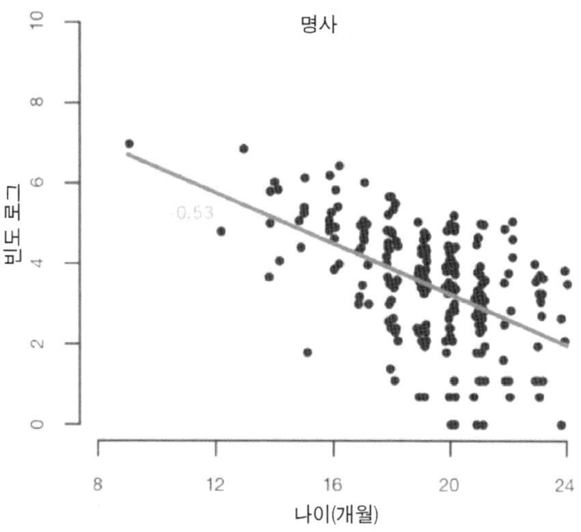

각 점은 이 아이가 어떤 특정한 낱말을 생성했던 최초 시기를 나타낸다. 더 빈번한 명사는 덜 빈번한 명사보다 더 빨리 배우는 경향이 있다. 도표는 B. C. Roy et al.(2009)에서 가져왔고 사용 허가를 받았다.

확실히 알아보기 위해서는 어떤 실험을 진행할 필요가 있을 것이다. 예컨대 우리는 아이들이 특정한 낱말을 들었던 빈도를 조작하고 다른 모든 가능한 원인을 일정하게 유지한 채, 이 (빈도) 요인이 단독으로 아이들의 해당 낱말 학습에 영향을 주었는지 확인해야 할 것이다. 지금까지 그러한 연구가 몇 개 있었다. 아마도 가장 잘 알려진 연구는 1980년대 초반에 나왔다.[22] 연구자들은 1세에서 2세의 아이들과 4개월 동안 상호작용을 하며, 무엇보다도 그들에게 tete나 fus와 같이 만들어낸 낱말 몇 개를 소개했다. (이 실험에서 제시하는) 낱말은 만들어내야 했다. 왜냐하면 만들어내지 않은 낱말은 아이들이 일상생활에서 우연히 접할 수도 있기 때문이었다. 그리고 이 연구자들은 그 4개월에 걸쳐 이 아이들이 각 낱말을 10번 들었는지 아니면 20번 들었는지 세심하게 조작했다. 그리고 이 연구자들은 이 아이들이 그러한 낱말을 자발적으로 사용할 가능성이 얼마나 높은지 측정했다. 결과는 분명했다. 이 아이들은 빈번한 낱말을 비교적 자주 학습했고(평균적으로 낱말의 44%를 학습했다), 덜 빈번한 낱말(29%)보다 훨씬 더 잘 학습했다. 이 효과는 명사나 동사에서 다 관찰되었다.

그래서 아이의 환경에서 낱말이 얼마나 빈번한지와 아이가 언제 낱말을 사용하기 시작할 것인지 사이에 어떤 인과관계가 존재하는 것으로 보인다. 그러나 이 척도는 얼마나 잘 작동하는가? 일단 나이가 더 많은 어떤 아이가 예컨대 수만 개의 낱말 척도에서 성인과 비슷하게 아주 많은 낱말을 알고 있다면, 그러한 낱말이 아이의 귀에 들어온 빈도는 그들의 입으로부터 나오는 빈도에 영향을 미치는가?

이 질문에 대한 결정적인 답은 우리에게 없다. 심지어 우리는 정확히 얼마나 되는 비율의 아이들이 어떤 상말을 몇 살에 알고 있는지조차 모른다. 이러한 연구는 한 번도 수행한 적이 없기 때문이다. 자녀들의 어휘부에 대해 부모들에게 질문하는 전형적인 조사 연구는 상말을 제외하는 경향이 있으며, 부모들은 보통 자녀들이 아는 욕설을 제시하는 데 특별히 적극적이 않다. 우리에게 있는 하나의 출처는 한 관찰 연구이다. 이 연구에서 한 무리의 연구자들은 주위의 아이들(대다수가 미국 북동부 중산층 아이들)이 내뱉는 모든 금기어를 1년 동안 기록했다.[23] 이 결과는 아이들이 사용하는 욕설은 나이와 함께 변화한다는 것을 보여준다. 영어를 말하는 가장 나이 어린아이들은 poopy나 stupid와 같은 낱말을 상말의 위력과 함께 사용할 가능성이 더 높은 반면, 사춘기쯤에는 성인의 상말과 더 비슷한 표현(예: fuck, shit)을 사용하고 있다. 우리는 소년들과 소녀들이 욕설을 다르게 한다는 것을 알고 있다. Oh my God은 1세에서 12세까지의 소녀들 사이에서 가장 빈번한 상말의 지위를 차지하는 반면, 동일한 나이대의 소년들은 shit을 사용할 가능성이 가장 높다.

그래서 우리는 언제 아이들이 어떤 상말을 사용하는지에 대한 약간의 단서를 가지고 있다. 하지만 분명히 아이들이 상말을 얼마나 빈번하게 사용하는지에 대한 증거는 전혀 없다. 유일한 예외는 위에서 언급한 ≪소아과학≫ 연구이다. 그런데 이 증거는 곧 살펴보겠지만 상당히 약하다.

$ % !

이 ≪소아과학≫ 연구가 정확히 무엇을 했는지 살펴보자. 연구자들은 중서부의 한 대규모 중학교 학생들에게 일련의 질문을 했다. 이 학생들이 상말에 얼마나 많이 노출되어 있는지를 측정하기 위해서, 이 아이들에게 가장 좋아하는 텔레비전 프로그램과 비디오게임을 3개씩 나열하라고 요구한 다음 이들이 얼마나 많은 상말을 담고 있는지 평정했다. 이 아이들이 상말에 대해 어떻게 생각하는지를 판단하기 위해서, 이 연구자들은 그들에게 "난 친구와 대화할 때 상말을 사용해도 괜찮다고 생각해요."와 같은 진술에 대한 자신의 의견을 1(결코 참이 아님)에서 5(거의 언제나 참임)까지의 척도에 제시하도록 요구했다. 또한 이 아이들이 상말을 실제로 얼마나 자주 사용했는지 알고자 했으며, 이것을 측정하기 위해서 그들에게 "난 친구와의 대화에서 상말을 사용해요."와 같은 일련의 진술을 1(결코 참이 아님)에서 5(거의 언제나 참임)까지로 평정하도록 요구했다. 그리고 마지막으로 연구자들은 이 아이들이 얼마나 공격적인지 알고 싶었다. 그래서 이 아이들에게 신체적 공격(예: "난 다른 사람을 때리거나 차거나 갈겨요")이나 인간관계 공격(예: "어떤 사람에 대해 험담을 하여 그 사람의 평판을 훼손하려 한 적이 있어요")을 묘사하는 수많은 진술을 다시 1에서 5까지의 척도에 평정하도록 요구했다.

이러한 자료를 확보하고서, 연구자들은 철저히 조사해서 다양한 측정치 사이에서 어떤 중요한 상관관계를 발견하고자 했다. 그리고 그 측정치의 일부는 정말로 상관관계가 있었다. 특히 더 많은 상말을 담고 있는 미디어에 노출되었다고 말한 아이들이 역시 상말을 수용 가능하다고 보았다고 말할 가능성이 더 높았다. 이번에는 다시 상말의 수용 가능성을 더 높게 보았던 아이들이 역시 상말을 사용한다고 말할 가능성이 더 높았다. 그리고 더 많은 상말을 사용한다고 말한 아이들이 역시 공격적으로 행동한다고 말할 가능성이 더 높았다. 이 논문은 이 일련의 상관관계가 공격성과 상말의 관련성을 나타낸다고 해석한다. 즉, 상말 접촉은 낱말에 대한 태도에 영향을 주고, 태도는 그러한 낱말의 사용에 영향을 주며, 낱말 사용은 공격성에 영향을 준다.

그러나 그렇게 확실하지는 않다. 실제로 이와 같은 연구는 상말이 이 일련의 효과를 초래하는지 우리에게 말해줄 수 있는가?

최초의 몇 단계로 시작해서 이러한 효과를 분리해 보자. 바로 지금은 상말에의 노출이 상말 사용의 증가를 초래하는지에 논의의 초점을 맞춘다. 이 연구는 더 많은 상말을 담고 있는 텔레비전 쇼 프로그램을 보고 그러한 비디오게임을 한다고 말한 사춘기 아이들이 역시 상말의 수용 가능성을 더 높게 보고 자신들도 직접 더 많은 상말을 사용한다고 말했다고 기술한다. 이것은 빈도의 문제에 답하는가? 더 많은 상말에의 노출이 더 많은 상말 사용을 초래한다는 것을 의미하는가?

우리는 모른다. 이 연구가 상관관계를 언급했기 때문이다. 상관관계가 왜 인과관계를 함축하지 않는가는 언제나 분명한 것이 아니다. 그래서 여기서는 단지 이 점을 상기하기로 하자. (만일 이것이 여하튼 당신에게 진부하다면, 다음 단락으로 건너뛰시오.) 여기에 우리가 왜 상관관계로부터 인과관계를 추론할 수 없는지를 보여주는 좋은 사례가 하나 있다.[24] 종교적 신념이 알코올 소비의 증가를 초래하는지 알고자 한다고 가정해 보라. 당신은 엄청나게 많은 미국의 각 도시에 있는 술집 수와 교회 수를 셈으로써 답을 찾으려 시도할지도 모른다. 분명히 당신은 상당한 어떤 상관관계를 보게 될 것이다. 즉, 전체적으로 더 많은 술집이 있는 도시에 더 많은 교회가 있다. 그러나 이러한 자료의 올바른 인과적 해석은 무엇인가? 이 종교 의식이 음주의 원인이다? 글쎄다. 분명히 나는 예배 후에 한잔할 필요가 있다고 주장하는 사람들을 알고 있다. 그러나 정반대의 인과성도 똑같이 가능하다. 즉, 어쩌면 음주의 증가가 더 많은 종교 의식을 초래할지 모른다. 당신도 이에 대한 어떤 설명을 내어놓을 수 있다. 어쩌면 더 많은 음주를 할 때, 사람들은 속죄를 청할 필요가 있다고 느끼는 일을 실제로 더 많이 한다. 그리고 설상가상으로 교회나 술집과 전혀 관련이 없는 무언가, 즉 당신이 고려조차 하지 않았던 어떤 숨은 변수가 이 둘의 동반 증가를 초래한다는 것도 똑같이 가능하다. 예컨대 더 많은 교회가 있는 도시에 술집도 더 많이 있는 것은 전반적으로 인구가 더 많기 때문일 수도 있다. 간단히 말해서 두 상황 사이의 상관관계는 이 둘이 인과적으로 관련이 있는지, 만일 그러하다면 어떤 방향으로 (인과적) 관련이 있는지 우리에게 말해줄 수 없다. 우리의 관심이 교회의 수에 있든 상말에의 노출에 있든 이것은 참이다.

그래서 이 추론을 위의 ≪소아과학≫ 연구에 적용해 보자. 상말에의 노출과 상말을 향한 태도, 상말 사용에 대한 자료는 다 피조사자가 스스로 말한 자료이다. 그래서 우리는 더 많은 상말을 담고 있는 미디어에 노출된 적이 있다고 말한 아이들이 역시 상말 사용에 더 긍정적인 태도를 보였고, 다시 또 상말에 더 긍정적인 태도를 보인 아이들이 역시 더 많은 상말을 사용한다고 말했다고 알고 있다. 당신은 여기에서 숨겨진 변수를 탐지할 수 있을지도 모른다. 문제는 모든 자료가 아이들의 말에 의존한다는 점이다. 우리는 아이들의 실제 행동과 믿음, 시청 패턴을 전혀 모른다. 그리고 이 아이들의 말은 많은 이유에서 실제와 다를 수도 있다. 어쩌면 이 아이들 중 일부는 연구자들을 일부러 오도했을지 모른다. 예컨대 일부 아이들은 상말을 접한 적이 있고, 상말에 대해 긍정적인 태도를 지니고 있고, 상말을 사용하는 경향이 있다고 인정하기 두려웠을 수도 있다. 당신이 바로 중학교 학생이라고 생각해 보라. 명문대인 브리검영대학교(Brigham Young University)의 한 연구 팀이 와서 상말과 공격성에 대해 질문을 한다. 정직한 답을 하기 전에 당신은 한 번 더 생각할 수도 있다. 어떤 아이들은 다른 아이들보다 더 정직할 수도 있다. 그리고 만일 덜 정직한 아이들이 이러한 질문 각각에 대해 자신의 점수를 인위적으로 줄인다면, 이 연구에서 발견한 바로 그 상관관계가 도출될 것이다. 실제 결과가 단지 하나의 경향인 경우에, 일부 아이들이 전면적으로 덜 정직하게 반응한다면, 이것은 경험과 행동 속의 상관관계에 대한 잘못된 인상을 심어줄 것이다. 이 반응이 또한 정반대 방향으로 작용할 수도 있다는 점에 유의하라. 즉, 일부 아이들은 자신이 시청했던 텔레비전 프로그램과 자신이 내뱉었던 욕설의 양 둘 다에 대해 계속 자랑스레 떠벌렸을 수도 있다. 이것은 역시 정확히 동일한 방향의 그럴듯한 유사 상관관계를 이끌어낼 것이다. 즉 더 많은 저속한 미디어를 시청했다고 보고

한 아이들은 상말에 대한 더 긍정적인 태도와 더 많은 상말 사용에 대해 자랑스레 떠벌릴 것이다.

이것은 수많은 가능한 숨은 변수 중 하나일 뿐이며, 이 변수들이 이 연구에서 관찰한 상관관계의 기저에 있는 실제 원인을 기술할지도 모른다. 예컨대 어쩌면 욕설을 내뱉는 행위를 잘못이라 믿지 않는 돌보미들은 아이들에게 상말을 담고 있는 미디어의 시청을 허용하고, 또한 상말 사용을 장려하거나 용인할 가능성이 더 높을 것이다.

그리고 또한 역(逆)인과관계(reverse causation)의 문제도 다루어야 한다. 위의 논문이 암시하는 바와 같이, 상말에의 노출이 상말 사용의 증가를 초래한다는 것은 아주 당연한 사실일 수도 있다. 그러나 정반대의 인과관계는 어떠한가? 어쩌면 욕을 하는 아이들이 저속한 텔레비전 프로그램에 더 강하게 이끌리는 이유는, 그러한 프로그램 구성이 아이들이 내는 소리나 내고자 하는 소리와 더 비슷하게 들리기 때문일지 모른다.

그래서 상말에의 노출 증가는 상말의 더 많은 사용으로 이어지는가? 앞에서 논의한 명사와 동사 연구는 더 많은 상말에 노출된 아이들이 상말을 더 빨리 배울 것이라 암시한다. 그러나 이것이 그들이 상말을 더 많이 사용할 것이고 바로 지금까지 논의해 오고 있는 이 상관관계 연구가 인과적 '스위스 치즈 모형'을 따른다는 것을 함축하지 않는다.* 그렇지만 단지 이 주장이 어디로 가는지를 알아보기 위해서, 불신을 잠깐 멈추고 아이들이 상말에 더 빈번하게 노출될수록 상말을 더 많이 사용할 가능성을 당분간 사실로 명시해 보자. 이 설명의 정말로 중요한 부분은 더 많은 상말 사용이 아이들에게 해를 끼치는지의 여부이다. 이것이 다음 단계의 논의이다.

* (옮긴이) 스위스 치즈 이론(Swiss Cheese Model): 사고 발생 과정을 스위스 치즈의 숙성 과정에서 특수한 박테리아가 배출하는 기포에 의해 생겨나는 숭숭 뚫린 구멍에 비유하여 설명한 모형이다. 이 모형을 제안한 리즌(James T. Reason)은 일반적으로 사고는 연속된 일련의 인간의 과실에 의해 발생하고, 사고 발생과 관련한 전조가 오래 전부터 존재한다고 설명한다.

$ % !

위의 ≪소아과학≫ 연구는 두 가지 상관관계를 발견했다. 하나는 상말 노출과 상말 사용 사이의 상관관계이고, 다른 하나는 아이들이 상말을 사용했다고 보고한 양과 그들이 신체적 공격과 인간관계 공격을 둘 다 했다고 보고한 양 사이의 상관관계이다. 이 연구는 이 부분에서 우리가 방금 확인한 바로 그 문제에 직면한다. 우선 자기 보고(self-reporting)에서 비롯되는 숨은 변수가 여전히 있다. 앞에서 살펴본 바와 같이, 자기 보고 변수들 사이의 상관관계는 조사 연구에서 응답자들에게 묻는 주제인 그들의 행동보다 그들이 조사 연구를 대하는 방식에 대해 더 많은 것을 당신에게 알려줄지도 모른다. 이와 같은 연구에서 사람들은 다양한 이유로 진실을 말하지 않을 수도 있다. 공격성에 대해 더 솔직했던 사춘기 아이들이 또한 자신들이 접했던 미디어에 대해 더 솔직했을지도 모른다.

다른 많은 가능한 숨은 변수는 상말 사용과 공격성 사이의 상관관계 이면에 있을 수도 있다. 이들 중 어느 것이 당신에게 그럴듯해 보이는가? 어쩌면 더 많은 상말에 노출된 아이들이 역시 우연히도 미디어 속의 더 많은 폭력에 노출되며, 이로 인해 그들은 더 공격적이 될지도 모른다. 또는 어쩌면 실제 생활에서 더 많은 폭력에 노출된 아이들이 더 많은 상말이 들어 있는 미디어를 애써 찾고, 더 폭력적으로 행동할지도 모른다. 또는 어쩌면 (의학적 이유, 문화적 이유, 사회경제적 이유, 유전적 이유 등) 수많은 이유 중 어느 하나로 인해 공격적인 행동의 경향을 더 많이 보이는 가정 출신의 아이들이 더 저속한 미디어를 찾아 나서고 또한 더 많은 공격성을 표출할 수도 있다. 나는 이러한 이유 중 어느 것도 공격성의 단일한 실제 원인이라 생각하지 않고 있다. 그러나 만일 당신이 이들 중 어느 한 이유가 그럴듯하다고 생각한다면, 그리고 실제로는 설령 그렇게 생각하지 않는다 하더라도, 이러한 이유는 상관관계 연구에 내재하는 숨은 변수를 보여준다. 사람들은 저마다 부담스런 과거의 기억이 있다. 그리고 이러한 기억의 일부가 당신의 관심사와 체계적인 방식으로 인과관계를 지닐지도 모른다.

상관관계 연구를 절묘하게 수행하는 사람들은 이러한 다른 요인을 측정해 자신의 모형에 넣음으로써 이 요인들을 통제하려고 시도한다. 그래서 만일 미디어 속 폭력에의 노출이 하나의 교란 요인(a confounding factor)일 수 있다 – 미디어 속 폭력에의 노출이 상말에의 노출과 상관관계가 있고 상당한 양의 공격성을 설명할 수 있다 – 고 믿는다면, 당신은 아이들에게 노출되는 상말의 양뿐만 아니라 폭력의 양도 측정한다. 아마도 이 둘은 상관관계가 있을 것이다. 하지만 중요한 핵심은 다음과 같다. 당신은 아이의 공격성과 상관관계를 지니는 미디어 폭력의 양이 얼마인지 정확히 측정할 수 있고, 통계적 모형으로 이 폭력의 양을 아이의 공격성과 상관관계를 이루는 상말 노출의 양과 구별할 수 있다. 이 ≪소아과학≫ 연구의 저자들은 이 구별을 하려고 시도했다. 그러나 이러한 가능한 다른 교란 요인 중 어느 것도 아니고 상말 노출 그 자체가 공격성 보고 증가의 원인임을 알기 위해서, 당신은 미디어 폭력에의 노출에 대해 이 저자들이 수행한 것처럼 동일한 처리를 해야 한다. 또한 이 저자들은 그렇게 하지 않았지만 모든 다른 가능한 교란 요인에 대해서도 동일한 처리를 해야 한다. 이것은 (행여 실제로 있다면 공격성 증가의 실제 원인인) 진범이 (잡히지 않고) 여전히 이곳에서 활동 중일지 모른다는 것을 의미한다.

그리고 다시 한번 역(逆)인과관계 가능성에 대처해야 한다. 실제로 욕을 더 많이 하는 사람들이 역시 더 공격적이라고 가정해 보라. 다음 중 어느 것이 더 가능성이 높다고 생각하는가? 이 논문이 주장하는 것처럼, 더 많은 상말 사용으로 사람들이 더 공격적이 되는가? 아니면 더 공격적이어서 사람들이 더 많은 상말을 사용하게 되는가? 나는 분명히 후자라고 단언하고 싶다. 사실은 심지어 이를 보여주는 약간의 실험적 증거도 있다. 영국의 킬(Keele) 대학교에서 수행한 한 연구에서는 자신이 더 공격적이라 느끼면 사람들이 욕설을 더 많이 하게 될 것인지 물었다.[25] 연구자들은 참여자들에게 두 개의 비디오게임 중 하나를 하도록 무작위로 배정했다. 하나는 골프 게임이고, 다른 하나는 1인칭 슈팅 게임이었다. (1인칭 슈터는 가상 세계 곳곳을 비행하며 권총이나 미사일 발사기, 칼과 같은 무기로 사람을 죽이는 활동을 한다.) 그다음에 참여자들에게 1분 이내에 최대한 많은 상말을 하도록 요구했다. 그 결과를 보면, 골프 게임을 한 뒤보다 (폭력적이고 공격적인) 슈팅 게임을 한 뒤에 1인칭 참여자들이 상당히 더 많은 상말을 할 수 있었다.

결국 비록 시사하는 바가 많지만, 위 ≪소아과학≫ 연구의 시사점은 가볍기만 하다. 만일 내가 한 무리의 어린 학생들에게 가장 좋아하는 색에 대해 설문조사를 해서 빨강을 좋아하는 학생들이 역시 운동을 빈번하게 한다고 말할 가능성이 더 높다는 것을 발견했다면, 이 발견이 색채 선호도가 운동 참여도를 초래한다고 암시할 것이라는 점에서 그러하다. 그래서 위 연구의 시사점은 정말, 정말 가볍다.

현재 상태의 우리 지식은 다음과 같다. 우리는 상말이 공격성을 초래한다는 어떤 유의미한 증거도 없다. 상말이 감정적 민감도의 변화를 초래한다는 증거가 전혀 없는 것처럼 말이다. 상관관계 연구는 도움이 되지 않는다. 확실히 알아보기 위해서는 실험을 하나 진행할 필요가 있을 것이다. 이것이 인과관계에 대해 질문을 하는 최선의 방법이다. 하나의 사항을 조작하고 이것이 어떤 다른 사항에 영향을 미치는지를 확인함으로써 상관관계 연구의 많은 한계를 극복하라. 만일 이 일을 잘 한다면(그리고 실험 설계가 쉽지 않다면), 당신은 조작한 사항이 측정한 사항의 변화를 초래했는지 결론지을 수 있다. 모든 사람에게 친숙한 사례는 무작위 약물 시험이다. 사람들에게 실험 약이나 위약을 주라(이 위약이 바로 당신이 조작하는 것이다). 그리고 사람들의 건강에 미치는 효과를 측정하라. 당신이 사람들을 무작위로 실험 약 조건이나 위약 조건에 배정했기 때문에, 건강 결과의 측면에서 이 두 집단의 유의미한 차이는 위약에 비해 실험 약이 건강의 차이를 초래했다는 것을 의미한다. 이것이 정반대일 수 없는 것은 시간의 화살이 그런 식으로 작용하지 않기 때문이다. 그리고 이 두 집단 사이의 유일한 차이가 그들이 실험 약을 받는지의 여부가 되도록 확실히 하는 한, 당신은 다른 어떤 숨은 변수도 없음을 안다. 당신은 실험 작업을 통해 상관관계의 한계를 극복할 수 있다.

그래서 상말과 공격성에 관한 실험도 이와 비슷하게 진행할 수도 있다. 아이들을 데려다가 상말에 더 많이 노출될 수 있는 조건과 더 적게 노출될 수 있는 조건에 무작위로 배정하라. 이 두 집단 사이에 다른 차이는 전혀 없다. 충분한 노출을 한 뒤에, 각 집단의 아이들이 어떤 사회적 과제에서 얼마나 공격적으로 행동하는지 측정하라. 어쩌면 당신은 한 악동으로 하여금 어떤 아이의 가장 좋아하는 인형을 빼앗도록 해서, 그 아이가 어떻게 반응하는지 확인한다. 아니면 이와 비슷한 어떤 조작을 한다. 그리고 당신은 더 많은 상말을 접하는 환경에 자신의 의지와 무관하게 무작위로 배정된 아이들이 그 결과로 더 공격적인 행동을 하는지 확인할 것으로 기대한다.

당신이 이미 생각하고 있을지 모르겠지만, 여기에는 윤리적 딜레마가 있다. 이것이 바로 이제껏 누구도 이 연구를 수행한 적이 없는 이유일지 모른다. 이 연구를 진행하기 위해서는 이 가설이 참일 수도 있다 — 상말에의 노출 증가가 공격성을 높일 것이다 — 고 생각할 이유가 있어야 한다. 그러나 공격성 증가는 해당 아이는 물론 주변 사람들에게도 해로울 수도 있다. 그래서 이 연구가 실험을 설계해 검증하고자 했던 그 효과를 발견한다면, 실험 참여자들의 절반이 해를 입을 것이다. 그리고 그러한 참여자들이 아이들이다. 그래서 일반적으로는 그들에게 해를 끼치지 않는 것을 우선시할 것이다. 그 결과 이 위험 부담이 잠재적인 이익보다 훨씬 더 클 것이며, 이로 인해 이러한 연구는 애초에 생각조차 할 수 없다.

나는 이 문제를 내 실험실의 학생들에게 제기했다. 그들 중 한 명이 이 문제를 우회하는 창의적인 방법을 내놓았다.* 내가 기술한 실험은 윤리적으로 불가능했기 때문에, 그 대신에 당신이 정반대의 방식을 취한다고 가정해 보라. 만일 어떤 사람들이 상말을 담고 있는 어떤 미디어에의 노출에 이미 사전 동의(opt-in)를 하고 있다면 어떨까? 예컨대 욕설을 담고 있는 어떤 비디오게임을 미

* 특별한 정보는 아니지만, 그는 타일러 마게티스(Tyler Marghetis)였다.

리 주문한 사람들이나, R-등급 영화를 보기로 결심한 사람들 말이다. 만일 소프트웨어 회사나 영화 배급업자를 설득해 상말 사용 양만 다른 두 버전 중 하나를 무작위로 사용자들에게 보내도록 하면 어떨까? 하나는 모든 상말이 들어 있는 정상 버전이고, 다른 하나는 상말을 삭제한 수정 버전이다. 그러고 나서는 이 사람들이 영화를 본 뒤나 비디오게임을 하고 난 뒤에 어떤 사회성 과제에서 드러나는 그들의 공격성을 측정한다. 멋진 발상이다. 그리고 이 발상은 이 사람들이 실험과 관계없이 비디오게임에 노출될 것이라는 점에서 완전히 윤리적이다. 그리고 만일 이 가설이 옳다면, 수정 버전을 접한 절반의 사람들은 실험에 관여함으로써 더 낮은 위험 부담을 떠안을 것이다. (더 많은 상말로 인해 사람들이 더 공격적이 된다는 것이 유일하게 작용하는 가설인 한) 이것은 양쪽 모두에게 유익한 일이다.*

결론은 이와 같다. 만일 상말에의 노출이 상말 수용의 증가와 상말 사용의 증가를 통해 공격성 증가를 초래한다면, 이 사실은 원칙적으로 인지할 수 있다. 실행할 실험이 하나 있다. 이 실험은 복잡하지만 할 수 있다. 그러나 기본적으로 현재 상태에서 우리가 알고 있는 것은 아무것도 모른다는 것이다. (비록 언어 학습의 다른 발견으로부터 이 결론을 믿을 이유가 있지만) 상말에의 노출 증가가 아이들의 상말 사용 증가를 초래하는지 우리는 모른다. 상말 사용 증가가 공격성 증가를 초래하는지 알지 못한다. 그리고 이 관계의 증거는 이 두 변항 사이의 다른 모든 가능한 관계의 증거만큼 많이 있다. 즉, 공격성 증가가 상말

* 내가 떠올릴 수 있는 유일한 단점은 다음과 같다. 상말에의 노출이 실제로 폭력성 감소로 이어졌다고 가정해 보라. 예컨대 공격성 감정을 해소하는 배출구를 확보하기 위해 사람들이 구체적으로 상말을 애써 찾아낸다고 가정해 보라. 그리고 만일 그들의 상말 접근을 차단할 때 그들이 실제로 이 감정 배출구를 빼앗기고 이로 인해 공격성의 다른 배출구를 찾게 된다면 어떨까? 만일 이렇게 믿어야 할 이유가 있(고 지금까지 사실상 이 입장의 증거도 정반대 효과의 증거만큼이나 많이 있)다면, 이 연구는 다시 비윤리적이 된다. 당신의 조작이 앞으로 아이들에게 해를 끼치는 일이 가능한 바로 그 순간, 이 연구의 수행에는 치러야 할 정말로 엄청난 어떤 대가가 있을 것이기 때문이다. 예컨대 이 가상의 연구는 암을 치료하지 못할 것이다.

사용 증가를 초래한다는 증거나 상말 사용 증가가 공격성 감소를 초래한다는 증거도 많이 있다. 달리 말하면, 우리는 아무것도 모른다.

$ % !

그래서 한 걸음 물러나서 살펴보자. 만일 상말이 해를 끼친다는 어떤 증거도 없다면, 연구자들과 언론인들, 부모들, 입법자들을 비롯해 그렇게나 많은 사람들이 왜 그렇다고 믿는가? 미국소아과학회는 왜 이 연구를 기술하는 언론 보도자료를 기꺼이 발행했는가? 이 연구는 왜 그렇게 그럴듯해 보였을까?

두 가지 요인이 여기에 작용하고 있다고 생각한다. 하나는 도덕적 사고와 관련이 있다. 많은 사람들은 상말이 비도덕적이라 믿는다. 더러운 말은 나쁘다. 사람들은 왜 이렇게 생각하는가? 이 문제는 다음 장에서 논의할 것이지만, 여기서는 무언가를 나쁘다고 생각하는 것의 인지적 귀결에 초점을 맞추고 싶다. 만일 무언가를 좋다고 믿는다면, 당신은 그 무언가에 대한 여러 다른 좋은 점을 믿을 가능성이 높다. 그리고 만일 무언가를 나쁘다고 생각한다면, 당신은 그 무언가에 대한 여러 다른 나쁜 점을 믿을 가능성이 높다. 후광 효과(halo effect)라[26] 알려진 이 믿음의 긍정적 유형은 1세기 동안 연구해 왔다.[27] 이 믿음의 부정적 유형 – 뿔 효과(horns effect)(후광: 천사, 뿔: 악마) – 은 사람들에서 생산품에 이르는 모든 것에 대한 당신의 생각에 적용되는 것으로 보인다. 정치인들은 후광 효과를 이용한다. 즉, 그들이 옷을 잘 입는다면, 세련되고 서글서글하게 들린다면, 다정하게 보인다면, 당신은 그들이 일을 잘 한다고 생각할 가능성이 높다.[28] 판매 담당자들도 이 후광 효과를 이용한다.[29] 예컨대 애플컴퓨터 회사를 좋아하는 사람들은 이 회사의 개별 제품을 전혀 모르는 회사의 제품보다 더 좋다 – 품질이 높다거나 유용하거나 디자인이 좋다 – 고 생각할 가능성이 높다. 그리고 어쩌면 비슷한 일이 상말에도 일어나고 있을지 모른다. 사람들은 shit을 나쁜 말이라고 생각한다. 그래서 shit이 또한 위험하고 해를 끼치고, 다른 부정적 속성을 지녔다고 믿을 가능성이 높다. 반면에 please나 thank you와 같은 '좋은 말'에 대해 이렇게 믿을 가능성은 더 낮다. 사람들에게 sir나 ma'am이 공격성 증가를 초래한다고 설득하기 위한 기준은 자기보고에 근거한 어떤 단일한 상관관계 연구보다 훨씬 더 높을 것이다.

사람들은 또한 부정적 믿음의 두 번째 인지적 결과 – 합리화 – 로 인해 상말에 대해 나쁜 믿음을 갖는 경향이 있다. 근거 없는 도덕적 믿음을 가질 때, 사람들은 흔히 그 믿음에 대한 설명을 내놓는다. 이러한 설명('합리화'나 '정당화')은 사실일 수도 있고 사실이 아닐 수도 있다. 하지만 이러한 설명으로 인해 정말로 사람들은 자기가 믿는 것이 더 좋다고 느낀다. 만일 무언가(예: 상말)를 나쁘다고 믿지만 사실 왜 그러한지 충분한 이유가 당신에게 없다면, 당신의 믿음을 정당화하기 위해 설명하고 싶은 마음이 강하게 들지도 모른다. 만일 상말이 공격성 증가를 초래한다면, 이것은 상말이 나쁘다는 당신의 믿음을 정당화한다. 앞뒤가 뒤바뀐 이 종류의 추론으로 인해 사람들은 어떤 주장이 무언가 자신들의 믿음을 지지하는 한 이 주장의 논리적 약점을 간과하게 된다.

상말이 나쁘다고 믿는 사람들은 상말에 대한 다양한 다른 나쁜 이야기를 믿는 심리적 편향을 지녔다. 예컨대 상말이 공격성 증가를 초래한다거나 정상적인 감정 반응을 둔감하게 한다는 식의 이야기 말이다. 본질적으로 상말이 나쁘다고 믿는 사람들은 어린이 마음이 연약해서 주변의 일탈적인 언어 사용자들로 인해 엇나가고 일그러진다고 결론짓는다. 그러나 이것은 아이들을 너무 신뢰하지 않는 견해이다. 실제로 욕설이 영향을 미치지만, 아이들의 마음이 상말에 대한 회복 탄력성을 지녔다고 믿을 만한 충분한 이유가 있다. 진짜 연약함은 상말의 유해한 영향을 믿는 쪽으로 쉽게 기우는 어른들의 마음속에 있다.

10

10만 달러짜리 욕설

코비 브라이언트는 1996년 고등학교 졸업 직후 바로 드래프트 지명을 받은 때부터 2016년 은퇴할 때까지 로스앤젤레스 레이커스(Los Angeles Lakers) 농구팀의 선발 슈팅 가드였다. 그 20년 동안 그는 전미프로농구협회(NBA)가 제공해야 하는 거의 모든 것을 다 경험했다. 그러나 심지어는 그조차도 농구 코트에서 여전히 감정적 동요를 일으키는 경향이 있었다. 2011년 4월 12일 샌안토니오 스퍼스(San Antonio Spurs)와의 경기에서 브라이언트는 공격자 파울 판정을 받고 바로 이어 테크니컬 파울 판정을 받았다. 분명히 그는 이 판정에 동의하지 않았다. 코트에서 나왔을 때 그는 의자를 주먹으로 치고 수건을 바닥에 내던졌다. 현장의 생중계 방송 프로듀서는 촬영카메라를 돌려 이 소란을 계속 비추었다. 브라이언트는 벤치에서 주심 베니 애덤스(Bennie Adams)에게 "베니, 야 이 좆같은 호모 새끼!(Bennie! Fucking faggot!)"라고 소리 질렀을 때 이 사실을 의식하지 못했을지도 모른다. 해설가 스티브 커(Steve Kerr)는 즉시 생방송 프로듀서에게 이렇게 제안했다. "지금 바로 카메라를 다른 곳으로 돌리는 것이 좋겠어요. 집에서 이 경기를 시청하는 아이들을 위해서요."[1]

심지어 브라이언트와 같은 24년 경력의 최고 선수에게도 스포츠는 감정적이다. 승리의 전율과 패배의 아픔이라는 친밀한 감정 이외에도 운동선수들은 경기력에 대한 불안, 부상으로 인한 고통, 심판의 판정에 대한 분노, 꼭 이겨야 할 상황에서 압도적 승리를 한 뒤의 안도감 등을 느낀다. 이미 살펴본 바와 같이,

상말은 감정에의 특권적인 경로이다. 이 뒤섞인 감정에 스포츠의 강도와 압박, 경쟁, 자발성을 더해보라. 그러면 운동선수들이 욕을 내뱉는 것은 실제로 전혀 놀라운 일이 아니다.

그리고 운동선수들은 욕을 많이 한다. 만일 승리의 격정으로 그냥 내뱉는 fuck yeah(졸라 기분 좋네!)나 패배의 침울함에서 나오는 oh fuck(아이 씨발)을 우리가 접하고 있다면, 아마도 그렇게 많은 논란이 일어나지 않을 것이다. 그러나 그렇지 않다. 브라이언트의 사례에서 보듯이, 때로는 상말이 모멸 표현의 언어적인 제3궤조(軌條)에 속한다. fucking의 빚은 청산하기 어려운 일이 아닐지도 모르지만, faggot의 빚은 당신의 홍보담당자가 계속 분주하게 뛰어야 할 것이다.

이제, 이 특별한 사건을 마무리하기 위해 브라이언트는 자신이 내뱉은 말에 대해 나중에 사과하고 이렇게 해명했다. "경기 중의 좌절로 인해 나온 말입니다. 이게 다입니다. 이 말은 게이 공동체와 레즈비언 공동체를 향한 나의 감정을 반영하지 않으며 어느 누구의 마음도 상하게 할 의도가 없었습니다." 그리고 기특하게도 그는 성적소수자(LGBTQ) 권리와 정중한 발언 옹호자라 밝히며 자신의 이미지를 바꾸었다. 예컨대 제이슨 콜린스(Jason Collins)가 전미프로농구협회 선수 중에서 최초로 자신의 정체성을 게이라고 밝혔을 때, 브라이언트는 이렇게 말했다.

> 그의 커밍아웃을 정말로 용기 있는 행동이라 생각해요. 동료선수로서 우리는 그를 지지해야 합니다. 그냥 응원하면 됩니다. 바라건대 다른 모든 분들도 내가 누구인지 정체성을 밝히십시오. 여러분 자신이 되십시오.[2]

그리고 레이커스의 팬 두 명이 트위터에 모멸 표현을 사용했을 때, 브라이언트는 (131글자로 간결하게) 그들을 야단쳤다.

> @PacSmoove @pookeo9에게 알린다. 절대로 your gay(너 이 호모자식)을

사용해 다른 사람을 깎아내리지 말라. 점잖지 못한 짓이다. #보기 흉하니 삭제하라. 이 나쁜 말을.

그러나 그의 반성은 한발 늦었고 소용이 없었다. 정확히 말해서 실은 무지하게 늦었다. 전미프로농구협회는 경기장에서 그 사건이 일어난 다음 날 '모욕적이고 용서할 수 없는' 말을 한 데 대해 벌금을 부과하기로 결정했다. 협회가 그에게 보낸 고지서에 통지한 벌금액은 엄청났다. 10만 달러였다.

브라이언트는 단지 모멸 표현 때문에 벌금을 받은 수많은 농구 선수 중의 한 명일 뿐이다. 2012년 뉴욕 닉스(New York Nicks)의 포워드 아마레 스타더마이어(Amar'e Stoudemire)는 한 팬을 똥꼬충(fag)이라고 칭한 이유로 5만 달러의 벌금을 부과받았다. 2013년에는 로이 히버트(Roy Hibbert)가 기자회견에서 no homo(호모 아님)라는 표현을 사용한 이유로 7만 5000달러의 벌금을 부과받았다. 2015년에는 라존 론도(Rajon Rondo)가 심판을 호모 새끼(faggot)라고 불러서 한 경기 출장정지를 당했다. 이 밖에도 벌금이나 징계를 받은 농구 선수들은 많다. 동시에 전미프로미식축구연맹(NFL: National Football League)도 모멸 표현을 사용한 선수들을 징계하기 시작했다. 2014-2015 시즌 전에 각 팀에 배포한 공식 영상에는 이러한 진술이 있었다. "전미프로미식축구연맹은 이번 시즌에 경기장에서 인종 차별적 비방이나 성적 지향 관련 폭언을 한 선수들에 대해 '무관용' 원칙을 적용할 것이다."[3] 처벌은 어느 정도? 벌금이나 다른 징계 처분도 가능하고, 최초 위반은 15야드 벌칙이다. 샌프란시스코 쿼터백 콜린 캐퍼닉(Colin Kaepernick)은 그해 1차 시즌의 두 번째 경기 도중 수사망에 잡혔다. 그때 그는 경기장에서 nigger(깜둥이)라는 낱말을 사용했다는 명목상의 이유로 벌금 1만 1000달러를 부과받았다.*

표면적으로 연맹과 팀은 이러한 정책을 스포츠맨십을 확립하고 서로 존중하

* 결국 이 연맹은 캐퍼닉이 실제로 모멸 표현을 했다는 증거가 없어서 벌금액을 절반으로 줄였다. 엠 샌드리터(M.Sandritter, 2014년 10월 15일).

는 안전한 환경을 새로 조성하기 위한 방법이라 옹호한다. 냉소적인 해석에서는 방송 텔레비전과 영화 산업처럼 연맹과 팀이 다른 연예 기구와 같은 압력 단체에 굴복하여, 어떤 시청자도 반대할 내용을 하나도 찾을 수 없을 정도로 오락물을 표백하고 있다고 본다. 그 동인에 관계없이, 이러한 정책은 선수들의 돈지갑에 실제로 영향을 미치며, 그 메시지는 분명하다. 즉 어떤 관용도 여기서는 용인하지 않는다. 그리고 (야구연맹의 인종차별 역사,[4] 미식축구연맹의 두부 외상 연구 은폐,[5] 미식축구연맹이 벌인 무보수 '아마추어' 대학생 선수 착취[6] 등) 각 스포츠 연맹이 자행한 악행이 이미 입증되었음에도 불구하고, 북미의 주요한 스포츠 연맹에서 벌이는 모멸 표현 반대 캠페인은 적어도 어쩌면 아무도 반대할 수 없는 한 가지이다.

설령 우리가 상말 전체가 아이들이나 성인들에게 해를 끼치지 않는다는 것을 수용한다 하더라도, 모멸 표현은 다른 소산처럼 보인다. 모멸 표현을 만드는 목적은 타인의 감정을 해치기 위함이다. 이 장에서 우리는 모멸 표현이 어떻게 그러하는가를 살펴볼 것이다. 그러나 이것은 모멸 표현의 규제가 가장 생산적인 접근이라는 것을 의미하지 않는다. 아래에서 나는 비록 모멸 표현이 해를 끼칠 수 있지만, 전미프로농구협회나 전미프로미식축구연맹이나 많은 다른 사적·공적 조직이 채택하는 정책과 같이 이러한 표현을 전면적으로 불법화하는 포괄적 정책은 실제로 이익보다 더 많은 해악을 끼칠 수 있다는 주장을 펼칠 것이다.

$ % !

언뜻 보기에 모멸 표현을 규제하는 정책은 저항하기 어려운 심리적·역사적 이유에서 합리적으로 보인다. 우선 사람들은 그 밖의 상말을 비롯한 다른 어떤 부류의 낱말보다도 모멸 표현이 더 심한 불쾌감을 준다고 본다. 이것은 1장에서 논의한 크리스틴 얀셰비츠(Kristin Janschewitz)의 자료에서 확인할 수 있다.[7] 당신은 사람들이 금기어와 비금기어에 관한 수많은 질문을 받았다는 것을 회

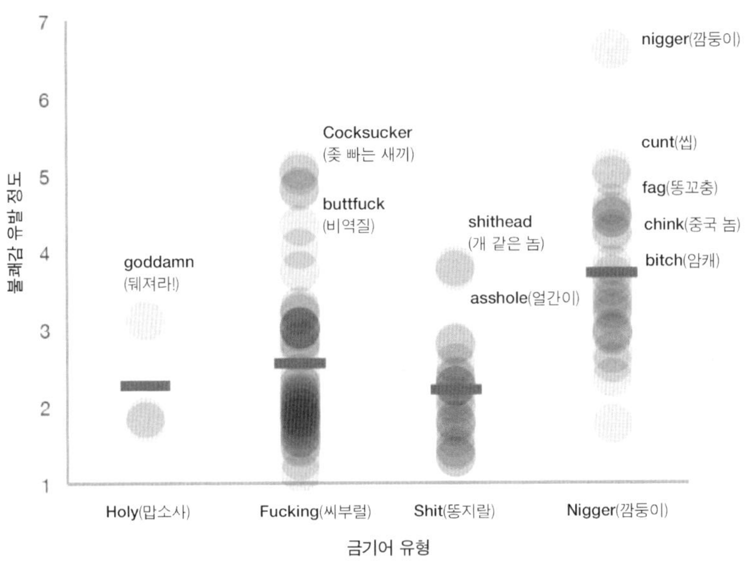

각 점은 네 개의 주요한 비속어 범주 중의 하나에 드는 영어 낱말을 나타낸다. 중상 모멸 표현이 다른 어떤 무리보다 공격성이 더 심한 불쾌감을 유발한다는 판정을 받는다.

상할 수도 있다. 나는 금기어를 이제는 친밀한 '맙소사·씨부럴·똥지랄·깜둥이' 원리에 따라 범주화했다. 자연스럽게 나는 이 과정에서 몇 가지 경우에 대한 판단을 내려야 했다. whore(매춘부)는 모멸 표현인가, 성 관련 낱말인가? (나는 모멸 표현으로 분류했다.) jism(정액)은 몸의 발산액과 관련이 있는가, 성과 관련이 있는가? (나는 성 관련 낱말로 분류했다.) 그러나 이러한 구분은 영어가 상말 어휘를 어떻게 채우는지에 대한 일반적인 견해를 제공하기 위한 것이므로 이러한 애매한 사례에 연연하지 말자. 이러한 사례는 내가 끌어내고자 하는 전반적인 쟁점에 대해 차이를 만들지 않는 것으로 밝혀졌다. 이러한 방식으로 상말을 쪼갤 때 무슨 일이 일어나는지 살펴보라. 위의 도표에서 각 낱말은 점이고, 각 낱말이 유발하는 불쾌감 정도를 평정한 평균값은 y축에 있다. 그래서 더 높이 있는 낱말은 평균적으로 더 저속하다는 판단을 나타낸다.

보다시피 이 다양한 낱말이 유발하는 불쾌감 정도는 그 범위가 넓다. 오른쪽 수직 막대에서 쭉 올라가 불쾌감 유발 정도의 맨 꼭대기에 홀로 걸터앉아 있는 단 하나의 외로운 점(data point)이 있다. 바로 nigger이다. 그러나 비록 nigger가 완전히 외톨이이지만, 다른 여러 모멸 표현의 행동이 nigger와 양립 가능하다. nigger의 바로 아래에 cunt가 있고, 그다음 아래에 fag나 chink와 같은 낱말이 있다. 수평 막대는 각 범주의 평균을 보여주며, 우리는 평균적으로 모멸 표현에 대한 평정치가 다른 어떤 무리보다 완전한 점 하나 또는 그 이상 더 높다는 것을 알 수 있다. 그리고 이것은 사실 모멸 표현이 불쾌감을 유발하는 정도를 축소해 전달할지도 모른다. 다른 범주에서 불쾌감을 가장 심하게 유발하는 낱말은 모멸 표현이라고 주장할 수 있다 — Fucking 범주에서 가장 심하게 불쾌감을 유발하는 낱말은 맨 위의 cocksucker와 그 아래의 motherfucker이다.

그러나 어쩌면 이 예시는 단지 당신이 이미 알고 있는 바를 확실히 보여줄 수 있다. 사람들은 모멸 표현이 불쾌감을 유발한다고 여긴다. 어떤 모멸 표현의 경우에는 이러한 인식이 전혀 새로운 것이 아니다. 즉, 모멸 표현의 목적은 애초부터 불쾌감 유발이다. 이것이 바로 이러한 표현의 존재 이유이다. 우리가 보기에 Ching-Chong(칭총)은 모욕의 명칭이다. 과거에도 언제나 그랬다. wetback(밀입국 멕시코 노동자), sand-nigger[모래 깜둥이(아랍인)], camel-fucker[낙타 씹할 놈(외로운 아랍인 목동)] 등도 마찬가지이다. 그리고 상말이 일반적으로 유래하는 전형적인 근원이 있는 것처럼, 특정한 의미적 경로에서 모멸 표현이 나온다.[8] 흔한 한 경로는 이러한 무리의 구성원을 식별하도록 해준다고들 믿는 물리적 특성이다. 때때로 이러한 명칭은 yellow(노랑이/황인종)나 Redskin(빨간 피부/북미인디언)과 같이 고정관념 피부색을 분별한다. 모멸 표현은 또한 snipdick(가위질한 음경)이나 slant[눈꼬리가 치켜 올라간 인간(동양 놈)], slope[눈초리 처진 인간(동양 놈, 특히 베트남 놈)], thick-lips[입술이 두터운 사람(흑인)]과 같이 신체 특성을 분별할 수도 있다. 이러한 명칭은 (Ching-Chong과 같이) 어떤 집단에 드는 사람들이 소리를 내는 방식을 알려준다. 또한 coon(흑인)이나 bitch(암캐)와 같이 동물을 가리키는 낱말로부터 나오고, cotton-picker[목화 따는 사람

(흑인)]나 towel-head[수건 두른 인간(아랍 놈)], breeder[새끼를 낳는 자(이성애자)], carpet-muncher[카펫 씹는 사람(여성 동성애자)], cracker(가난뱅이 백인)와 같이 직업이나 활동, 의복, 음식에 대한 고정관념으로부터 나올 수도 있다. 외모나 행동의 고정관념과 연결된 낱말을 사용하는 것은 어떤 집단의 구성원을 비인간화하는 효과적 방법이다.

다른 경우에는 그 밖의 중립적인 낱말이 모멸 표현으로 변했다. 이것은 필연적으로 원래 의도에서 나오는 것이 아니라, 이러한 낱말을 사용하는 사회적 맥락에 기인한다. 심지어 nigger조차도 언제나 현재와 같은 언어적 화약고였던 것은 아니다. 이것은 Chinaman(되놈)이나 cripple(병신)도 마찬가지이다. 이러한 낱말은 오랜 역사를 거치며 변화를 겪었다. 마치 언어에 대한 우리의 태도와 소수자 집단의 구성원을 향한 우리의 태도가 지금까지 쭉 진화한 것처럼 말이다. 그리고 이러한 낱말은 비슷한 경로를 따라왔다. 낱말이 어떻게 모멸 표현으로 진화했는지를 알아보기 위해 이 여정을 좀 더 자세히 언급할 가치가 있다.

원래 nigger는 라틴어 어근 nigr-에서 유래하며, 이 어근은 그냥 '검다(black)'를 의미한다. 1900년대 이전에는 기본적으로 이 nigger가 특정한 미국인들을 지칭했다. 이 미국인들은 20세기와 21세기를 거치면서 먼저 **유색인종**(colored)으로, 그다음에는 **흑인**(black)과 **아프리카계 미국인**(African American)으로 불리게 되었다. 예컨대 nigger는 1884년에 출간되어 미국 문학에 가장 뛰어난 기여를 한 작품으로 칭송받는 마크 트웨인의 소설 『허클베리 핀의 모험(The Adventures of Huckleberry Finn)』에 등장한다. 당신의 기억이 희미할 경우를 대비해 줄거리를 간략히 언급한다. 소설 속 화자인 허크 핀은 미주리주의 학대하는 아버지로부터 탈출한 이야기를 들려준다. 이 과정에서 허크 핀은 탈출한 노예 짐과 친구가 되고 둘은 함께 자유를 찾아 북부로 향한다. 이들이 모험을 하는 과정에서 nigger가 200번 이상 등장한다. 여기서는 이 낱말이 모멸 표현이 아니라 총칭적인 지시 명칭이었다.

물론 설령 19세기에는 낱말 nigger 그 자체는 대체로 중립적이었다 하더라도, (책에서나 실제 생활에서나) 이 낱말을 사용하는 맥락은 결코 중립적이 아니었다. 이 낱말은 노예화와 복종의 수 세기를 거치며 사람들을 따라다녔다. 그 결과, 많은 사람들에게 nigger는 여전히 이 유산의 얼룩이 남아 있다. 사회적 태도가 변했던 만큼, 20세기 즈음엔 nigger가 강한 부정적 함축을 얻기 시작했다.[9] 곧이어서는 colored에 밀려났고, 그다음에는 black과 Afro-American, African American에 자리를 내주었다.

Chinaman(되놈)과 cripple(병신)의 얘기도 비슷하다. 원래는 두 낱말 모두 중립적으로 사람들을 지시했다. Chinaman은 Englishman이나 Frenchman만큼 악의 없는 낱말이었다. Englishman이나 Frenchman은 여전히 부정적인 함축 없이 사용된다. 실제로 19세기의 많은 시간 내내 중국계 미국인들은 Chinaman을 긍정적 맥락에서 사용했다. 예컨대, 샌프란시스코의 한 중국계 미국인 식당 주인은 당시 캘리포니아 주지사 존 비글러(John Bigler)에게 보낸 이민 정책 관련 편지에서 당당히 이렇게 썼다. "지사님, 저는 Chinaman이고 공화당 지지자이며 자유로운 제도(free institutions)를 좋아하는 사람이에요."[10] Chinaman은 20세기로 접어들 무렵에야 비로소 부정적 함축을 보여주기 시작했다. 그리고 적어도 10세기 이후에 사용된 명사인 cripple은 뒤늦게 20세기에 이르러 기본 명칭(default term)의 자리를 내주었고, handicapped와 disabled, 그리고 이들의 후속 낱말들이 우선적으로 사용되었다.

다시 한번 정말로 nigger와 마찬가지로 Chinaman과 cripple도 얼마 동안 기본 낱말이었다. 하지만 그 기간 동안 중국계와 장애가 있는 사람들은 많은 경우에 2등 인간 취급을 받았다. 그리고 수 세기의 사용에서 나오는 용어의 함축 의미는 쉽게 지워지지 않는다. 예컨대, 전미프로미식축구연맹의 다양성을 장려하는 조직인 프리츠 폴라드 동맹(Fritz Pollard Alliance)은 이렇게 주장했다. "사람들이 'N-낱말'이 순하다는 데에 대해 무슨 주장을 하고 싶어 하든지, 이 N-낱말은 혐오와 억압의 냄새를 풍기며, 세대나 맥락이 어떠하든 절대로 이 N-낱말에서 그 냄새를 깨끗이 지울 수 없다."[11] Chinaman이나 cripple의 사용을 반대하는 비슷한 주장도 쉽게 찾아볼 수 있다.

모멸 표현이 지나온 다양한 경로는 이러한 낱말이 지닌 현재의 정체성만큼은 중요하지 않다. 그리고 앞에서 살펴본 바와 같이, 이러한 표현은 불쾌감을 유발한다. 그래서 이러한 표현이 프로 스포츠와 같은 공적 영역에서 출현할 때는 미디어와 시청자, 연맹 관계자의 반응이 불쾌감 유발 정도가 더 약한 다른 유형의 상말에 대한 반응보다 더 강하다. 이 불쾌감 유발은 그 자체로 연맹이 모멸 표현의 금지 정책을 실행할 정도로 해로울 수 있다. 프로 스포츠의 생명수는 방송 계약이다. 즉, 만일 자신들이 보는 화면으로부터 불쾌감을 느끼게 된다면, 채널을 돌려 시청을 거부하는 시청자들로 인해 광고주들과 수익성 높은 텔레비전 계약이 사라질 것이다. 그리고 프로 스포츠 연맹은 이러한 조치보다 더 근본적인 해결책을 내놓지 못할 수도 있다.

그러나 모멸 표현을 금지하자는 주장은 사실 훨씬 더 강력하다. 비록 프로스포츠 연맹 사무소의 누군가가 이 연구를 읽었다고 생각하지는 않지만, 모멸 표현에의 노출이 심리적·사회적 해를 초래한다는 약간의 증거 – 곧 살펴보게 될 – 가 또한 있다. 이제, 모멸 표현의 효과가 이러한 표현을 접하는 사람들이 비방을 받는 집단의 구성원인지 아닌지에 따라 실제로 다른 것으로 드러난다. (예컨대 이성애자인 당신에게 낱말 faggot이 영향을 미치는 정도는 동성애자인 당신에게 영향을 미치는 정도와 다르다.) 하지만 여기서는 (모멸 표현의) 갈대숲으로 조금만 들어가 보자.

우리는 모욕을 당하는 집단의 구성원이 아닌 사람들에게 모멸 표현이 어떻게 영향을 미치는지에 대해 아주 많은 것을 알고 있다. nigger나 faggot과 같은 욕설이 당신의 귀에 들리는데 이 욕설이 당신을 지칭하지 않는다고 가정해 보라. 이로 인해 이러한 모욕적인 말이 가리키는 사람들에 대한 당신의 느낌이 어떻게 바뀌는가? 여러 연구에서 이 문제를 탐구해 왔다. 이탈리아에서 수행한 한 연구에서는 이성애자인 참여자들에게 자유 연상 과제를 하나 수행하도록 요구했다. sun이나 American, lion의 이탈리아어 대응어와 같은 낱말의 목록을 제시받고서, 참여자들은 각 낱말에 대해 세 개의 관련 낱말을 제시해야 했다. 그리고 이 실험에서는 핵심적인 조작을 하여, 목록의 마지막 단서 낱말이 gay나 faggot 둘 중의 하나였다. (이 연구는 이탈리아인 참여자들에게 수행했기 때문에, 실제로는 이 낱말이 faggo가 아니라 frocio였다.)[12] 이 자유 연상 과제를 끝마친 뒤에, (이성애자) 참여자들은 완전히 다른 과제를 수행했다. 즉, 그들은 시(市)가 예산을 어떻게 써야 하는지 조언을 했다. 시의회가 두 개의 별개 프로그램에 재원을 배정하는 방법을 결정하고 있다고 그들에게 말해주었다. 하나는 '고위험군'의 후천성면역결핍증후군(AIDS-HIV) 예방을 위해 작동하는 프로그램이고, 다른 하나는 젊은 부부의 출산 문제를 지원하는 프로그램이다. 참여자들의 임무는 시의회가 각 프로그램에 고정 금액 중 얼마나 많은 돈을 할당해야 하는지를 결정하는 것이었다. 논리는 이러했다. 만일 gay와 faggot이 동성애자들과 관련해서 참여자들이 자기 자신에 대해 어떻게 생각하는지에 상이한 영향을 미친다면, 이것은 동성애자들을 도울 가능성이 더 높은 프로그램(고위험군의 후천성면역결핍증후군 예방)이나 더 분명히 이성애자들의 지원을 지향하는 프로그램(출산)에 예산을 배정하는 그들의 결정에 영향을 미쳐야 한다. 그리고 이것이 바로 이 연구에서 발견한 것이다. 애초에 자유 연상 과제에서 낱말 faggot을 제시받은 사람들은 gay를 바탕으로 자유 연상을 하도록 요구받은 사람들보다 후천성면역결핍증후군 예방 프로그램에 재원을 할당할 가능성이 훨씬 더 낮았다. 달리 말하면, 어떤 모멸 표현에의 노출은 사람들에게 모욕당하는 집단의 구성원들과 자원을 공유하지 말라는 편견을 심어줄 수 있다.

또한 어떤 모멸 표현에의 노출은 모욕당하는 집단의 구성원이 아닌 사람들이 이 집단의 구성원들에 대해 생각하는 방식에도 영향을 미친다. 한 연구에서 다시 이성애자들에게 이 집단에 대한 중립적 명칭인 gay 또는 경멸적 명칭인 faggot을 먼저 제시하고, 그다음에 어떤 낱말 목록으로부터 그들에게 동성애자를 연상케 하는 낱말들과 이성애자를 연상케 하는 다른 낱말들을 선별하도록 요구했다.[13] 이 연구도 또다시 이탈리아에서 수행했으며, 참여자들에게 그중에서 선택하도록 제시했던 낱말 목록에는 인간(예: person, citizen, hand)을 묘사하는 이탈리아어 낱말과 동물(예: animal, instinct, paw)을 묘사하는 다른 이탈리아어 낱말이 포함되었다. 그리고 결과를 집계했을 때, 연구자들은 사람들이 동성애자 집단에 동물 관련 명칭을 더 많이 선택했고 이성애자 집단에 인간 관련 명칭을 더 많이 선택했다는 것을 발견했다. 그러나 욕설인 faggot을 들었을 때만 그러했고 중립적인 집단 명칭 gay를 들었을 때는 그렇지 않았다. 사실 이 선택이 이 집단을 겨냥한 어떤 모멸 표현과 관련이 있는 것이지 경멸적인 명칭 전반과 관련이 있지 않음을 확실히 하기 위해서, 연구자들은 사람들이 asshole의 이탈리어 대응어(coglione)를 들은 뒤에 동일한 과제를 수행한다는 또 하나의 조건을 집어넣었다. faggot과 달리, asshole에 대해서는 이 두 집단이 동물 명칭과 인간 명칭을 상이하게 배분하지 않았다. 그래서 이것은 모멸 표현에 글자 그대로 인간성을 제거하는 무언가가 있음을 암시한다. 이 무언가로 인해 국외자들은 모욕당하는 집단 구성원들에 대해 마치 그들이 인간의 속성을 더 적게 보유한 것처럼 생각하게 된다.

모멸 표현에의 노출은 심지어 당신이 모욕당하는 집단의 구성원들과 물리적으로 상호 작용하는 방식에도 영향을 미친다. 오스트레일리아 퀸즐랜드 대학교(The University of Queensland)의 한 연구에서는[14] 컴퓨터 화면에 번쩍 비추는 방식으로 세 낱말 중 하나를 사람들에게 잠깐 보여주었다. 이 낱말은 40차례 나타났지만, 참여자들이 의식적으로 이 낱말을 포착하기에는 너무 짧은 순간이었다. 이 세 낱말은 gay, faggot, asshole이었으며, 각 참여자는 이들 중 단 한 낱말만을 보았다. 그다음에 이 참여자들은 이 대학 동성애자들의 상황에 대해 마크(Mark)라는 학생과 잠정적인 토론을 하러 또 다른 방에 들어갔다. 참여자들은 마크가 동성애자라는 말을 들었고, 그 방에 들어가 마크를 기다리며 마크와 자신을 위한 의자를 놓아두고 인터뷰를 준비하라는 지시를 받았다. 그러나 연구자들은 인터뷰보다 참여자들이 의자를 어디에 두는지 — 더 구체적으로는 마크와 각 참여자 사이의 거리 — 에 더 관심이 많았다. 잠재의식 상태에서 점화된 낱말이 gay나 asshole이었을 때보다 faggot이었을 때, 참여자들은 두 의자를 약 4인치 더 멀리 떼어 놓았다. 모멸 표현은 사람들에게 모욕당하는 집단의 구성원들로부터 계속 물리적으로 더 멀리 떨어지도록 하는 동인이었다.

그래서 다른 사람들을 비방하는 표현에의 노출이 그 다른 사람들에 대한 편견 — 재정적 편견과 심리적 편견, 신체적 편견 — 을 초래한다는 약간의 증거가 있다. 그러나 모멸 표현의 대상이 되는 사람들에게 미치는 직접적인 영향은 어떠한가? 만일 당신이 동성애자라면, faggot은 당신에게 어떤 영향을 미치는가? 이것은 더 복잡한 이야기이다. 문헌에 따르면, 이 문제를 다룬 연구는 지금까지 거의 없었다. 그리고 이것은 어쩌면 윤리적 이유 때문일지도 모른다. 만일 당신이 보기에 사람들이 자신의 집단을 겨냥한 모멸 표현에의 노출로 해를 입을 수 있다면, 이와 같은 연구는 정당화하기 어렵다. 단, 참여자들에게나 사회에나 상당한 이익이 있을 때는 예외일 수 있지만 말이다. 당연히 이익은 있을 수도 있다. 하지만 이것은 입증하기 그리 쉬운 일이 아니다. 그래서 우리는 정말 아는 것이 거의 없다. 그리고 우리가 보유한 아주 작은 실제 지식으로 미루어볼 때, 모멸 표현이 모욕당하는 집단의 구성원들에게 미치는 영향이 국외자들에게 미치는 영향과 비슷하지 않다.

이것은 '어휘 결정(lexical decision)' 과제를 사용한 이탈리아의 또 다른 연구로부터 확인할 수 있다. 어휘 결정은 컴퓨터 화면에 나타나는 일련의 낱말이 당신의 언어에서 낱말이 되는지 안 되는지를 결정해야 하는 유형의 실험이다.[15] 당신이 긍정적인 결정을 하는 데 걸리는 시간의 길이는 다양한 심적 연산의 현재 상태를 보여준다. 예컨대 puppy와 같은 어떤 관련 낱말이 앞에 올 때 사람들이 dog와 같은 낱말에 더 빠르게 반응한다고 알려져 있다. 이것은 강아지(puppy)에 대해 생각하면 개(dogs)에 대한 생각과 dog라는 낱말 그 자체에 대한 생각이 활성화됨을 우리에게 알려준다. 문제의 이 연구에서 참여자들이 보았던 낱말의 일부[예: elegant(우아한), artistic(예술적인)]는 그 문화에서 적절하고 긍정적이라 지각되는 동성애 남성의 양상을 묘사하는 형용사였고, 다른 일부 낱말[예: effeminate(사내답지 못한), emotional(정에 약한)]은 부정적이라고 지각되는 국면을 묘사했다. 이 실험의 묘책은 각 낱말에 앞서서 어떤 중립적인 낱말(예: gay)이나 어떤 모멸 표현(예: faggot)이 컴퓨터 화면에 아주 빠르게 (불과 15밀리초 동안) 명멸해서 참여자가 다만 잠재의식 상태에서 각 낱말을 처리할 것이라는 점이었다.

이 실험의 연구자들은 사람들이 어떤 문자열이 이탈리아어 낱말인지 아닌지를 결정하는 속도가 그들이 거의 무의식적으로 접한 용어가 중립적인 낱말 gay이었는지 아니면 모멸 표현 faggot이었는지의 영향을 받았음을 발견했다. 그러나 참여자들의 정체성이 동성애자인지 아닌지가 그들이 영향을 받는 방식을 결정했다. 이성애자인 참여자들이 잠재의식 상태에서 gay가 아니라 faggot을 보았을 때는 동성애자들의 긍정적 속성 — elegant(우아한)나 artistic(예술적인)과 같은 — 이 자기들 언어(이탈리아어)의 낱말이라고 결정하는 데 시간이 더 걸렸다. 만일 당신이 심지어는 잠재의식 상태에서 처리되는 모멸 표현이 표적 집단의 부정적 속성은 끌어올리고 긍정적 속성은 억압한다고 생각한다면, 이 결과는 이해가 된다. 당신은 무의식 상태에서 faggot이 눈에 먼저 들어오고, 그다음에 동성애자들의 어떤 긍정적 속성이 눈에 들어온다. 그래서 당신이 (긍정적 속성의) 그 낱말을 읽고 이해하는 데 시간이 조금 더 걸린다. 왜냐하면 이 낱말이 faggot이 (당신의) 잠재의식 상태에서 동성애자에 대해 유발하는 틀 구성과 일치하지 않기 때문이다.

그러나 동성애자인 참여자들은 완전히 다른 방식으로 영향을 받았다. 그들은 오히려 gay보다 faggot을 볼 때 effeminate(사내답지 못한)이나 emotional(정에 약한)과 같은 부정적 속성을 인식하는 데 시간이 더 오래 걸렸다. 이에 비하면 정말로 faggot으로 인해 이 (동성애자인) 실험참여자들은 자기 집단의 긍정적 국면을 더 빨리 떠올렸다. 이 결과가 당신에게는 놀라울지도 모른다. 이 결과를 읽었을 때 내가 정말 그랬다. 하지만 여기에 가능한 설명이 하나 있다. 자신을 위협하는 근원이 외부에 있을 때, 어떤 사람들은 자신의 집단 정체성 내에서 방어망을 치는 경향이 있다. 그리고 어쩌면 그런 일이 이 실험에서 일어나고 있을지 모른다. 잠재의식 상태에서 모멸 표현에 노출되면, 동성애자인 참여자들은 분노가 치밀어 올라서 모욕당하는 자기 집단과의 동일시 감정을 더 강하게 느낄 수도 있다. 따라서 그들은 자신에 대해서나 그 특정 집단의 일원인 자기 정체성에 대해 더 긍정적인 감정을 드러낼 것이다. 이것은 다시 동성애자를 기술하는 긍정적인 형용사에 대한 더 빠른 반응으로 이어질 것이다. 그러나 이것은 가능한 여러 설명 중 단지 하나일 뿐이다. 예컨대 어쩌면 이탈리아인 동성애자들이 [fag(똥꼬충)

를 뜻하는] 낱말 frocio를 다시 전용해서, 이 낱말은 심지어 긍정적인 함축으로 발전했을지 모른다. 이 문제는 나중에 좀 더 살펴보자.

이러한 자료가 무엇을 의미하고 무엇을 의미하지 않는가에 대해 명확히 밝히는 것이 중요하다. 모욕당하는 집단의 구성원들에게 모멸 표현을 잠재의식 상태로 제시하면, 그들은 긍정적인 내집단 속성을 더 빠르게 처리할 수도 있다. 그러나 이것이 사람들을 모멸 표현으로 부르는 것이 그들에게 좋다는 것을 의미하지는 않는다. (이성애자들과 마찬가지로) 동성애자들은 모멸 표현이 엄청난 불쾌감을 유발한다고 본다. 얀세비츠의 자료에서 nigger와 fag, cunt가 목록의 아주 상위에 있으며, 다른 연구에서도 동일한 결과를 제시한다는 점을 기억해 보라.[16]

더욱이 고립적으로 제시되는 단일 낱말은 맥락 내에서와 같은 영향을 미치지 못할 수 있다. 다른 유형의 상말과 달리 모멸 표현이 따돌림 행위의 일부로 사용될 때는 실제로 해를 끼칠 수 있다는 약간의 정황 증거가 있다.[17] ≪초기 청소년기 저널(Journal of Early Adolescence)≫의 한 연구에서는 중학생들에게 자신의 정신 건강과 학교 경험에 대해 질문을 두 차례 했다. 한 번은 7학년 때 하고 8학년 때 다시 한번 했다. 연구자들의 관심은 당해 연도에 모멸 표현으로 불린 학생들의 경험이 그들의 평안 상태 변화와 상관관계가 있는지였다. 그래서 연구자들은 그 학생들에게 8학년 때 얼마나 빈번하게 homo나 gay, lesbo와 같은 동성애자 모멸 표현으로 불렸는지 물었다. 그들은 동성애자 모멸 표현으로 욕을 먹은 적이 있다고 보고한 (흥미롭게도 여학생들이 아니라) 남학생들이 또한 7학년과 8학년 사이에 학교 소속감의 감소는 물론 불안과 우울, 개인적 고통의 증가를 표현할 가능성이 더 높다는 것을 발견했다. 우리는 이 상관관계 연구(앞 장 참조!)를 어떻게 해석하는지 주의해야 한다. 하지만 최소한 이 결과는 모멸 표현들이 아이들에게 유익하다는 것을 암시하지는 않는다.

마지막으로 모멸 표현은 내집단 구성원들에게 또 다른 방식으로 부정적인 영향을 미칠 수도 있다. 이 영향은 사회심리학 문헌에서 '고정관념 위협(stereotype threat)'이라 알려져 있다. 특정 집단의 구성원들이 어떤 일에 서툴다는 사회적인 고정관념이 있다. 예컨대 미국에는 여성과 특정 소수 인종이 남성과 백인 동료들(Caucasian peers)보다 과학과 수학을 더 잘하지 못한다는 고정관념이 있다.[18] 그리고 사실 교육심리학자들은 이 고정 관념화된 집단의 구성원들이 그러한 특정 영역에서 수행하는 실제 능력의 평균이 더 낮다는 것을 관찰했다. 하지만 특정 조건 아래에서만 그러하다. 젠더나 인종 집단에 대한 부정적인 고정관념 정보에 미리 노출될 때(예컨대 "이 과제는 여성이 남성만큼 잘 수행하지 못한다."는 통지를 받고난 뒤에)는 그 구성원들의 실제 수행이 자신의 사회 집단에 대한 긍정적 정보(예컨대 "여성은 창의적인 경향이 있으며 이 시험의 성공은 창의성에 좌우된다.")를 들을 때에 비해 상당히 더 낮다.[19] 이 문제를 다루는 어떤 직접적인 증거도 나는 모르지만, [bitch(암캐/매춘부), nigger(깜둥이), wetback(밀입국 멕시코 노동자) 등] 당신을 겨냥한 어떤 모멸 표현을 들으면 위협적인 환경이 조성되고 이것이 당신의 집단이 잘하지 못한다고 고정 관념화된 그런 과업의 더 낮은 수행을 초래한다는 가설은 합리적이다.

그래서 간단히 말해서 모멸 표현은 판단컨대 불쾌감을 유발할 뿐만 아니라 국외자들이 모욕당하는 집단의 구성원들을 대하는 방식에도 분명히 부정적인 영향을 미친다. 단지 그러한 낱말을 듣기만 해도 바로 그 집단의 구성원들에 대한 직접적인 부정적 효과가 일어난다는 것은 그렇게 분명하지 않다. 비록 그러할 가능성이 높아 보이지만 말이다. 이것은 더 복잡한 문제이다.

그래서 모멸 표현이 사람들에게 불쾌감을 유발하고, 모욕당하는 집단의 구성원에 대한 비인간화와 차별적 행위를 자극하며, 모욕하고 억압하기 위한 목적에서 설계되고 진화되었다는 것을 보여주는 증거가 더 우세하다. 이러한 사실을 고려해 볼 때, 사람들이 그러한 낱말을 사용하지 말도록 요구할 것이라는 추정은 타당하다. 프리츠 폴라드 동맹(Fritz Pollard Alliance)은 이렇게 쓰고 있다. "다양한 세대가 각각의 의사소통 수단을 지녔다는 것을 이해하고 존중하지만, 우리는 N-낱말의 사용을 용인할 수 없다. …… 간단히 말해서, 앞으로 오늘 이후로는 부디 N-낱말을 사용하지 말기로 하자. 절대로."[20] 비슷한 목소리로 전미유색인지위향상협회(The National Association for the Advancement of Colored People)는 심지어 2007년 디트로이트에서 N-낱말의 장례식을 정성스럽게 거행했다. 위에 nigger라고 쓰인 관을 묻었다. 디트로이트 시장 크와미 킬패트릭(Kwame Kilpatrick)은 이 장례식에 참여해 이렇게 선언했다. "정말 후련하다. 잘 가라, N-낱말아! 이 주변에서는 널 더 이상 보고 싶지 않아."[21]

nigger나 faggot과 같은 낱말이 초래하는 이 모든 문제로 인해, 어쩌면 이러한 낱말을 사용한다는 이유로 백만장자 운동선수에게 벌금을 부과한 것은 이 세상에서 가장 나쁜 결정으로 보이지 않는다.

$ % !

그러나 여기에는 문제가 있다. 사람들은 이러한 낱말을 단지 하나의 방식으로만 사용하지 않는다. 그렇다. 이러한 용어는 명예 훼손과 모욕을 가하지만 다른 삶도 살아간다. 지금까지 다른 어떤 모멸 표현보다 nigger(깜둥이)에 대한 언어학적 분석이 더 많았다. 그래서 이 nigger에 논의의 초점을 맞추어보자. 이 낱말이 다양하게 발현된다는 첫 번째 실마리는 이 낱말의 철자법이 (nigger나 nigga로) 이 가변적일 수 있다는 것이다. 그 차이는 무엇인가? nigger가 모멸 표현이라는 데는 이견이 없다. 그러나 nigga로 철자할 때는 특정한 무리의 사람들이 이 낱말을 다르게 사용한다. 이들은 대체로 아프리카계 미국 영어(African American English)라 불리는 특정한 유형의 영어를 말하는 화자들이다. 이 영어 변종을 말하는 화자들은 (분명히 전부는 아니지만 대부분이) 아프리카계 미국인이다. 이들은 nigga를 택해서 (분명히 전적으로 그럴 수는 없지만) 대체로 모욕적인 함축 의미를 제거한 방식으로 사용해 왔다. 래퍼 투팍 샤커(Tupac Shakur)가 엠티비(MTV) 기자 타비사 소렌(Tabitha Soren)에게 설명한 것처럼, "niggers는 버둥대며 밧줄에 매달려 있는 사람들이고 niggas는 금액세서리와 금목걸이를 차고 클럽에서 노는 사람들이다."[22] 아프리카계 미국 영어의 모든 화자들이 다 이 특성화에 동의하지는 않겠지만, 이 특성화는 이 영어 변종에 현재 두 낱말이 존재하는 의의를 반영한다. 한 낱말은 모욕하고 억압하기 위해 사용하는 용어이고, 또 다른 낱말은 긍정적인 자기 정체성을 나타내기 위한 내집단 용어이다.

어떤 모욕적인 낱말에 상처를 가장 많이 받는 바로 그 사람들이 이 낱말을 자신의 고유한 용어로 수용할 것이라는 주장은 직관에 반한다. 그러나 모멸 표현의 이 동일한 재전용(再轉用)은 전 세계에서는 물론 모욕당하는 모든 집단에서 지금까지 계속해서 일어났다. 어떤 사람들은 집단을 지칭하는 특정한 경멸적인 용어를 겨냥한 공격을 이러한 용어의 사용을 줄이기 위한 동인으로 사용하지 않는다. 오히려 그들은 합심하여 이러한 용어의 역할을 집단 구성원들의 자긍심을 보여주는 징표로 바꾼다. 어떤 아프리카계 미국인들은 nigga를 사용한다. 마치 일부 동성애자들이 queer나 faggot을 사용하고 일부 여성들이 bitch나 shut을 사용하는 것처럼 말이다. 흔히 이러한 재전용 주창자들은 어떤 낱말의 소유권을 빼앗음으로써 그 낱말이 불쾌감을 유발하거나 마음에 상처를 주는 힘을 약화시킬 수 있다고 생각한다.

이러한 시도가 효과가 있음을 보여주는 약간의 증거가 있다. 바로 10명의 학생에 대해 보고한 2013년의 한 연구 논문이다. 이 연구를 설계한 목적은 모멸 표현을 다른 의미로 사용하는 재전용의 생태를 이해하기 위함이었다.[23] 재전용은 누가 하는가? 언제 하는가? 그 효과는 어느 정도인가? 이 연구는 이러한 질문에 답하고자 했다. 이 연구에서 가장 계시적인 실험은 다른 어떤 사람이 모멸 표현을 사용해 자기 자신을 지칭할 때 참여자들이 보여주는 반응을 탐구했다. 연구자들은 사람들을 무작위로 배정하여, 낙인이 찍힌 어떤 집단에 속하는 사람을 모멸 표현으로 묘사한 신문 기사를 읽도록 했다. 예컨대 어떤 실험에서는 queer로 묘사했고, 또 다른 실험에서는 bitch로 묘사했다. 각 실험에는 두 조건이 있었고, 누가 경멸적 용어를 사용하는가만 달랐다. 절반의 실험 참여자들에게는 한 국외자가 다른 한 사람에게 You're queer(넌 요상해.)나 Your name is bitch(네 이름은 암캐야.)라고 말한다고 전했다. 나머지 절반의 참여자들에게는 해당 동성애자나 해당 여성이 각각 I'm queer(난 요상해.)나 My name is bitch(내 이름은 암캐야.)라고 말한다고 전했다. 자신에게 배정된 판형의 기사문을 읽고 난 뒤, 참여자들은 해당 낱말이 얼마나 부정적인지를 1에서 7까지의 척도에 평정했다. queer는 그 차이가 엄청났다. You're queer를 읽은 참여자들은 queer가 불쾌감을 심하게 유발한다고 평정했다. 평균 점수가 7점 만점에서 거의 7점이었다. 그러나 I'm queer를 읽은 참여자들은 queer의 불쾌감 유발 정도가 약 4.5점이라고 평정했다. bitch도 동일한 방향에서 동일한 유형의 결과를 보여주었지만, 그 정도가 queer만큼 아주 분명하지는 않았다. bitch가 불쾌감을 유발하는 정도의 평정치는 5.9와 4.7 사이를 오갔다 — 여전히 유의미한 차이이다. 전자(5.9)는 다른 사람을 bitch라고 지칭하는 표현(You're bitch)을 읽고 난 뒤의 평정치이고, 후자(4.7)는 자신을 지칭하는 표현(I'm bitch)을 읽고 난 뒤의 평정치이다.

이 평정은 결국 다음을 의미한다. 사람들이 모멸 표현을 사용해 자신이 속한 집단을 묘사하는 것을 볼 때는 이 낱말이 불쾌감을 덜 유발하는 것으로 보인다. 최소한 단기적으로는 그렇게 보인다. 그렇다면 어떤 집단의 사람들이 자기 자신을 지시하기 위해 모멸 표현을 사용하든 국외자들이 그 집단의 사람을 지칭하기 위해 모멸 표현을 사용하든, 이러한 모멸 표현이 사람들이 느끼는 불쾌감 정도에 장기적으로는 얼마나 영향을 미치는가? 이 질문에 대한 실험적 증거는 현재 우리에게 전혀 없다.

일단 어떤 모멸 표현의 재전용이 일어나면, 이 표현은 거의 인식 불가능한 변이형과 확장형이 나온다고 우리는 알고 있다. 적어도 언어학적으로는 말이다. nigger는 nigga가 된 이후로 많은 변화가 일어났다. 정말로 많은 것을 보여주는 일부 자료가 2015년 미국언어학회 학술대회에서 나온다. 아프리카계 미국 영어 사용자인 연구자들은 nigga가 들어 있는 2만 개의 트윗을 분석해 이 낱말이 현대 영어에서 사용되고 있음을 입증했다.[24] 그들은 nigga가 nigger와의 유사성이 거의 없음을 발견했다.

무엇보다도 (그리고 많은 사람들이 이 사용에 친밀할 것이라고 보는 내 생각에도) nigga는 보통 아프리카계 미국인 남성을 중립적으로 지칭하는 통칭 명사의 역할을 한다. 내가 '보통(usually)'이라 말하는 이유는 이 각각의 일반화에 반하는 실례가 널리 퍼져 있기 때문이다.[25] 예컨대 nigga는 이따금 인간이 아닌 대상을 지칭할 수 있다. 이 연구에서 나온 입증된 한 사례는 다음 트윗을 보라. "고양이 한 마리를 입양했는데 사람과 같은 이 놈(that nigga)을 사랑해요." 또한 다음 트윗에서처럼 nigga는 아프리카계 미국인이 아닌 사람을 지칭할 수도 있다. "이 백인 놈(nigga)이 그냥 자기 어머니 x_X를 찰싹 때렸다." 그래서 이 낱말은 상당한 거리를 이동했다. 대체로 인간을 가리키고 대체로 남성을 가리키는 낱말 nigga의 이 총칭적인 사용이 많은 아프리카계 미국 영어 화자들에게는 guy나 dude와 같은 다른 총칭적 용어와 대충 등가이다.

그러나 여기에는 어쩌면 당신이 몰랐던 무언가가 있다. 사실 nigga는 또한 대명사처럼 행동할 수도 있다. 복습을 위해 언급하면, 대명사에는 구체적인 명사를 대신할 수 있는 낱말인 I(나), you(너), we(우리), she(그녀), they(그들) 등이 들어 있다. 언어학자에게 이 대명사는 엄청나게 중요한 문제이다. 언어는 그냥 새로운 대명사를 아무렇게나 더하지 않는다. 영어의 젠더 중립적인 대명사에 우호적인 사람들에게 그냥 한번 물어보라. 지금까지 ze나 zir를 단 한 번도 들어본 적이 없다고? 난 전혀 놀랍지 않다. 대명사는 어떤 언어에서나 문법적 핵심의 일부이며, 변화에 상당히 심한 저항을 한다. 그러나 트위터에서 nigga를 사용하는 방식에 따르면, nigga가 이 대명사 집단에 균열을 냈다. 아니 더 정확하게는 a nigga가 그렇게 했다. 다시 또 실제 트윗에서 나오는 이 균열 사례를 살펴보라. 예컨대 Spring got *a nigga* feelin myself(봄이 오자 **나란 놈은** 나 자신을 느끼게 되었어)를 보라. 이것이 a nigga의 특별한 사용이라는 것을 알기 위해서는 문법 모자를 써야 한다. a nigga(나란 놈)는 누구를 가리키는가? 그 실마리는 myself에서 나온다. 6장의 논의를 상기해 보면 알겠지만, myself는 -self 재귀대명사로서 우리에게 a nigga가 절대적으로 me를 가리켜야 한다고 말해준다. 그래서 이 사용에서는 a nigga가 하는 행동이 1인칭 대명사 me의 행동과 같아 보인다. *A nigga* proud of *myself*(나 자신이 자랑스러운 이 몸)라는 트윗에서 보듯이, a nigga는 또한 I처럼 행동할 수 있다. 또는 You read all a nigga's tweets but you still don't know me(넌 나란 놈의 트윗을 다 읽었지만 여전히 나를 몰라)라는 트윗에서 보듯이, a nigga는 my와 같을 수 있다. 이 모든 경우에 a nigga가 하고 있는 행동은 1인칭 대명사와 같은 것으로 보인다. a nigger는 화자를 지칭한다.

반복하자면, 낱말 nigga를 총칭 명사나 대명사로 사용하는 이 방식은 영어의 특정한 변종에서만 실제로 출현한다. 그리고 우연히도 아프리카계 미국인들이나 그들과 문화적 정체성을 공유하는 사람들이 대체로 그러한 변종 영어를 말한다. 이 사실은 곧 중요하게 될 것이다. 그래서 이 사실에 매달려 보자. 현재는 다음 서술만을 다시 반복하자. nigger는 이 낱말 사용이 모욕의 표적으로 삼은 바로 그 사람들이 전용해 왔으며, 대부분의 국회의원이나 대부분의 미국 프로스포츠 팀의 소유주와 같이 다른 영어 변종을 말하는 사람들이 전혀 모를 수 있는 새로운 사용을 끌어 모았다.[26] 의미 변화와 문법 변화를 수반한 이 동일한 재전용 과정은 faggot과 slut의 역사 속에서 그리고 전용한 사람들이 함께 선택한 다른 모멸 표현의 역사 속에서 우연히 일어났다. 이것이 모멸 표현의 추방이 의도와는 달리 역효과를 낼 수 있다는 주장의 가장 중요한 핵심이다.

두 번째 중요한 핵심은 맥락이 중요하다는 것이다. 설령 모멸 표현으로 모욕당하는 집단에 당신이 속하지 않는다고 하더라도, 어떤 맥락에서는 이러한 표현의 사용이 사회적으로 용인 가능하다. 그러한 맥락 중 하나는 촘촘히 짜인 젊은 사람들의 집단 속에 있다. 이 맥락은 여러 남성 집단에서 가장 많이 관찰되었지만, 외견상 여성들 사이에서도 출현한다.[27] 나 자신이 한때 젊은이였던 만큼, 나는 이 집단에서 유대인을 (예컨대) kike(유대인 놈), hebe(유대 놈), big-nose(← 크다 + 코), Jesus-killer(← 예수 + 살인자), snip-dick(← 싹둑 자르다 + 좆) 등으로 지칭하며 희롱하는 일이 드물지 않음을 개인적으로 증언할 수 있다. 이 집단 내의 동성애자는 fag(똥꼬충)나 butt-dart(← 궁둥이 + 쏘다), ass-spelunker(← 엉덩이 + 동굴탐험가), pillow-biter(← 궁둥이 + 쏘는 사람), shit-pusher(← 똥 + 미는 놈)라 불릴 수 있다. 비록 다른 맥락에서는 이러한 낱말이 불쾌감을 유발할 수도 있지만, 친밀한 또래들의 집단 내에서는 다른 동력이 작용한다. 모욕하는 사람의 입장에서 경멸적인 용어의 사용은 자신이 모욕하고 있는 상대와의 엄청난 친밀감을 부각한다. 만일 모욕을 가하는 사람이 비록 자신은 어떤 모멸 표현으로 모욕을 당하는 집단의 구성원이 아니지만 이 모멸 표현을 사용하고도 무사할 수 있다면, 이것은 그 사람이 (모욕당하는 사람과) 또 다른 방식으로 아주 친밀함에 틀림없다는 것을 보여준다. 한편 모욕을 당하는 사람의 입장에서는 자신의 '영예로운' 유대인 지위나 동성애자 지위, 유사한 모든 지위를 다른 사람들에게 인정하고 보통은 불쾌감을 유발할 모멸 표현을 사용하도록 그들에게 허락한다면 이것은 이 사람이 그들과 얼마나 돈독한 우정을 유지하고 있는지를 보여준다.

우리가 젊은 사람들의 집단에 대해 말하고 있을 때는, 자세도 흔히 관여하며, 다른 사람들에게 당신을 모욕하도록 허용하면 당신은 두 가지 방식으로 당신의 지배력을 행사한다. 첫째, 모욕을 허용함으로써 당신은 자신만의 고유한 자긍심을 보여준다. 즉, 말만으로는 당신을 괴롭히지 못한다는 것을 증명한다. 그리고 둘째로 당신은 언쟁을 통해서 한수 위 책략을 적극 사용할 기회를 잡는다. 이것은 즉흥적으로 일어날 수 있다. 아니면 이것은 '상대방 가족 욕하기(the dozens)'와 같은 의례적인 모욕 게임의 일부일 수 있다. 이 시합은 '설전(snaps)'이나 '욕설 대회(signifyings)'와 같은 여러 다른 이름이 있으며 흔히 노동자 계층의 동네나 가난한 동네에서 전적으로 그렇지는 않지만 대체로 젊은 성인 남성들이 벌인다. 기본적으로 참여자들은 언어적 대결을 벌이며, 서로 욕하고 상대방이 소중히 여기는 사람들 – 예컨대 친척 특히 가까운 여성 친척 – 을 모욕하고 그러한 사물을 폄훼한다. 핵심은 최대한 창의적으로 경멸적으로 구체적으로 욕설을 하는 것이다. 예컨대 '상대방 가족 욕하기 시합'을 하는 사람은 "니 어매는 너무 뚱보야. 그때 니 어매 살을 먹는 질병 진단을 받았어, 의사 말이 니 어매 5년 살 거래(Yo mama's so fat, when she was diagnosed with a flesh-eating disease, the doctor gave her five years to live)"라고 말할 수도 있다.* 언어적 대결은 흔히 중

* 이 쪽의 하단에 더 많은 '니 어매는' 농담을 제시할 공간은 충분해 보인다. 알다시피 (그냥 웃자고가 아니라) 학문을 위해서죠.
Yo mama's so fat, she went to the zoo and the elephants started throwing her peanuts.

상 모멸 표현으로 가득 차 있다 ― 그렇지만 다시 한번 이러한 표현은 사회적 환경의 용인을 받는다. 이 대결의 목적은 집중 포화 아래에서 언어적 기민성과 뛰어난 냉철함 유지 능력을 동시에 보여주는 것이다.*

이러한 특별한 관행 공동체 내에서는 모멸 표현이 모욕이 아니라 사회적으로 용인된 상호작용의 일부로 작용한다. 이것은 전장에서 취하는 조치(사람을 총으로 쏘아 죽이는 일)나 이 문제에 관한 한 축구장에서 하는 행동(사람들에게 태클하는 일)이 그 밖의 다른 맥락에서는 허용 가능하지 않지만 그러한 맥락에서는 사회적으로 허용 가능한 방식과 비슷하다. 그리고 그 결과로 어떤 맥락에서는 모멸 표현의 사용 의도가 불쾌감 유발이 아니며, 이러한 표현이 불쾌감을 유발한다고 간주하지 않는다. 모멸 표현은 시적일 수 있고, 창의적일 수 있고, 심지어는 사회적 관계를 창조하거나 강화하는 데 중요할 수도 있다.

따라서 요지는 결국 다음과 같다. 어떤 모멸 표현은 이러한 표현으로 원래 모욕을 당했던 집단의 구성원들이 (더 많이는 아니라 하더라도) 국외자들만큼 많이 사용한다. 내집단 구성원들은 이러한 표현을 원래의 부정적인 함축과 대체로 유리된 방식으로 사용했다. 어떤 맥락에서는 모멸 표현의 사용이 심지어 집단 응집성과 개인적 충성을 드러내고 강화한다.

이로 인해 우리는 다시 모멸 표현을 금지하는 문제와 그러한 조치의 귀결로 돌아간다.

(니 어매는 아주 뚱보야. 동물원에 갔는데 코끼리들이 니 어매 부모를 던지기 시작했어.)
Yo mama's so fat, her ass has its own congressman.
(니 어매는 아주 뚱보야. 엉덩이는 [너무 커서 자신을 대표하는] 국회의원까지 있어.)
Yo mama's so fat, she's got smaller fat women orbiting around her.
(니 어매는 아주 뚱보야. 더 작은 뚱보 여성들에게 자기 주변을 돌게 했어.)
Yo mama's so fat, on Halloween she says, 'Trick or meatloaf!'
[니 어매는 아주 뚱보야. 할로윈에 'Trick or meatloaf!'(혼내줄까? 아니면 맛있는 고기 빵 덩어리 줄래!)라고 말한다.]

* 비록 더 구조화된 환경 속에 있지만, 랩 배틀(Rap battles)은 흔히 동일한 형식을 지녔다. 그리고 이 관행의 앞선 선례는 고대의 악담 응수 관행에 있다 ― 제이 콘리의 2004년 연구(Conlee, 2004)에서처럼 말이다.

특정한 집단의 권리를 대변하는 많은 조직은 경멸적이라 인식되는 용어를 행여 사용하는 어느 누구에게라도 반대하는 목소리를 낸다. 대체로 그러한 조직은 경멸적인 집단 명칭의 사용이 사회적 긴장을 초래함은 물론 약한 집단의 구성원들의 영향력을 빼앗을 수 있다고 판단한다. 이 기조는 스포츠 연맹의 정책에 반영되어 모멸 표현의 사용에 대한 처벌을 정당화한다. 예컨대 faggot에는 10만 달러 벌금을 부과하고 nigger에는 15야드 벌칙을 부과한다.

그러나 설령 선의로 행한다 할지라도, 낱말을 어떻게 사용하는지와 누가 사용하는지를 고려하지 않고서 낱말 관련 법률을 제정하는 정책은 최우선적으로 보호하고자 하는 바로 그 사람들에게 불리하고 불공정한 손해를 끼칠 위험성에 직면한다. 이 위험성이 nigger에서 가장 분명한 것은 이 낱말을 아프리카계 미국인들이 정말로 훨씬 더 빈번하게 사용하고 이 낱말이 모멸 표현보다는 오히려 아주 다른 많은 방식으로 출현하기 때문이다. 이것은 미국 프로 농구의 유명 선수였으며 현재는 해설가인 찰스 바클리(Charles Barkley)가 한 다음 말에서 알 수 있다. "나는 흑인이다. …… N-낱말을 사용한다. …… 내 흑인 친구들 사이에서 또한 백인 친구들 사이에서 이 N-낱말을 계속 사용할 것이다."[28] 미국의 많은 운동선수들(미국 프로 농구선수 76%와 미국 프로 미식축구 선수의 66%)은 아프리카계 미국인들이다.[29] 이것은 미국의 많은 운동선수들이 역시 아프리카계 미국 영어의 원어민이라는 의미이다. 앞에서 살펴본 바와 같이, 이 언어 변종에서는 nigga가 대명사뿐만 아니라 불쾌감을 주지 않는 보통 명사의 역할을 한다.

그 귀결은 분명하다. nigger를 금지하는 것은 이 규정이 원칙적으로 보호하고자 애쓰는 바로 그 사람들에게 불균형한 침묵을 강요하고 그들을 처벌하는 것이다. 연맹사무국은 이렇게 말하고 있다. 당신의 언어 일부를 잘라내어 우리는 당신을 보호할 것이다. 그리고 만일 이 특별한 1인칭 대명사를 사용한다면, 우리가 행여 당신의 경기 참여를 허용한다 하더라도 당신은 무급으로 경기를 하고 있을 것이다.

나는 이 정책이 뇌 전두엽 절제술(frontal lobotomy)의 언어적 등가물이라는 데 최초로 주목한 사람이 아니다. 가능한 nigger 금지령에 대해 질문을 했을 때, 스탠퍼드 대학교의 교육을 받은 시애틀 시호크(Seattle Seahawks)의 코너백인 리처드 서먼(Richard Sherman)은 이렇게 말했다. "그것은 잔인한 발상이다. …… 나에게 거의 인종차별적인 발상이다."[30] 또한 이렇게 지적했다. "그 말 nigger는 라커룸과 운동장에 언제나 있다. …… 운동장에 나가면 계속 그 말이 들린다." 서먼은 아프리카계 미국 영어를 말한다. 하지만 만일 당신이 이 변종 영어의 원어민이 아닌 연맹 이사나 팀 소유주라면, 이런 일은 당신에게 일어나지 않을 수도 있다.

자, 분명히 말하자면, 이것은 미국 수정헌법 1조의 쟁점이 아니다. 스포츠 연맹은 사기업이며 자신이 원하는 것은 무엇이든지 금지할 수 있다. 그래서 법이 모멸 표현 전반을 표현의 자유 보호로 본다는 사실은 중요하지 않다 — 고용주는 자신의 고유한 정책을 정할 수 있다. 그러나 나는 여기서 법적 논쟁을 하고 있지 않다. 나는 만일 누군가가 낱말 금지령을 어떤 위험성도 없이 인종주의나 성차별 사상, (동성애자에 대한 편견을 심는) 이성애주의, 불쾌감을 유발하는 다른 어떤 이념이든 다 박멸할 특효약이라고 생각한다면, 이것은 잘못된 발상이라고 말하고 있다.

또한 나는 의도를 법제화하는 것이 올바른 정책 접근이라고 주장하고 있지도 않다. 어떤 사람이 특정한 낱말로 무슨 의미를 전달하려는지 추론해야 하는 상황은 어느 누구도 원하지 않는다 — 그 순간의 심판도 사후의 연맹 이사도 원치 않는다. 그 낱말이 nigger였는가, nigga였는가? 그 낱말은 모멸 표현이었는가, 대명사였는가? 이 두 선수는 이 용어를 사회적으로 용인된 방식으로 사용할 만큼 서로를 아주 좋아하는가? 의도는 법정에서 아주 중요하다. 왜냐하면 법정에서는 피고가 범죄를 저질렀는지 판정하기 위해 의도를 입증해야 한다. 그러나 실제로 의도는 심지어 법적 무대에서도, 소환장과 증인 선서, 기나긴 심리의 강력한 힘으로도 추론하기 어렵다. 법정 표준을 농구장에 부과하는 것이 그럴 듯하다고 생각하거나, 그렇게 하면 공정한 결과나 바람직한 결과가 나올 것이라고 생각할 어떤 이유도 없다.

그렇다면 가장 생산적인 반응은 무엇인가? 아무것도 하지 않는 것? 한 발 물러서 시야를 넓혀보자. 나는 모멸 표현이 불쾌감을 유발하고 다른 종류의 상말과 달리 어떤 맥락에서 심지어는 어쩌면 해를 끼칠 수 있다는 약간의 증거를 검토했다. 그러나 바로 이 동일한 낱말을 다른 맥락에서는 매우 다른 의미로 사용하며 그중의 일부 사용은 긍정적이다. 그리고 이러한 낱말로 인해 가장 먼저 해를 입는 것으로 보이는 바로 그 집단의 구성원들 사이에서도 때로는 이러한 낱말을 매우 다른 의미로 사용한다. 그 결과로 전면 금지나 의도 추론 시도는 어쩌면 언어를 규제하는 어떤 조치도 행하지 않는 것보다 더 해로울 수 있다. 나는 스포츠 연맹과 관련해 이 주장을 펼쳐왔다. 하지만 이 동일한 논리는 기업, 학교, 공적 공간 등 유사한 조건을 충족하는 어느 곳에든 다 적용된다. 모멸 표현이 우리 뇌와 몸에 대해 지니고 있는 힘은 우리에게 행동하도록 강요한다. 그러나 반응적인 규제는 그 답이 아니다. 다음 장에서는 약간의 대안을 모색한다.

11

상말의 역설

상말은 강력하다. 상말의 반향은 우리 몸에서 측정할 수 있다. 단 한 번의 fuck이나 nigger로 심박률은 빨라지고 손바닥의 땀구멍은 열린다. 상말의 영향은 우리의 행동으로부터도 파악할 수 있다. fag로 인해 우리는 급히 의자를 당겨 동성애자라고 생각되는 누군가로부터 거리를 더 두며 그 사람을 인간 이하라고 생각한다. 치켜세운 가운뎃손가락을 통해 우리는 사람들의 행동을 더 공격적이라고 해석한다.

그리고 우리 중의 많은 사람들은 상말을 강력할 뿐만 아니라 또한 나쁘다고 생각한다. 드물지 않게 우리는 상말이 창조적이지 않은 나태한 마음이나 빈약한 어휘의 전조를 나타낸다는 믿음과 조우한다.[1] 이 안 좋은 일이 여전히 입증되지 않은 채 남아 있다는 사실로 인해 불쾌감을 유발하는 이러한 낱말은 보호를 거의 받지 못한다.[2]

금기어와 그 힘에 대한 이러한 부정적인 믿음 때문에 사람들은 흔히 앞 장에서 논의한 그대로 모멸 표현(slurs)을 억압하고 또한 상말 전체를 억압하려 한다. 우리가 자신을 점검할 때, 우리 머릿속에서 자기 검열이 일어난다. 그다음에 우리 입에서 무슨 말이 나올 것인지 마음속으로 추적하고 무언가 금기시되는 어떤 말이 준비 중일 때는 언어 브레이크를 밟는다. 또한 우리가 다른 사람들(특히 어린이들)의 상말 사용을 억압할 때는 대인(對人) 검열이 일어난다. 예컨대 아이가 어떤 특정한 낱말을 입 밖에 낼 때 우리는 그 낱말을 수용할 수 없다거나 부적절하다는 설명으로 대응할지도 모른다. 예컨대 "그건 '나쁜 말(bad word)'이야."라고 말할 수 있다. 더 나아가서 아이를 심하게 꾸짖거나 벌할지도 모른다. 상말을 사용한다는 이유로 아이에게 언어적으로나 신체적으로 벌을 가한 오랜 역사가 있다. 비누로 입을 깨끗이 씻는 벌은 가장 창의적인 벌이자 벌을 받은 당사자들의 기억에서 가장 지워지지 않는 벌 중 하나이다.[3]

그리고 우리는 또한 사회 제도와 법 제도를 통해 집단적으로 상말에 억압적인 반응을 한다. 바로 앞 장에 나온 스포츠 연맹의 조치들에서 이 억압이 소규모로 어떻게 작동하는지 엿볼 수 있다. 미국에서 가장 거대한 단체는 영화의 내용을 규제하는 미국영화협회(MPAA: Motion Picture Association of America)와 비디오 게임의 내용을 규제하는 오락소프트웨어 등급평정위원회(ESRB: Entertainment Software Ratings Board), 그리고 국가기관으로서 공중파 방송을 규제하는 연방통신위원회(FCC: Federal Communications Commission)이다. 1장에서 간략히 언급한 바와 같이, 이러한 기관의 가장 눈에 띄는 기능 중 하나는 상말을 억압하는 것이다.

하지만 이 모든 증거는 상말을 박살내려는 기존의 노력이 효과가 없음을 암시한다. 아래에서 나는 단순한 억압보다 상말에 대처하는 더 좋은 방법이 있다는 논거를 제시하겠다. 이 논거는 모멸 표현은 물론 '나쁜 말' 전반에 다 적용된다.

$ % !

사회적 차원의 검열로 논의를 시작해 검열이 어떻게 작동하는지와 검열이 왜 실패하는지를 살펴보자.

미국영화협회는 영화 산업계에서 설립한 산업 조직이다. 무엇보다도 이 협회는 영화에 어린이들의 접근을 제한하는 등급을 평정할 책임이 있다.[4] 폭력과 약물 사용, 섹스 이외에도 이 협회는 '극단적 표현/독설(strong language)'을 특정한 연령의 어린이들에게 부적합하다고 분류한다. 규제 역할을 수행함에도 불구하고, 이 협회는 어떤 언어가 어떤 평정을 받는지를 정식으로 공표한 어떤 기준도 없다. 불쾌감을 유발하는 낱말들의 목록도 전혀 없고 각 낱말이 어떤 등급의 평정에 적합하다고 승인받은 횟수에 대한 통계 보고도 전혀 없다. 이 협회의 방법은 대체로 불투명하다. 제작사는 영화를 배포하기 전에 영화협회 등급평정위원회에 제출한다. '독립적인 부모 집단'으로 구성된 이 위원회는 조건부 등급평정을 발표한다. 이 최종적인 결론은 사실상 일종의 검열이다. 영화 제작자들과 제작사들은 가능한 한 최대의 관객을 모으기 위해서 흔히 영화를 스스로 검열하며, 이 등급평정위원회는 얼핏 보기에 자의적인 요구조건을 달아서 영화에의 접근을 제한할 수 있는 문지기 역할을 한다.

오락소프트웨어 등급평정위원회는 사실상 미국영화협회와 동일한 역할을 수행하지만, 그 범위가 비디오게임이다.[5] 영화협회와 마찬가지로, 이 위원회도 상말을 판정하는 데 미공개 기준을 사용하지만, 이 위원회가 평정하는 등급을 관찰함으로써 우리는 이 등급 평정이 독설의 빈도와 강도에 의존한다고 추론할 수 있다. 한 연구는 오락소프트웨어 등급평정위원회의 기준을 역(逆)설계 분석을 시도해서, E10+나 (모든 사람이 사용하는) E등급은 거의 모든 게임에 상말이 전혀 없지만 (10대가 사용하는) T등급은 34%의 게임에 상말이 있고, (성인 전용인) M등급은 74%의 게임에 상말이 들어 있음을 발견했다.[6]

연방통신위원회의 작동 방식은 상당히 다르다. 연방위원회로서 이 위원회는 텔레비전 방송과 라디오 방송을 비롯한 모든 공중파 송신을 감독하도록 위임받은 법적 권한이 있다. 무엇보다도 연방통신위원회는 낮 시간과 초저녁 시간에 상말을 금지하는 법률을 집행해 왔다. 미국영화협회나 오락소프트웨어 등급평정위원회와 마찬가지로 연방통신위원회도 금지 낱말의 공시 목록이 없지만, 상말을 "대중의 구성원들이 들을 때 그들에게 정말로 심한 불쾌감을 유발해서 골칫거리에 해당하는 말"이라고 규정한다.[7] 이 위원회가 내릴 수 있는 벌은 경고장 발송에서 벌금 부과, 심지어는 방송국의 방송 면허 취소에 이르기까지 다양하다. 이것은 음악과 텔레비전에서 사용하는 언어에 엄청난 영향을 미친다. 텔레비전 제작사와 음반 제작사는 자기 검열을 하며, 연방통신위원회나 텔레비전방송국, 라디오방송국으로부터 주의 조치를 받을 것이라는 생각이 드는 언어를 피한다. 제작사와 방송국은 예술성 높은 창작품을 만드는 데 실제로 기여하는 상말을 잘라낸다. 이것은 다양한 방식으로 일어난다. 예컨대 불쾌감을 주는 용어를 삐 소리로 처리해 안 들리게 하거나, 금기어를 다른 낱말로 대체한 다른 버전을 만들거나, 상말을 완전히 무음으로 처리한다.* 이 밖에도 많은 다른 방식이 있다.

연방통신위원회가 수행하는 일에 대해 많은 반대가 나올 수 있다. 특히 이 위원회가 상말을 정의하는 비밀스러운 방식에 대해 그럴 가능성이 높다. 그러나 미국 대법원에 따르면, 이 위원회는 현재와 같은 역할을 수행할 권리가 있다. 우리는 1973년의 한 판례로부터 이것을 알고 있다. 이 판례에서 연방통신위원회는 조지 칼린(George Carlin)의 저속한 스탠드 업 코미디(profane standup routine) 〈텔레비전에서는 말할 수 없는 7개의 낱말(The Seven Words You Can't Say on Television)〉[8]을 방영한 한 라디오 방송국과 다투었다. 판에 박힌 이 연기의 주제는 (반어적이게도) 연방통신위원회가 금지하는 낱말이며, 칼린은 이 7개의 낱말이 shit, piss, fuck, cunt, cocksucker, motherfucker, tits라고 밝힌다. (물론 어떤 공식적인 목록도 없지만 말이다.) 그다음에 칼린은 계속해서 각 낱말에 대한 자신의 인상을 세세하게 묘사한다. (칼린에 따르면, tits는 다정하게 들리는 반면, fuck은 모든 사람에게 무언가 대단한 느낌을 전해준다.) 연방통신위원회는 이

* 연방통신위원회는 정말로 많은 검열 책략을 펼쳐왔다. 예컨대 상말 바로 앞의 낱말을 반복하는 방식이나 삐 소리 이외의 어떤 다른 소리를 추가하는 방식을 사용했다. 나 자신이 떠올리는 가장 절묘한 책략 중 하나는 미시 엘리엇(Missy Elliot)의 노래 <Work it(어떻게 해봐!)>이다. 여기에서는 코끼리 트럼펫이 다음 2행 연구의 명사를 대체한다.

If you got a big [elephant trumpet], let me search it;
And find out how hard I gotta work ya.
(만약 네게 큰 게[코끼리 트럼펫] 있다면, 널 찾아봐야겠어.
널 다루는 게 얼마나 힘든지 알아봐야 하니까.)

이 노래의 삐 소리 없는 버전(이나 트럼펫 소리가 어느 정도 사라진 버전)은 하나도 없는 것으로 보인다.

방송국을 징계했고, 이 방송국은 상말을 검열하는 연방통신위원회의 권리를 언론의 자유에 대한 침해라며 반발했다. 그러나 대법원은 이 위원회의 조치를 지지하면서, 정부가 아이들을 (1) 분명히 불쾌감을 유발하는 물질로부터 보호하고, (2) 원치 않은 언어가 사람들의 집에 들어오지 못하도록 확실히 하는 데 철저한 관심을 가져야 한다고 진술했다. 또한 대법원은 연방통신위원회가 (우연히 아이들이 접할 수도 있는) 낮 시간대에 '음란한' 방송 내용을 금지할 권리를 지닌다고 판결했다. 그리고 가장 중요하게도 연방통신위원회가 무엇이 외설이 되는가를 자체적으로 결정할 수 있다는 판결을 내렸다.

이러한 미디어 규제 단체에 더해, 법체계는 사실상 상말을 감시하는 검열자 역할을 한다. 슈퍼마켓에서 자기 아이 옆에서 fucking bread라고 말했다는 이유로 체포된 어머니의 경우에서 살펴본 바와 같이, 특히 아이들 주변에서 상말을 사용하는 것을 특정한 방식으로 해석해 불법적이라고 규정한 법률이 미국 전역에 존재한다. 이러한 법률이 우리의 수정헌법 1조 언론의 자유 권리를 침해한다고 주장하는 좋은 사례가 있다.[9] 이미 살펴본 바와 같이, Fucking-유형의 상말이 내재적으로 해를 끼친다는 증거는 전혀 없다. 그러나 이 전장에서는 흔히 논리가 통하지 않았다. 금지는 상말에 대한 하나의 반응으로 존재하며, 언어 행동 규범에서 일탈하는 사람들에게 소극적인 제재를 가할 의도를 지닌다.*

그러나 지금까지 이러한 노력은 대부분 허사로 돌아갔다. 사람들은 여전히 상말에 노출되고 있으며, 여전히 상말을 사용하고 있다. 텔레비전의 상말 노출

* 단지 상말처럼 들리기만 하는 낱말조차도 흔히 더러운 낱말 취급을 당한다. 예컨대 1999년에 워싱턴 DC의 시장 데이비드 하워드(David Howard)의 비서는 어떤 예산을 niggardly(인색하다)라고 칭한 이유로 그 직의 사임 요구를 받았다. 또한 약물 재활 중 내담자가 터놓고 이야기하지 않는 태도에 대해 그에게 niggardly라고 언급한 플로리다주의 약물전문상담사도 사임 요구를 받았다. 분명히 말하자면, niggardly는 역사적으로든 의미적으로든 nigger와 아무런 관련이 없다. [역사적으로 niggardly는 niggling(허드렛일)과 관련이 있고 현재 niggardly는 stingy(인색하다)를 의미한다.] 그렇지만 어떤 금기어와 단지 유사하기만 해도 억압적인 반응은 충분히 뛰쳐나올 수 있다. 이에 대해서는 다우드(Dowd, 1999.1.31)나 메이오(Mayo, 2011.11.11)를 보라.

은 지난 30년 동안 줄어들지 않았으며, 행여 줄어들었다 하더라도 강렬한 상말의 빈도는 증가했다.[10] 음악인이자 교수인 톰 레러(Tom Lehrer)는 이렇게 말했다. "내가 대학에 다닐 때는 여학생 앞에서 말할 수 없는 특정한 낱말들이 있었다. …… 이제는 그러한 낱말을 말할 수 있다. 하지만 girl은 말할 수 없다."[11] 마찬가지로 영화와 비디오게임도 비슷한 시간 틀 내에서 상말 사용이 줄어들지 않았으며, 특히 비디오게임에서는 상말이 증가했다. 현재 T 등급이나 M 등급 판정을 받는 비디오게임의 유형은 둘 다 엄청나게 많은 상말을 담고 있지만, 20년 전에는 본래 이 유형의 비디오게임이 없었다. 또한 삐 소리 처리나 지역의 다른 전략을 사용한 검열도 효과가 없다. 사람들은 삐 소리 처리한 낱말이 무엇이었는지 여전히 추론한다. 독창적인 한 연구에서 사람들에게 상말을 담은 문장[예: This custard tastes like shit(이 커스터드는 똥냄새가 나)]과 검열 처리한 문장[예: This custard tastes like s#!t(이 커스터드는 X 냄새가 나)] 중 하나를 읽게 했다.[12] 이러한 문장을 읽고 난 뒤에 참여자들은 기억 과제를 수행했다. 이 과제 실험의 목적은 참여자들이 자신이 정확히 무엇을 보았는가를 기억하는지 알아보는 것이었다. 참여자들은 s#!t 아니면 shit이 들어 있는 이 두 문장 중 하나를 보았을 것이고, 이 과제의 제시문이 자신이 그 전에 보았던 정확히 그 문장인지를 말해야 했다. s#!t을 shit으로 대체했을 때, 대부분의 사람들은 이것을 전혀 알아차리지 못했다. 그 실험 당시에 전체 59%의 사람들이 정확히 그 문장을 그 전에 보았다고 대답했다. 달리 말하면, 참여자의 절반 이상이 낱말 shit을 기억 속에 부호화했으며, 검열을 받지 않은 낱말을 보았다고 생각했다. 사실은 애초에 이 낱말이 검열을 받았지만 말이다.

삐 소리 처리를 한다고 해서 자신이 시청하거나 청취하고 있는 방송프로그램이 정말로 많은 상말을 담고 있다는 사람들의 느낌이 약해지지도 않는다. 삐 소리 처리의 효과를 탐구한 몇몇 연구가 있다. 그중 한 연구에서 사람들에게 이에스피엔(ESPN)에서 방영한 농구 코치 바비 나이트(Bobby Knight)의 일생을 그린 다큐멘터리인 〈위기의 계절(A Season on the Brink)〉의 두 유형 중 하나를 보여주었다.[13] 검열을 하지 않은 유형에는 악담의 76개 사례가 들어 있었다.

나이트는 독설을 서슴지 않는 성격과 화려한 언변으로 사람들을 몰아세우는 것으로 유명하다. 검열을 한 유형은 그러한 낱말을 다 삐 소리로 처리해 제거했다. 먼저 사람들에게 이 두 유형 중 하나를 보여주었다. 그다음에는 사람들에게 이 프로그램 때문에 얼마나 불쾌감을 느꼈는지 평정하고 이 프로그램이 얼마나 많은 상말을 사용했는지 추정하도록 요구했다. 사람들은 삐 소리 처리를 한 유형이 불쾌감을 상당히 덜 유발했다고 생각했다. 이것은 당신이 예상할 수도 있는 그대로이다. 하지만 놀랍게도 사람들은 또한 삐 소리 처리를 한 유형에 더 많은 상말이 들어 있다고 생각했다. 삐 소리 처리를 하지 않은 유형을 시청한 사람들에 비해, 삐 소리 처리를 한 유형을 시청한 사람들이 이 다큐멘터리에 들어 있다고 추정한 악담의 수가 평균적으로 15개 더 많았다. 따라서 삐 소리 처리를 하면 악담을 지각하는 빈도수가 올라간다.

실제로 특정한 용어에의 노출을 제한하고자 하는 효과를 원하는 만큼 낼 때조차도, 검열은 전혀 의도하지 않은 역효과를 초래한다. 언어는 움직이는 과녁이다. 그래서 오늘 어떤 낱말을 법으로 금지하면 내일 그 낱말의 자리에 새로운 낱말이 솟아날 것이다. 검열은 언어로 하는 두더지 잡기 게임과 같다. 예컨대 장편영화 〈사우스 파크(South Park)〉를 만들었을 때, 매트 스톤(Matt Stone)과 트레이 파커(Trey Parker)는 R등급평정을 목표로 하고 있었다. 그러나 그들이 미국영화협회 등급평정위원회에 제출했던 첫 번째 삭제 장면은 NC-17 등급을 판정받았다. 그러면 이 영화의 잠재적인 시청자층이 지극히 작은 규모로 줄어들어 재정적으로 수지 균형을 맞출 가능성이 사라질 것이다. 그래서 이 두 명의 영화 제작자들은 이 등급평정위원회가 추천하는 각 편집에 대응해 일련의 수정본을 제출했다. 그러나 스톤과 파커는 분명히 검열 지지자가 아니기 때문에 (그 영화 자체가 검열에 반대하는 장광설이기 때문에), 그들은 할 수 있는 한 저속성을 다 그대로 두고 교묘히 빠져나가려 했다. 매트 스톤은 ≪로스앤젤레스 타임스≫의 한 기자에게 이렇게 말했다. "만일 그들이 영화에 들어갈 수 없다고 말하는 무언가가 있다면, 우리는 그 무언가를 10배나 더 나쁘고 5배나 더 길게 만들 것이다. 그리고 그들이 돌아와서 '오케이, 이건 더 낫군요.'라고 말할 것이다."[14] 예컨대 이 영화에는 원래 Motherfucker라는 노래가 들어 있었지만, 이 노래가 거부당했을 때, 스톤과 파커는 이 노래를 분명히 똑같이 불쾌감을 유발하는 (틀림없이 더 진기하고 더 기억에 남는) Unclefucka로 바꾸었다는 보도가 있었다. 게다가 소식통에 따르면 이 영화의 제목이 원래는 South Park: All Hell Breaks Loose였지만, 미국영화협회가 낱말 Hell을 거부했으며, 따라서 어쩌면 더 많은 불쾌감을 유발할지 모르는 이중 의미의 제목인 South Park: Bigger, Longer and Uncut으로 바뀌었다.[15]

요컨대 한계선을 정하려고 시도하여 상말에 대응하는 다양한 방식은 효과가 전혀 없다. 일반적으로 그러한 방식은 상말이 사용되는 양을 줄이지 못하며, 심지어 그렇게 할 때조차도 상말을 대신해 새로운 낱말이 솟아난다. 삐 소리 처리를 하거나 낱말 내부를 교체하는 다른 검열 책략을 사용해도 청자나 독자의 마음속에서는 여전히 이 동일한 낱말이 활성화된다. 기억 속에서는 삐 소리 처리나 낱말 내부 교체를 실물(즉 상말)과 구별할 수 없을 정도까지 말이다.

$ % !

그러나 언어를 금지하려는 시도는 단지 헛된 노력 정도가 아니고 훨씬 더 심각하다. 이 관행은 사실 언어 그 자체의 가장 나쁜 적이다. 내가 의미하는 바는 다음과 같다.

우리는 금기어가 금기시되는 이유가 그 자체로 원래 나쁘기 때문이 아니라는 것을 알고 있다. 이 책의 논의를 펼치는 과정에서 이미 상말이 단지 낱말에 불과하다는 것을 살펴보았다. 왜냐하면 상말이 소리로 구성되며 다른 낱말과 (비록 언제나 동일하지는 않지만) 비슷한 문법 패턴의 요소가 되기 때문이다. 언어에 상말로 고정된 집합은 없다. 즉, 낱말은 금기 상태로 기어들기도 하고 금기 상태로부터 기어 나오기도 한다. 시간의 흐름상에서 낱말은 평범한 상태에서 저속한 상태로 유유히 이동하고 또한 반대로 이동한다. 예컨대 cock(좆)과 (fuck의 전임자로서 이제는 생명을 다한 고어인) swive(성교하다)의 역사에 대해 생각해 보라. 또한 금기어가 전달하는 의미에는 특이한 것도 정의적인 것도 전혀 없다. 즉, 설령 금기어가 특정한 의미 영역에서 도출되는 경향이 있다 하더라도 평범한 낱말[예: penis(남근), copulate(교미하다)]과 같은 바로 그 대상을 지칭할 수 있다. 그리고 사실 어떤 문화든 역사의 변천이 해당 문화에 금기어를 제공하기로 도모하지 않았다면 금기어를 보유할 필요조차 없다. 달리 말하면, 어떤 특별한 낱말이 어떤 주어진 언어에서 어떤 특정한 시기에 저속해야 한다는 어떤 결정론적인 것은 전혀 없다.

그리고 이것은 상말에 대한 우리의 믿음이 대체로 사회적 구성물임을 의미한다. 이 동일한 낱말이 상이한 문화에서나 상이한 시기에는 근본적으로 상이한 반응을 유발할 수 있다. 영국에서는 낱말 wanker가 유해하다 — nigger보다 약간 더 심하다. 대서양 이쪽에서는 wanker가 심지어 저속하다고 등록조차 되어 있지 않다. 그리고 심지어는 한 국가 내에도 사람들이 해당 언어의 상이한 변종을 말할 때 분명한 변이가 있다. nigger는 상말이다. 단, 앞에서 살펴본 바와 같이 아프리카계 미국 영어의 일부 화자들 사이에서는 예외이다. 아프리카계 미국 영어에서는 nigga가 긍정적이고 친사회적으로 사용할 수 있는 평범한 낱말이다. 상말은 고정적이 아니라 가변적이고 맥락 의존적이고 상대적이다. 또한 상말은 구체적인 낱말을 향한 문화적 태도의 산물이다. 이 태도는 사람마다 문화마다 근본적으로 다를 수 있다.

그러나 이러한 문화적 신념이 존재하기 위해서는 어떻게든 스며들어야 하고 또한 전파되어야 한다. 그리고 바로 이 지점에서 상황은 흥미롭게 된다. 어떤 낱말이 유해한 낱말인지 어떻게 아는가? 자신의 인생 경험에 대해 생각해 보라. cunt와 nigger가 유해하다는 것을 어떻게 아는가?

나는 당신이 사회학자와 동일한 결론에 이르지 않을까 생각한다. 낱말에 대한 이러한 규범적인 신념을 만들어내고 영속화하는 실체는 이러한 낱말을 사용하는 맥락에서 유래한다. 당신은 사람들이 어떤 낱말을 어떻게 사용하는지를 보고서 그 낱말로 무엇을 하고자 하는지 추론할 수 있다. 만일 어떤 사람이 어떤 모멸 표현을 사용하면서, 예컨대 You're a fucking cunt!(너 이 씨벌 보지

야!)라고 소리치면서, 다른 어떤 사람을 향해 격렬하게 행동하고 있는 것을 본다면, 이것은 이 말의 의도가 해를 끼치는 것이라는 좋은 증거이다. 분명히 이것은 설명의 일부이다. 그러나 사람들이 이러한 말을 사용하는 상황이 충분하지 않다는 점에 주목해 보라. 예컨대 당신은 You're a fucking cunt!로부터 이 문장 내의 다른 모든 낱말(예: you, a)을 사용하는 의도도 역시 해를 끼치는 것이라고 추론하지 않을 것이다. 따라서 당신은 사람들이 낱말을 사용하는 방식으로부터 낱말에 대해 배우지만, 또한 낱말의 사용을 피하는 방식으로부터도 배운다.

fucking이나 cunt와 같은 상말은 사회적으로 억압받는다. 사람들은 우리에게 이러한 낱말이 해롭다고 말해왔다. 어린아이였을 때 당신은 꾸지람을 듣거나 손바닥으로 엉덩이 등을 세차게 맞았을 수도 있다. 당신의 삼촌이 발부리를 돌멩이나 그루터기에 채여 holy fucking cock ass fuck!이라고 소리 질렀을 때, 당신의 어머니는 아이 앞에서 욕설을 한다고 그를 혼냈을 수도 있다. 더 미묘한 신호도 있다. 낱말의 일부가 삐 소리 처리되어 있을 때나 심지어 공식적인 환경에서는 피하는 낱말을 비공식적인 환경에서는 사람들이 사용한다는 점을 단순히 알아차렸을 때도, 당신은 그러한 낱말이 사회적으로 적절하지 않다는 것을 알게 된다. 어른들은 마치 어떤 낱말을 공개적으로나 아이들 곁에서, 아이들 주변에서 말해서는 안 되는 것처럼 행동한다. 아이들은 이 가르침을 정확히 배운다. 이곳이 바로 금기의 근원이다. 바로 이러한 연유에서 그러한 낱말이 상말이 된다.

달리 말하면, 역설적으로 어떤 언어의 금기 낱말이 금기시되는 것은 바로 이러한 낱말의 사용을 제한하기 위해 사람들이 취하는 조치 때문이다. 치유책이 원인이다.

상말은 이 측면에서 특별하지 않다 — 일반적으로 문화적 규범은 특정한 맥락에서 금기 행동을 제약하는 개인적 행동이나 사회적·법적 제도를 통해서 사람에서 사람으로, 세대에서 세대로, 규칙적으로 전파된다. 나는 당신이 개인적·제도적 비난을 동반하는 사회적으로 구성된 많고 많은 금기를 떠올릴 수 있다고 확신한다. 예컨대 일부다처제는 북아프리카 일부와 중동, 남아시아 태평양 곳곳에서 일반적으로 시행하는 제도이다.[16] 그러나 이 제도는 많은 국가에서, 특히 미국과 같이 중대한 기독교 영향을 받은 역사를 지닌 국가들에서 금기이다. 이러한 나라에서는 일부다처제를 법으로 금지한다. 문화마다 다르고 개인이나 제도가 부과하는 제재를 수반하는 다른 금기 사항으로는 근친상간이나 노상배변과 같은 것들이 있다. (근친상간은 코트디부아르와 스페인, 많은 다른 나라에서 합법적이고,[17] 노상배변은 전 세계 10억 명이 실행한다.[18]) 미국과 같은 곳에서는 법뿐만 아니라 아동기 초기에 아이 돌보미나 권위자가 내리는 지시나 훈계, 처벌이 이러한 행위에 대한 금기를 강화한다.

거의 틀림없이 일부다처제와 근친상간, 노상배변은 이러한 관행을 용인하는 공동체의 건강을 위태롭게 할 수 있다. 하지만 이러한 관행에 비해 (어쩌면 모멸 표현은 예외이지만) 대부분의 상말은 알려진 위험을 거의 초래하지 않는다. 금기어 전반에 관한 사회적 관습은 문체상의 무례와 더 비슷하다. 예컨대 미국에서는 상이한 시기와 상이한 지역에서 구레나룻을 기르는 것을 더럽고 괴이쩍다고 여겨왔다. 나는 장례식에서 반바지(Bermuda shorts)를 착용하는 것이 이 나라의 거의 대부분의 지역에서 용인되지 않을 것이라고 추정한다. 역사적으로 얼굴 문신과 피어싱은 금지되었거나 다른 어떤 부정적인 제재를 받아왔다. 이에 대한 금지와 제재는 여전히 다양하게 존재한다. 이러한 행위가 사회적 관습을 위반하는 것은 공중 보건을 위태롭게 하기 때문이 아니라, 우리가 하는 일과 하지 않는 일에 대한 묵시적인 사회적 합의 때문이다. 그러나 반바지나 구레나룻에는 내재적으로 나쁜 어떤 것도 없다. 금기는 우리가 적용하는 문화적 가치를 반영한다. 마찬가지로 사람들이 상말에 부정적인 제재를 가하기 위해 취하는 조치로부터 상말을 둘러싼 규범이 생겨난다.*

* 상말의 자의성은 상말의 사회적 목적에 중요할지도 모른다. 헤어스타일이나 옷차림과 같은 다른 자의적인 것은 사회적 의미를 상징할 수 있다 — 그리고 시간의 흐름상에서 변화하는 의미를 지닐 수 있다. 그 이유는 바로 이들이 자의적이기 때문이다.

그래서 상말을 적극적으로 금지함으로써 우리는 개가 자기 몸의 상처를 핥는 것처럼 행동하고 있다. 이 유추를 자세히 펼쳐보자. (인간과 같이) 개는 상처를 핥는 자연적인 성향을 지니고 있으며, 그 이유는 타당하다. 즉, 타액(唾液)은 치유를 빠르게 할 수 있다. 하지만 불리한 측면도 있다. 상처를 혀로 핥으면 포도상구균에 감염될 수 있는 병변인 육아종(肉芽腫)이 생겨날 수 있다. 억압적인 반응으로 인해 작은 상처가 염증으로 부어오른 거대한 감염 부위로 바뀔 수 있다.[19] 상처를 혀로 핥는 개의 행동처럼, 상말에 대한 우리의 반응에서 도피 과정이 생겨나는 것은 점점 더 공격적인 반응을 촉발하는 조건이 악화되기 때문이다.

우리 자신과 이웃에게서 이러한 규범적 행동을 보고서 당연히 우리는 놀라워하지 않는다. 우리 중 많은 사람들은 아주 어렸을 때부터 사회적으로 구성된 다른 규범과 마찬가지로 이러한 믿음을 주입받아 왔다. 미국인들의 4분의 3이 지옥이 존재한다고 믿는다.[20] 이들은 대부분 어렸을 때부터 지옥의 존재를 믿어왔다. 그리고 우리는 우리 자신들에게 우선 그러한 것을 믿도록 안내했던 동일한 일상의 판에 박힌 일을 다시 행함으로써 이 동일한 믿음을 아이들의 마음속에 영구히 자리 잡게 한다. 예컨대 우리는 지옥의 특별히 괴로운 조건을 기술하거나, 나중에 버릇없는 아이를 지옥으로 데려갈 나쁜 행동을 분류함으로써 아이들에게 이 믿음을 주입한다. 우리가 아이들을 위해 지옥을 재창조하는 방식은 아이들을 위해 금기어를 창조하는 방식과 동일하다. 어렸을 때 주입한 믿음은 성인기 내내 지속하는 효과를 낸다.*

* 어떤 사람들은 심지어 이러한 금기를 신비의 영역으로 확대한다. 숫자 4에 해당하는 중국어 낱말(/si/ 四)은 '죽음'을 뜻하는 낱말(/si/ 死)과 동음이의어이다. 우연한 이 중첩의 결과로, 많은 중국인들은 숫자 4를 말하는 행동에 대한 미신에 사로잡혀 있다. 이것은 일본어에서도 마찬가지이다. 금기어에 관한 이러한 미신은 심각한 결과를 초래할 수 있음이 밝혀졌다. ≪영국의학저널(British Medical Journal)≫의 한 논문은 1973년에서 1998년까지 나온 중국계 미국인과 일본계 미국인의 사망자 수를 카프카스 지방 사람들의 사망자 수와 비교했다. 그들은 매월 얼마나 많은 사망자가 나왔는지 날짜별로 그 수를 집계했다. 그리고 그들은 중국계 미국인과 일본계 미국인이 막연하게 예상했던 것보다 매월 4일에 심장병으로 죽은 중국계·일본계 미국인 사망자 수가 훨씬 더 많은 반면, 매월 4일의 백인 사망자 수는 그러한

이로부터 놀라운 역설이 생겨난다. 우리의 부모들과 문화 — 우리 성장의 터전이었던 — 가 우리에게 상말을 억압하도록 설계했다. 그러나 성인이 되어서 우리가 이 동일한 억압적인 반응을 다시 하기 때문에 상말은 현재의 그 힘을 지니게 된다. 지나치게 핥으면 상처는 악화된다. 상말은 우리 자신들이 끊임없이 창조하는 괴물이다.

$ % !

대체로 이 모든 것은 상당히 무해한 것 같다. 당신이 손에 들고 있는 책 한 권 분량의 이 상말 연애편지는 당신에게 내가 욕설에 대해 가지고 있는 특별한 애정을 귀띔해 주었을지도 모른다. 나는 일반적으로 우리가 상말에 대해 그렇게 많은 염려를 할 필요가 없다고 생각한다. 우리는 상말로부터 언어와 마음, 뇌, 사회에 대한 여러 중요한 사항을 배운다. 이러한 사항은 우리가 망원경을 다른 곳에 두었더라면 절대로 알 수 없었을 것이다. 과학에 제공하는 이러한 특별한 가치를 제외하고도 상말은 실질적으로 사회에 도움이 되기도 한다.

우선 욕설은 고통을 견디는 당신의 인내를 키워준다. 최근의 몇 연구에서는 사람들이 '한랭 압박(寒冷壓迫: cold pressor)'이라 불리는 과제를 수행했다. 이 과제에서는 사람들에게 한 손을 (섭씨 5도의) 아주 차가운 물속으로 찔러 넣고 더 이상 견딜 수 없을 때까지 그대로 있도록 지시했다.[21] 이 과제는 그들의 고통 인내를 측정한다. 한랭 압박 시험 도중에 사람들이 욕을 할 때는 어떤 일이 일어나는가? 한 실험에서는 이 과제를 수행하는 동안 사람들에게 shit과 같은 욕설이나 (wood와 같이 table을 기술하기 위해 사용할 수 있는 낱말인) 통제 낱말을 하도록 지시했다. 아주 분명히 욕을 하라고 지시받은 그 사람들은 통제 낱말을

정점을 보이지 않았음을 발견했다. 일부 사람들은 낱말 금기에 관한 미신에 너무 집착해서 글자 그대로 두려워 죽는다. (그렇지만 서양 국가에서는 13일에 금요일 사망자 수가 그 정도로 증가하지 않는다는 데 유의하라.)

하라고 들은 사람보다 무지 차가운 물을 유의미하게 더 오래 견디었다. 흥미롭게도 욕설을 하지 않는 조건의 남성 피험자들에 비해 욕설을 하는 조건의 남성 피험자들은 또한 이 차가운 물이 덜 고통스러웠다고 보고했다. 비록 이 두 집단의 여성들은 똑같이 고통스러웠다고 보고했지만 말이다.*

그리고 상말이 다른 유익함을 지닐 수 있다는 제안도 있다. 예컨대 티모시 제이는 상말이 카타르시스 효과를 지닐지도 모른다고 이론화하는 오랜 역사에 주목한다.[22] 어쩌면 적절한 상황에서 튀어나오는 fuck으로 인해 그렇지 않으면 신체적 공격이나 대인관계 공격의 형태로 드러날 분노가 줄어들 수 있다. 아마도 운전 중에 튀어나오는 욕설 덕택에 운전하는 내내 당신이 분노나 욕구불만을 표출할 가능성은 더 낮아지고, 따라서 당신과 주변 사람들이 더 안전할지 모른다. 또한 제이는 욕설을 하고 난 뒤 사람들이 흔히 기분이 더 나아진다고 보고하는 점과,[23] 별로인 기분(이른바 노동의 울적함)에서 상말을 말한다는 것이 상말이 기분 전환의 경험을 창조할지도 모른다는 것을 암시한다는 점에 또한 주목한다. 더욱이 일부 사람들은 상말 사용을 귀중한 사회적 도구로 인식한다는 증거가 있다. 한 연구의 보고에 따르면, 사람들 — 여성들보다 남성들이 더 많이 — 은 상말이 사회적 힘을 예시하며 따라서 상말을 내뱉는 사람의 사회적 용인 가능성이 더 높아진다고 본다.[24]

앞에서 살펴본 바와 같이, 대체로 상말은 어떤 해도 끼치지 않는다. 무심히 나오는 fuck yeah!(졸라 쩌네!)는 아이들과 성인들에게 명백히 해를 끼치는 말들에 비해 바로 사라진다. 아이들이 충분히 소화할 나이가 될 때까지 당연히 폭력적인 영상이나 포르노 영상에 노출되지 않도록 하는 것은 당연하다고 믿

* 욕설을 하면 왜 고통이 줄어드는가? 하나의 가설은 욕설을 하면 공격의 느낌이 높아진다는 것이다. 더 공격적인 사람들이 고통을 견디는 힘이 더 크다고 알려져 있다. 그리고 이것은 욕설이 뇌에서 공격을 위한 체계와 연결되어 있기 때문일 수도 있다. 사람들은 욕설을 하며 스스로 고통을 더 잘 견디는 상태로 접어들고 있을지도 모른다. 그 자체가 어떻게 뇌에서 작동하는지의 측면에서 욕설은 특별하다. 그리고 이 경우에는 상말을 입 밖에 낼 때 자동적으로 나타나는 생리적 반응 때문에 당신이 고통을 더 잘 견딜 수 있다.

을 충분한 이유가 있다. 그리고 물론 당연히 아이들을 언어폭력을 비롯한 학대로부터 보호하려는 활동은 어느 누구도 반대할 수 없다. 우리는 이러한 잠재적 위험이 아이들과 그들의 건강·발달·관계에 어떤 영향을 미치는지 이해해야 한다. 그리고 해를 끼친다고 알고 있는 한, 아이들이 잘 자랄 수 있는 더 안전한 환경을 옹호할 가치가 있다. 그러나 다는 모르지만 내가 아는 한, 상말은 아이의 정신이나 미래에 그러한 지문을 하나도 남기지 않는다. (모멸 표현은 예외이며 곧 다시 언급하겠다.) 낱말 fuck을 예로 들어보자. fucking을 들으면 아이가 정확히 어떤 해를 입을 수 있는가? 검열제도의 옹호자들은 이 말이 '강렬하다'거나 '불쾌감을 유발한다'거나 '비도덕적이다'고 흔히 주장한다. 하지만 살펴본 바와 같이, 이 주장은 단지 (검열) 옹호자들이 이 말에 불쾌감을 느낀다는 것이나 그들이 다른 사람들도 불쾌감을 느낄지 모른다고 믿는다는 것 이외에 어떤 의미도 담고 있지 않다. 그리고 Holy(맙소사!)나 Fucking(씨부럴!), Shit(똥지랄!)의 변종이 아이들에게 해를 끼친다는 어떤 증거도 없다.

그러나 모든 상말이 다 동등하지는 않으며, 미국에서 한 특정한 부류의 상말(즉, 모멸 표현)이 강해지고 있음을 알려주는 온갖 징후가 있다. 리처드 둘링(Richard Dooling)은 ≪뉴욕타임스≫에 이렇게 썼다. "우리는 금기들 사이에 사로잡혀 있다. 성적이거나 인종적인 모멸 어구는 어떤 방식으로도 입 밖에 낼 수 없지만 지난 20년 동안에 널리 알려진 성적 용어는 수용 가능하게 되었다."[25] 이 변화는 앞에서 논의했던 불쾌감을 유발하는 등급평정에서 확인할 수 있다. 모멸 표현이 이 불쾌감 등급 목록의 맨 상단에 자리하고 있다. 그렇다면 우리는 Holy-·Fucking-·Shit- 유형의 낱말에서 Nigger-유형 낱말로의 사용상 변화를 어떻게 이해해야 할까?

우리는 주의를 기울여야 한다. 모멸 표현은 욕설의 무해함에 대한 예외일 수 있다. 앞 장에서 살펴본 바와 같이, 동성애자를 묘사하는 faggot이나 아프리카계 미국인들을 묘사하는 nigger를 어쩌다 듣게 되면 사람들은 그들을 인간 이하의 존재로 여기고 물리적으로 그들과 거리를 두게 된다. 이것은 일종의 해(害)이다. 어쩌면 (실험에서) 세심하게 배치된 nigger나 bitch는 어떤 사람이 과제 — 자기 집단이 서툴다고 고정 관념화된 과제 — 를 수행하는 능력을 떨어뜨릴 잠재력을 지닐 수 있다. 우리는 중학생들이 일반적이고 간접적인 공격 용어인 fag나 homo라 불리는 경험이 있는 중학생들이 더 많은 소외감과 불안증, 우울증을 경험한다는 그들의 보고와 상관관계가 있음을 확인했다.

결과적으로 fuck으로부터 멀어져서 nigger를 향하는 이 변화는 약간 까다롭다. holy(맙소사)와 fucking(씨부럴), shit(똥지랄)은 괜찮은 더러운 장난이다. 그러나 이제 우리는 비록 증거가 여전히 약간 애매하지만 적어도 특정한 방식으로 특정한 맥락에서 사용될 때에는 가장 심한 해를 끼치는 낱말인 모멸 표현에 가장 많은 힘을 주고 있다. 그러면 사회적 의식이 있는 사람은 무엇을 해야 하는가? 틀림없이 우리는 어느 누구에게도 해를 가하길 바라지 않는다. 아이들에게나 사회적으로 주변화된 집단에 속하는 사람들에게는 특히 그러하다.

설상가상으로 모멸 표현의 눈에 띄는 증가는 우리가 우리 자신에게 가하고 있는 상처이다. 우리가 낱말에 저항하면, 낱말은 근육이 생긴다. 그리고 모멸 표현도 결코 예외가 아니다. 금지나 검열로 우리가 이 상황에서 벗어날 수 없다는 말이다.

그리고 다른 종류의 언어 공학도 검열과 똑같이 비현실적으로 보인다. 언어 시장을 동일한 낱말의 긍정적인 사용으로 가득 채우는 재전용 책략은 역사적으로 특정한 사례에서 제대로 작동했다. 예컨대 해당 공동체가 queer와 gay의 긍정적인 의미를 새로 도입하여 함께 사용함으로써 이 두 낱말이 야기하는 상처를 무디게 했을지 모른다. 그러나 이 책략 덕택에 nigger나 slut의 신랄함이 줄어든 것은 아니다. 자신들의 고유한 용어를 통제하려고 시도하는 사람들은 재전용이 묘책이 아님을 기억하는 것이 유익할 것이다.

그 대신에 — 이것을 교수의 뻔한 예측이라 칭해보라 — 만일 당신이 모멸 표현의 힘을 조금 더 약하게 하고자 한다면, 더 많은 성공을 거둘 것이다. 단, 모든 사람이 이러한 표현이 어떻게 작동하는지와 무엇을 하는지에 대해 조금 더 많이 알고 있어야 한다. 알다시피 교육을 받으면 삶이 더 나아진다.

공급의 측면에서 논의를 시작해 보자. 어쩌면 조금만 알아도 사람들은 모멸 표현을 덜 사용할 수 있을 것인가? 적어도 해를 끼친다고 알려진 방식으로는 그럴 수 있는가? 여기에는 몇 가지 경로가 있다. 첫 번째 경로는 손쉬운 목표와 관련이 있다. 선의를 지닌 어떤 사람들은 무심코 모멸 표현을 사용한다. 예컨대 많은 사람들이 gypped(사기쳤다)나 Jewed(값을 후려쳤다), tard(지체아)와 같은 낱말을 사용하는 것은, 단지 gypped와 gypsy(집시)의 관계에 주목한 적이 결코 없기 때문이거나, tard와 retarded의 역사를 모르기 때문이다. 그래서 그 사람들은 롬족 사람들(Romani people)이나 유대인들, 인지장애인들이 이러한 낱말에 분노할 수 있다고 생각할 이유가 전혀 없다. 그러한 사람들에게는 Jewing someone(유대인 짓거리하는 놈)이 불쾌감을 유발할 수도 있는 이유나 Redskins[빨간 피부/북미인디언]가 모멸 표현으로서의 역사를 지녔다는 사실을 두 번 말할 필요도 없다. 알려주기만 하면 그들은 자신의 언어 사용을 반성하며 수정한다.

두 번째 경로는 약간 더 복잡한 사례이다. 이 경우에는 모멸 표현이 간접적으로 사용된다. 여전히 경멸어로서 사용은 되지만 원래의 집단을 직접 가리키지 않는다. 예컨대 온라인 비디오게임에서 상대를 gay나 fag라고 부를 때, 12세 소년은 아마도 상대를 모욕하고 약골이라 칭할 의도를 지니고 있겠지만 상대의 성적 지향에는 구체적인 생각이 없을지 모른다.[26] 이것이 더 복잡한 시나리오인 것은 모멸 표현 사용자가 어떤 낱말(예: fag)을 모욕 의도로 사용한 경우와 다른 방식으로 사용한 경우의 어떤 관련성도 거부하는 방어적인 추론 노선을 채택할 수 있기 때문이다. 당신이 fag나 gay나 bitch를 예컨대 동성애자들이나 여성에 대한 모멸 표현이 아니라 오히려 불쾌감의 일반적인 용어로 사용한다고 가정해 보라. 당신은 성차별적 언어나 동성애 혐오 언어를 사용하고 있지 않다고 스스로 쉽게 확신할 수 있다. 결국 당신은 스스로 이렇게 생각할지도 모른다. "난 그냥 나의 개를 fag라고 불렀어. 그리고 난 그 놈이 이성애자라는 것을 아주 잘 알아. 그 놈이 개 놀이터에서 암캐들을 올라타려 하는 걸 보고 알았어." 당신은 자신에게 이렇게 말한다. "난 그놈을 동성애자라고 묘사하기 위해 fag를 사용하고 있는 게 아니야. 이게 바로 내가 이 낱말을 동성애자 모욕어로 사용하고 있지 않다는 증거야." 당신은 이렇게 결론을 지을지도 모른다. "이렇게 사용하는 덴 아무런 문제가 없어."

그러나 여기에는 대조적 측면이 있다. 우리는 당신이 fag를 어떻게 사용하든지 이 낱말이 부정적 함축을 불러일으킬 것임을 알고 있다. 바로 이런 연유에서 모멸 표현이 흔히 더 총칭적인 모욕 표현으로 흔히 소환된다. 한 집단을 비하하는 어떤 모멸 표현을 사용해서 다른 집단을 모욕하려는 의도는 암묵적으로 당신이 이 표현을 애당초 경멸적이라고 생각하는 경우에만 효과를 낸다. 그러나 애초의 범위를 넘어서 일반화되는 모멸 표현은 본래 자신이 겨냥한 표적의 특정한 고정관념 특성을 여전히 보유한다. 어떤 사내를 bitch라 부르는 것은 총칭적인 모욕이 아니라, 그 사내가 나약하다거나 감정적이라거나 고정관념상 더 여성적이라 인식되는 다른 속성을 지녔음을 암시할 수 있다. 그리고 이 해명에 내포된 가정은 이러한 속성의 보유가 나쁘다는 것이다. 따라서 이러한 용어를 사용하는 것은 모욕당하는 집단의 사람들이 어쨌든 그 자체로 나쁘다는 생각과, 이 집단의 고정관념 특성을 보유하고 있는 것은 나쁘다는 생각을 간접적으로 영속화한다. 여기에 불쾌감을 야기할 수도 있는 많은 것이 있다.

그리고 설상가상으로 이것이 모멸 표현의 가장 파과적인 사용이 아니다. 우리는 많은 그러한 낱말이 표적 집단의 구성원들을 한 사람도 포함하지 않은 대화에서 더 흔히 나온다고 알고 있다.[27] 대다수의 백인들은 아프리카계 백인이 불러서 들리는 거리에 있지 않을 때 nigger를 훨씬 더 많이 사용한다. 그러나 정확히 이곳에서 국외자들이 사용하는 모멸 표현의 귀결이 감지될 것이다. 앞에서 살펴본 바와 같이, 다수자 집단의 구성원들이 모멸 표현에 노출되면, 그들이 비하당하는 소수자 집단의 구성원들을 대하는 방식과 이 구성원들에 대해 생각하는 방식이 영향을 받는다는 것을 살펴보았다. 예컨대 fag는 이성애자들에게 동성애자들에 대한 적대적인 편견을 심어준다. 그래서 모멸 표현의 문제는 이러한 표현으로 모독당하는 사람들 주변에서 당신이 하는 말뿐이 아니다. 모독당할 가능성이 있는 사람들이 주변에 없을 때 당신이 하는 말도 문제이다.

나는 상말에 대해 가르치는 수업에서 많고 많은 대학생들과 모멸 표현 사용의 귀결에 대해 계속 얘기해 왔다. 어떤 대학생들은 여전히 자신의 생각을 굽히지 않으며 자신의 어휘에서 fag가 사라질 가능성이 없다고 말한다. 그러나 다른 어떤 대학생들은 증거로 인해 흔들린다. gay의 사용에 관한 브라이언트의 트윗 하나로 글자 그대로 수천 개의 상호작용이 변할 수도 있다. 모든 조건이 동일하다면, 대부분의 사람들은 해를 끼치지 않는 편을 선호할 것이다. 그리고 나는 모멸 표현을 평소에 간접적으로 사용하는 사람들이 단순히 이 가능한 귀결을 이해하지 못했다고 본다. 따라서 이것은 조금만 알아도 그들이 모멸 표현을 사용하는 방식을 바꿀 수 있다는 두 번째 측면이다.

다음은 세 번째 경로이다. 이것은 가장 완고한 사람들, 즉 그냥 불쾌감을 유발하기 좋아하는 사람들을 위해 준비한 경로이다. 당신은 이러한 사람을 알고 있을지도 모른다. 당신이 그러한 사람일지도 모른다. 당신은 이념적인 이유에서 모멸 표현을 사용할 수도 있다. 즉 이러한 표현의 사용을 '표현의 자유' 문제로 볼 수도 있다. 그리고 법적으로는 당신이 정당하다. 만일 당신이 원한다면, 거리를 따라 내려가며 법적인 파장 없이 nigger와 cunt에 대해 원하는 만큼 말할 수도 있다. 아니면 아마도 당신은 대화에 cunt나 nigger를 슬그머니 집어넣어 다른 사람들의 약을 올리는 것을 즐길 수 있다. 난 안다. 그리고 심지어 모멸 표현의 가장 철저한 지지자인 당신이 어쩌면 증거에도 결코 흔들리지조차 않을 수 있다는 것을 안다. 그러나 또한 어쩌면 언어적 자기 결심을 위한 다음 논증이 당신을 설득할 가능성도 있다.

이 논증이 작동하는 방식은 이러하다. "내 주먹을 휘두를 권리는 상대방의 코가 시작되는 곳에서 끝난다." 이 문장은 대법원 판사 올리버 웬델 홈스(Oliver Wendell Holmes)가 썼다고 생각한다. 어쩌면 그는 이 문장을 쓰지 않았을지 모른다.[28] 나는 이 금언이 법치사회에서 우리가 개인의 권리에 대해 생각하는 방식을 적절히 특성화한다고 생각한다. 이 금언을 언어에 적용하면, 당신은 옆 사람에게 해를 끼치지 않는 한 원하는 무엇이든 말할 법적인 권리를 지녔다. 한 사회는 개인들이 서로에게 해를 끼치지 않도록 행동할 권리 — 또한 책임 — 를 지녔다. 언어는 강력하며, 언어 사용의 일부를 규제해야 한다는 것은 이치에 맞다. 이러한 연유에서 대법원은 명예 훼손, 중상모략, 도전적인 말, 협박, 위증 등을 비롯한 유해한 언어를 막기 위해 '표현의 자유' 제한을 계속 유지해 왔다. 그래서 만일 모멸 표현이 해를 끼칠 수 있음을 입증할 수 있고 실제로 그렇다는 상당한 증거가 있다면, 주먹/코 원리가 적용된다. 설령 법정이 제지하지 않았다 하더라도, 누군가를 nigger나 bitch라고 부르는 행동은 팔이 닿는 곳에 사람이 있음을 다 알고서도 눈을 감은 채 주먹을 휘두르는 행동의 언어적 유사물이다. 당신이 주먹을 휘두를 수 있다는 사실이 당신이 주먹을 당연히 휘둘러야 한다는 것을 의미하지는 않는다.

증거가 조금 더 있으면, 이것은 법적 논증이 될 수 있다. 하지만 이 논증이 도덕적 논증으로서 강력하다고 생각한다. 만일 언어 사용이 다른 사람들에게 해를 끼칠 가능성이 있다면, 혹시 언어를 사용하지 말라는 것일까요?

그 대신에 사람들을 불리고 싶어 하는 낱말을 사용해서 지칭하고 그들에게 말을 거는 것이 정중해 보인다. 이러한 언어 사용을 언어적 자기결정(linguistic self-determination) 원리라고 부르기로 하자. 물론 이 원리는 언어 남용을 초래할 위험성이 있고, 시간을 많이 잡아먹을 수도 있다. [나 자신은 '털 없음 - 두발동물 - 젖 - 채식가 - 미국인! (Featherless - Bipedal - Lacto - Vege - Merican!)'이라고 불리고 싶다.] 하지만 대부분의 사람들은 부조리한 사람들이 아니다. 그리고 더욱이 언어적 자기결정을 허용하는 책략이 작동하는 이유는 Negro(깜둥이)와 colored(유색인)를 black(흑인)과 African American(아프리카계 미국인)으로, retarded(지체아)를 developmentally challenged(발달상의 도전을 받는 사람)로 대체하는 등의 성공을 거두었기 때문이다. 이러한 노력은 시간이 걸리지만, 분명히 지속적인 변화를 실제로 이끌어낸다. 어쩌면 자기 결정은 심지어 가장 철저한 신념으로 모멸 표현을 사용하는 사람들의 일부조차도 흔들 만큼 강력한 원리일 수 있다.

분명히 말하지만, 나는 모멸 표현의 추방을 옹호하고 있지 않다. (왜냐하면 이것은 앞 장에서 살펴보았듯이 잘못된 발상이고 역효과를 내기 때문이다.) 또한 우리가 모멸 표현이 해를 끼칠 수 있다고 믿는 여러 방식으로 모멸 표현을 실제로 사용할 때조차도 이러한 표현을 사용하는 사람들에 대한 격렬한 자동적인

(대면 또는 온라인) 반응을 주창하고 있지도 않다. 나는 무언가 상당히 다른 말을 하고 있다. 자유 사회에서는 사람들이 자기 자신의 언어를 선택할 수 있고 그렇게 할 수 있어야 한다. 그러나 (언어에 대해서든 다른 어떤 것에 대해서든) 정당한 의견 차이를 지니고 있는 경우에는 이성의 힘을 사용해 설득하려고 시도할 자유도 지녔다. 바로 이 일을 지금 여기서 하고 있다.

그리고 또한 바로 이곳에서 우리는 동전의 다른 면에 도달한다. 단지 모멸 표현을 입 밖에 내는 사람들에게 적어도 인격을 모독하는 방식으로는 조금 덜 사용하도록 설득할 수도 있기 때문만이 아니다. 또한 모멸 표현을 듣는 사람들에게 분노를 누그러뜨리도록 설득할 수도 있다. 당연히 사람들은 낱말에 민감하게 반응한다. (어느 때든 어떤 사람은 nigger라는 말을 한다. 이것은 혐오 범죄이다! bitch라는 말을 하는 사람은 누구라도 해고해야 한다!) 그렇지만 우리들 중 많은 사람이 즉각적인 불쾌감을 표출할 가능성은 더 낮을 것으로 보이고, 이러한 말로 더 많은 사람들이나 더 다양한 사람들과의 더 나은 관계를 향유할 수도 있는 것으로 보인다. 단, 우리가 강렬한 낱말에 대한 즉각적인 연상을 극복할 수도 있다면 말이다. 모멸 표현은 불쾌감을 유발할 수도 있지만, 결국은 낱말일 뿐이다. 이러한 표현은 막대기도 돌멩이도 아니기 때문에, 우리에게 해를 끼치기 위해서는 우리 뇌의 여과기를 통과해야 한다. 그리고 어쩌면 이러한 표현의 힘이 얼마나 덧없고 불안정한지를 조금만 알아도 사람들은 다른 사람들이 선택하는 낱말과 같은 피상적인 것에 그렇게 염려하지 않을 것이다. 이렇게 하면 사람들의 낱말 선택보다 그들의 행위와 의도에 더 많은 중요성을 부여하는 사려 깊은 아량을 보여줄 더 많은 시간을 벌지 모른다.

추정컨대 이것은 '관용(tolerance)'이라는 이름 아래에서 진행된다. 하지만 전통적인 의미에서의 '관용'이 아니다. 우리는 모두 의견 차이가 있는 언어적 선택을 관용한다. 심지어는 가장 비열하다고 여겨지는 언어적 선택조차도 관용한다. 어쩌면 모멸 표현이 분노를 야기한다고 여기는 사람들은 이러한 표현의 정체성을 인식할 수 있다. 단지 낱말에 불과하다는 사실 말이다. 정말로 여느 다른 낱말과 마찬가지로 각각의 모멸 표현은 역사와 미래를 지니고 있으며, 이들의 역사와 미래 어느 것도 현재와는 동일하지 않다. 이러한 낱말을 억압하려는 자동적인 반응은 결실을 맺을 가능성이 가장 낮은 전략이다. 그리고 어쩌면 세계에서 최악은 아닐 것이다. 결국은 조지 칼린이 했던 아래의 논평처럼 말이다.

> 절대로 이러한 낱말의 어느 것도 그 자체만으로 잘못은 결코 없다. 이들은 단지 낱말에 불과하다. 중요한 것은 맥락이고 사용자이다. 낱말이 선하거나 악하게 되는 것은 바로 낱말 이면의 의도 때문이다. 이러한 낱말은 완전히 중립적이며, 아무런 죄가 없다.[29]

에필로그

어쩌다 그 (스카라)무치는 좆 돼버렸나?*

2017년 7월 21일 앤서니 스카라무치(Anthony Scaramucci)가 백악관 공보국장으로 임명되었다. 5일 뒤 그는 널리 알려진 바와 같이 ≪뉴요커(New Yorker)≫의 기자 라이언 리자(Ryan Lizza)에게 전화를 걸어 백악관 기밀 누설과 (크렘린) 궁의 음모에[1] 대해 대화하면서 이제는 다 알려진 일련의 화려한 금기 언어를 신나게 늘어놓았다. 그때 스카라무치는 백악관 비서실장 라인스 프리버스(Reince Priebus)를 '좆같은 정신병자 새끼, 피해망상 환자 놈(a fucking paranoid schizophrenic, a paranoiac)'이라 칭했다. 자신은 당시 백악관 수석전략가와 비교하면서 이렇게 말했다. "난 스티브 배넌(Steve Bannon)이 아니에요. 난 내 좆을 직접 빨려고 하지 않아요. 난 이 대통령의 좆같은 엄청난 힘과 따로 내 자신의 브랜드를 만들려 하지 않아요." 이 밖에도 이러한 말을 화려하게 펼쳤다.

이 대화가 보도되어 나오자 바로 그 주 후반에 스카라무치는 백악관에서 쫓겨났다. 역대 가장 단명한 백악관 공보국장이었다. 정말 아주 짧았다. 직무 선

* (옮긴이) 이 제목은 What Screwed the Mooch?의 번역문이다. 원래 mooch는 '등쳐먹는 사람'을 의미하지만, 원문에서 the Mooch는 욕설 추문으로 해고당한 전 백악관 홍보국장의 이름 Scaramoochi의 줄임말로 보인다. screw는 '나사를 조이다 → 성교하다'를 뜻한다. 따라서 Screw the Mooch는 글자 그대로 '그 무치와 성교하다'를 의미할 것이다. 그러나 Screw the Mooch는 'screw the pooch('개와 성교하다' → '일을 망치다')의 언어유희로서 '그 무치가 완전히 망하다'를 의미하는 것으로 보인다.

서를 하러(swear) 들어가기도 전에 욕하다가(swear) 직무에서 쫓겨났다.

그리고 이렇게 쫓겨난 이유는 욕하는 사람들에 대한 인식 방식 때문이다. 어떤 사람들은 스카라무치의 욕설을 그가 정서나 인성에 문제가 많음을 나타낸다고 해석했다. ≪디 애틀랜틱(The Atlantic)≫은 그를 '자기 파괴적인' 너무 헐렁한 대포라고 묘사했다.[2] ≪배니티 페어(Vanity Fair)≫는 그를 '나사 풀린 사람'이라 불렀다.[3] 하지만 그러한 인상이 다 똑같이 부정적이지는 않았다. 트럼프 지지자들의 레딧 행아웃 '더 도널드'에서는 회원들이 스카라무치의 더러운 입은 '있는 그대로 말을 했으며' 그는 '두려워하지 않았다'는 의견을 표출했다.[4] 전하는 바에 따르면, 트럼프 그 자신이 '(스카라)무치의 이 말을 좋아한' 것은 그가 '근성 있는 사람을 좋아하기' 때문이다.[5] 그리고 백악관 공보관은 이렇게 설명했다. "그는 열정적인 사람이며 때로는 이 열정이 지나치게 넘친다."[6] 그가 쫓겨났을 때 일부 트럼프 지지자들은 다음 공보국 대표는 부드러움은 더 많겠지만 '참다움'은 더 부족할 것이라며 애석해했다. 욕을 하는 사람들에 대한 인식은 긍정과 부정이 섞여 있다.

인식은 우리의 사회생활에서 처음부터 끝까지 중요하다. 우리의 인간관계가 시작하고 변화하고 끝나는 방식에 영향을 미친다. 스카라무치의 신속한 축출에서 드러나듯이, 우리가 전문직에서 잘 나가고 고용을 계속 보장받을 가능성도 인식의 영향을 받는다. 스카라무치는 일하다가 욕을 했다고 해고당한 최초가 아니었다. 캘리포니아 온타리오시에 있는 한 후터스 레스토랑(Hooters restaurant)의 여종업원 한센(Hansen)은 2013년에 해고당했다. 비키니 경연대회에서 탈락했을 때 우승자가 속임수를 썼다고 믿고서 우승자에게 욕을 하고난 뒤였다.[7] 2013년 4월 노스다코타주 비스마르크시에서는 엔비시(NBC) 계열사인 케이에프와이아르(KFYR)가 에이 씨 클레멘트(A. C. Clemente) 기자를 뉴스 진행자라는 새로운 직무에서 배제했다. 뉴스를 진행하는 바로 첫날, 첫 방송에서 아마도 마이크가 켜진지 모르고서 '좆같네, 염병(Fucking shit)'이라고 방송을 시작하여 이 두 낱말이 텔레비전 생방송으로 나갔을 때였다. 그의 마지막 뉴스 진행이기도 했다.[8]

직장의 언어를 지배하는 대체로 암묵적인 규칙은 매혹적이고 복잡하다. 우선 모든 직장이 다 동일하지는 않다. 지금까지 나는 수십 명의 기자들에게서 방송 언어나 무대 뒤 언어, 뉴스 편집실 언어에 대한 규칙이 무엇이든 다 허용의 여지가 있는 한 통속적일 수 있다는 말을 들었다. 그리고 나는 건축 현장이 아무런 제약 없는 욕설의 본고장일 수 있음을 직접 목격했다. 나는 최근에 우리 집 공사를 한 건설 패거리의 말을 들음으로써 새로운 욕설 – 더구나 두 개 언어로 하는 욕설 – 에의 매혹을 배웠다. 하지만 대조적으로 수녀원이나 유치원에서 많은 욕설 말실수가 흘러나온다고 상상하기는 어렵다. 그리고 심지어는 동일한 직장 내에서도 종업원들이 대중 앞에 있을 때, 예컨대 음식물을 배달할 때나 뉴스를 전할 때의 언어적 예상은 그들이 휴게실에 있을 때보다 훨씬 더 공식적이고 긴급하다. 교실에서 학생들 앞에 서 있을 때 고등학교 교사들은 교무실에서 자기들끼리 불평을 하고 있을 때와 다른 (언어적) 기준을 요구받는다.

그래서 인식은 중요하지만 맥락에 의존하고, 맥락은 복잡하다. 욕설은 터질 위험이 있는 지뢰밭이다. 그래서 다음에서는 이 지뢰밭을 아주 살짝 훑고 지나가 보려 한다. 당신이 욕을 할 때 사람들이 당신에 대해 무슨 생각을 할지와 관련해 우리가 아는 것은 적다. 당신의 욕설은 사람들에게 당신이 더 정직하다고 생각하도록 하는가? 또는 더 열정적이라고? 그러한 인식이 실제로 사실인지, 예컨대 욕설을 하는 사람들이 실제로 더 정직한지와 관련해 우리가 아는 것은 훨씬 더 적다. 그러나 사교계에서는 인식이 실재보다 더 중요할 수 있다.

#$%!

욕설이 실제로 진실로 당신에 대해 무엇을 말하는가의 문제에 달려들어 논의를 시작해 보자. 만일 당신이 2017년 연초부터 과학계 뉴스 머리기사 표제를 신뢰한다면, 당신은 그 무치(즉, 스카라무치)의 팬들에게 동의할지도 모른다. 그 팬들은 무치의 바로 그 욕설이 정직의 증표라고 믿었다. 그해 1월에 출판된 한 연구 논문은 욕설을 하는 사람들이 실제로 더 정직한 경향이 있다고 주장했다.[9] 만일 사실이라면, 법의학자들이나 군사 심문관들뿐만 아니라 우리들 모두에게도 중대한 문제이다. 그러나 그 세부사항을 파헤쳐 보자.

2017년의 이 연구는 사람들에게 욕을 했던 빈도와 일반적으로 바람직하다고 인정받는 다양한 행동(예: 약속 이행)을 했던 빈도를 추산하도록 요구했다. 욕설을 더 많이 했다고 말한 사람들이 역시 바람직한 (성격상·습관상) 기질을 더 적게 말했다. 맞다. 더 많은 욕설은 더 많은 바람직하지 **않은** 상관관계가 있었다. 그다음에 이 연구자들은 곡예를 하듯 비약하는 추론을 이끌어냈다. 그들은 욕을 하는 사람들이든 욕을 하지 않은 사람들이든 모두 다 동일한 정도의 나쁜 습성을 지니고 있다고 가정했다. 계속해서 그들은 만일 이 가정이 사실이라면, 나쁜 습성을 더 많이 말하는 사람들이 자신의 부정적 기질에 대해 더 정직하게 행동하고 있다고 주장했다. 그래서 이 해석에 따르면, 욕을 하는 사람들이 바람직하지 않은 기질을 더 많이 보고했기 때문에, 그들이 계속 더 정직하게 대답해 왔음에 틀림없다.

이 노선의 추론을 믿지 않는 몇 가지 이유가 있다. 물론 욕을 하는 사람들과 욕을 하지 않는 사람들이 동일한 정도의 부정적인 속성을 지니고 있다고 주장하는 이 추론의 가정은 정확할 수도 있고 정확하지 않을 수도 있다. 어쩌면 이 연구는 욕을 하는 사람들이 단순히 다른 많은 바람직하지 않은 인성 특질을 지니고 있다는 것을 정확하게 보여줄지 모른다. 어쩌면 그들은 방을 깨끗이 정리하지 않거나 치실을 사용해 치아 청결을 유지하지 않을 것이다. 그러나 이 연구자들의 주장에는 또한 논리적인 역설도 들어 있다. 이 조사 연구로부터 그들은 욕설을 더 적게 보고하는 사람들이 역시 덜 정직하다는 결론을 내린다. 그러나 만일 그들이 덜 정직하다면, 이것은 우리가 욕설에 관한 그들의 자기 보고를 그렇게 신뢰해서는 안 된다는 것을 의미한다. 만일 우리가 이 실마리를 따른다면, 더 낮은 욕설 빈도를 보고한 사람들이 (다른 부정적인 속성들에 대해서처럼) 이 빈도에 대해서 거짓말을 하고 있을 가능성이 더 높았다. 그래서 그들은 사실 욕설을 한다고 인정한 사람들만큼 정말로 욕설을 많이 할지 모른다. 달리 말하면, 우리는 앞의 여러 장에서 자기 보고에 근거한 상관관계 연구를 논의하면서 직면했던 난감한 문제를 다시 마주하게 된다. 어쩌면 욕설과 정직은 전혀 관련이 없을 수 있다. 예외적으로 욕설에 대해 정직한 사람들이 다른 사항에 대해서도 그만큼 정직하다.

물론 이 난관의 탈출구는 정직성을 직접 측정하는 것이다. 그리고 바로 이 측정을 다른 한 연구에서 했다.[10] 이 연구자들은 자원자들에게 동전의 앞면 또는 뒷면을 선택하라고 말하며, 만일 동전의 선택한 면이 두 번 나온다면 자원자가 7달러를 받을 것이라고 설명했다. 그다음에 이 자원자들은 아주 은밀하게 동전을 두 차례 손가락으로 튕기라는 지시를 받았다. 비밀스레 진행된 혼자만의 동전 튕기기가 끝나고 그들은 그 결과를 보고했다. 그리고 만일 이겼다고 주장하면, 그들은 상금을 받을 수 있었고 또한 몇 가지 질문에도 대답했다. 질문 목록에는 '난 결코 욕을 하지 않아(I never swear)'라는 진술에 얼마나 강하게 동의하거나 동의하지 않는지에 관한 질문이 있었다.

무엇보다도 연구자들은 거의 모든 사람이 이 진술에 동의하지 않았다는 것을 발견했다. 그들의 실험 참여자들은 욕을 한다는 쪽으로 기울었다. 그러나 욕을 한 적이 없었다는 진술에 사람들이 강하게 이견을 제시하는 정도는 여전히 상당한 가변성이 있었다. 일부는 이견을 강하게 표시했고, 다른 일부는 약간만 표시했다. 욕설 질문에 불안정한 대답을 한 사람들은 그 당시 약 30%가 상금을 요청했다. 이 비율은 만일 그들이 두 번의 동전 튕기기 결과에 대해 정직하게 답하고 있다면 당신이 예상할 그 비율을 정말 가까스로 상회한다. (연속 두 번의 동전 튕기기에서 승리할 확률에 근거하면, 상금 청구자 비율은 25%이다.) 그러나 (욕을 하지 않았다는 진술을 강하게 부인한) '단호한 욕쟁이'는 훨씬 더 빈번하게 상금을 청구했다. 50%라는 엄청난 비율이었다. 이렇게 높은 비율은 그들 중 일부가 현금을 추가로 받기 위해 틀림없이 거짓말을 했음을 암시한다. 그리고 우리는 얼마나 많은 사람이 그랬는지 안다. 단호한 욕쟁이의 절반만이 실제로 받을 만한 상금을 청구했다. 나머지 절반은 거짓말을 했다.

이 연구에 대해 추가적으로 언급할 사항은 많다. 이 연구는 욕설을 직접 측정하지 않았다. 그래서 욕을 하지 않았다는 진술에 강하게 부인한 사람들(즉,

우리의 '단호한 욕쟁이들')은 아주 당연히 이 연구의 다른 참여자들과 다양한 측면에서 달랐을 수 있다. 예컨대 그들의 성격 특성, 그들이 그 순간 느꼈던 방식 등이 달랐을 수 있다. 그리고 이 '단호한 욕쟁이들'에 대해 우리가 아는 한 가지는 하나의 집단으로서 그들이 상금과 관련해 거짓말을 할 가능성이 훨씬 더 높았다는 사실이다. 그래서 그들이 얼마나 많은 욕을 했는지에 대해서도 거짓말을 했을 가능성 역시 훨씬 더 높을 수도 있다. 그들의 대답은 어쩌면 일종의 허풍일 수도 있다.

그리고 설령 그 효과가 단호한 욕쟁이들과 다른 사람들이 하는 거짓말의 실제 차이를 반영한다 하더라도, 당연히 우리는 이 실험으로부터 욕설이 언제나 부정직한 인성의 징표라고 결론지을 수 없다. 최소한 욕설과 정직성의 관계는 애매한 것으로 보인다. 어쩌면 욕설은 정직성과 관련이 있을 수 있고 어쩌면 그렇지 않을 수도 있다. 스카라무치의 욕설이 그가 언어적으로 더 보수적인 후임자보다 조금이라도 더 정직하다는 것을 반드시 의미하지는 않는다. 또한 나의 욕설이나 당신의 욕설이 우리가 얼마나 정직한지에 대한 어떤 것을 의미하지도 않는다.

욕설에 관해 널리 퍼져 있는 두 번째 믿음이 있다. 즉, 욕설이 교육의 부족이나 어휘의 부족을 나타낸다는 믿음이다. 흔히 이 비난은 스카라무치에게 적용되지 않았다. 그는 중산층 가정의 교육을 받고 꾸준히 성장해 하버드 대학교 로스쿨까지 나왔다. 그러나 이 비난은 흔한 불평이다. 특히 아이들의 욕설에 관해서는 그렇다. 욕설은 아이들의 어휘력 신장을 저해하지 않겠는가? 다시 한 번, 이 발상은 뒷받침하는 증거가 거의 없으며, 상당히 많은 반박 증거가 있다. 예컨대 한 연구에서는 참여자들에게 두 가지 과제를 수행하도록 요구했다.[11] 하나는 '통제된 구어 낱말 연상 시험(Controlled Oral Word Association Test, 약칭 COWAT)'이라 알려진 언어적 유창성의 측정이었다. 이것은 아주 단순한 과제이다. 참여자들이 받는 지시는 1분 내에 특정한 문자 a나 s나 f로 시작하는 가능한 한 많은 낱말을 말하라는 것뿐이다. 고유명사는 배제하며 동일한 낱말의 반복은 허용하지 않는다. 평균적으로 사람들은 약 14개의 낱말을 제시했다. 그

다음에는 참여자들에게 곧장 최대한 많은 상말을 하도록 요구했다. 만일 욕을 하지 않는 사람들보다 욕을 하는 사람들이 일반적으로 해당 언어의 더 적은 낱말을 알고 있거나 실시간으로 낱말에 접근하는 데 더 많은 어려움을 겪고 있다면, 일반 어휘와 욕설 사이에는 반비례 관계가 있어야 한다. 즉, 더 많은 욕설을 입 밖에 내는 사람들은 '통제된 구어 낱말 연상 시험'에서 어휘의 일반적인 낱말을 더 적게 생성해야 한다. 그러나 연구자들의 발견은 정반대였다. 즉 평균적으로 더 많은 욕을 생성한 사람들이 일반적인 낱말도 더 많이 제시했다. 이 발견은 세 개의 연구와 판박이였다. 그래서 그 요지는 적어도 우리가 말할 수 있는 한, 더 많은 상말에 더 빨리 접근하는 사람들이 나머지 언어 표현에도 더 유창하다는 것이다. 당신이 어휘의 어떤 부분을 검토하는가에 관계없이, 즉 상말 어휘든 아니든 관계없이, 유창성은 유창성인 것 같다.

세 번째의 흔한 가정, 즉 욕설이 사람들의 더 낮은 지능을 예시한다는 가정도 역시 증거를 제시하면 무너진다. (경고하자면 또 하나의 상관관계 연구인) 최근에 로체스터 대학교(University of Rochester)에서 나온 한 연구의 발견에 따르면, 다른 사람들 주변에서 욕하는 것이 '지성'과 관련이 있다. 무슨 '지성'? 글쎄, 이 연구자들은 오리건주 유진시 집 소유자 1065명에게 표준적인 한 성격 설문지를 작성하도록 했다. ['빅 5(Big Five)'라 불리는] 이 설문지는 특정한 기질에 따라 이 소유자들을 분류했다. 예컨대 외향성(extraversion)이나 포용성(agreeableness), 연관 기질인 지성으로 분류했다. 지성은 또한 '개방성(openness)'이라고 불린다. 그다음에 참여자들은 일상의 상이한 400개 행위 목록에 관여한 빈도를 평정했다. 이 목록에는 예컨대 도서관 책 빌리기, 매운 음식 먹기, 타인 주변에서 욕하기 등이 있다. 그리고 연구자들은 지성에 더 높은 평정치를 주었던 사람들이 평균적으로 자신들이 더 빈번하게 욕을 했다고 말했음을 발견했다.

통상적인 상관관계 주의 사항이 다 적용된다. 더 영리한 사람들이 더 많은 욕을 하지 않지만 자신이 욕하는 빈도와 관련해 단순히 더 정직할 수도 있다. 어쩌면 그들은 욕하는 것이 낮은 지능의 증표라는 관습적인 지혜를 꿰뚫어 보는 데 더 뛰어날지 모른다. 더욱이 '빅 5'는 실제로 지능을 직접 측정하지 않는다. 언급한 바와 같이, 이 설문지('빅 5')는 지성을 측정한다. 대충 말하자면, '빅 5'는 사람들이 지적 개방성, 즉 지적 호기심이 얼마나 많다고 말하는지를 측정한다. 대부분의 연구자들은 이것이 측정된 지능과 관련이 있다고 생각하지만 그렇지 않을 수도 있음이 밝혀진다. 일부 연구의 발견에 따르면, 이것은 지능 검사의 결과와 전혀 상관관계가 없다.[12] 그래서 요약하면 욕을 하는 사람들이 욕을 하지 않는 사람들보다 지능이 더 낮다는 증거는 전혀 없다. 동시에 욕을 하는 사람들이 '지성'의 성격 기질에서 더 높을지도 모른다는 증거는 약하지만 있다. 이것이 결국 무엇을 의미하든지 말이다.

욕설이 당신에 관해 말해준다고 실험을 통해 밝혀낸 유일한 사실은 당신이 고양된 정서적 각성 상태에 있을지도 모른다는 것이다. 9장에서 살펴본 바와 같이, 폭력적이고 공격적인 비디오 게임을 하고 난 뒤에는 골프 게임을 하고 난 뒤보다 사람들이 더 많은 욕설을 말할 수 있었다. 사람들은 많은 상황에서 정서적인 각성 상태 없이 분명히 욕을 한다. 예컨대 사회적 친밀감을 조성하기 위해서 말이다. 모든 조건이 동일한 경우에, 만일 당신이 욕을 하는 사람을 욕을 하지 않는 사람과 비교한다면, 전자의 사람이 정서적으로 각성될 가능성이 더 높다.

그러나 이것이 욕하는 사람에 대해 어떤 종류의 정보를 제공하는지 주목해 보라. 정서적 각성은 특정한 상태이다. 그러나 지금까지도 욕설이 어떤 사람의 영속적 기질 – 성격이나 지능, 정직성, 그 밖의 다른 기질 – 에 대한 무언가를 말해준다는 것은 밝혀지지 않았다. 어떤 사람이 특정한 상황에서 욕하는 것을 보면서 당신이 그 사람에 대해 확실히 알게 되는 유일한 것은 그 사람이 그러한 상황에서는 욕을 할 수 있는 그런 유형의 사람이라는 사실뿐이다.

$ % !

그렇지만 욕설은 여전히 사람들이 당신을 인식하는 방식을 바꾼다. 지난 50년 동안 수 십 개의 연구에서 피험자들에게 욕을 하는 사람들을 욕을 하지 않는 사람들과 비교해서 판단하도록 요구했다. (이러한 실험의) 전형적인 구성은 절반의 피험자들에게는 어떤 사람이 욕설을 사용해 의견을 표현하는 글을 읽거나 그러한 비디오를 시청하도록 하는 반면, 나머지 절반에게는 욕설을 제거하거나 다른 낱말로 대체한 비디오를 시청하도록 하는 방식이다. 그러고 나서 피험자들은 그 사람의 신뢰성, 공손성, 유쾌함, 능력 등을 평정했다.

앤서니 스카라무치의 논평이 알려졌을 때, 대응 행동이 몇 가지 대답을 중심으로 무리를 지었다. 일반화하면 다음과 같다. 사람들은 스카라무치가 아마도 당시 트럼프 행정부의 다른 특정 구성원들에 대한 자신의 정직한 느낌(즉, 열정적인 경멸)을 표현하고 있었고, 그러한 믿음을 강하게 가지고 있었다고 생각했다. 바로 정직성과 강렬함이다. 이 둘은 욕하는 사람들에 대한 아주 흔하고 실험으로 탐지 가능한 인상이다.

먼저 정직성을 보자. 2005년의 한 연구에서 연구자들은 범죄에의 연루를 부인한 절도 피의자에게서 나온 서면 증언을 네덜란드인 여대생들에게 주었다.[13] 절반의 여대생들은 욕설이 담긴 증언 문서를 읽었지만, 나머지 절반은 상말이 제거된 증언 문서를 읽었다. 그러고 나서 이 여대생들은 이 피의자의 부인을 얼마나 신뢰할 만하다고 생각하게 되었는지 평정했다. 욕설 증언을 읽은 사람들은 이 증언을 상당히 더 신뢰할 만하다고 보았다. 연구자들은 피의자의 증언이 아니라 희생자의 증언을 조작했을 때도 동일한 결과를 발견했다. 피해자가 욕설이 아닌 말(예: '그 남자가 내 손에서 가방을 잡아챘다.')을 했을 때보다 욕설(예: '그 개자식이 내 손에서 가방을 잡아챘다.')을 했을 때, 피실험자들은 피해자가 진실을 말하고 있다고 생각할 가능성이 더 높았다.

일반적으로는 역시 욕을 하는 사람들을 더 강인하다고 인식한다. 노던일리노이 대학교의 연구자들은 88명의 심리학개론 수강 학생들에게 어떤 사람이 다른 한 대학교에서 수업료를 낮추어야 한다고 주장하는 비디오를 하나 보여주었다.[14] 그러나 다시 한번 이 비디오는 역시 판형이 둘이었다. 하나는 욕설을 사용했지만, 나머지 하나는 욕설을 사용하지 않았다. 그다음에는 참여자들에게 이 사람의 강인함을 평정하고 또한 그들이 이 사람에게 동의하는지 그 여부를 말하도록 요구했다. 이 사람의 욕설을 본 참여자들은 이 사람을 상당히 더 강인하다고 평정했고, 이 사람의 입장에 동의할 가능성이 더 높았다. 그래서 욕설은 사람들에게 당신을 더 정직하다고 판단하도록 할 뿐만 아니라, 당신의 입장에 동의하도록 설득할 수도 있다.

물론 욕설은 또한 많은 부정적인 인식을 수반할 수도 있다. 욕하는 사람들에 대해 어떻게 생각하는지 직접적으로 묻거나 추상적으로 물을 때, 사람들은 어김없이 욕하는 사람들이 신뢰할 만하지 않고 능력이 없으며 통속적이라고 생각한다고 대답한다.[15] 그리고 앞에서 논의한 바와 같이, 욕하는 사람들은 지성과 언변이 부족하다는 평가를 받을 수 있다. 그렇지만 어떤 지정된 사람의 맥락상 욕설에 반응하는 사람들의 의견을 측정할 때는 이러한 평가가 사라진다. 그래서 사람들이 단지 생각만으로 욕을 하는 사람을 덜 정직하다고 평가하는 것 같다. 실제로는 그 순간에 그렇게 느끼지 않는다. 놀랍지 않게도, 난처하게 될 때는 우리가 '나쁜 말'을 사용하는 사람들이 다양한 다른 측면에서 나쁘다고 말하지만, 친구나 범죄 피해자, 유죄 선고의 열정적인 믿음을 지닌 것으로 보이는 어떤 사람이 욕을 할 때는 다르게 행동한다. 욕설에 대한 우리의 믿음 중 많은 것은 우리의 실제 행동 방식과 다르다. 그리고 이것은 놀랍지 않다. 우리는 모두 어린 시절부터 계속 금기 언어가 나쁘다는 인상을 축적해 오고 있다.

욕을 하는 사람들에 대한 인상을 복잡하게 만드는 것은 이러한 인식이 맥락에 따라 다르다는 발견이다. 일부 연구에서는 남성들이 여성들보다 공개적으로 욕할 때 더 강한 긍정적 반응을 보여주는 경향이 있다.[16] 더욱이, 어떤 사람의 욕설을 들을 때 당신이 그 사람에게 이미 동의하고 싶은 마음이 든다면 이 욕설이 설득력이 있을 것이지만, 이미 반대하고픈 경향이 있다면 설득력이 없을 것이다.[17] 공연 도중에 욕설을 폭넓게 사용하는 한 스탠드 업 희극 배우가 본업인 유치원 교사 업무를 수행하는 도중에 욕을 할 때는 분명히 상이한 반응이 나올 것이다.

$ % !

이 책은 자습서이다. 그러나 살아가면서 욕설에 대해 인식하는 우리의 지식을 어떻게 사용할 수 있는지 (단지) 몇 마디 언급하는 것이 정말로 적절해 보인다. 우리는 편안하게 신랄한 언어를 여전히 사용하면서도 개인적·직업적 관계를 보호할 수 있는가? 우리는 바람직스러운 사회적 결과를 생성하기 위해 욕하는 사람에 대한 사람들의 인식을 활용할 수 있는가?

내 자신이 직접 이러한 질문에 직면해야 했다. 운 좋게도 나는 표현의 자유를 중시하는 고용주를 만났다. 샌디에이고에 있는 캘리포니아 대학교(UC San Diego) 덕분에 나는 욕설 과목을 가르치고, 욕설에 관한 과학적인 논문을 쓸 수 있다. 학생들에게 (물론 동의를 받은 뒤에) 욕설을 노출시키는 내 실험실에서 실험을 수행할 수 있다. 그리고 욕설에 관한 책을 쓸 수 있었다. 그러나 심지어 언어적으로 자유분방한 서부 해안에서든 학계의 심장부에서든 내가 욕설을 사용할 수 있는 방식은 여전히 분명한 제한이 있다. 만일 내가 누군가에게 언어적 학대나 성희롱이 되는 방식으로 욕을 한다면, 직장을 잃고 종신교수직은 날아가 버릴 수 있다. 스카라무치와 그 식당 여종업원, 그 뉴스진행자처럼 말이다.

그렇지만 나는 단지 욕설 연구뿐만 아니라 교수의 삶을 살아가는 지금, 욕설 사용을 하기로 실제로 결심한다. 그 소문난 냉수기(내 학과에서는 커피 카트이다) 주변에서 욕을 하고, 하루가 끝날 즈음에 내 동료와 한잔하면서 욕을 한다. 대학원생과 문제를 풀기 위해 무진 애를 쓰고 있을 때는 내 실험실에서 욕을 한다. 나의 발견은 이러한 방식으로 욕설을 사용하면 상호작용이 더 격의 없어지고 개인적이 되고, 결국은 함께 일하는 사람들과 더 강한 관계를 맺게 된다는 것이다. 나도 여기에서는 지나치게 논쟁적인 말을 하지 않고 있다. 이러한 격의 없는 일터 상황에서는 사람들이 일반적으로 욕설을 놀랍지 않다고 보거나 욕하는 사람을 사회적 관계에 능하다고 본다는 것을 보여주는 연구가 있다.[18]

어떤 측면에서 나는 단지 한 연구자가 스튜어트 젱킨스라는 이름으로 수행했던 일을 하고 있다. 그때 그는 한 창고에서 임시직으로 짐을 꾸리는 일을 했다. 2007년의 논문에서[19] 젱킨스와 공동 저자 예후다 바루치(Yehuda Baruch)는 이렇게 보고한다. 젱킨스는 그곳에서 일하던 처음 몇 달 동안 자신이 사회적 집단 활동에서 대체로 배제되고 있음을 알게 되었다. 그다음에 기회를 한번 잡아서 상말을 하기 시작했고, 그때부터는 계속 패거리의 일원으로 환영을 받았다.

물론 이것이 일터의 유대 관계라는 모든 환경 덕택에 욕설의 강도를 끝까지 높여도 적절하다는 것을 의미하지는 않는다. 어떤 환경에서 다른 사람들이 이미 언어를 사용하고 있는 방식이 보통 상말이 적절한지와 사회성을 생산할 것인지에 대한 가장 좋은 단서를 제공한다. 다른 규범처럼, 모든 사회 집단에는 언어의 사용에 대한 기대가 있다. 만일 당신과 사회적 지위가 비슷한 다른 사람이 '고객과 대면하지 않는' 격의 없는 맥락에서 욕을 하고 있다면, 당신이 그러한 언어 사용에 합류해도 괜찮을 수도 있다.

이제, 나는 상말로 무언가 조금 더 야심 찬 일도 한다. 나의 일부 수업에서는 강의를 하고 있을 때 실제로 욕을 한다. 그래, 나는 그렇게 말하는 것의 위험성을 잘 알고 있다. 그리고 아마도 글쓰기에서는 욕을 사용하는 것이 훨씬 더 위험하다는 것도 분명히 알고 있다. 그래, 금기 언어의 사용으로 적대적인 일터 환경이 생겨날 수 있다는 인식이 존재한다는 것도 알고 있다. 맞다, 학생들이 내 교실에서 받는 교육에 대한 캘리포니아 납세자들의 기대 목록에서 1번이 욕설이 아니라는 것도 알고 있다. 강의 중에 욕설을 했다는 이유로 해고당한 종신직 교수들에 대해서도 다 알고 있다.

그러나 그 밖에도 내가 알고 있는 것이 여기에 있다. 전반적으로 세심하게 사용할 때 교실 내의 욕설은 해를 거의 끼치지 않으며 측정 가능한 상당한 이익이 된다. 이것은 단지 나의 막연한 느낌이 아니다. 여기에 그 증거가 있다.

우선 내가 성인을 가르치고 있다는 점을 기억하라. 대학생들 말이다. 만일 순식간에 지나가는 감탄성 상말을 무심코 한다면, 나는 학생들이 그날 아침 수업 전에 소셜 미디어에서 이미 100번도 본 적이 없는 어떤 말을 하고 있는 것이 아니다. 경험적인 한 연구에 따르면, 학생들은 강사의 욕설에 별로 거슬려 하지 않는다. 대부분의 사람들은 이것을 결코 상상도 못하겠지만 말이다. 2009년의 한 연구에서 한 중서부 사립대의 대학생 67명에게 강사가 보여줄 수도 있는 잠재적으로 불쾌한 56개의 교실 행동을 평정하도록 요구했다. 예컨대 학생의 말을 도중에 끊는 것이나 학생과 눈 맞춤을 하지 않는 것, 욕하는 것과 같은 행동 말이다.[20] 욕설의 평정치가 56개의 행동 중 51번째였다는 사실에 나조차도 놀랐다. 물론 학생을 때리는 행동(불쾌감 유발도 3위)에서 단조롭게 말하는 행동(불쾌감 유발도 41위)에 이르는 모든 행동보다 욕설이 불쾌감을 유발하는 정도가 더 낮았다. 이 목록에서 욕설보다 불쾌감 유발 정도가 더 낮다는 평정을 받은 항목은 자기 개인사 말하기와 강력한 견해 표명, 상대 평가, 수업 빨리 끝내기, 수업 중 음료수 마시기뿐이었다. 수업 중 음식 먹기는 욕설보다 불쾌감 유발 정도가 더 높았다. 파워포인트 슬라이드 읽기도 그러했다. 간단히 말해서 욕설은 불쾌감 유발 정도가 그렇게 높지 않았다.

이것이 교실 내 모든 욕설이 똑같은 평가를 받는다는 의미는 아니다. 대학생들은 교실에서 특정하게 사용한 욕설과 이 욕설의 상이한 과녁을 다른 욕설보다 더 적절하다고 평가한다. 연구자들은 중서부에 있는 한 대규모 공립 대학교의 학생 272명에게 강사가 수업 중에 욕을 한 사례를 회상하고, 이 욕설을 기술하고, 이 욕설이 얼마나 적절했는지 평정하도록 요구했다.[21] 이 대학생들은 상말의 특정한 사용을 부적절하다고 보았다. 예컨대 좌절을 표출하는 사용이나 좌절과 '더 많은 관련을 지을 수 있는' 사용 말이다. 그러나 그들은 강사가 강조하거나 주의를 끌기 위해, 유머를 표현하기 위한 상말 사용을 상당히 적절하다고 보았다. 더욱이 욕설이 (특히 도전적인 발상과 같은) 과목 내용을 겨냥하거나 (강사의 발표 도중에 작동하지 않는 컴퓨터와 같은) 그 직업의 도구를 겨냥하는 한, 대학생들은 금기어의 사용을 평균적으로 상당히 적절하다고 보았다. 그러나 욕설이 학생이나 특정한 과제를 겨냥할 때는 욕설의 적절성이 떨어졌다. 다른 연구도 상말에 대해 동일한 결론에 도달한다. 욕설이 학생을 향한 일종의 언어적 공격으로 사용될 때는 역효과를 내어 학생들이 강사를 관심과 배려가 부족하다고 보거나, 강사는 물론 과목 내용에 대해서도 부정적인 감정을 갖게 된다.[22] 욕설은 전체적으로 긍정적이지만, 사용하는 목표가 적절할 때만 그렇다.

개인적으로 나의 (욕설 사용) 결과는 어떠한가? 강의 평가에서 학생들은 대다수가 나를 접근 가능하고 정직하고 재미있다고 생각하며, 당시 상위 90% 학생이 다른 학생들에게 내 수업을 추천할 것이라고 평가했다. 자, 이 중 어느 것에도 나는 자만하지 않는다. 왜냐하면 학생들의 평가가 단지 무대 위 교탁 뒤로부터 그들과 299명 급우들에게 어떻게 보이는가에 근거하고 있기 때문이다. 사실 실재의 나는 접근 가능하거나 정직하거나 재미있을 수도 있고 그렇지 않을 수도 있다. (투명하게 하자면, 정연한 그 대답은 실제로는 대략적인 평균이 아니다. 그래서 당신이 평가자가 되어라.) 그렇지만 나는 내 자신이 상말을 냉소적으로 일종의 전술적 기만으로 사용하고 있다고 생각하지 않는다. 그렇다. 나는 욕하는 사람들에 대한 인식의 예측 가능성을 활용하고 있다. 그러나 나는 또한 나 자신이 되어가고 있다. 나는 적시에 집어넣은 낱말 dumbfuck(**멍청이**)을 사용해서 나의 어설픈 파워포인트 실수를 비웃고 싶다. 느닷없는 어구 good shit (좋은 똥 → 마음에 드는 것)을 사용해서 논쟁의 특별히 중요한 핵심 하나에 학생들의 주의를 끌어 모으는 것이 나는 좋다. 이렇게 한다고 학생들이 절대로 나에 대해 더 좋은 느낌을 갖지는 않는다. 이렇게 함으로써 내가 학생들에게 더 많은 안정감을 느낀다.

모든 직업에 대해 유사한 연구를 수행한 적은 지금까지 없었다. 교수들은 석공이나 공인회계사나 디자이너들의 언어보다 교수들의 언어를 더 많이 연구한다. 그래서 다른 전문직업에 대해 당신은 자신만의 고유한 현장연구를 수행할 필요가 있을지 모른다. 상황을 파악하라. 다른 사람들이 금기 언어를 사용할 때 금기 언어에 대한 사람들의 반응을 관찰하라. 사다리를 오르기 전에 그 도표의 아래에서 시작하라. (shit이 좋은 초심자용 욕설이다.) 일터의 어느 것과도 마찬가지로, 지나칠 정도로 보수적으로 수행하라.

나는 욕설 관련 책을 쓴 사람이 되었다. 그러자 사람들은 어떤 사람이 욕할 때 이것의 의미는 무엇인지 흔히 나에게 묻는다. 아시다시피, 일반적으로 우리는 정말로 모른다. 그래서 내 하찮은 소견으로는 당분간 욕을 한다는 이유로나 욕을 하지 않는다는 이유로 사람들을 평가하는 것을 피하는 것이 우리에게 더 좋을지도 모른다. 앤서니 스카라무치만 평가하지 말라는 말이 아니다. 나도 평가하지 말라. 사람들의 말은 그들의 성격이나 경험에 대한 어떤 것도 의미하지 않을 수도 있다. 이 문제에 관해서는 사람들이 욕설을 하여 전술적으로 우리를 기만하고 있을지도 모른다. 마치 잠재적인 약탈자들을 겁주어 쫓아내기 위해 거대한 눈동자처럼 보이는 날개에 화려한 안대를 붙인 나방처럼 말이다.[23] 사람을 말의 화려함으로 판단하지 않는 것이 더 나은 행동일 것이다. 말의 화려함은 인성의 내용물에 대해 별로 말해주지 않으니까 말이다.

감사의 글 ●●

이 책의 집필은 다른 연구를 수행하던 중 그 연구를 미루는 방식으로 시작했다. 뭔가를 미루려고 할 때 쓰는 다른 수법들이 늘 그렇듯이, 이 책도 얼마 안 되어 내가 실제로 하기로 되어 있던 그 연구보다 더 많은 시간을 잡아먹게 되었다. 지금 당신의 손에 들려 있는 이 책은 그렇게 다른 연구를 미루고 7년을 전념한 산물이다. 누구든 자신의 성격상 결함을 활용해 거기서 최대한의 이점을 얻어내면 어느 정도 만족감이 드는 법이다.

물론 이 책의 발간 지연은 전적으로 나에게 책임이 있다. 하지만 이 책은 나 혼자 작업한 산물이 아니다. 책의 집필은 다른 글쓰기가 힘든 것처럼 많은 측면에서 힘들다. 낱말은 명료화하기가 그렇게 쉽지 않다. 낱말 뒤의 여러 생각이 뒤섞여 있을 때는 특히 그렇다. 그래서 나의 생각과 글쓰기를 더 분명하게 하도록 도와준 데 대해 감사드려야 할 분들이 많다. 우선 글쓰기 모임의 일원으로서 나의 집필에 협력해 준 로리에나 얀큐라(Loriena Yancura), 캐서린 어윈(Katherine Irwin), 애슐리 메이너드(Ashley Maynard)께 감사드린다. 설령 앞에서 말했다 하더라도, 각 낱말에 대한 진지한 성찰이 본질적이라는 사실은 다시 언급할 필요가 있다. 그리고 이 성찰은 다른 사람들과 함께할 때 더 좋은 결과를 산출하며, 결국 이 성찰에 대해 더 좋은 글도 쓰게 된다. 만일 앞 장의 원고를 함께 읽으면서 마음껏 소리 내어 웃지 못했다면, 이 책의 집필에 계속 매달리지 못했을지 모른다.

또한 영민하고 에너지 넘치는 학생들이 곁에 있어서 행운이었다. 이제는 대부분 동료 학자인 그들은 이 책의 일부나 전부를 읽고서 논증과 발상, 집필을 구체화하는 데 도움을 주었다. 타일러 마르게티스(Tyler Marghetis)와 켄시 쿠퍼

라이더(Kensy Cooperrider), 로스 메투살렘(Ross Metusalem), 조시 데이비스(Josh Davis), 아르투르스 세메눅스(Arturs Semenuks)에게 감사의 마음을 전한다. 또한 집필을 하는 동안 많은 분들과 논의를 했다. 이 과정에서 이 책에서 펼치는 많은 아이디어를 얻었다. 바로 낸시 창(Nancy Chang)과 한스 보아스(Hans Boas), 레라 보로디츠키(Lera Boroditsky), 스콧 클레머(Scott Klemmer), 데이비드 커시(David Kirsh), 자위 퍼를라(Jawee Perla), 아이리스 콜버그(Iris Kohlberg), 매들린 플로셰(Madelaine Plauché), 엘리자베스 모이어(Elizabeth Moyer), 애덤 루더먼(Adam Ruderman)이다.

책의 집필은 또한 그 자체의 특수한 측면에서도 힘들다. 책은 자신 있는 전문 영역을 넘어서는 분야를 다룬다. 그리고 이 책의 여러 장에서 다룬 다양한 분야의 많은 전문가들이 정말로 친절하게도 자기 연구 분야의 통찰을 공유해 주었고 여러 장을 읽고서 의견을 주었다. 다음 분들께 온 마음으로 감사를 전한다. 티모시 제이(Timothy Jay), 에릭 바코비치(Eric Bakovic), 로저 레비(Roger Levy), 셔나 콜슨(Seana Coulson), 마르타 쿠타스(Marta Kutas), 마이클 모틀리(Michael Motley), 도나 조 나폴리(Donna Jo Napoli), 마이클 이스라엘(Michael Israel), 엘리너 옥스(Elinor Ochs), 피오트르 빙키엘만(Piotr Winkielman), 카렌 돕킨스(Karen Dobkins), 안드레아 카나기(Andrea Carnaghi), 테일러 존스(Taylor Jones), 크리스토퍼 홀(Christopher Hall), 앨 슈츠(Al Schutz), 앨리슨 고프닉(Alison Gopnik), 빅 페레이라(Vic Ferreira), 매튜 피셔(Matthew Fisher), 다이애나 반 랑커 시드티스(Diana Van Lancker Sidtis). 이 분들은 단지 진부한 의견을 전하며 좋은 연구라고 말하지 않고 내가 무엇을 잘못했는지 말해주었다. 그 덕분에 이 책은 더 좋아졌다. 심지어 한 분은 한 장의 모든 것이 다 잘못이라는 심사숙고한 전문가 의견을 담아서 아주 많은 낱말로 이 책이 잉크 비용을 들일 가치가 없다고 말했다. 존경하는 이 동료분께는 이 책의 증정본을 보내드리지 않음으로써 나의 감사를 표하겠다고 말했다. 이 약속을 끝까지 지킬 참이다. 하지만 여기에서도 로저 래스(Roger Lass)에게 감사를 전하지 않는다면 이것은 나의 태만일 것이다.

책이 특히 힘든 이유는 바로 상이한 종류의 장터에서 경쟁하기 때문이기도 하다. 다른 무역학 책이나 논픽션 책은 물론 심지어는 일반적인 책과 경쟁하며, 기본적으로 모든 선물 상품이나 오락 제품과도 경쟁한다. 그래서 책은 흥미진진해야 하고 접근 가능해야 한다. 폭넓은 인기를 끌 책을 집필하는 경로를 조감 능력으로 설계하는 데 카틴카 맷슨(Katinka Matson)보다 더 뛰어난 지식을 가진 사람은 아무도 없을 것이다. 그녀와 브록만(Brockman) 회사의 간부들은 질질 끄는 마음으로 쓴 나의 미성숙한 원고를 정교하게 다듬어 누구에게라도 보여줄 만한 괜찮은 책으로 바꾸어주었다. 바로 이 동일한 맥락에서 베이식 북스 출판사(Basic Books)의 켈레허(T. J. Kelleher)는 책의 제작 과정이 끝날 때까지 나의 사공이었다. 지금까지 얼마나 운이 좋았던가. 유머 감각과 미적 감각이 정말로 나와 아주 비슷한 이 편집자를 만났으니까 말이다. 그리고 만일 내가 그렇게 말한다면, 켈러허의 취향은 정말로 완벽하다.

책 쓰기가 어려운 이유는 또 있다. 구체적으로 책을 쓰는 데는 수천의 시간이 필요하기 때문이다. 나의 경우에는 이 많은 시간을 거의 다 거실의 소파에서 보냈다. 적잖은 시간 동안 몸을 길게 뻗은 채로 말이다. 그러면 우리 집 거실은 다른 식구들이 거의 지낼 수 없게 된다. '주의 집중을 위해' 단조로이 울리는 일렉트로니카 때문만이 아니라 불가피하게 더러워지기 때문이기도 하다. 이 상황이 정상인 체하고 나의 거실 전유를 눈감아 준 프랜시스(Frances)에게 감사한다. 또한 그녀는 내가 구체적인 착상과 장(章) 조직화, 세부적인 글쓰기를 하는 과정 내내 도와주었다. 직접 이 책을 직접 쓰지는 않았지만 그녀가 없었다면 이 책의 집필은 할 수 없었을 것이다. 마지막으로 끝까지 사랑으로 지원해 준 데 대해 똥싸개 매튜(Matthew)와 나머지 식구들인 데이비드(David)와 카렌(Karen), 도리(Dori), 아이라(Ira), 세이야(Seila), 조슈아(Joshua), 데이브(Dave), 캐롤린(Caroline), 존(Jon) 그리고 다른 모든 사람들에게 감사드린다.

옮긴이의 글 ●●

욕설이 알려주는 것들

언어와 뇌, 자아의 본성

우리 인간은 일상의 언어생활에서 고상한 표현만 사용하지는 않는다. 때로는 속어로 농담이나 말장난을 하기도 하고, 때로는 타인의 인격을 폄훼하고 모욕하는 욕설을 쏟아내거나 상대를 저주하며 악담을 퍼붓기도 한다. 언어가 인간의 마음을 반영한다고 보면, 고상한 언어 표현뿐만 아니라 상스러운 언어 표현도 당연히 마음의 산물일 것이다.

우리 인간은 살아가는 내내, 언제나 평온한 상태로 마음을 유지할 수는 없다. 그렇기에 비어나 속어, 악담, 욕설, 외설어와 같은 상스러운 말을 인간의 언어생활에서 완전히 추방하는 것도 역시 불가능할 것이다. 예컨대 망치로 벽에 못을 박다가 실수로 손가락을 내리쳐서 극도의 고통을 느끼는 순간에 반사적으로 튀어나오는 '아이 씨팔'이나 '졸라 아파', '제기랄'을 다른 어떤 고상한 표현으로 대체할 수 있을까? 연쇄 살인을 저지른 범죄자를 향해 시민들은 '저 살인마, 찢어 죽일 놈!'이나 '저 개새끼, 쳐 죽여라!'와 같은 외침 말고, 다른 어떤 교양 있는 말로 터져 나오는 가슴속 분노를 표출할 수 있을까? 몇 년 전 '국정농단' 사태로 검찰에 강제 송환된 최순실이 억울하다며 큰소리로 구호를 외치자, 옆에서 그 모습을 지켜보던 청소노동자는 도대체 왜 "염병허네"라는 상소리를 세 번이나 했을까? 그리고 왜 다수의 국민들은 이 상소리 삼창에서 분노가 해소되는 듯한 만족을 느꼈을까?

대부분의 상말 사용을 금기로 정하여 철저한 검열을 통해 일상의 언어생활에서 완전히 추방하고자 애쓰는 방송통신심의위원회나 국립국어원, 교육부와 같은 당국의 바람과 달리, 상말이 상황이나 맥락에 따라서는 나름대로 긍정적인 기능을 수행할 수 있다. 교양인의 어휘 목록에서 상말을 완전히 제거해야 한다는 주장은 소수를 제외하고는 사람들 대부분이 욕을 하는 현실에서 실현 가능한 일이 아니며, 어떠한 대가를 치르더라도 반드시 실천해야 할 절대적인 이상도 아니다. 그렇다고 언제 어느 때나 아무런 제약 없이 마음 내키는 대로 상말을 사용해도 된다는 것은 결코 아니다. 실제로 상대를 조롱하거나 무시하는 말, 타인의 인격을 비하하거나 모독하는 말, 저주가 담긴 말은 그 상대는 물론이고 주변의 듣는 사람들에게도 불쾌감을 유발한다. 따라서 이러한 의도를 담은 상말의 사용은 당연히 아주 제한적인 상황에서만 사회적으로 용인받는다.

언어가 마음의 산물이라는 관점에 근거하여 인간의 마음을 탐구하는 학문인 철학과 심리학, 언어학에서는 언어를 중요한 탐구 대상으로 삼는다. 하지만 비속어와 욕설은 오랫동안 전통적인 탐구 대상에서 제외되었다. 비속어나 욕설 목록을 사전으로 엮어내거나 개별적인 상말 어휘의 어원을 추적하는 작업은 간간이 진행되었지만, 욕설을 통해 인간의 마음을 들여다보고자 시도한 연구는 거의 없었다. 2000년대로 접어들면서 학계의 분위기도 변화했다. 미국에서는 욕설의 표현력과 긍정적 측면을 다룬 연구가 급격히 늘어나고 있으며, 비속어와 금기어는 물론이고, 욕설을 탐구하여 마음의 본성을 밝히고자 시도한 책 출판도 증가했다. 이러한 학문적 흐름에서 2016년에 나온 이 책도 '욕설'을 인지과학과 신경과학의 시각에서 분석한 책이다. 이 밖에도 이 책의 본문과 참고문헌에 언급된 핑커(S. Pinker), 제이(T. Jay), 모어(M. Mohr) 등의 수많은 저술은 욕설에 대한 인식의 변화를 잘 보여준다. (모어의 책은 『욕설, 악담, 상소리가 만들어낸 세계』라는 제목으로 2018년 한국어로 번역되었다.)

이 책의 저자인 버건은 버클리 소재 캘리포니아 대학교(UC Berkeley)에서 언어학과 인지과학을 전공해 2001년 박사학위를 받았으며, 현재 샌디에이고 소재 캘리포니아 대학교(UC San Diego)의 인지과학과 교수이자 언어인지연구소장이다. 인지언어학계와 인지과학계를 대표하는 뛰어난 연구자로서 미국과 해외 여러 대학의 언어학과, 심리학과, 인지과학과, 미국언어학회와 국제인지언어학회의 초청을 받아 수십 차례 강연을 했으며, 『말보다 울림이 크다: 마음의 의미 구성 방식에 관한 새로운 학문(Louder Than Words: The New Science of How the Mind Makes Meaning)』이라는 저작을 2012년 출간했다.

『제기랄, 이런!: 욕설의 인지신경언어학』은 욕설이 금기적인 속성으로 인해 학문적 연구에서 오랫동안 외면당해 왔다는 전제에서 출발한다. 저자는 욕설을 계속 무시하거나 외면하는 것이 우리 인간에게 유익하지 않다고, 더 정확히 말하면 해롭다고 단언한다. 욕설이 바로 우리 인간의 언어와 뇌, 심지어 우리 자아에 대해 많은 것을 알려주는 통로이기 때문이라는 것이다. 저자는 욕설에 대한 과학적인 분석을 토대로 이 견해를 펼친다. 책머리에 적힌 헌사에서 드러나는 뛰어난 유머와 가독성 높은 문체, 그리고 자료에 대한 명확한 분석으로 다음과 같은 수많은 의문을 파고든다. "어떤 나쁜 낱말이 다른 낱말보다 더 나쁘게 들리는가? 어떤 욕설이 아이들에게 직접 해를 끼치는가? 왜 실어증 환자들은 언어를 다 잊어버려도 욕설을 할 수 있는가? 모멸 어구를 들으면 모욕의 표적이 된 사람들을 우리가 실제로 모멸적으로 대하게 되는가? 프란치스코 교황은 왜 미사 도중에 '좆(cazzo)'이라고 말실수했을까? 왜 poo(응가)는 유치할 뿐인데 shit(똥지랄)과 crap(똥)은 상스러운가?"

이 책은 머리말과 11개의 장, 에필로그로 구성되어 있다. 머리말에서 저자는 이 책의 구체적인 주제가 무엇인지와 왜 이러한 욕설의 학문적 탐구가 필요한지를 분명하게 밝힌다. 한마디로 이 책의 소재는 damn(우라질)이나 boobs(얼간이)와 같은 순한 상말이 아니라 망측하고 심한 불쾌감을 유발하는 fuck(씹하다)이나 cunt(씹), nigger(깜둥이)와 같은 심한 욕설이다. 그리고 더럽고 악취 나는 갓난아이 배설물이 갓난아이의 발달 상태와 건강 상태에 대해 많은 것을 알려주듯이, '가장 더러운 말'이라는 욕설이 우리 인간의 마음에 대해 많은 것을 알려줄 수 있기에 욕설을 체계적으로 탐구해야 한다는 것이다.

1장에서 11장까지 욕설의 다양한 측면을 과학적으로 분석하는 상이한 차원의 탐구가 이어진다. 먼저 1장 「금기어들: 맙소사·씨부럴·똥지랄·깜둥이(Holy, Fucking, Shit, Nigger)」는 매우 도발적이다. 이 장에서는 여러 문화에서 의미적으로 어떻게 욕설 범주를 구분하는지, 그리고 욕설 사용의 유사성과 차이점을 보여준다. 2장 「왜 네 글자 낱말인가?(What makes a four-letter word?)」에서는 욕설의 음성학과 음운론을 다룬다. 욕설의 음운적 모양과 화자들이 받아들이는 욕설의 금기 정도 사이에 연관성이 있는지를 구체적으로 검토한다.

3장 「손짓 하나가 천 마디 말보다 낫다(One finger is worth a thousand words)」에서는 먼저 전 세계의 음란한 손짓(예: '씹새'라 불리는 가운뎃손가락 높이기, 무화과 만들기, 감자 주먹)의 본질이 도상적인지 자의적인지를 다룬다. 구체적으로 이러한 제스처가 무엇을 표상하는가라는 측면에서 어느 정도 도상적인지 자의적인지를 탐구한다. 다음으로 여러 다른 수어에서 욕설을 어떻게 표상하는지를 탐구한다. 구체적으로 각 수어에서 사용하는 금기 기호가 어느 정도 도상적인지 자의적인지를 논의한다. 언어학의 탐구에서는 소리 언어만큼 손짓이나 수어에 별로 주의를 기울이지 않지만, 이 책에서는 별개의 장을 온전히 할애하여 손짓과 수어를 다룬다.

4장 「상말하는 거룩한 성직자(The holy priest with the vulgar tongue)」과 5장 「교황이 상말 폭탄을 터뜨린 날(The day the pope dropped the C-bomb)」에서는 신경언어학의 관점에서 뇌가 어떻게 욕설을 나머지 언어와 다르게 처리하는지를 살펴본다. 먼저 4장에서는 심각한 뇌졸중 환자인 교구 신부와 뇌 좌반구 전체를 제거한 E.C.라는 별명의 뇌종양 환자, 그리고 대뇌 기저핵 기능에 장애가 있는 투렛 증후군 환자들이 언어 능력을 완전히 상실했음에도 불구하고 여전히 shits(똥지랄)이나 goddamnits(뒈져라!), motherfuckers(니기미 씨팔놈)와 같은 감탄성 상말이나 욕설을 자연스럽게 생성한다는 데 주목한다. 그리고 이와 같은 사실에서 사람들이 의도적으로 분명하게 발음하고 낱말을 조합해 생성하는 의도적인 말과 달리 무의식으로 터져 나오는 반사적인 말(예: 욕설)은 뇌의 언어 중추인 브로카 영역과 베르니케 영역이 있는 좌반구가 아니라 뇌의 다른 부위에서 생성된다는 추론을 이끌어낸다. 이곳은 뇌의 우반구에 있으며 비명을 지르거나 울부짖거나 외치거나 투덜거리는 등 감정적 요구에 반응하는 부위이다.

이야기 중에 발음이 헛나온 '말실수'를 다룬 5장 「교황이 상말 폭탄을 터뜨린 날」에서는 발화를 생성할 때 우리 뇌에서 어떤 과정을 거치는지를 추적한다. 먼저 바티칸 정례 미사에서 In questo caso(이 경우에)라는 구의 caso(경우)를 cazzo(좆)라 잘못 발음한 프란치스코 교황의 말실수와 타이거 우즈의 시합 포기 사유를 a bulging disc(삐져나온 디스크)가 아니라 a bulging dick(부풀은 좆)이라고 잘못 발음한 골프 방송 채널 기자, 그리고 "As I was telling my husb- ……"라고 발음했다가 "As I was telling President Bush"라고 정정한 조지 부시 대통령의 안보 담당 보좌관이던 콘돌리자 라이스의 말실수 사례를 제시한다. 그리고 단순한 비금기성 말실수(예: 라이스의 실수)와 금기성 말실수(예: 교황과 기자의 실수)가 뇌에서 발화를 설계하고 편집하는 방식에 대한 통찰을 어떻게 우리에게 줄 수 있는지를 보여주고자 한다. 이 통찰은 우리 뇌에 발화를 점검하는 내부 검열 장치가 있으며, 이 장치가 금기어 말실수를 줄이도록 작동한다는 것이다.

욕설의 문법을 주제로 삼은 6장 「Fucking 문법(Fucking grammar)」에서는 fucking(씨부럴), damn(우라질), friggin(졸라), jack-shit(개뿔), the fuck(씨팔), the hell(염병) 등의 금기 낱말들의 문법과 영어 전반의 문법 사이에 괴리가 있음을 다양한 예를 들어 보여준다. 예컨대 not을 포함한 문장은 그렇지 않은 문장과 의미가 다르지만, You know jack-shit(알기는 개뿔)과 You don't know jack-shit(야, 좆도 모르는 놈아)는 오히려 동일한 의미를 지닌다. 한마디로 상말의 문법은 일반 낱말들에 대한 영어 문법과 비슷한 측면도 다소 있지만, 영어의 상당히 다른 고유한 하위문법으로 존재한다.

7장 「어쩌다가 cock(수탉)은 깃털이 뽑혀 '좆'이 되었나?(How cock lost its feathers)」에서는 역사언어학의 시각에서 욕설 낱말과 그 의미가 시간이 흐르면서 어떤 변화를 겪어 더 금기시되어 버리는지 살펴본다. 예컨대 cock이 예전에는 '닭이라는 종(種)의 수컷'을 지칭했으나 그 의미가 점점 약해져 적어도 미국에서는 rooster에게 그 의미를 내주고 이제 금기어가 되었다. 예전에는 평범한 낱말이었지만 이제는 금기 낱말이 된 dick(자지), bitch(암캐년), faggot(호모 새끼) 등이 어떤 경로를 거쳐 더러워졌는지를 보여준다.

8장 「사모아 아동의 더러운 입(Little Samoan potty mouths)」과 9장 「연약한

어린애 마음(Fragile little minds)」에서는 아동의 언어 습득과 언어 발달을 탐구한다. 8장에서는 대체로 '엄마'를 뜻하는 낱말이 생후 처음으로 습득하는 낱말인 다른 언어 사용자들과 달리, 왜 사모아 아이들은 태어나서 맨 처음 습득하는 낱말이 'ai tae(똥 먹어라)의 약어인 *tae*인지 파고든다. 어떤 개별 자음과 모음이 아이들에게 조음하기 더 쉬운지, 아이들이 어떤 음절 구성을 선호하는지, 사모아 부모들의 기대와 사회적 믿음 등을 다 검토한 뒤, 저자는 사모아 아동의 입에서 생후 처음으로 나온 낱말이 '똥(tae)'이 된 근원은 '아이들의 더러운 입'이 아니라 '성인들의 더러운 귀'에 있다고 결론짓는다.

그리고 9장은 「연약한 어린애 마음」에서는 아이들이 욕설에 노출되면 과연 해를 입는지 탐구한다. 저자는 욕설에의 노출이 아이들의 욕설 사용 빈도와 공격적인 행동 가능성을 높여 직접적인 해를 끼친다고 역설하는 앞선 연구들을 비판하면서, 욕설이 실제로 아이들에게 해를 끼친다는 증거가 없다고 주장한다. 아이들의 마음은 욕설을 이겨낼 회복 탄력성을 지녔다고 믿을 만한 충분한 이유가 있으며, 연약함은 오히려 상말이 유해한 영향을 끼친다고 믿는 어른들의 마음속에 있다고 단언한다.

10장의 제목은 미국 프로농구(NBA) 선수로 유명한 코비 브라이언트가 경기 중 심판에게 "Fucking faggot!(씨팔, 호모 새끼!)"라는 모멸적인 어구를 사용했다는 이유로 브라이언트에게 부과된 벌금 액수에서 따온 '10만 달러짜리 욕설(The $100,000 word)'이다. 이 장에서는 타인의 인격을 모독하고 폄훼하는 faggot(호모 새끼)이나 nigger(깜둥이)와 같은 모멸 어구(slurs)의 사용에 초점을 맞추어 이러한 어구가 모멸의 표적이 되는 상대에게 심리적으로나 사회적으로 해를 가할 수 있는지, 모멸 어구의 힘에 대해 탐구한다. 저자는 모멸 표현이 다른 유형의 상말과는 달리 맥락에 따라 해를 끼칠 수도 있다는 데는 동의한다. 하지만 내집단 구성원들은 집단 응집성과 정체성, 친밀감을 드러내기 위해 이러한 모멸 표현을 사용하기도 한다는 점을 지적한다. 더 나아가 다른 유형의 상말이든 모욕 표현이든 전면 금지만이 인종차별, 동성애자 차별, 성차별, 여타의 온갖 차별 이념을 박멸할 특효약이라고 보는 관점은 잘못된 발상이라며 강하게 비판한다.

마지막으로 11장 「상말의 역설(The paradox of profanity)」에서는 검열을 주제로 삼아 비속어를 금지하는 것보다 더 좋은 방법으로 대처할 가능성이 있는지 탐구한다. 이 장의 주장은 한마디로 상말이 지닌 힘은 대부분 오히려 상말을 억압하려는 시도에서 나온다는 것이다. 접촉 빈도가 낮은 상말일수록 듣게 될 경우 역설적으로 그 충격은 더욱 크다.

인지신경언어학의 시각에서 비어, 속어, 욕설, 모멸어, 외설어 등 다양한 유형의 상말을 분석한 이 책은 저자의 말대로 "한 권의 상말 연서"이다. 미국보다 훨씬 더 심하게 국민들의 언어생활에 나라가 개입하는 우리 사회의 현실에서 이러한 상말을 대학의 수업 시간에 다룰 수나 있을지 의문이지만, 학생들에게 언어와 언어학에 대한 관심을 이끌어내기에 적합한 흥미로운 내용을 담고 있다. 따라서 이 책에서 다루는 상말 그 자체의 의미는 물론이고 상말의 문화적·사회적 함축, 뇌 과학적 중요성 등은 언어학과뿐만 아니라 심리학과, 철학과, 인지과학과, 문화학과 등 언어 관련 학과의 강좌에서 충분히 논의해 볼만한 주제이다.

생생한 예문과 뛰어난 유머 감각을 곁들여 이해하기 쉬운 말로 논증을 펼치면서 복잡한 개념을 설명하는 저자의 탁월한 재능으로 인해, 이 책은 전문적인 논의를 담고 있지만 언어학, 심리학, 신경과학, 인지과학 등에 충분한 사전 지식이 없는 독자들도 충분히 소화할 수 있다고 본다. 짐작하건대 이 책을 읽고 나면 저자처럼 '상말'을 흠모하지는 않을지라도 '상말'을 완전히 제거해야 할 '철전지 원수'로 규정하지는 않을 것이다. 언어 중추인 뇌 절반을 제거해도 욕설은 우리의 삶이 끝날 때까지 살아남을 테니까 말이다.

신경과학과 뇌과학에 깊은 지식이 없기에 번역하는 과정에서 적지 않은 어려움을 겪었다. 특히 epithets, expletives, obscene words, profanity, profane words, slurs, swearing, swearwords 다양한 유형의 상말을 이해하고 그에 대응하는 번역어를 결정하기 어려웠다. 한국어에서 비어, 속어, 비속어, 외설어, 욕(설), 상소리, 상말 등 다양한 유의어의 경계를 분명히 정하기 어렵듯이 이것은 영어에서도 그러했다. epithets는 '모욕적 별칭'으로, expletives는 '감탄성 상말'로, obscene words는 '외설적 낱말'로, profanity는 '상말'로, profane words는 '상스러운 낱말'과 '상말'로, swearing은 '욕설'로, swearwords는 '욕설 낱말'로 옮겼다. 특정한 집단을 비하하고 그 구성원들의 인격을 모독할 의도로 사용하는 어구[예: faggot(호모 새끼), nigger(깜둥이), snip-dick(좆 깐 놈들 → 유대인들)]를 지칭하는 용어인 slurs는 '비하'와 '폄훼', '모욕', '중상모략'의 어감을 다 담고 있다. '비방 표현', '폄하어', '모욕어' 등 다양한 용어를 검토했지만 정확하게 대응하는 한국어 용어가 떠오르지 않았다. 일단 이 책에서는 slurs를 '모멸 어구(표현)'로 번역했다.

수많은 사람들의 도움이 없었다면 현재 상태의 번역으로나마 책을 내어놓을 수 없었을 것이다. 저자 버건의 뛰어난 유머와 유려한 필치는 영어가 모어인 독자들에게는 흥미롭고 이해하기 쉬웠겠지만, 번역자의 입장에서는 오히려 그의 유려한 유머와 필치로 인해 이해하는 데 애를 먹었다. 번역을 허락해 주고 적지 않은 질문에 자세하게 답을 해준 저자에게 감사드린다. 비록 언젠가부터는 질문에 답을 보내오지 않았지만 말이다. 심사숙고를 통해 어쩌면 이해할 수도 있었고 그에게는 사소했을 질문을 너무 빈번히 보냈기 때문일 것이리라 짐작한다.

다양한 이유로 중의적인 어구의 중의성을 해소하고 구어체 속어 표현의 정확한 의미를 파악하기 위한 수많은 질문에 권익수 선생님(한국외대)과 김기태 선생님(계명대), 백미현 선생님(충남대), 이창봉 선생님(가톨릭대), 이현근 선생님(침신대), 이혜경 선생님(아주대)께서 유익한 답변과 의견을 주셨다. 그리고 통계학 관련 용어에 대해 친절히 설명해 주신 최세일 선생님과 난해한 인용 문장의 출처까지도 찾아내 맥락상 정확한 의미를 파악해 주신 문형준 선생님과 서민교 선생님께도 깊은 감사의 마음을 전한다. 또한 공역자로 참여한 나경식 선생님(건국대)의 정밀한 교열 과정이 없었다면 이 책은 분명히 심한 졸역이 되었을 것이다. 초역 원고를 원문과 대조하고 수차례 통독하면서 많은 오역을 바로잡아 준 그의 노고에 감사드린다.

한국 출판계의 어려운 여건에도 번역서 출간을 결정하고 지원해 주신 한울엠플러스(주)의 윤순현 부장과 아름다운 편집을 넘어 어색한 문장을 바로 잡아주고 전문 용어의 정확한 번역어 결정에도 유익한 조언을 해준 최진희 팀장에게도 감사한다. 그리고 언어학자로서의 나의 여정을 이끌어주셨던 고 김태옥 선생님과 고 이기동 선생님, 조명원 선생님께 감사와 존경의 마음을 올린다. 끝으로 오역과 졸역을 줄이고자 노력했음에도 불구하고 여전히 적지 않은 오류가 남아 있을 이 책을 읽어주실 독자분들께 감사의 마음을 전하며 조언과 지적을 청한다.

2023년 6월

나익주

미주 ••

들어가는 말

1 Lussier, C. (June 27, 2015).
2 E.g., Ja y, T. (1999).
3 Pinker, S. (2007).

1장 금기어들: 맙소사·씨부럴·똥지랄·깜둥이

1 Stephens, R., Atkins, J., and Kingston, A. (2009).
2 Napoli, D. J., and Hoeksema, J. (2009).
3 Jay, T. (1999).
4 Hughes, G. (1998).
5 Federal Communications Commission (n.d.).
6 Broadcasting Standards Authority (2010).
7 Millwood-Hargrave, A. (2000).
8 캐서린 체(Katherine Tse)와 알렉산드라 맥머핸(Alexsandra McMahan)에게 감사한다.
9 Janschewitz, K. (2008). 동일한 개념의 앞선 연구인 Jay, T.(1992)도 참조.
10 Pang, C. (2007).
11 Nechepurenko, I. (May 5, 2015).
12 Voutilainen, E. (2008).
13 Hughes, G. (2006).
14 McGrath, P., and Phillips, E. (2008).
15 Frazer, J. (1922).
16 Mohr, M. (2013).
17 Bonnefous, B. (September 15, 2014).
18 Lefton, B. (August 29, 2014).
19 Bergen, B. K. (2012).

2장 왜 네 글자 낱말인가?

1 Lewis, M. P., Simons, G. F., and Fennig, C. D. (2009).
2 Gabelentz, G. v. d. (1891).
3 Thibodeau, P. H., Bromberg, C., Hernandez, R., and Wilson, Z. (2014).

4 OED Online, "Glost."
5 Bergen, B. K. (2004).
6 Velten, H. D. V. (1943).

3장 손짓 하나가 천 마디 말보다 낫다

1 Nida, E. A. (1949).
2 Rebouças, C. B. D. A., Pagliuca, L. M. F., and Almeida, P. C. D. (2007).
3 Alaska Shorthand Reporters Association (2015).
4 Malcolm, A. (April 17, 2008).
5 Songbass (November 3, 2008).
6 Wafllesouls (August 8, 2012).
7 Lebra, T. S. (1976).
8 Cooperrider, K., and Núñez, R. (2012).
9 Chandler, J., and Schwarz, N. (2009).
10 Center for Information Dominance: Center for Language, Regional Expertise, and Culture (2010).
11 Snopes (October 11, 2014).
12 Aristophanes (1968) and Nasaw, D. (February 6, 2012).
13 Robbins, I. P. (2008).
14 Laertius, D. (1925).
15 Marsh, P., Morris, D., and Collett, P. (1980).
16 Robbins, I. P. (2008).
17 Farmer, J. S. (1890).
18 Pennington, J. (July 27, 2014).
19 Axtell, R. (1998).
20 Nasaw, D. (February 6, 2012).
21 Nasaw, D. (February 6, 2012).
22 Matsumoto, D., and Hwang, H. S. (2012).
23 Link, M. (July 26, 2010).
24 Marsh, P., Morris, D., and Collett, P. (1980).
25 Brentari, D. (2011).
26 Liddell, S. K. (1980).
27 Mirus, G., Fisher, J., and Napoli, D. J. (2012).
28 Mirus, G., Fisher, J., and Napoli, D. J. (2012), 1005.
29 Mirus, G., Fisher, J., and Napoli, D. J. (2012), 1007.
30 Mirus, G., Fisher, J., and Napoli, D. J. (2012), 1011.
31 Taub, S. F. (2001).
32 Frishberg, N. (1975).

33 Mitchell, R. E., Young, T. A., Bachleda, B., and Karchmer, M. A. (2006).
34 Lewis, M. P., Simons, G. F., and Fennig, C. D. (2009).
35 Baker-Shenk, C. L., Baker, C., and Padden, C. (1979).
36 Bellugi, U., and Fischer, S. (1972); Bellugi, U., Fischer, S., and Newkirk, D. (1979).
37 Napoli, D. J., Fisher, J., and Mirus, G. (2013).
38 Deuchar, M. (2013).
39 Lieberth, A. K., and Gamble, M. E. B. (1991); Baus, C., Carreiras, M., and Emmorey, K. (2013).
40 Xu, J., Gannon, P. J., Emmorey, K., Smith, J. F., and Braun, A. R. (2009).

4장 상말하는 거룩한 성직자

1 Bogousslavsky, J., Hennerici, M. G., Bazner, H., and Bassetti, C. (Eds.) (2010).
2 Lecours, A. R., Nespoulous, J. L., and Pioger, D. (1987).
3 Lordat, J. (1843).
4 번역자 Lecours, A. R., Nespoulous, J. L., and Pioger, D. (1987).
5 Liechty, J. A., and Heinzekehr, J. B. (2007).
6 단 하나의 예외가 있음. Jay, T. (1999).
7 Finger, S. (2001).
8 Raichle, M. E., and Gusnard, D. A. (2002).
9 Friederici, A. D. (2011).
10 Gazzaniga, M. S. (2004).
11 n. Van Lancker, D., and Cummings, J. L. (1999).
12 Lancker, D. V., and Nicklay, C. K. (1992).
13 Jay, T. (1999).
14 Kosslyn, S. M., and Miller, G. W. (2013).
15 Knecht, S., Drager, B., Deppe, M., Bobe, L., Lohmann, H., Floel, A., Ringelstein, E.-B., and Henningsen, H. (2000).
16 Graves, R., and Landis, T. (1990).
17 Code, C. (1996).
18 Smith, A. (1966).
19 Speedie, L. J., Wertman, E., Ta'ir, J., and Heilman, K. M. (1993).
20 Chakravarthy, V. S., Joseph, D., and Bapi, R. S. (2010).
21 Peterson, B., Riddle, M. A., Cohen, D. J., Katz, L. D., Smith, J. C., Hardin, M. T, and Leckman, J. F. (1993); Singer, H. S., Reiss, A. L., Brown, J. E., Aylward, E. H., Shih, B., Chee, E., Harris, E.,L., Reader, M. J., Chase, G. A., Bryan, R. N., and Denckla, M. B. (1993).
22 Jankovic, J., and Rohaidy, H. (1987).
23 Friedman, S. (1980).
24 Van Lancker, D., and Cummings, J. L. (1999).

25 Robinson, B. W. (1972); Myers, R. E. (1976); Pinker, S. (2007); Jay, T. (1999).
26 Robinson, B. W. (1967); Jurgens, U., and Ploog, D. (1970).
27 Jay, T. (1999); Pinker, S. (2007).
28 Jackson, J. H. (1974/1958), Jay, T.(1999)에서 재인용.

5장 교황이 상말 표현 폭탄을 터뜨린 날

1 Dicker, R. (March 3, 2014).
2 Chappell, B. (March 3, 2014).
3 Pisa, N. (March 3, 2014).
4 Erard, M. (2008).
5 Miller, N., Maruyama, G., Beaber, R. J., and Valone, K. (1976).
6 Fromkin, V. (1980).
7 Nooteboom, S. G. (1995).
8 Chappell, B. (March 3, 2014).
9 Fromkin, V. A. (Ed.) (1984).
10 Freud, S. (1966 [1901]).
11 *Huffington Post* Staff (May 10, 2010).
12 Schoeneman, D. (April 26, 2004).
13 Motley, M. T., and Baars, B. J. (1979).
14 Pincott, J. (March 13, 2012).
15 Mahl, G. F. (1987); Baars, B. J. (Ed.) (1992).
16 Poulisse, N. (1999).
17 Motley, M. T., Camden, C. T., and Baars, B. J. (1981).
18 McGinnies, E. (1949).
19 Horvath, F. (1978).
20 Harris, C. L., Aycicegi, A., and Gleason, J. B. (2003).
21 Motley, M. T., Camden, C. T., and Baars, B. J. (1981).
22 Severens, E., Janssens, I., Kühn, S., Brass, M., and Hartsuiker, R. J. (2011).
23 Kutas, M., and Federmeier, K. D. (2011).
24 Severens, E., Janssens, I., Kühn, S., Brass, M., and Hartsuiker, R. J. (2011).
25 Severens, E., Kühn, S., Hartsuiker, R. J., and Brass, M. (2012).
26 Aron, A. R., Robbins, T. W., and Poldrack, R. A. (2014).
27 Siegrist, M. (1995).
28 LaBar, K. S., and Phelps, E. A. (1998).
29 Mackay, D. G., Shafto, M., Taylor, J. K., Marian, D. E., Abrams, L., and Dyer, J. R. (2004).
30 MacKay, D. G., and Ahmetzanov, M. V. (2005).
31 Schriefers, H., Meyer, A. S., and Levelt, W. J. (1990).

32 Dhooge, E., and Hartsuiker, R. J. (2011).

6장 Fucking 문법

1 Carlin, G. (1990).
2 Shad, U. P. (1992).
3 Postal, P. (2004).
4 Horn, L. R. (1997).
5 Quang, P. D. [1971 (1992)].
6 Hoeksema, J., and Napoli, D. J. (2008).
7 Hoeksema, J., and Napoli, D. J. (2008).
8 Daintrey, L. (1885), Hoeksema, J., and Napoli, D. J.(2008)에서 재인용.
9 Goldberg, A. E. (1995).

7장 어쩌다가 cock(수탉)은 깃털이 뽑혀 '좆'이 되었나?

1 Liuzza, R. M. (1994).
2 OED Online, "Cock."
3 OED Online, "Dick."
4 Social Security Administration (n.d.).
5 Lass, R. (1995).
6 Lass, R. (1995).
7 Medievalists.net (September 10, 2015).
8 OED Online, "Clock."
9 Partridge, E., and Beale, P. (1984).
10 OED Online, "Bitch."
11 Altmann, E. G., Pierrehumbert, J. B., and Motter, A. E. (2011).
12 Eisenstein, J., O'Connor, B., Smith, N. A., and Xing, E. P. (2014).
13 Munro, P. (Ed.) (1993).
14 Cheadle, W. (2010).
15 그림 출처: Eisenstein, J., O' Connor, B., Smith, N. A., and Xing, E. P. (2014).
16 Lass, R. (1995).
17 Holt, R., and Baker, N. (2001).
18 von Fleischhacker, R. (1894 (1400]).
19 Coşkun, R. (December 5, 2013).
20 Klepousniotou, E. (2002).
21 Williams, J. N. (1992).
22 Winslow, A. G. (1900 (1772]).
23 OED Online, "Motherfucker."
24 Franklyn, J. (Ed.) (2013).

25 Oxford Dictionaries (June 22, 2011).

8장 사모아 아동의 더러운 입

1 *Telegraph* Staff (January 4, 2010).
2 Ochs, E. (1982).
3 Aubrey, A. (March 27, 2008).
4 Aubrey, A. (March 27, 2008).
5 Davis, B. L., and MacNeilage, P. F. (1995).
6 Kern, S., and Davis, B. L. (2009).
7 Lenneberg, E. H., Rebelsky, F. G., and Nichols, I. A. (1965).
8 Speech and Language Pathology Department of the Center for Communication at the Children's Hospital of Philadelphia (June 2, 2011).
9 Lee, S. A. S., Davis, B., and MacNeilage, P. (2010).
10 Lenneberg, E. H., Rebelsky, F. G., and Nichols, I. A. (1965).
11 Oller, D. K., and Eilers, R. E. (April 1988).
12 Petitto, L. A., and Marentette, P. F. (1991).
13 Lee, S. A. S., Davis, B., and MacNeilage, P. (2010).
14 Davis, B. L., and MacNeilage, P. F. (1995).
15 Hunkin, G. A. (2009).
16 Trask, L. (2004).
17 Murdock, G. P. (1959).
18 Jakobson, R. (1962).
19 Ochs, E. (1982).
20 Ochs, E. (1982), 19.

9장 연약한 어린애 마음

1 Bologna, C. (August 15, 2014).
2 City of North Augusta, South Carolina (October, 2010).
3 *Huffington Post* (n.d.).
4 Rivenburg, R. (February 28, 2007).
5 Srisavasdi, R. (March 1, 2007).
6 American Academy of Pediatrics (October 17, 2011).
7 Gilani, N. (October 17, 2011).
8 Shepherd, R. (October 18, 2011).
9 Welsh, J. (October 17, 2011).
10 Coyne, S. M., Stockdale, L. A., Nelson, D. A., and Fraser, A. (2011).
11 Coyne, S. M., Stockdale, L. A., Nelson, D. A., and Fraser, A. (2011).
12 Griffiths, M. D., and Shuckford, G. L. J. (1989).

13 Coyne, S. M., Stockdale, L. A., Nelson, D. A., and Fraser, A. (2011).
14 Buchanan, T. W., Etzel, J. A., Adolphs, R., and Tranel, D. (2006).
15 Shea, S. A. (1996).
16 Lin, I. M., and Peper, E. (2009).
17 Peltonen, K., Ellonen, N., Larsen, H. B., and Helweg-Larsen, K. (2010).
18 Choi, S., and Gopnik, A. (1995).
19 American National Corpus (n.d.).
20 Goodman, J. C., Dale, P. S., and Li, P. (2008).
21 Roy, B. C., Frank, M. C., and Roy, D. (2009).
22 Schwartz, R., and Terrell, B. (1983).
23 Jay, K. L., and Jay, T. B. (2013).
24 카렌 돕킨스(Karen Dobkins) 덕분에 이 예시를 떠올리게 되었다.
25 Zile, A., and Stephens, R. (2014).
26 Nisbett, R. E., and Wilson, T. D. (1977).
27 Thorndike, E. L. (1920).
28 Verhulst, B., Lodge, M., and Lavine, H. (2010).
29 Leuthesser, L., Kohli, C. S., and Harich, K. R. (1995).

10장 10만 달러짜리 욕설

1 Bresnahan, M. (April 13, 2011).
2 Malec, B., and Nessif, B. (May 2, 2013).
3 Maske, M. (July 29, 2014).
4 Loy, J. W., and Elvogue, J. F. (1970).
5 Kain, D. J. (2008).
6 Byers, W., and Hammer, C. (1997).
7 Janschewitz, K. (2008).
8 Hughes, G. (1998).
9 Johnson, C. (October 14, 1904).
10 Yung, J., Chang, G. H., and Lai, H. M. (Eds.) (2006).
11 Fritz Pollard Alliance (April 13, 2014).
12 Fasoli, F., Maass, A., and Carnaghi, A. (2014).
13 Fasoli, F., Paladina, M. P., Carnaghi, A., Jetten, J., Bastian, B., and Bain, P. (2016).
14 Fasoli, F., Paladina, M. P., Carnaghi, A., Jetten, J., Bastian, B., and Bain, P. (2016).
15 Carnaghi, A., and Maass, A. (2007).
16 Carnaghi, A., and Maass, A. (2007).
17 Poteat, V. P., and Espelage, D. L. (2007).
18 Steele, C. M. (2010).
19 Shih, M., Ambady, N., Richeson, J. A., Fujita, K., and Gray, H. M. (2002).

20 Fritz Pollard Alliance (November 21, 2013).

21 National Association for the Advancement of Colored People (July 9, 2007).

22 2PacDonKilluminati (April 23, 2010).

23 Galinsky, A. D., Wang, C. S., Whitson, J. A., Anicich, E. M., Hugenberg, K., and Bodenhausen, G. V. (2013).

24 Jones, T. W., and Hall, C. S. (March 2015).

25 Spears, A. K. (1998).

26 Spears, A. K. (1998).

27 Goodwin, M. H. (2002).

28 Highkin, S. (November 14, 2013).

29 Chalabi, M. (April 28, 2014).

30 Smith, M. (March 3, 2014).

11장 상말의 역설

1 O'Connor, J. (2006).

2 Jay, K., and Jay, T. (2015).

3 Jay, T. B., King, K., and Duncan, T. (2006).

4 Nalkur, P. G., Jamieson, P. E., and Romer, D. (2010).

5 Gentile, D. A. (2008).

6 Ivory, J. D., Williams, D., Martins, N., and Consalvo, M. (2009).

7 *Federal Communications Commission* (n.d.).

8 FCC v. Pacifica Foundation, 438 U.S. 726 (1978).

9 Jay, T. (2009a).

10 Kaye, B. K., and Sapolsky, B. S. (2004).

11 Wachal, R. S. (2002).

12 Nye, J., Ferreira, F., Husband, E. M., and Lyon, J. M. (2012).

13 Kremar, M., and Sohn, S. (2004).

14 *Guardian* (July 2, 1999).

15 TVTropes (n.d.).

16 Zeitzen, M. (2008).

17 Albrecht, H.-J., and Sieber, U. (2007).

18 Joint Monitoring Programme (2014).

19 Holm, B. R., Rest, J. R., and Seewald, W. (2004).

20 Gallup (n.d.).

21 Stephens, R., Atkins, J., and Kingston, A. (2009).

22 Jay, T. (2009b).

23 Jay, T. B., King, K., and Duncan, D. (2006).

24 Selnow, G. W. (1985).

25 Dooling, R. (September 6, 1996).
26 Warner, J. (April 16, 2009).
27 Graumann, C. F. (1995).
28 Quote Investigator (October 15, 2011).
29 Carlin, G. (1990).

에필로그: 어쩌다 그 (스카라)무치는 좆 돼버렸나?

1 Lizza, R. (July 27, 2017).
2 Graham, D. A. (July 31, 2017).
3 Levin, B. (July 27, 2017).
4 I vastly prefer profanity-laced TRUTH to sweet, fluffy lies. sergeimagnitsky가 레딧(Reddit)에 게시한 글. 출처: www.reddit.com/r/The_DonaldIcomments/6q3ie8/I_vastly_prefer_profanitylaced_truth_to_sweet.
5 Allen, M. (July 28, 2017).
6 Baker, P., and Haberman, M. (July 27, 2017).
7 Korkki, P. (February 13, 2016).
8 Anchor, A. J. (April 23, 2013).
9 Feldman, G., Lian, H., Kosinski, M., and Stillwell, D. (January 15, 2017).
10 de Vries, R. E., Hilbig, B. E., Zettler, I., Dunlop, P. D., Holtrop, D., Lee, K., and Ashton, M. C. (July 21, 2017).
11 Jay, K. L., and Jay, T. B. (2015).
12 Furnham, A., Moutafi, J., and Chamorro-Premuzic, T. (2005).
13 Rassin, E., and Van Der Heijden, S. (2005).
14 Scherer, C. R., and Sagarin, B. J. (2006).
15 Bostrom, R. N., Båseheart, J. R., and Rossiter, C. M. (1973); Hamilton, M. A. (1989); Paradise, L. V., Cohl, B., and Zweig, J. (1980); Cavazza, N., and Guidetti, M. (2014).
16 Cavazza, N., and Guidetti, M. (2014).
17 Bostrom, R. N., Baseheart, J. R., & Rossiter, C. M. (1973).
18 Johnson, D. I., and Lewis, N. (2010).
19 Baruch, Y., and Jenkins, S. (2007).
20 Stork, E., and Hartley, N. T. (2009).
21 Generous, M. A., Frei, S. S., and Houser, M. L. (2015).
22 Myers, S. A., and Knox, R. L. (1999); Myers, S. A. (2001).
23 Byrne, R., and Whiten, A. (1991).

참고문헌 ●●

2PacDonKilluminati. (April 23, 2010). 2Pac interview with Tabitha Soren Part 1. YouTube. https://www.youtube.com/watch?v=ljSCZyv97FY.

Alaska Shorthand Reporters A ssociation. (2015). *Making the record*. http://www.alaskashorthandreporters.org/index.php?option=com_content&view=article&id=6&Itemid=4.

Albrecht, H.-J., and Siever, U. (2007). Stellungnahme zu dem Fragenkatalog des Bundesverfassungsgerichts in dem Verfahren 2 BvR 392/07 zu § 173 Abs. 2 S. 2 StGB-Beischlafzwischen Geschwistern. Max Planck Institute for Foreign and International Criminal Law, p. 29.

Allen, M. (July 28, 2017). Trump "loved" S caramucci's quotes-but he hates being upstaged. Axios. www.axios.com/trump-loved-scaramuccis-quotes-but-he-hates-being-upstaged-2466546181.html.

Altmann, E. G., Pierrehumbert, J. B., and Motter, A. E. (2011). Niche as a determinant of word fate in online groups. PLOS ONE, 6(5), e19009.

Ameican_Academy of Pediatrics. (October 17, 2011). Profanity in the media linked to youth swearing, aggression. http://www.aap.org/en-us/about-the-aap/aap-press- room/ Pages/Profanity-in-the-Media-Linked-to-Youth-Swearing,-Aggression.aspx.

American national Corpus. (n.d.). ANC second release frequency data. http://www.anc.org/SecondRelease/data/ANC-all-count.txt.

Anchor, A. J. (April 23, 2013). Clemente fired after profanity-laced debut. ABC News. http://abcnews.go.com/blogs/entertainment/2013/04/anchor-a-j-clemente-fired- after-profanity-laced-debut.

Apatow, J. (Producer) and McKay, A. (Director). (2004). *Anchorman: The legend of Ron Burgundy*. Universal City, CA: DreamWorks SKG.

Aristophanes. (1968). *The clouds*. K. J. Dover (Ed.). Oxford: Oxford University Press.

Aron, A. R., Robbins, T. W., and Poldrack, R. A. (2014). Inhibition and the right inferior frontal cortex: One decade on. Trends in Cognitive Sciences, 18(4), 177-185.

Aubrey, A. (March 27, 2008). Why kids curse. National Public Radio. http://www.npr.org/templates/story/story.php?storyld=89127830.

Axtell, R. (1998). Gestures: *The do's and taboos of body language around the world*. New York: John Wiley & Sons, Inc.

Baars, B. J. (Ed.). (1992). *Experimental slips and human error: exploring the architecture of volition*. New York: Plenum Press.

Baillet, S. (2014). Forward and inverse problems of MEG/EEG. In *Encyclopedia of computational neuroscience*, D. Jaeger and R. Jung (Eds.), 1-8. New York: Springer.

Baker, P., and Haberman, M. (July 27, 2017). Anthony Scaramucci's uncensored rant: Foul words and threats to have Priebus fired. *New York Times*. www.nytimes.com/2017/07/27/us/politics/scaramucci-priebus-leaks.html?mcubz=1.

Baker-Shenk, C. L., Baker, C., and Padden, C. (1979). *American Sign Language: A look at its history, structure, and Community*. Silver Spring, MD: TJ Publishers.

Baruch, Y., and Jenkins, S. (2007). Swearing at work and permissive leadership culture: When anti-social becomes social and incivility is acceptable. *Leadership & Organization Development Journal*, 28(6), 492-507.

Baus, C., Carreiras, M., and Emmorey, K. (2013). When does iconicity in sign language matter? *Language and Cognitive Processes*, 28(3), 261-271.

Bellugi, U., and Fischer, S. (1972). A comparison of sign language and spoken ugi, U., Fischer, S., and Newkirk, D. (1979). The rate of speaking and signing. In *The signs of language*, E. Klima and U. Bellugi (Eds.), 181-194. Cambridge, MA: Harvard University Press.

Bergen, B. K. (2004). The psychological reality of phonaesthemes. *Language*, 80(2), 290-311.

Bergen, B. K. (2012). *Louder than words: The new science of how the mind makes meaning*. New York: Basic Books.

Bogousslavsky, J., Hennerici, M. G., Bazner, H., and Bassetti, C. (Eds.). (2010). *Neurological disorders in famous artists*. Basel: Karger Medical and Scientific Publishers.

Bologna, C. (August 15, 2014). South Carolina mom arrested for cursing in front of her kids. *Huffington Post*. http://www.huffingtonpost.com/2014/08/15/mom-arrested-for-swearing_ n_5681837.html.

Bonnefous, B. (September 15, 2014). Manuel Valls droit dans ses bottes face à sa majorite. Le Monde. http://www.lemonde.fr/politique/article/2014/09/15/manuel-valls-droit- dans-ses-bottes-face-a-sa-majorite_4487435_823448.html.

Bostrom, R. N., Baseheart, J. R., and Rossiter, C. M. (1973). The effects of three types of profane language in persuasive messages. *Journal of Communication,* 23, 461-475.

Brentari, D. (2011). Sign language phonology. In *The handbook of phonological theory*, J. A. Goldsmith, J. Riggle, and A. C. L. Yu (Eds.), 691-721. 2nd ed. Malden: MA: Wiley-Blackwell.

Bresnahan, M. (April 13, 2011). Lakers' Kobe Bryant is fined $100,000 by NBA for anti-gay slur to referee. Los Angeles *Times*. http://articles.latimes.com/2011/apr/13/sports/la-sp-kobe-bryant-lakers-20110414.

Broadcasting Standards Authority. (2010). *What not to swear: The acceptability of words in broadcasting*. http://bsa.govt.nz/images/assets/Research/What-Not-to-Swear-Full-BSA2010.pdf.

Buchanan, T. W., Etzel, J. A., Adolphs, R., and Tranel, D. (2006). The influence of autonomic arousal and semantic relatedness on memory for emotional words. *International Journal of Psychophysiology*, 61(1), 26-33.

Byers, W., and Hammer, C. (1997). *Unsportsmanlike conduct: Exploiting college athletes*. Ann Arbor: University of Michigan Press.

Byrne, R., and Whiten, A. (1991). Computation and mindreading in primate tactical deception. In *Natural theories of mind: Evolution, development and simulation of everyday mindreading*. Whiten, A. (Ed.), 127-141. Cambridge, UK: Basil Blackwell.

Carlin, G. (1990). *Parental advisory—explicit lyrics*. New York: Eardrum Records.

Carnaghi, A., and Maass, A. (2007). In-group and out-group perspectives in the use of derogatory group labels: Gay versus fag. *Journal of Language and Social Psychology*, 26(2), 142-156.

Cavazza, N., and Guidetti, M. (2014). Swearing in political discourse: Why vulgarity works. *Journal ofLanguage and Social Psychology*, 33(5), 537-547.

Center for Information Dominance: Center for Language, Regional Expertise, and Culture. (2010). Behavior and etiquette-other physical gestures: Beckoning and American gestures. Islamic Republic ofAfghanistan. University of West Florida. http://uwf.edu/atcdev/Afghanistan/Behaviors/Lesson8Physica1 Gestures.html.

Chakravarthy, V. S., Joseph, D., and Bapi, R. S. (2010). What do the basal ganglia do? A modeling perspective. *Biological Cybernetics*, 103(3), 237-253.

Chalabi, M. (April 28, 2014). Three Leagues, 92 teams and one black principal owner. *FiveThirtyEight*. http://fivethirtyeight.com/datalab/diversity-in-the-nba-the-nfl-and-mlb.

Chandler, J., and Schwarz, N. (2009). How extending your middle finger affects your perception of others: Learned movements influence concept accessibility. *Journal of Experimental Social Psychology*, 45(1), 123-128.

Chappell, B. (March 3, 2014). Pope Francis lets a vulgarity slip during Vatican address. National Public Radio. http://www.npr.org/blogs/thetwo-way/2014/03/03/285271511/pope-francis-lets-a-vulgarity-slip-during-vatican-address.

Cheadle, W. (2010). *Cheadle's journal of trip across Canada*, 1862-1863. Victoria, BC:

TouchWood Editions.
Choi, S., and Gopnik, A. (1995). Early acquisition of verbs in Korean: A cross-linguistic study. *Journal of Child Language*, 22(3), 497-529.
Chomsky, N. (1965). *Aspects of the theory of syntax*. Cambridge, MA: MIT Press.
City of North Augusta, South Carolina. (October, 2010). Code of Ordinances.
Supplement No. 25. https://law.resource.org/pub/us/code/city/sc/North%20Augusta%20SC%20Code%2othru%20Supp%20%2325.pdf.
Code, C. (1996). Speech from the isolated right hemisphere? Left hemispherectomy cases EC and NF. In *Classic cases in neuropsychology*, C. Code, Y. Joanette, A. R. Lecours, and C. W. Wallesch (Eds.), 291-307. Hove, UK: Psychology Press.
Conlee, J. (2004). *William Dunbar: The complete works*. Consortium for the Teaching of the Middle Ages (TEAMS). Kalamazoo, MI: Medieval Institute Publications.
Cooperrider, K., and Núñez, R. (2012). Nose-pointing. *Gesture*, 12(2).
Coşun, R. (December 5, 2013). Nice pussy TV anchor blooper. YouTube. https://www.youtube.com/watch?v=QjgW63iT5Tc.
Coyne, S. M., Stockdale, L. A., Nelson, D. A., and Fraser, A. (2011). Profanity in media associated with attitudes and behavior regarding profanity use and aggression. *Pediatrics*, 128(5), 867-872.
Daintrey, Laura. (1885). *The king of Alberia: A romance of the Balkans*. London: Methuen and Company.
Davis, B. L., and MacNeilage, P. F. (1995). The articulatory basis of babbling. *Journal of Speech, Language, and Hearing Research*, 38(6), 1199-1211.
Deuchar, M. (2013). *British Sign Language*. London: Routledge.
de Vries, R. E., Hilbig, B. E., Zettler, I., Dunlop, P. D., Holtrop, D., Lee, K., and Ashton. M. C. (July 21, 2017). Honest people tend to use less-not more—profanity: Comment on Feldman et al. (2017) study 1. *Social Psychological and Personality Science*. http://journals.sagepub.com/doi/full/io.1177/1948550617714586
Dhooge, E., and Hartsuiker, R. J. (2011). How do speakers resist distraction? Evidence from a taboo picture-word interference task. *Psychological Science*, 22(7), 855-859.
Dicker, R. (March 3, 2014). Oops! Pope Francis accidentally says the F-word in Italian. *Huffington Post*. http://www.huffingtonpost.com/2014/03/03/pope-cazzo-francis-says-f-word_n_4890328.html.
Dooling, R. (September 6, 1996). Unspeakable names. *New York Times*. http://www.nytimes.com/i996/o9/o6/opinion/unspeakable-names.html.
Dowd, M. (January 31, 1999). Liberties; niggardly city. *New York Times*, 17.
Eisenstein, J., O'Connor, B., Smith, N. A., and Xing, E. P. (2014). Diffusion of lexical

change in social media. *PLOSONE*, 9(11), e113114.

Erard, M. (2008). Um . . . : Slips, stumbles, and verbal blunders, and what they mean. *Anchor Canada*, 243.

Farmer, J. S. (1890). *Slang and its analogues past and present: A dictionary, historical and comparative of the heterodox speech of all classes ofsociety for more than three hundred years* (Vol. 1). London: Printed for subscribers only.

Fasoli, F., Maass, A., and Carnaghi, A. (2014). Labelling and discrimination: Do homophobic epithets undermine fair distribution of resources? *British Journal of Social Psychology* 54(2), 383-393.

Fasoli, F., Paladina, M. P., Carnaghi, A., Jetten, J., Bastian, B., and Bain, P. (2016). Not "just words": Exposure to homophobic epithets leads to dehumanizing and physical distancing from gay men. *European Journal of Social Psychology*.

FCC v. *Pacifica Foundation*, 438 U.S. 726 (1978).

Federal Communications Commission. (n.d.). Obscene, indecent and profane broadcasts. https://consumercomplaints.fcc.gov/hc/en-us/articles/202731600-0bscene-Indecent-and-Profane-Broadcasts.

Feldman, G., Lian, H., Kosinski, M., and Stillwell, D. (January 15, 2017). Frankly, we do give a damn: The relationship between profanity and honesty. *Social Psychological and Personality Science*. http://journals.sagepub.com/doi/full/10.1177/1948550616681055.

Fillmore, C. J. (1985). Syntactic intrusions and the notion of grammatical construction. In *The Eleventh Annual Meeting of the Berkeley Linguistics Society*, M. Niepokuj, M. VanClay, V. Nikiforidou, and D. Feder (Eds.), 73-86. Berkeley, CA: Berkeley Linguistics Society.

Finger, S. (2001). *Origins of neuroscience: A history of explorations into brain function*. Oxford: Oxford University Press.

Franklyn, J. (Ed.). (2013). *A dictionary of rhyming slang*. London: Routledge.

Frazer, J. (1922). Names of the dead tabooed. In *The Golden Bough*, abr. ed. New York: Macmillan Company.

Freud, S. (1966 [1901]). *The psychopathology of everyday life* (No. 611). New York: W. W. Norton and Company.

Friederici, A. D. (2011). The brain basis oflanguage processing: From structure to function. *Physiological reviews*, 91(4), 1357-1392.

Friedman, S. (1980). Self-control in the treatment of Gilles de la Tourette's syndrome: Case study with 18-month follow-up. *Journal of Consulting and Clinical Psychology*, 48(3), 400.

Frishberg, N. (1975). Arbitrariness and iconicity: Historical change in American Sign Language. *Language*, 51(3), 696-719.

Fritz Pollard Alliance. (November 21, 2013). Time to put an end to the "N" word on

NFL playing fields. http://fritzpollard.org/time-to-put-an-end-to-the-n-word-on-nfl-playing-fields.

Fritz Pollard Alliance. (April 13, 2014). FPA commends NFL on commitment to rid the league of offensive language. http://fritzpollard.org/fpa-com mends-nfl-on-commitment-to-rid-the-league-of-offensive-language.

Fromkin, V. (1980). *Errors in linguistic performance: Slips of the tongue, ear, pen, and hand*. New York: Academic Press.

Fromkin, V. A. (Ed.). (1984). *Speech errors as linguistic evidence* (Janua Linguarum. Series Maior 77). Berlin: Walter de Gruyter.

Furnham, A., Moutafi, J., and Chamorro-Premuzic, T. (2005). Personality and intelligence: Gender, the Big Five, self-estimated and psychometric intelligence. *International Journal of Selection and Assessment*, 13(1), 11-24.

Gabelentz, G. v. d. (1891). Die Sprachwissenschaft, ihre Aufgaben, Methoden und bisherigen Ergebnisse. Leibzig: Chr. Herm. Tauchnitz.

Galinsky, A. D., Wang, C. S., Whitson, J. A., Anicich, E. M., Hugenberg, K., and Bodenhausen, G. V. (2013). The reappropriation of stigmatizing labels the reciprocal relationship between power and self-labeling. *Psychological Science*, 0956797613482943.

Gallup. (n.d.). Religion. http://www.gallup.com/poll/i69o/religion.aspx.

Gazzaniga, M. S. (2004). The cognitive neurosciences. Cambridge, MA: MIT Press.

Generous, M. A., Frei, S. S., and Houser, M. L. (2015). When an instructor swears in class: Functions and targets of instructor swearing from college students' retrospective accounts. *Communication Reports*, 28(2), 128-140.

Gentile, D. A. (2008). The rating systems for media products. In *The handbook of children*, media, and development, Sandra L. Calvert and Barbara J. Wilson (Eds.), 527-551. Malden, MA: Wiley-Blackwell, 2008.

Gilani, N. (October 17, 2011). Bad language in video games and on TV linked to aggression in teenagers. *Daily Mail*. http://www.dailymail.co.uk/news/article-2050159/Bad-language-video-games-TV-linked-aggression-teenagers.html.

Goldberg, A. E. (1995). *Constructions: A construction grammar approach to argument structure*. Chicago: University of Chicago Press.

Goodman, J. C., Dale, P. S., and Li, P. (2008). Does frequency count? Parental input and the acquisition of vocabulary. *Journal of Child Language*, 35(3), 515.

Goodwin, M. H. (2002). Building power asymmetries in girls' interaction. *Discourse & Society*, 13(6), 7 15 -730.

Graham, D. A. (July 31, 2017). The spectacular self-destruction of Anthony Scaramucci. *Atlantic*. www.theatlantic.com/politics/archive/2017/07/seven-against-thebes/535464.

Graumann, C. F. (1995). Discriminatory discourse. *Pattern of Prejudice*, 29, 69-83 .

Graves, R., and Landis, T. (1985). Hemispheric control of speech expression in aphasia: A mouth asymmetry study. *Archives of Neurology*, 42(3), 249-251.

Graves, R., and Landis, T. (1990). Asymmetry in mouth opening during different speech tasks. *International Journal of Psychology*, 25(2), 179-189.

Griffiths, M. D., and Shuckford, G. L. J. (1989). Desensitization to television violence: A new model. *New Ideas in Psychology*, 70(1), 85-89.

Guardian. (July 2, 1999). Movies. http://www.theguardian.com/film/1999/jul/02/news.

Hamilton, M. A. (1989). Reactions to obscene language. *Communication Research Reports*, 6, 67-69.

Harris, C. L., Aycicegi, A., and Gleason, J. B. (2003). Taboo words and reprimands elicit greater autonomic reactivity in a first language than in a second language. *Applied Psycholinguistics*, 24(4), 561-579.

Highkin, S. (November 14, 2013). Charles Barkley says Matt Barnes should not apologize for racial slur. *USA To day*. http://ftw.usatoday.com/2013/11/nba-charles-barkley-matt-barnes-racial-slur.

Hoeksema, J., and Napoli, D. J. (2008). Just for the hell of it: A comparison of two taboo-term constructions. *Journal of Linguistics*, 44(2), 347-378.

Holm, B. R., Rest, J. R., and Seewald, W. (2004). A prospective study of the clinical findings, treatment and histopathology of 44 cases of pyotraumatic dermatitis. *Veterinary Dermatology*, 15(6), 369 -376.

Holt, R., and Baker, N. (2001). Indecent exposure — sexuality, society and the archaeological record. In *Towards a geography of sexual encounter: Prostitution in English medieval towns*, L. Bevan (Ed.). Glasgow: Cruithne Press.

Horn, L. R. (1997). Flaubert triggers, squatitive negation, and other quirks of grammar. *Tabu*, 26, 183-205 .

Horvath, F. (1978). An ex perimental comparison of the psychological stress evaluator and the galvanic skin response in detection of deception. *Journal of App lied Psychology*, 63 (3), 33 8.

Huffington Post. (n.d.) Weird South Carolina. Huffington Post. http://www.huffingtonpost. com/news/wei rd-south-carol ina.

Huffington Post Staff. (May 10, 2010). Tiger Woods 'bulging dick': Golf Channel makes unfortunate gaffe. *Huffington Post*. http://www.huffingtonpost.com/2010/05/10/tiger-woo ds-bulging-dick_n_569792.html.

Hughes, G. (1998). Swearing: *A social history of foul language, oaths and profanity in English*. London: Penguin UK.

Hughes, G. (2006). *An encyclopedia of swearing: The social history of oaths, profanity, foul language, and ethnic slurs in the English-speaking world*. Armonk, NJ: M. E. Sharpe.

Hunkin, G. A. (2009). *Gaga na Samoa: A Samoan language coursebook*. Honolulu:

University of Hawaii Press.

I vastly prefer profanity-laced TRUTH to sweet, fluffy lies, thread posted to Reddit by sergeimagnitsky. www.reddit.com/r/The_Donald/comments/6q3ie8/i_vastly_prefer-profanitylaced_truth_to_sweet.

Ide, S., and Ueno, K. (2011). Honorifics and address terms. *Pragmatics of Society*, 5, 439.

Ivory, J. D., Williams, D., Martins, N., and Consalvo, M. (2009). Good clean fun? A content analysis of profanity in video games and its prevalence across game systems and ratings. *Cyber Psychology and Behavior*, 12(4), 457-460.

Jackson, J. H. (1974 [1958)). *Selected writings of John Hughlings Jackson* (Vol. 1). London: Staples Press.

Jakobson, R. (1962). Why "mama" and "papa." Selected writings, Vol. 1: *Phonological studies*, 538-545. The Hague: Mouton.

Jankovic, J., and Rohaidy, H. (1987). Motor, behavioral and pharmacologic findings in Tourette's syndrome. *Canadian Journal of Neurological Sciences/Journal canadien des sciences neurologiques*, 14(3 Suppl), 541-546.

Janschewitz, K. (2008). Taboo, emotionally valenced, and emotionally neutral word norms. *Behavior Research Methods*, 40(4), 1065-1074.

Jay, K. L., and Jay, T. B. (2013). A child's garden of curses: A gender, historical, and age-related evaluation of the taboo lexicon. *American Journal o fPsychology*, 126(4), 459-475.

Jay, K. L., and Jay, T. B. (2015). Taboo word fluency and knowledge of slurs and general pejoratives: Deconstructing the poverty-of-vocabulary myth. *Language Sciences*, 52, 251-259.

Jay, T. (1992). *Cursing in America: A psycholinguistic study ofdirty language in the courts, in the movies, in the schoolyards, and on the streets*. Philadelphia: John Benjamins Publishing Company.

Jay, T. (1999). *Why we curse: A neuro-psycho-social theory of speech*. Philadelphia: John Benjamins Publishing Company.

Jay, T. (2009a). Do offensive words harm people? *Psychology, Public Policy, and Law*, 15(2), 81.

Jay, T. (2009b). The utility and ubiquity of taboo words. *Perspectives on Psychological Science*, 4(2), 153-161.

Jay, T. B., King, K., and Duncan, D. (2006). Memories of punishment for cursing. *Sex Roles*, 32, 123~133.

Johnson, C. (October 14, 1904). "They are only 'niggers' in the South." *Seattle Republican*.

Johnson, D. I., and Lewis, N. (2010). Perceptions of swearing in the work setting: An expectancy violations theory perspective. *Communication Reports*, 23(2), 106-118.

Joint Monitoring Programme. (2014). Progress on drinking water and sanitation, 2014 update. WHO/UNICEF Joint Monitoring Programme for Water Supply and Sanitation, p. 6.

Jones, T. W., and Hall, C. S. (March 2015). Semantic bleaching and the emergence of new pronouns in AAVE. In *LSA Annual Meeting Extended Abstracts*, 6.

Jurgens, U., and Ploog, D. (1970). Cerebral representation ofvocalization in the squirrel monkey. *Experimental Brain Research*, 10, 532-554.

Kain, D. J. (2008). It's just a concussion: The National Football League's denial of a casual link between multiple concussions and later-life cognitive dedine. *Rutgers Law Journal*, 40, 697.

Kaye, B. K., and Sapolsky, B. S. (2004). Watch your mouth! An analysis of profanity uttered by children on prime-time television. *Mass Communication and Society*, 7(4), 429-452.

Kern, S., and Davis, B. L. (2009). Emergent complexity in early vocal acquisition: Cross-linguistic comparisons of canonical babbling. In *Approaches to phonological complexity*, F. Pellegrino, E. Marsico, I. Chitoran, and C. Coupe (Eds.), 353-375. New York: Mouton de Gruyter.

Klepousniotou, E. (2002). The processing of lexical ambiguity: Homonymy and polysemy in the mental lexicon. *Brain and Language*, 81(1), 205-223.

Knecht, S., Drager, B., Deppe, M., Bobe, L., Lohmann, H., Floel, A., Ringelstein, E.-B., and Henningsen, H. (2000). Handedness and hemispheric language dominance in healthy humans. *Brain*, 123, 2512-2518.

Korkki, P. (February 13, 2016). Fired for cursing on the job, testing the limits of labor law. *New York Times*. www.nytimes.com/2o16/o2/i4/business/fired-for-cursing-on-the-job-testing-the-limits-of-labor-law.html?mcubz=1.

Kosslyn, S. M., and Miller, G. W. (2013). *Top brain, bottom brain: Surprising insights into how you think*. New York: Simon and Schuster.

Kremar, M., and Sohn, S. (2004). The role of bleeps and warnings in viewers' perceptions of on-air cursing. *Journal of Broadcasting & Electronic Media*, 48(4), 570-583.

Kutas, M., and Federmeier, K. D. (2011). Thirty years and counting: Finding meaning in the N400 component of the event-related brain potential (ERP). *Annual Review of Psychology*, 62, 621.

LaBar, K. S., and Phelps, E. A. (1998). Arousal-mediated memory consolidation: Role of the medial temporal lobe in humans. *Psychological Science*, 9(6), 490-493.

Laertius, D. (1925). *Lives of eminent philosophers*, trans. R. D. Hicks. Cambridge, MA: Loeb Classical Library.

Lancker, D. V., and Nicklay, C. K. (1992). Comprehension of personally relevant (PERL) versus novel language in two globally aphasic patients. *Aphasiology*, 6(1), 37-61.

Lass, R. (1995). Four letters in search of an etymology. *Diachronica* 12, 99-111.

Lebra, T. S. (1976). *Japanese patterns of behaviour*. Honolulu: University of Hawaii Press.

Lecours, A. R., Nespoulous, J. L., and Pioger, D. (1987). Jacques Lordat or the birth of cognitive neuropsychology. In *Motor and sensory processes of language*, i Keller and M. Gopnik (Eds.), 1-16. Hove, UK: Psychology Press.

Lee, S. A. S., Davis, B., and MacNeilage, P. (2010). Universal production patterns and ambient language influences in babbling: A cross-linguistic study of Korean- and English-learning infants. *Journal of Child Language*, 37(2), 293-318.

Lefton, B. (August 29, 2014). Ichiro Suzuki uncensored, en Españfiol. *Wall Street Journal*. http://online.wsj.com/articles/ichiro-suzuki-uncensored-en-espanol-1409356461.

Lenneberg, E. H., Rebelsky, F. G., and Nichols, I. A. (1965). The vocalizations of intants born to deaf and to hearing parents. *Human Development*, 8(1), 23-37.

Leuthesser, L., Kohli, C. S., and Harich, K. R. (1995). Brand equity: The halo effect measure. *European Journal of Marketing*, 29(4), 57-66.

Levin, B. (July 27, 2017). "I want to f*cking kill all the leakers": Scaramucci explodes in unhinged late-night rant. Vanity Fair. www.vaityfair.com/news/2017/07/anthony-scaramucci-new-yorker.

Lewis, M. P., Simons, G. F., and Fennig, C. D. (2009). *Ethnologue: Languages of the world*. Dallas, TX: SIL International.

Liddell, S. K. (1980). *American Sign Language syntax* (Approaches to Semiotics 52). New York: Mouton de Gruyter.

Lieberth, A. K., and Gamble, M. E. B. (1991) . The role of iconicity in sign language learning by hearing adults. *Journal of Communication Disorders*, 24(2), 89-99.

Liechty, J. A., and Heinzekehr, J. B. (2007). Caring for those without words: A -perspective on aphasia. *Journal of Neuroscience Nursing*, 39 (5), 316-318.

Lin, I. M., and Peper, E. (2009). Psychophysiological patterns during cell phone text mes-saging: A preliminary study. *Applied Psychophysiology and Biofeedback*, 34(1), 53-57.

Link, M. (July 26, 2010). Dangerous body language abroad. *AOL Travel*. http://news.travel.aol.com/2010/07/26/dangerous-body-language-abroad.

Liuzza, R. M. (1994). *The old English version of the gospels*. New York: Oxford University Press.

Lizza, R. (July 27, 2017). Anthony Scaramucci called me to unload about White House leakers, Reince Priebus, and Steve Bannon. *New Yorker*. www.newyorker.com/news/ryan-lizza/anthony-scaramucci-called-me-to-unload-about-white-house-leakers-reince-priebus-and-steve-bannon.

Lordat, J. (1843). *Analyse de la parole, pour servir a la theorie de divers cas d'alalie et de paralalie (de mutisme et d'imperfe ction du parler) que les nosologistes ont mal con nus*. Montpellier, FR: L. Castel.

Loy, J. W., and Elvogue, J. F. (1970). Racial segregation in American sport. *International Review for the Sociology of Sport*, 5(1), 5-24.

Lussier, C. (June 27, 2015). LSU professor fired for using salty language in classroom claims she's 'witch hunt' victim, plans suit. *Advocate*. http://theadvocate.com/news/12669113-123/lsu-professor-fired-for-using.

MacKay, D. G., and Ahmetzanov, M. V. (2005). Emotion, memory, and attention in the taboo Stroop paradigm: An experimental analogue of flashbulb memories. *Psychological Science*, 16(1), 25-32.

MacKay, D. G., Shafto, M., Taylor, J. K., Marian, D. E., Abrams, L., and Dyer, J. R. (2004). Relations between emotion, memory, and attention: Evidence from taboo Stroop, lexical decision, and immediate memory tasks. *Memory and Cognition*, 32(3), 474-488.

Mahl, G. F. (1987). *Explorations in nonverbal and vocal behavior*. Hillsdale, NJ: Erlbaum.

Mair, V. (September 4, 2014). The paucity of curse words in Japanese. Language Log. http://languagelog.ldc.upenn.edu/nll/?p=14412.

Malcolm, A. (April 17, 2008). Barack Obama makes a one-fingered gesture while speaking of Hillary Clinton. *Los Angeles Times*. http://latimesblogs.latimes.com/washington/2008/04/obamaflipsoffcl.html.

Malec, B., and Nessif, B. (May 2, 2013). Kobe Bryant on Jason Collins coming out as gay: "As his peers we have to support him." *EOnline*. http://www.eonline.com/news/41440o/kobe-bryant-on-jason-collins-coming-out-as-gay-as-his-peers-we-have-to-support-him.

Marsh, P., Morris, D., and Collett, P. (1980). *Gestures, their origins and distribution*. Lanham, MD: Madison Books.

Maske, M. (July 29, 2014). NFL will have 'zero tolerance' for on-field use of racial and homophobic slurs, players are told in league's officiating video. *Washington Post*. https://www.washingtonpost.com/news/sports/wp/2014/07/29/nfl-will-have-zero-tolerance-for-on-field-use-of-racial-and-homophobic-slurs-players-are-told-in-leagues-officiating-video.

Matsumoto, D., and Hwang, H. S. (2012). Body and gestures. *Nonverbal Communication: Science and Applications*, 75.

Mayo, M. (November 11, 2011). Is using this N-word (niggardly) a firing offense? *Sun Sentinel*.

McGinnies, E. (1949). Emotionality of perceptual defense. *Psychological Review*, 56, 244-251.

McGrath, P., and Phillips, E. (2008). Australian findings on Aboriginal cultural practices associated with clothing, hair, possessions and use of name of deceased persons. *International Journal of Nursing Practice*, 14(1), 57-66.

Medievalists.net. (September 10, 2015). The earliest use of the F-word discovered. http://www.medievalists.net/2o15/o9/10/the-earliest-use-of-the-f-word-discovered.

Miller, N., Maruyama, G., Beaber, R. J., and Valone, K. (1976). Speed of speech and persuasion. *Journal of Personality and Social Psychology*, 34(4), 615.

Millwood-Hargrave, A. (2000). *Delete expletives?* Ofcom. http://www.ofcom.org.uk/static/archive/itc/uploads/Delete_Expleti ves.pdf.

Mirus, G., Fisher, J., and Napoli, D. J. (2012). Taboo expressions in *American Sign Language*. *Lingua*, 122(9), 1004-1020.

Mitchell, R. E., Young, T. A., Bachleda, B., and Karchmer, M. A. (2006). How many people use ASL in the United States? Why estimates need updating. *Sign Language Studies*, 6(3), 306-335.

Mohr, M. (2013). *Holy sh*t: A brief history of swearing*. Oxford: Oxford University Press.

Motley, M. T., and Baars, B. J. (1979). Effects of cognitive set upon laoratory induced verbal (Freudian) slips. *Journal of Speech, Language, and Hearing Research*, 22(3), 421-432.

Motley, M. T., Camden, C. T., and Baars, B. J. (1981). Toward verifying the assumptions of laboratory-induced slips ofthe tongue: The output-error and editing issues. *Human Communication Research*, 8(1), 3-15.

Munro, P. (Ed.). (1993). UCLA slang 2. *UCLA Occasional Papers in Linguistics*, 12, 58.

Murdock, G. P. (1959). Cross-language parallels in parental kin terms. *Anthropological Linguistics*, 1(9), 1-5.

Myers, S. A. (2001). Perceived instructor credibility and verbal aggressiveness in the college classroom. *Communication Research Reports*, 18(4), 354-364.

Myers, S. A., and Knox, R. L. (1999). Verbal aggression in the college classroom: Perceived instructor use and student affective learning. *Communication Quarterly*, 47(1), 33-45 .

Nalkur, P. G., Jamieson, P. E., and Romer, D. (2010). The effectiveness of the Motion Picture Association of America's rating system in screening explicit violence and sex in top-ranked movies from 1950 to 2006. *Journal of Adolescent Health*, 47(5), 440-447.

Napoli, D. J., Fisher, J., and Mims, G. (2013). Bleached taboo-term predicates in American Sign Language. *Lingua*, 123, 148-167.

Napoli, D. J., and Hoeksema, J. (2009). The grammatical versatility of taboo terms. *Studies in Language*, 33(3), 612-643.

Nasaw, D. (February 6, 2012). When did the middle finger become offensive? *BBC News Magazine*. http://www.bbc.com/news/magazine-16916263.

National Association for the Advancement of Colored People. (July 9, 2007). The "N" word is laid to rest by the NAACP. http://www.naacp.org/press/entry/the-n-word-is-laid-to-rest-by-the-naacp.

Nechepu;enko, I. (May 5, 2015). Putin bans the F-word from movies and plays. *Moscow Times*. http://www.themoscowtimes.com/news/article/putin-bans-the-f-word-from-movies-and-plays/499530.html.

Nida, E. A. (1949). *Morphology: The de scriptive analysis of words*. Ann Arbor: University of Michigan Press.

Nisbett, R. E., and Wilson, T. D. (1977). The halo effect: Evidence for unconscious alteration of judgments. *Journal of Personality and Social Psycho!ogy*, 35(4), 250.

Nooteboom, S. G. (1995). Limited lookahead in speech production. In *Producing speech: Contemporary issues: For Katherine Safford Harris*, K. S. Harris, F. Bell-Berti, and L. J. Raphael (Eds.), 1-18. New York: AIP Press.

Nye, J., Ferreira, F., Husband, E. M., and Lyon, J. M. (2012). Reconstruction of censored taboo in sentence processing. Poster given at the *25th CUNY Human Sentence Processing Conference*, New York, NY, March 14-16.

O'Connor, J. (2006). *Cuss control: The complete book on how to curb your cursing*. iUniverse.

Ochs, E. (1982). Talking to children in western Samoa. *Language in Society*, 11(1), 77-104.

OED Online. (September 18, 2015). Bitch. OED Online. http://www.oed.com/view/Entry/19524.

OED Online. (September 18, 2015). Cock. OED Online. http://www.oed.com/view/Entry/35327.

OED Online. (September 18, 2015). Dick. OED Online. http://www.oed.com/view/Entry/52255.

OED Online. (September 18, 2015). Glost. OED Online. http://www.oed.com/view/Entry/79187.

OED Onine. (September 18, 2015). Motherfucker. OED Online. http://www.oed.com/view/Entry/242538.

Oller, D. K., and Eilers, R. E. (April 1988). The role of audition in infant babbling.
Child Development, 59 (2), 441-449.

Oxford Dictionaries. (June 221 2011). The OEC: Facts about the language. http://oxforddictionaries.com/words/the-oec-facts-about-the-language.

Pang, C. (2007). *Little dogs are too lazy to polish shoes* (小狗燦擦難): *A study of Hong Kong profanity culture* [in Chinese]. Hong Kong: Subculture Publishing.

Paradise, L. V., Cohl, B., and Zweig, J. (1980). Effects of profane language and physical attractiveness on perceptions of counselor behavior. *Journal of Counseling Psychology*, 27, 620-624.

Partridge, E., and Beale, P. (1984). *A dictionary of slang and unconventional English*. London: Routledge.

Peltonen, K., Ellonen, N., Larsen, H. B., and Helweg-Larsen, K. (2010). *Parental violence and adolescent mental health. European Child and Adolescent Psychiatry*, 19(11), 813-822.

Pennington, J. (July 27, 2014). What is the origin ofthe phrase "flipping the bird"? *Quora*. http://www.quora.com/What-is-the-origin-of-the-phrase-flipping-the-bird.

Peterson, B., Riddle, M. A., Cohen, D. J., Katz, L. D., Smith, J. C., Hardin, M. T., and Leckman, J. F. (1993). Reduced basal ganglia volumes in Tourette's syndrome using three-dimensional reconstruction techniques from magnetic resonance images. *Neurology*, 43(5), 941-949.

Petitto, L. A., and Marentette, P. F. (1991). Babbling in the manual mode: Evidence for the ontogeny of language. *Science*, 251 (5000), 1 493-1496.

Phillips, D. P., Liu, G. C., Kwok, K., Jarvinen, J. R., Zhang, W., and Abramson, I. S. (2001). The Hound of the Baskervilles effect: Natural experiment on the influence of psychological stress on timing of death. *BMJ*, 323(7327), 1443-1446.

Pincott, J. (March 13, 2012). Slips of the tongue. *Psychology Today*. https://www.psychologytoday.co m/articles/201203/slips-the-tongue.

Pinker, S. (2007). *The stuff of thought: Language as a window into human nature*. New York: Penguin.

Pisa, N. (March 3, 2014). Pope drops the F-bomb: Pontiff gets his Italian mixed up during Sunday blessing. *Daily Mail*. http://www.dailymail.co.uk/news/article-2572086/Pope-accidentally-says-f-Sunday-blessing-getting-Italian-wrong.html.

Postal, P. (2004). The structure of one type of American English vulgar minimizer. In *Skeptical Linguistic Essays*, 159-172. New York: Oxford University Press.

Poteat, V. P., and Espelage, D. L. (2007). Predicting psychosocial consequences of homophobic victimization in middle school students. *Journal of Early Adolescence*, 27 (2), 175-191.

Poulisse, N. (1999). Slips 어 the tongue: *Speech errors in first and second language production* (Studies in Bilingualism 20). Philadelphia: John Benjamins Publishing Company.

Quang, P. D. (1992 [1971]). English sentences without overt grammatical subject. In *Studies out in left field: Defamatory essays presented to James D. Mccawley on the occasion of his 33rd or 34th birthday*, James D. McCawley and Arnold M. Zwicky (Eds.), 3-10. Philadelphia: John Benjamins Publishing Company.

Quote Investigator. (October 15, 2011). Your liberty to swing your fist ends just where my nose begins. http://quoteinvestigator.com/2011/10/15/liberty-fist-nose.

Myers, R. E. (1976). Comparative neurology of vocalization and speech: Proof of a dichotomy. *Annals of the New York Academy of Science*, 280, 745-757.

Raichle, M. E., and Gusnard, D. A. (2002). Appraising the brain's energy budget. *Proceedings of the National Academy of Sciences*, 99(16), 10237-10239.

Rassin, E., and Van Der Heijden, S. (2005). Appearing credible? Swearing helps! *Psychology*, Crime & Law, 11(2). http://dx.doi.org/io.1080/106831605160512331329952.

Rebouçca, C. B. D. A., Pagliuca, L. M. F., and Almeida, P. C. D. (2007). Non-verbal communication: Aspects observed during nursing consultations with blind patients. *Escola Anna Nery*, 11(1), 38-4 3.

Rivenburg, R. (February 28, 2007). She swears the Constitution is on her side. *Los Angeles Times*. http://articles.latimes.com/2007/feb/28/local/me-swear28.

Robbins, I. P. (2008). Digitus impudicus: The middle finger and the law. *UC Davis Law Review*, 41, 1403-1485.

Robinson, B., W. (1967). Vocalization evoked from forebrain in Macaca mulatta. *Physiology and Behavior*, 2(4), 345-354.

Robinson, B. W. (1972). Anatomical and physiological contrasts between human and other primate vocalizations. In *Perspectives on Human Evolution*, S. L. Washburn and P. Dolhinow (Eds.), 2, 438-443. New York: Holt, Rinehart and Winston.

Roy, B. C., Frank, M. C., and Roy, D. (2009). Exploring word learning in a high-density longitudinal corpus. In *Proceedings of the 31st Annual Meeting of the Cognitive Science Society 2009* (*CogSci* 2009): *Amsterdam, Nether/ands, 29 July-1 August 2009*, Niels A Taatgen and Henri van Rijn (Eds.). Austin, TX: Cognitive Science Society.

Sandritter, M. (October 15, 201 4). Colin Kaepernick didn't use a racial slur, still fined by the NFL. *SBNation*. http://www.sbnation.com/nflho14/io/i5/6985459/colin-kaepernick-fined-racial-slur-nfl-nflpa-49ers.

Scanlon, T. J., Luben, R. N., Scanlon, F. L., and Singleton, N. (1993). Is Friday the 13th bad for your health? *BMJ*, 307(6919), 1584-1586.

Scherer, C. R., and Sagarin, B. J. (2006). Indecent influence: The positive effects of obscenity on persuasion. *Social Influence*, 1(2), 138-146. doi: 10.1080/i5534510600747597.

Schoeneman, D. (April 26, 2004). Armani's exchange ... Condi's slip ... forget the Alamo. *New York Magazine*. http://nymag.com/nymetro/news/people/columns/intelligencer/n_10245.

Schriefers, H., Meyer, A. S., and Levelt, W. J. (1990). Exploring the time course of lexical access in language production: Picture-word interference studies. *Journal of Memory and Language*, 29(1), 86-102.

Schwartz, R., and Terrell, B. (1983). The role of input frequency in lexical acquisition. *Journal of Child Language*, 10, 57-64.

Selnow, G. W. (1985). Sex differences in uses and perceptions of profanity. *Sex Roles*, 12(3-4), 303-312.

Severens, E., Janssens, I., Kuhn, S., Brass, M., and Hartsuiker, R. J. (2011). When the brain tames the tongue: Covert editing of inappropriate language. *Psychophysiology*, 48(9), 1252-1257.

Severens, E., Kühn, S., Hartsuiker, R. J., and Brass, M. (2012). Functional mechanisms involved in the internal inhibition of taboo words. *Social Cognitive and Affective Neuroscience*, 7(4), 431 -435.

Shad, U. P. (1992). Some unnatural habits. In *Studies out in left field: Defamatory essays presented to James D. Mccawley on the occasion of his 33rd or 34th birthday*, James D. Mccawley and Arnold M. Zwicky (Eds.), 33-36. Philadelphia: John Benjamins Publishing Company.

Shea, S. A. (1996). Behavioural and arousal-related influences on breathing in humans. *Experimental Physiology*, 81(1), 1-26.

Shepherd, R. (October 18, 2011). Teen aggression increased by profanity in TV and video games. *Medical News Today*. http://www.medicalnewstoday.com/articles/236182.php.

Shih, M., Ambady, N., Richeson, J. A., Fujita, K., and Gray, H. M. (2002). Stereotype performance boosts: The impact of self-relevance and the manner of stereotype activation. *Journal of Personality and Social Psychology*, 83(3), 638.

Siegrist, M. (1995). Effects of taboo words on color-naming performance on a Stroop test. *Perceptual and Motor Skills*, 81(3f), 1119-1122.

Singer, H. S., Reiss, A. L., Brown, J. E., Aylward, E. H., Shih, B., Chee, E., Harris, E. L., Reader, M. J., Chase, G. A., Bryan, R. N., and Denckla, M. B. (1993). Volumetric MRI changes in basal ganglia of children with Tourette's syndrome. *Neurology*, 43(5), 950.

Smith, A. (1966). Speech and other functions after left (dominant) hemispherectomy. *Journal of Neurology, Neurosurgery, and Psychiatry*, 29(5), 468.

Smith, M. (March 3, 2014). Richard Sherman calls NFL banning the N-word "an atrocious idea." NBC Sports. http://profootballtalk.nbcsportscom/2014/03/o3/richard-sherman-calls-nfl-banning-the-n-word-an-atrocious-idea.

Snopes. (October 11, 2014). Pluck Yew. http://www.snopes.com/language/apocryph/pluckyew.asp.

Social Security Administration. (n.d.). Background information. https://www.ssa.gov/oact/babynames/background.html.

Songbass. (November 3, 2008). Obama gives McCain the middle finger. YouTube. https://www.youtube.com/watch?v=Pc8Wc1CN7sY.

Spears, A. K. (1998). African-American language use: Ideology and so-called obscenity. In *African-American English: Structure, history, and use*, Salikoko

S. Mufwene (Ed.), 226-250. New York: Routledge.

Speech and Language Pathology Department of the Center for Communication at the Children's Hospital ofPhiladelphia. (June 2, 2011). Speech sound milestones for children. SpeechandLanguage.com. http://www.speechandlanguage.com/clinical-cafe/speech-sound-milestones-for-children.

Speedie, L. J., Wertman, E., Ta'ir, J., and Heilman, K. M. (1993). Disruption of automatic speech following a right basal ganglia lesion. *Neurology*, 43(9), 1768-1774.

Srisavasdi. (March 1, 2007). D.A. drops swearing charges. *Orange County Register.* http://www.ocregister.com/articles/county-59494-law-venable.html.

Steele, C. M. (2010). *Whistling Vivaldi and other clues to how stereotypes affect us.* New York: W. W. Norton and Company.

Stephens, R., Atkins, J., and Kingston, A. (2009). Swearing as a response to pain. *Neuroreport*, 20(12), 1056-1060.

Stork, E., and Hartley, N. T. (2009). Classroom incivilities: Students' perceptions about professors' behaviors. *Contemporary Issues in Education Research*, 2 (4), 13.

Taub, S. F. (2001). *Language from the body: Iconicity and metaphor in American Sign Language.* Cambridge: Cambridge University Press.

Telegraph Staff. (January 4, 2010). First words of children include "cat", "beer" and "Hoover." Telegraph. http://www.telegraph.co.uk/news/health/children/6929280/First-words-of-children-include-cat-beer-and-Hoover.html.

Thibodeau, P. H., Bromberg, C., Hernandez, R., and Wilson, z. (2014). An exploratory investigation of word aversion. In *Proceedings of the 36th Annual Conference of the Cognitive Science Society*, P. Bello, M. Guarini, M. McShane, and B. Scassellati (Eds.). Austin, TX: Cognitive Science Society.

Thorndike, E. L. (1920). A constant error in psychological ratings. *Journal of Applied Psychology*, 4, 25-29.

Trask, L. (2004). Where do *mama/papa* words come from? Department of Linguistics and English Language, University of Sussex. https://www.sussex.ac.uk/webteam/gateway/file.php?name=where-do-mama2.pdf&site=1.

TVTropes. (n.d.) Trivia: South Park: Bigger, Longer and Uncut. http://tvtropes.org/pmwiki/pmwiki.php/TriviaSouthParkBigger LongerAndUncut.

Van Lancker, D., and Cummings, J. L. (1999). Expletives: Neurolinguistic and neurobehavioral perspectives on swearing. *Brain Research Reviews*, 31(1), 83-104.

Velten, H. D. V. (1943). The growth of phonemic and lexical patterns in infant language. *Language*, 19(4), 281-292.

Verhulst, B., Lodge, M., and Lavine, H. (2010). The attractiveness halo: Why some candidates are perceived more favorably than others. *Journal of Nonverbal Behavior*, 34(2), 1-2.

von Fleischhacker, R. (1894 [1400]). Lanfrank's "Science of cirurgie." (Vol. 1). Periodicals Service Company.

Voutilainen, E. (2008). Kirosanojen kielioppia. *Kotimaisten kielten tutkimuskeskus.* http://www.kotus.fi/nyt/kotuksen_kolumnit/kieli-ikkuna_(1996_2009)/kirosanojen_kielioppia.

Wachal, R. S. (2002). Taboo or not taboo: That is the question. *American Speech,* 77(2), 195-206.

Wafflesouls. (August 8, 2012). Arrested Development—Chicken Dance (Whole Family). https://www.youtube.com/watch?v=iTphEhoQgvo.

Warner, J. (April 16, 2009). Dude, you've got problems. *New York Times.* http://warner.blogs.nytimes.com/2009/04/16/who-are-you-calling-gay.

Welsh, J. (Octoben7, 2011). SwearingonTVlinkedto teen aggression. LiveScience. http://www.livescience.com/i657o-profanity-tv-video-games-teen-aggression.html.

Williams, J. N. (1992). Processing polysemous words in context: Evidence for interrelated meanings. *Journal of Psycholinguistic Research*, 21(3), 193-218.

Wilson, M. D. (1988). The MRC psycholinguistic database: Machine readable dictionary, version 2. Behavioural Research Methods, *Instruments and Computers*, 20(1), 6-11.

Winslow, A. G. (1900 [1772)). *Diary of Anna Green Winslow: A Boston school girl of 1771.* Boston: Houghton, Mifflin and Company.

Xu, J., Gannon, P. J., Emmorey, K., Smith, J. F., and Braun, A. R. (2009). Symbolic gestures and spoken language are processed by a common neural system. *Proceedings of the National Academy of Sciences*, 106(49), 20664-20669.

Yung, J., Chang, G. H., and Lai, H. M. (Eds.). (2006). *Chinese American voices: From the Gold Rush to the present.* Berkeley: University of California Press.

Zeitzen, M. (2008). *Polygamy: A cross-cultural analysis.* Oxford: Berg.

Zile, A., and Stephens, R. (2014). Swearing as emotional language. Paper presented at the Annual Conference of the British Psychological Society, Birmingham, UK, May 7-9 .

찾아보기 ●●

가공의 낱말 *hummerbird* 207~208
가운뎃손가락 ☞ 씹새
가장 오래된 기록 205
감탄성 상말 ☞ 상말
검열 299~300
  검열과 개 상처 핥기 유추 310
  검열과 영화 〈사우스 파크〉 속 상말 306
  검열과 프랑스어 44
  검열을 통해 생성되는 금기어 308
  검열의 별무 효과 306
  광둥어와 검열 38
  기억 시험과 검열 304~305
  러시아어의 검열 39, 47
  미국영화협회 검열 규칙 300~301
  바비 나이트 일생 다큐멘터리와 검열 304
  법과 검열 303
  베너블과 검열 251
  삐 소리 302, 304~306, 308
  스포츠 연맹과 검열 281~282, 296
  억압적인 정권의 검열 47
  언론/표현의 자유 303, 317~318
  연방통신위원회에 대한 대법원 판례와 검열 27, 302
  예술 작품 검열 방법 302
  오락소프트웨어 등급평정위원회(ESRB: Entertainment Software Ratings Board) 300~301
  울프의 슈퍼마켓 욕설과 검열 250
  프랑스와 검열 44~45
  「Work it(어떻게 해봐!)」(노래) 302
검열자 303
고대 그리스 ☞ 그리스
고대 로마
  고대 로마에서 '씹새'를 사용한 황제들 92
  디기투스 임푸디쿠스에서 정의되는 고대 로마 92
고대 영어 198
고정관념 위협 287
고통 인내 312
공격성 86
  공격성에 관한 실험 270~271
  ≪소아과학≫(학술지) 253~255, 256, 258, 263, 265, 267~269
  신체적 공격 263
  씹새에 대한 공격성 연구 86
  인간관계 공격 263
  킬(Keele) 대학교에서 수행한 한 연구 268
공적인 언어 규범 20
관용과 모멸 표현 319
광둥어(Cantonese) 38, 41, 116
  광둥어와 검열 38
  광둥어의 상말 38, 41
  씨부럴 범주 언어로서의 광둥어 41
교체 말실수 140, 145, 150
  모틀리의 교체 말실수 연구 150~151, 154~155
  프로이트식 말실수에 대한 모틀리의 연구 144
교환 오류(exchange error) 140

교황의 기대 말실수 143
구글 엔그램 코퍼스 200~201
「구름(The Clouds)」(희곡, 아리스토파네스) 91
규범적 문법 규칙 167
그리스 88, 90
고대 그리스 씹새의 기원 91~92
그리스의 문드자 제스처 88, 90, 94
그리스 문드자 88, 90, 94
그리피스, M.D.(M. D. Griffiths) 254
금기어 스트룹 효과 161~164
금기어 스트룹 효과의 실례 161
금기어 스트룹 효과의 원인 163
금기어의 불쾌감 유발 정도 28~31, 33~35
금기어의 불쾌감 유발 정도에 대한 리처드 둘링의 발언 313
금기 주제와 상말 50
검열을 통해 생성되는 금기어 308
그림-단어 간섭 164~165
금기 관련 미신 310
금기 낱말과 금기 사물 50
금기 낱말과 금기 행동 50
금기 낱말과 투렛 증후군 132~133
금기 주제 50
금기 행동의 문화적 다양성 309
금기(어)의 정의 23, 25
금기로서의 배변 49
금기로서의 일부다처제 309
금기를 기술하는 완곡어구 227
금기어로서의 nigger 24
금기어로서의 동음이의어 220
금기어로서의 숫자 4 57, 310
금기어에 대한 생리적 반응 152, 253
금기어에 대한 피부 전도 반응 153
금기어의 대체어 222, 224~226
금기어의 불쾌감 유발 정도 28~31, 33~35
금기에 대한 형이상학적 믿음 50
내부 편집자와 금기어 150, 152~155
뇌파도와 말실수 157~158
말실수 147
미국 수어의 금기 110
상말과 금기 49~50
순화된 욕설과 금기어 224, 226
스트룹 효과와 금기 낱말 161~162
심적 표상과 금기 50
얀세비츠의 금기 낱말 자료 34, 277
위악 어구와 금기 주제 227~228
긍정 극성의 anymore 175
기계독해(MRC) 심리언어학 데이터베이스 65
기능성자기공명영상(fMRI) 158
기대 말실수 145, 154~156
기저핵(basal ganglia) 130~132

나이트, 바비(Bobby Knight) 304
남근 상징 93
낱말 profanus(라틴어) 36
낱말 swive 229~231, 306
낱말 빈도 260
낱말 길이 대 낱말 빈도 54~57
낱말의 다중 의미와 낱말 빈도 221
네 글자 낱말과 낱말 빈도 54
낱말 완성 실험 97~102
낱말인 Johnson(거시기)
낱말인 Johnson(거시기)의 인기도 1998년 영화 〈위대한 레보프스키(The Big Lebowski)〉 213
치들이 사용한 용어 '거시기(Johnson)' 213
낱말 혐오(word aversion) 68
낱말 혐오로서의 mois 68
낱말 혐오로서의 개방 단음절어 대 폐쇄 단음절어 연구 68
낱말 혐오의 경험적 연구 69
낱말 혐오의 정의 68
내부 편집자 148~149
공장 유추와 내부 편집자 147~149

그림 단어 간섭과 내부 편집자 164~165
기능성자기공명영상과 내부 편집자 159
내부 편집자와 금기어 150, 152~155
내부 편집자와 하전두회 159~160
심리언어학자와 내부 편집자 147
네 글자 낱말 51~54, 56
네 글자 낱말의 통계적 특이성 53~55
네 글자 상말 53~54
영어 이외의 언어 속 네 글자 낱말 57
영어와 네 글자 낱말 53
합자 형태 글자와 네 글자 낱말 57
뇌
기저핵(basal ganglia) 130~132
낱말의 다중 의미 218~219
뇌 반구의 기능 126~127
뇌 손상과 실어증 120
뇌 손상과 언어 123
뇌와 언어 121~122, 124~126
베르니케 실어증 123
베르니케 영역 122~126, 129, 131, 135~136
변연계 134
브로카 영역 122, 124, 126~127, 131, 135~136
상말을 생산하는 뇌 손상 17, 120, 124, 129
언어 연구의 장애물과 뇌 136
투렛증후군과 뇌 132~133
하전두회 159~160
환자명 E.C.에 관한 실어증 사례 연구 128~129
뇌반구 128
뇌 반구의 기능 126~127
뇌 우반구 손상 129
뇌 좌반구 손상 129
뇌졸중 119~120
뇌파도 156
뇌파도를 이용한 설명 157
말실수와 뇌파도 157
뉴질랜드 방송표준위원회(NZBSA: New Zealand Broadcasting Standards Authority) 27
뉴질랜드 방송표준위원회의 상말 조사 연구 27~28, 30
뉴질랜드 방송표준위원회의 조사 연구 방법 27, 29
'니 어매는' 농담 294
닉슨, 리처드(Richard Nixon) 218, 220

다음절 낱말 73
다중 의미 218~219
낱말 다중 의미의 Tea-bag 사례 157
낱말 다중 의미의 닉슨 사례 218
낱말 다중 의미의 상스럽지 않은 사례 221
낱말 빈도수와 다중 의미 220
낱말의 다중 의미와 〈심슨 가족〉 사례 219
뇌 반응 218
다중 의미의 pussy 사례 219
동음이의어와 다중 의미 218
이중 의미 낱말 다중 의미 220
대명사
대명사로서의 nigga 292~293
영어의 대명사 증가 292
젠더 중립적인 대명사 292
self-재귀대명사 181, 292
대인 갈등 211
대인 갈등을 기술하는 언어 211
대인 갈등의 tear someone a new one 사례 211
대체어 203
대체어로서의 rooster 222
대체어로서의 두문자어 226
대체어로서의 완곡어법 226
대체어로서의 혼성어 224
론도, 라존(Rajon Rondo) 276
리치, 니콜(Nicole Richie) 26

순화된 욕설과 대체어 225
억압적인 정권과 대체어 47
완곡어법의 사례 222
접미사 -er을 더해 대체어 만들기 222~223
도덕적 사고 272
도덕적 사고와 뿔 효과 195
도덕적 사고와 합리화 273
도덕적 사고와 후광 효과 272
도덕적 사고의 심리적 편향 273
도상성 93~96, 113
도상성 대 음성상징 94
도상성과 수어 106, 113, 117
도상성과 일본 수어 117
도상성의 정의(定義) 93
미국 수어 FUCK과 영국 수어 FUCK의 도상성 115
미국 수어의 도상성 112, 113~115
돌보미 247
낱말에 대한 돌보미의 가정 243~244, 246
돌보미의 기대에 대한 사모아 사례 연구 248~249
아이에 대한 돌보미의 가정(假定) 243~244
두문자어 205
대체어로서의 두문자어 226
두문자어 ctfu 215
두문자어 MILF 226
두문자어 WTF 188, 204, 226
상말 두문자어 ctfu 214
〈두스 비갈로: 메일 지골로(Deuce Bigalo: Male Gigolo)〉(영화) 132
두음 전환(spoonerism) ☞ 교체 말실수
둘링, 리처드(Richard Dooling) 313
뒈져라(Up-Yours) 제스처 87, 90, 93
뒈져라(Up-Yours) 제스처의 도상성 93
디기투스 임푸디쿠스(digitus impudicus) 92
따돌림 행위 287
똥지랄 범주 언어
똥지랄 범주 언어 독일어 41
똥지랄 범주 언어로서의 영어 42

라에리티오스(Laeritus) 92
라자루스, 에마(Emma Lazarus) 177
랭프랭크(Lanfrank) 216
러시아어
러시아어 상말로서의 mat' 41
러시아어의 검열 낱말 39
러시아의 상스러운 제스처 87
런던사투리 압운 속어 225
레딧(Reddit, 웹 사이트) 56
레러, 톰(Tom Lehrer) 304
로르다트, 자크(Jacques Lordat) 119~120
자크 로르다트의 교구 성직자 사례 연구 120
자크 로르다트의 배경 119
자크 로르다트의 언어 이론 119
로스앤젤레스 레이커스(Los Angeles Lakers) 274~275
로스앤젤레스 레이커스 팬의 모멸 표현 사용에 대한 브라이언트의 반응 275
로스앤젤레스 레이커스 농구팀의 선발 슈팅 가드 274
≪로스앤젤레스 타임스(Los Angeles Times)≫ 250

말실수
교체 말실수 140, 145, 150
그림-단어 간섭과 말실수 164~165
기대 말실수 145, 154~156
내부 편집자 가설과 말실수 148~149
뇌파도와 말실수 157~158
말실수를 초래하는 사전 계획 139, 141
말실수 사례 140
말실수에 대한 공장 유추 149
말실수에 대한 외국어의 영향 147

말실수의 양화 138
모틀리의 교체 말실수 연구 150~151, 154~155
사고의 억제와 말실수 145
스트룹 효과와 말실수 162~164
지속성 말실수 154~155
프란치스코 교황과 말실수 138~139, 141~142, 147
프란치스코 교황의 프로이트식 말실수 142, 145
프로이트식 전제에 근거한 모틀리의 말실수 연구 144
프로이트와 말실수 142
프롬킨의 말실수 연구 140
맙소사 범주 언어
맙소사 범주 언어로서의 스페인어 41
맙소사 범주 언어로서의 이탈리어 41
맙소사 범주 언어로서의 퀘벡 프랑스어 40
맙소사 범주 언어의 정의 39
맙소사·씨부럴·똥지랄·깜둥이 원리
다른 언어와 맙소사·씨부럴·똥지랄·깜둥이 원리 38~39
맙소사·씨부럴·똥지랄·깜둥이 원리의 혼성 범주 42
맙소사·씨부럴·똥지랄·깜둥이 원리 38, 40
맙소사·씨부럴·똥지랄·깜둥이 원리와 세계관 40
맙소사·씨부럴·똥지랄·깜둥이 원리의 '맙소사' 범주 언어들 40
맙소사·씨부럴·똥지랄·깜둥이' 원리의 '깜둥이' 범주 언어 42
맙소사·씨부럴·똥지랄·깜둥이' 원리의 '똥지랄' 범주 언어 42
맙소사·씨부럴·똥지랄·깜둥이' 원리의 '씨부럴' 범주 언어 41
매콜리, 제임스(James McCawley) 180
머독, 조지(George Murdock) 244
'멋진 턱수염이군(Quelle Barbe)' 83~84
멕시코 스페인어 57
명령형 182
명령형 fuck yourself 182
모리스, 데즈먼드(Desmond Morris) 93, 97
모멸 표현 315
고정관념 위협(stereotype threat) 287
고정관념 행동 280
고정관념으로서의 사람들의 소리 279
관용과 모멸 표현 319
교육과 모멸 표현 314~315
그 밖의 상말과는 구별되는 특별한 부류의 모멸 표현 277
따돌림 행위와 모멸 표현 287
모멸 표현 사용 금지 276~277, 281, 289~290, 293, 312~319
모멸 표현 사용으로 벌금을 부과받은 운동선수들 276, 281, 296
모멸 표현 속 신체적 특질 279
모멸 표현 연구와 동성애 282~286, 289
모멸 표현에 관한 물리적 거리 연구 284
모멸 표현에 관한 자원 공유 연구 283
모멸 표현에 대한 이탈리아의 자유 연상 과제 연구 282
모멸 표현에 대한 잠재학습 연구 284
모멸 표현에 영향을 받는 과제 수행 288
모멸 표현으로 인한 해악 282, 313
모멸 표현으로서의 Chinaman 281
모멸 표현으로서의 cripple 281
모멸 표현으로서의 nigger 280
모멸 표현으로서의 Paki 30, 32, 34
모멸 표현의 간접 사용 315
모멸 표현의 근원으로서의 동물 명칭 279
모멸 표현의 대체 용어(slur) 24
모멸 표현의 불쾌감 정도 278
모멸 표현의 비인간화 충격에 관한 연구 283
모멸 표현의 사회적으로 용인받는 사용

293~294
모멸 표현의 실례 279
모멸 표현의 연구와 윤리적 문제 285
모멸 표현의 정의 24
모멸 표현이 생성하는 편견 284
브라이언트와 모멸 표현 275
사회적 맥락과 모멸 표현으로 변한 중립적 낱말 280
≪초기 청소년기 저널≫의 모멸 표현 연구 287
친밀한 또래 집단의 예외적인 모멸 표현 사용 293
크리스틴 얀셰비츠의 모멸 표현 자료 34, 277, 287
표현의 자유와 모멸 표현 318
모멸 표현 재전용 290, 314
모멸 표현 재전용과 nigga 290~291, 293
모멸 표현 재전용으로서의 bitch나 slut 290
모멸 표현 재전용으로서의 queer나 faggot 290
모멸 표현 재전용을 초래하는 모멸 표현 추방 293
모멸 표현 재전용의 생태 연구 290
모멸 표현 재전용의 언어학적 차이 291
모멸 표현 재전용의 장기적인 자기 명명 291
nigga와 모멸 표현 재전용 289~290
모욕증(侮辱症, coprolalia) 132~134
다양한 언어의 모욕증 132
모욕증 대 실어증 133~134
모욕증과 순화된 욕설 132
모욕증과 투렛 증후군 132, 134
영화 〈두스 비갈로: 메일 지골로(Deuce Bigalo: Male Gigolo)〉의 모욕증 사례 132
모틀리, 마이클(Michael Motley) 144, 150
모틀리의 프로이드식 말실수 연구 144
무화과(Fig) 제스처 88~89, 93
무화과 제스처의 도상성 93
문드자 제스처 88
문드자 제스처의 도상성 94
문법 190~191, 292
구멍 창조 동사의 문법 187~188
규범적 문법 규칙 167
명령형의 문법 180~182
명사와 동사의 문법적 변화 229
문법 속 신성모독 183
문법에 영향을 주는 fucking의 사례 170
문법을 탐구하는 통사론 연구자 175
미국 수어의 표준 문법 109
부정형의 문법 172, 174~175
사건의 불확실성과 문법 190
사역이동 구문과 문법 194
상말 최소화소와 문법 176, 228~229
상말의 문법 규칙 185~186
상말의 사례와 문법 173, 185
영어 문법 대 미국 수어 문법 108
이동타동사 사용의 문법 186
재귀대명사 검사와 문법 183
주어의 문법 180~181, 183~184
총칭 명사로서의 nigga 293
최소화소의 문법 173~174
칼린, 조지(George Carlin) 302, 320
하위문법과 문법 196
Beat-the-devil-out-of-her 구문의 문법 192
fuck you의 문법 181
Get-the-hell-out-of-here 구문의 문법 192
give의 문법 규칙 177~179
wh-의문사의 문법 188~189
wh-절의 문법 189
문화적 관점과 행동 308
근친상간 309
노상배변 309
문화적 관점과 행동의 변화 사례 216
상스럽지 않은 제스처 82~84
일부다처제 309
물리적 학대 256~257

미국 국가말뭉치 260
미국 대법원
대법원의 '언론/표현의 자유' 제한 317~318
연방통신위원회 대 파시피카 재단 판결 279, 302~303
연방통신위원회 판례 27
홈스, 올리버 웬델(Oliver Wendell Holmes, 대법원 판사) 317
미국소아과학회(AAP: American Academy of Pediatrics) 252, 272
미국 수어(ASL: American Sign Language) 107~108
미국 수어 FUCK 대 영국 수어 FUCK 비교 114~116
미국 수어의 BASTARD 108
미국 수어의 BITCH 108
미국 수어의 BOY 111, 113
미국 수어의 GIRL 111, 113
미국 수어의 PUSSY 107, 112~113
미국 수어의 VAGINA 112
미국 수어의 YOU BITCH YOU 109
미국 수어의 기호 112~113
미국 수어의 도상성 110~112, 113~115
미국 수어의 문법 비교 109
미국 수어의 신체적 특성 110
미국 수어의 얼굴 표정 110
수어 기호 108~109, 112
HEARING에 대한 미국 수어의 기호 110
THINK-LIKE-A-HEARING-PERSON 110
미국언어학회 학술대회 291
미국영화협회 300~301, 305~306
미국영화협회 검열 규칙 300~301
미국영화협회 부모 등급평정위원회 301
미러스, 진(Gene Mirus) 109

〈바람과 함께 사라지다〉(영화) 178
바클리, 찰스 296
발성기관의 움직임 78
법정 기록과 제스처 81
베너블, 엘리자베스(Elizabeth Venable) 250
베르니케 영역 122~126, 129, 131, 135~136
복제 표현 172
부스, 폴(Paul Booth) 205
부정(형)
부정의 문법 175~176
상말 최소화소와 부정 175~176
부정 극성 금기어 ☞ 상말 최소화소
브라이언트, 코비(Kobe Bryant) 274~276
레이커스 팬의 모멸 표현 사용에 대한 브라이언트의 반응 275
로스앤젤레스 레이커스(Los Angeles Lakers) 농구팀의 선발 슈팅 가드 274
브라이언트에게서 욕을 얻어먹은 주심 274
브라이언트의 감정을 자극하는 스포츠 274
브라이언트의 상말 사용 사과 275
전미프로농구협회의 벌금 부과 276
콜린스의 성적 지향에 대한 브라이언트의 지지 선언 275
브라질 제스처 88
브로카 영역 122, 124, 126~127, 131, 135~136
브로카 실어증 123~125, 128, 136
브리검영 대학교(Brigham Young University) 265
블룸, 로이스(Lois Bloom) 237
블룸, 폴(Paul Bloom) 237
비디오 게임
비디오 게임 속 상말과 공격성에 대한 킬대학교의 연구 268
비디오 게임과 상말 263~264, 268, 270, 301
비디오 게임의 평정(評定) 304
빌보드 뮤직 시상식 26
뿔 효과(horns effect) 272

삐 소리 처리
바비 나이트 일생 다큐멘터리와 검열 304
삐 소리 302, 304~306, 308
상말 빈도 지각의 증가를 초래하는 삐 소리 처리 305

사모아어 연구 234
또래 학습과 사모아어 연구 236
사모아 돌보미(부모)의 기대 248
사모아어 연구사모아 아동의 첫 낱말로서의 'ai tae 234
사모아어의 mother/father 대응어 247
사모아어의 발음 242
사모아의 아동 돌봄 236
조음법 학습과 사모아어 연구 239
〈사우스 파크〉(영화)
검열과 영화 〈사우스 파크〉 속 상말 306
미국영화협회의 〈사우스 파크〉 등급 평정 305
〈사우스 파크〉의 수정본 306
사회가 제공하는 학습 135
사회보장국(SSA: Social Security Administration) 202, 222
사회적 규범과 행위 25
산스크리트어 16
상관관계 연구 257, 260, 263~266, 287
상말 204, 256~257, 312~313
가톨릭교와 상말 40
개 상처 핥기 유추 310~311
고통 인내력 강화와 상말 312
광둥어의 상말 38, 41
금기 주제와 상말 50
낱말 길이와 상말 52
낱말의 다중 의미와 상말 218~220
네 글자 낱말과 상말 51~54
뇌 손상과 상말 124~125
다음절 낱말과 상말 73~74
대학 교수의 상말 사용 22
두문자어 상말 188, 204, 214~215, 226
러시아어의 상말 39
맥락과 상말에 대한 조지 칼린의 논평 320
문법과 상말 174~175, 185, 291
비디오 게임과 상말 263~264, 268, 270, 301
사라져 버린 상말의 사례 229
상말 사용으로 벌금을 부과받은 운동선수들 276~277
상말에 기여하는 검열 218, 308
상말에 기여하는 미디어 211
상말에 영향을 미치는 사회적 구성물 307
상말의 flep 사례 237
상말의 다재다능 22~23
상말의 법적 제약과 언론의 자유 251
상말의 불쾌감 유발 정도 29~35, 279, 313
상말의 역사 91, 199~200, 202, 204~209, 211~212, 214~216
상말의 영향을 받는 언어 13~14
상말의 유익함 311~312
상말의 정의 25
상말의 지역적 차이 32, 34
언론/표현의 자유와 상말 303, 317
연방통신위원회와 상말 26, 301
영국방송표준위원회의 상말 조사 연구 30
영어 상말의 뿌리 36
오락소프트웨어 등급평정위원회와 상말 300
음성상징과 상말 59~61
일본어의 상말 45~46
저주의 말과 상말 23
코비 브라이언트의 상말 사용 275
텔레비전과 상말 29, 38, 230, 263~265, 301, 303
평범한 말과 상말의 차이 228~230
폐쇄 단음절과 상말 65, 67, 73~76, 214
프란치스코 교황의 상말 사용 137~138
프랑스어의 상말 38, 40, 44, 61~62
핀란드어의 상말 38

학대와 상말 256~257, 313
한랭 압박과 상말 311
해(害) 252~256, 258, 267~268, 270~272, 282, 312~313
taint(상말) 209~210
☞ 검열
☞ 공격성
☞ 모멸 표현
상말과 그 기원 202, 204
깜둥이의 기원 279
상말의 기원으로서의 은유 206
새로운 낱말의 창조/상말로서의 사용 207~208, 210, 212
시각적 유사성과 상말의 기원 206~207
씹새의 기원 91~92
bitch(암캐)의 기원 207
Chinaman(되놈)의 기원 280
cock(좆)의 기원 199~202, 204, 206~208, 210, 214
cripple(병신)의 기원 280
cunt(씹)의 기원 216
dick(좆)의 기원 215, 218
fuck(씹하다/씹)의 기원 204~205, 215
MILF(따먹고 싶은 연상녀)의 기원 212~213
상말에 대한 생리적 반응 253
상말의 유익함
고통 인내 311~312
사회적 도구로서의 상말 312
상말의 카타르시 효과와 티모시 제이 312
상말의 해
대법원의 유해(有害) 사용 제한 317
모멸 표현으로 인한 해악 282, 313
상말의 해(害)에 대한 미국소아과학회의 진술 252
≪소아과학≫(학술지) 253~255, 256, 258, 263, 265, 267~269
아이들에게 해(害)를 끼치는 상말 250~252
해(害)를 초래하는 모멸 표현의 간접적 사용 315
상말 최소화소
상말 최소화소 대 긍정 극성 anymore의 비교 175
「새로운 거상(The New Colossus)」(엠마 라자루스의 시) 177
새로운 구멍 만들기 188
새로운 낱말/욕설
사회적 미디어와 새로운 낱말 211, 215
새로운 낱말로서의 ctfu 214~215
새로운 낱말로서의 MILF 211~212
새로운 낱말로서의 taint 208~209
새로운 낱말로서의 대체어 222~226
새로운 낱말로서의 순화된 낱맡 225
새로운 낱말로서의 순화된 욕설 224~225
새로운 낱말에 영향을 미치는 언어 공동체 208, 214
새로운 낱말의 거시기(Johnson) 기원들 213~214
새로운 낱말의 내재적 속성 208~209
새로운 낱말의 언어적 적소(適所) 210, 214
새로운 낱말의 유행을 이끄는 영화 213
새로운 낱말의 창조 207
새로운 낱말이 될 동기를 부여받는 낱말 209~210, 214
성공적인 새로운 낱말의 속성 208~211
차별적인 영향과 새로운 낱말 210
패턴 tear him a new one 187
서로 바꾸어 사용 24
성적 지향 모멸 표현 282~283
성직자 120
셔먼, 리처드(Richard Sherman) 297
≪소아과학≫(학술지) 253~255, 256, 258, 263, 265, 267~269
≪소아과학≫에 근거한 미국소아과학회 발언 252

공격성 대 상말' 보고서 252~254, 263, 265~266
브리검영 대학교 조사 연구 265
상말/폭력 노출 대 공격성 증가 연구 267~268
생리적 반응 253~256
숨은 변수 266~267
역(逆)인과관계(reverse causation) 266, 268
인과관계 대 상관관계 260, 264, 268~269
자기 보고(self-reporting) 267
직접적 유해성 주장의 오류 탐구 253~257
「텔레비전 폭력에의 둔감화: 새로운 모형」 254
학대에 관한 스칸디나비아의 연구 256
속설 어원 90
손가락 집어넣기 제스처 101~102, 104
수동화(규칙), 179 193~194
수어
미국 수어 107~108
미국 수어 FUCK과 영국 수어 FUCK의 도상성 115
수어 간 비교 116
수어 기호 번역의 대문자 표기 107
수어와 도상성 106, 112, 113~117
수어의 옹알이 240
영국 수어 116
옹알이 단계 240
순화된 욕설(minced oaths) 224~225
런던사투리 압운 속어 225
모욕증과 순화된 욕설 132
숫자 4 57, 310
숫자 금기 56
스즈키 이치로 46
스칸디나비아 256
스칸디나비아 조사 연구 257
스타더마이어, 아마레(Amar'e Stoudemire) 276
스톤, 매트(Matt Stone) 305
검열에 대한 매트 스톤의 반응 305
미국영화협회의 〈사우스 파크〉 등급 평정 305
〈사우스 파크〉의 창의적인 제작자 305
스트룹 효과(Stroop effect) 160
금기어 스트룹 효과 161~164
스트룹 효과의 실례 160
신경과학 121
≪신경학(Neurology)≫(학술지) 130
신성모독 36, 183
문법 속 신성모독 183
신성모독 언어의 사용 처벌(사용) 47
신성모독 정의 36
zounds(제기랄) 36, 226, 230
실어증
기저핵(basal ganglia) 130~132
로르타드는 실어증을 발견 120
모욕증 대 실어증 133~134
베르니케 실어증 123
브로카 실어증 123~125, 128, 136
실어증의 원인 120
실어증의 정의 120
아리스토파네스(Aristophanes) 91
자크 로르다트의 교구 성직자 사례 연구 120
전실어증(全失語症) 124~125
환자명 E.C.에 관한 실어증 사례 연구 128~129
실행할 실험 271
심리학에서의 각성 255
〈심슨 가족(The Simpsons)〉(텔레비전 쇼) 219
씨부럴 범주 언어 41
씨부럴 범주 언어로서의 광둥어 41
씨부럴 범주 언어로서의 러시아어 41
씨부럴 범주 언어로서의 영어 41
씨부럴 범주 언어로서의 히브리어 41
씹새(Bird) 85~90, 93, 116, 118
고대 그리스 씹새의 기원 91~92
고대 그리스의 씹새 92

고대 로마와 씹새 91~92
그리스어의 문드자 88, 90, 94
낱말 완성과 제스처 기억 98
동아시아의 씹새 의미 86
러시아어 씹새 93
브라질 씹새 87~88
씹새에 대한 공격성 연구 86
씹새의 '낱말 완성과 제스처에 대한 기억 과제' 실험 97~102
씹새의 군사적 기원 91
씹새의 기원 91
씹새의 남근 상징 93
씹새의 도상성 93
씹새의 변이형 96
씹새의 속설 어원 90~91
씹새의 의미와 사용 93
씹새의 제스처 의미 86, 92~93
엄지척과 씹새의 비교 87
영국 씹새 86, 89
The British Bird(영국 씹새) 87

〈아메리칸 파이(American Pie)〉(영화) 212~213
아이(들)/아동
나이에 따른 아동의 상말 사용 변화 262
낱말 빈도와 아동의 언어 학습 259~261
또래로부터 배우는 아동 237
마비 효과 253~254
상말 사용을 이유로 아이들을 벌주기 300
아동 언어 발달 ☞ 사모아어 연구
아동(에 대한 상말)의 긍정적 측면 258
아동에 대한 ≪소아과학≫의 연구 252, 262, 265
아동에 대한 미국소아과학회의 진술 252
아동에의 상말 노출 258
아동의 공격성 증가 252, 263
아동의 명확한 조음 방법 학습 239
아동의 첫 낱말 통계 233
아이들의 생리적 반응 254
아이들의 음절 발음 240~241
야콥슨과 아동의 언어 습득 246~247
영어 화자 아동의 첫 낱말 233
옥스의 사모아 아동 사례 연구 234, 247
학대 256~257, 313
아이 겨냥 말 260
아프리카계 미국 영어(African American English) 289, 291~292, 297, 307
모멸 표현 금지와 아프리카계미국 영어 296
아프리카계 미국 영어 nigga의 사용 289
아프리카계 화자인 운동선수 통계 296
nigga 291~293
악담 응수 295
알래스카 속기사협회(Alaska Shorthand Reporters Association) 81
야콥슨, 로만(Roman Jakobson) 246
아동의 언어 발달과 로만 야콥슨 246
프라하 학파의 창시자 246
얀셰비츠, 크리스틴(Kristin Janschewitz) 34, 277
크리스틴 얀셰비츠의 모멸 표현 자료 34, 277, 287
어번딕셔너리(urbandictionary.com) 208
어휘 결정(lexical decision) 285
언론/표현의 자유 47
대법원의 '언론/표현의 자유' 제한 318
언론/표현의 자유 303, 317~318
언론의 자유가 보호하는 상말과 모멸 표현의 사용 317
언어
강력한 낱말 23
낱말 길이와 빈도 55~56
낱말 변화와 언어 228~229
낱말 빈도와 아동의 언어 학습 259~261
낱말의 다중 의미 218~219

네 글자 낱말 51~54, 56
뇌 손상과 상말 124~125
뇌 연구의 장애물과 언어 136
뇌와 언어 121~122, 124~126
다양한 언어의 모욕증 132
상말에 대한 갓난아기 유추 14, 16
세대 간 언어 사용 변화 18
수어 106, 116~117
아이의 첫 낱말 232~234
언어 연구와 상말의 중요성 13~14
언어의 보편적 자질 48
언어의 부모 명칭 244
언어의 제스처 78, 80, 82
언어적 대인 갈등 211
언어학자 16, 19
연속적인 말 139
옹알이와 언어 학습 240
유사한 낱말 집합 70
이모지(emojis) 81
이모티콘 80~81
이중모음 242
언어의 품질 관리 ☞ 내부 편집자
언어적 대결 294
상대방 가족 욕하기 시합 294
설전(snaps) 294
언어적 대결과 랩 배틀 295
언어적 대결과 악담 응수 295
욕설 대회(signifyings) 294
언어적 자기결정 원리 318
언어적 자기결정 원리의 성공 317
언어적 학대 256~257
언어적 학대에 관한 스칸디나비아의 연구 256~257
언어적 학대의 상말 연구 256~257
언어적 학대의 심리적 영향 256~257
얼굴 표정 112
엄지척 제스처 87
엘리엇, 미시(Missy Elliot) 302
연방통신위원회(FCC: Federal Communications Commission) 26, 300~302
연방통신위원회와 상말 300
연방통신위원회의 검열 26
연방통신위원회의 검열에 대한 대법원 판례 303
연방통신위원회의 상말 연구 27, 300
연방통신위원회의 상말 정의 27, 301
연방통신위원회의 상말 처벌 26
연방통신위원회의 폭스텔레비전 벌금 부과 26
칼린과 연방통신위원회 302
영국 수어 116
영국 수어(BSL)의 FUCK 114~115
영국 수어(BSL)의 PUSSY 114
영국의 방송표준위원회 30
영국의 상스러운 제스처 86
영화 〈사우스 파크〉와 검열 305
오락소프트웨어 등급평정위원회(ESRB: Entertainment Software Ratings Board) 300~301
오락소프트웨어 등급평정위원회의 검열 기준 301
오락소프트웨어 등급평정위원회의 평정과 상말 통계 301
옥스, 엘리너(Elinor Ochs) 234~235
옥스퍼드 콤마 167~168
옹알이 15, 240
수어의 옹알이 240
완곡어법 226
≪외과학≫(랭프랑크) 216
『왜 저주의 말을 하는가(Why We Curse)』 24
외설행동증(copropraxia) 133
운동선수
브라이언트, 코비 274~276

스포츠 연맹의 벌금 부과 276, 296
아프리카계 화자인 운동선수 통계 296
운동선수의 nigger 사용 금지에 대한 셔먼의 말 297
운동선수의 모멸 표현 사용에 대한 전미프로미식축구연맹의 태도 276~277, 282
운동선수의 흔한 상말 275
전미프로농구협회(NBA) 운동선수 중 최초로 게이 정체성을 공개한 콜린스 275
nigger 사용에 대한 바클리의 발언 296
울프, 대니얼(Danielle Wolf) 250~251
〈위기의 계절〉(다큐멘터리) 304
〈위대한 레보프스키(The Big Lebowski)〉(영화) penis(남근)를 밀어내고 Johnson(거시기)을 퍼뜨리다 213
위악 어구들(dysphemisms) 227
음성상징 58~60, 245
도상성 대 음성상징 94
상스러운 영어 낱말과 음성상징 60
영어가 아닌 다른 언어의 상말과 음성상징 61
영어를 모어로 사용하지 않는 화자들을 통한 음성상징 검증 60
음성상징일 가능성 60
음절
아이들의 음절 발음 240~241
자음과 모음을 각각 C와 V 241
폐쇄 단음절 65, 70~71, 73, 75
의성어 ☞ 음성상징
이란과 아프가니스탄의 엄지척 87
이모지(emojis) 81
이모티콘 80~81
이중 의미 306
이중 의미와 낱말의 다중 의미 219
이중모음 242
이중타동사(ditransitive) 186
이탈리아어 141
맙소사 범주 언어로서의 이탈리어 41
이탈리아 상말을 사용한 프란치스코 교황 138~139, 141
이탈리아어 낱말 coglione(영어의 asshole) 284
이탈리아어 낱말 frocio에 대한 자유 연상 과제 연구 283
이탈리아어 낱말 frocio의 재전용 287
이탈리어 낱말 '베스테미에(bestemmie)' 41
인명 딕(Dick) 201
인명 딕(Dick)의 사회보장국 자료 203
인명 딕(Dick)의 인기 201
일본
영화 〈007 두 번 산다〉와 일본어 상말 45
일본어 모욕증 132
일본어의 상말 45~46
일본 수어 116
일본 수어 일본 수어와 도상성 116
일부다처제 309

자기 정체성 289
자유의 여신상 177
잠재학습 연구 284
재귀대명사 검사 183
저주의 말 23
『저명한 철학자들의 삶』(라에리티오스 지음) 92
전미유색인지위향상협회(The National Association for the Advancement of Colored People) 288
전미유색인지위향상협회의 nigger 장례식 288
전미프로미식축구연맹 276, 281
전미프로미식축구연맹 선수들의 모멸 표현 276
전미프로미식축구연맹 프리츠 폴라드 동맹의 발언 281
접요사 20
제스처 117~118

가리킴 제스처 85
감자 주먹(Bras d'Honneur) 87
그리스 문드자 88, 90, 94
냉소와 제스처 80
뒈져라(Up-Yours) 제스처 87, 90, 93
무화과(Fig) 88~89, 93
법원 기록 81~82
브라질 상스러운 제스처 88
성교 제스처 104
손가락 집어넣기 제스처 102
언어와 제스처의 역할 78~80, 82
엄지척(Thumbs-Up) 87
영국 씹새 86~87 89
영어의 제스처 84
제스처 전사(轉寫) 80
제스처를 사용하는 정치인 82
제스처에 대한 기억 과제 실험 97~102
제스처에 대한 문화적 관점 83~84
제스처와 언어 82~83
제스처의 기원 90, 92~93
제스처의 남근 상징 93~94, 96~97
제스처의 맙소사·씨부럴·똥지랄·깜둥이 원리 95
제스처의 어원 90
제스처의 이모티콘 80~81
Bras d'Honneur(감자 주먹) [뒈져라(Up-Yours)의 프랑스어 등가물] 87
제스처의 어원 90
제스처의 속설 기원 90~91
제이, 티모시(Timothy Jay) 20
상말의 카타르시 효과와 티모시 제이 312
『왜 저주의 말을 하는가(Why We Curse)』 24
조용한 혁명(Silent Revolution) 40
주기도문 198~199
중국어 57
지속성 말실수 154~155
지옥 310

차별적인 영향과 새로운 낱말 210
≪초기 청소년기 저널(Journal of Early Adolescence)≫ 287
총칭적인 사용 292
최소화소
상말 최소화소(vulgar minimizers) 175~176, 229
일반적인 최소화소 문법 규칙 174
최소화소의 사례 173
치들, 월터 버틀러(Walter Butler Cheadle) 213
치들이 사용한 용어 '거시기(Johnson)' 213
『캐나다 횡단기(Journal of a Trip Across Canada)』 213

카이사르, 아우구스투스(Augustus Caesar) 92
칼리굴라(Caligula) 92
칼린, 조지(George Carlin) 302, 320
맥락과 상말에 대한 조지 칼린의 논평 320
연방통신원회 대 대법원의 조지 칼린에 대한 판결 279
조지 칼린과 문법 지식 168
〈텔레비전에서는 말할 수 없는 7개의 낱말〉(스탠드 업 코미디) 302
『캐나다 횡단기(Journal of a Trip Across Canada)』 213
캐퍼닉, 콜린(Colin Kaepernick) 276
켈레허, T. J.(T. J. Kelleher) 213, 338
콜린스, 제이슨(Jason Collins) 275
콜버트, 스티븐(Stephen Colbert) 212
퀘벡 프랑스어 *sacres* 40

테트라포비아(숫자 4 공포증) 57
〈텔레비전에서는 말할 수 없는 7개의

낱말〉(스탠드 업 코미디) 302
「텔레비전 폭력에의 둔감화: 새로운 모형」 254
통사론 연구자 175, 181
통사론 연구자의 문법 속 주어 검증 181
투렛 증후군 131~133
모욕증과 투렛 증후군 132, 134
영화 〈두스 비갈로: 메일 지골로(Deuce Bigalo: Male Gigolo)〉와 투렛 증후군 132
외설행동증과 투렛 증후군 133
투렛 증후군과 금기 낱말 132~133
투렛 증후군에 대한 기술 132
투렛 증후군의 모욕증 사례 통계 133
투팍 샤커(Tupac Shakur) 289
트라스크, 래리(Larry Trask) 244
트웨인, 마크 199, 280
마크 트웨인의 작품 속 nigger 280
『허클베리 핀의 모험(The Adventures of Huckleberry Finn)』 280

파커, 트레이(Trey Parker) 305
검열에 대한 트레이 파커의 반응 305~306
영화 〈사우스 파크〉를 창의적으로 바꾼 파커 306
폐쇄 단음절 65, 70~71, 73, 75
개방 단음절 대 폐쇄 단음절에 대한 낱말 혐오(연구) 68~69
상말의 심리(학)와 폐쇄 단음절 67~69
통계 분석과 상말과 폐쇄 단음절 76~77
폐쇄 단음절 대 개방 단음절 67~68
폐쇄 단음절 패턴의 예외 72~73
폐쇄 단음절어 cock 214
폐쇄 단음절어 gitch 108
폐쇄 단음절에 대한 사변적 설명 74~76
폐쇄 자음 76
폐쇄 자음 76
폭스텔레비전 26
프라하 언어학파 246
프란치스코 교황(Pope Francis) 137
프란치스코 교황에 미치는 프로이드식 영향 146
프란치스코 교황의 연설과 외국어 영향 145
프란치스코 교황이 사용한 상말 138~139
프랑스어
검열과 프랑스어 44
퀘벡 프랑스어 40~41
프랑스어의 '멋진 턱수염이군(Quelle Barbe)' 제스처 83~84
프랑스어의 '여기서 나갑시다!(On Se Tire)' 제스처 84
프랑스어의 상스러운 제스처 87
프랑스어의 상스럽지 않은 제스처 84
프로이트식 말실수 142~145
프란치스코 교황의 프로이트식 말실수 142, 145
프로이트식 말실수에 대한 농담 143
프로이트식 말실수에 대한 모틀리의 연구 144
프로이트, 지그문트(Sigmund Freud) ☞ 프로이트식 말실수
프롬킨, 빅토리아(Victoria Fromkin) 140
프리츠 폴라드 동맹(Fritz Pollard Alliance) 281, 288
≪플레이보이≫(잡지) 212
피부전류반응(GSR: galvanic skin response) 153~154
핀란드어의 상말 38
핑커, 스티븐(Steven Pinker) 20

하전두회 159~160
학대
물리적 학대 256~257
상말과 학대 256~257, 313
언어적인 학대 257
학대에 관한 스칸디나비아의 연구 256

한랭 압박 시험 311
합리화 273
합자 형태 글자 57
『허클베리 핀의 모험(The Adventures of Huckleberry Finn)』 280
혼성어 224
홈스, 올리버 웬델(Oliver Wendell Holmes, 대법원 판사) 317
후광 효과(halo effect) 272
정치인들의 후광 효과 이점 272
후광 효과의 사례 272
히버트, 로이(Roy Hibbert) 276

〈007 두 번 산다〉(영화) 45
A-Not-OK(에이낫오케이) 90, 94
BASTARD(개자식) 107
Beat-the-devil-out-of-her 구문 192, 195
사역이동 구문과 Beat-the-devil-out-of-her 구문 194
수동화 규칙과 Beat-the-devil-out-of-her 구문 193~194
Bras d'Honneur(감자 주먹) 87
BITCH(암캐) 108
cock 214, 306
구글 엔그램 코퍼스의 cock 200~201
폐쇄 단음절어 cock 214
현대 영어의 cock 199
cock 대 rooster 199~201
cock의 기원 199~200, 214
cunt 230
거리 이름 속의 cunt 216
인명 속의 cunt 216
학술지 ≪외과학(Science of Cirurgie)≫ 속의 cunt 216
cunt(씹) 230
cunt의 기원 216
diu(閉) 38, 41
FUCK 112
다른 언어의 '씹하다/씹(fuck)' 61, 114~116
fuck(씹)의 기원 204~205, 207, 216
Get-the-hell-out-of-here 구문 191
수동화와 'Get-the-hell-out-of-here' 구문 191
mat'(러시아어 상말 집합)
mat'(러시아 상말 집합)의 정의(定義) 47
MILF 212~213
영화 〈아메리칸 파이〉의 MILF 활용 212
≪플레이보이≫ 유스넷 게시물의 MILF 활용 212
켈레허와 MILF의 기원 213
nigga
대명사 nigga 292
모멸 표현 재전용과 nigga 289~290
미국영화협회의 nigga 사용 300~302
샤커의 nigger 대 nigga 비교 289
언어적 특이점 289
총칭명사 nigga 292
트위터에서 사용한 nigga 291
nigga 대 nigger의 차이 291
Nigger
금기의 nigger 23
모멸 표현으로서의 nigger 280
전미유색인지위향상협회 N-낱말의 장례식 288
프리츠 폴라드 동맹의 nigger 관련 발언 281, 288
『허클베리 핀의 모험』에 사용된 nigger 280
nigga 대 nigger 비교(투팍 샤커의 발언) 289
nigga 사용에 대한 트윗 연구 291
nigga와 nigger의 언어학적 차이 289, 291
nigga의 언어학적 특이성 291
nigger 금지에 대한 셔먼의 발언 297
nigger 사용에 대한 바클리의 발언 296
nigger의 기원 280

지은이

벤저민 케이 버건(Benjamin K. Bergen)은 샌디에이고 소재 캘리포니아대학교 인지과학과 교수이자 언어인지연구소장이다. 인지언어학과 인지과학 분야를 선도하는 저명한 학자로서 전 세계 대학의 언어학과와 심리학과, 인지과학학과의 초청을 받아 다수의 강연을 했다. 주요한 학문적 관심은 문법과 의미, 은유, 상말을 비롯한 언어의 생성과 이해에 관한 실험적 연구에 있다. 2012년에 나온 『말보다 울림이 크다: 마음의 의미 구성 방식에 관한 새로운 학문(Louder Than Words: The New Science of How the Mind Makes Meaning)』의 저자이다. 그의 글은 ≪와이어드(Wired)≫, ≪사이언티픽 아메리칸(Scientific American)≫, ≪사이콜로지 투데이(Psychology Today)≫, 살롱(Salon), ≪타임(Time)≫, ≪로스앤젤레스 타임스(Los Angeles Times)≫, ≪가디언(Guardian)≫, 허핑턴 포스트(The Huffington Post)에 실렸다.

옮긴이

나익주는 전남대학교 영어영문학과를 졸업하고 서강대학교 대학원과 전남대학교 대학원에서 영어학으로 석사와 박사 학위를 받았다. 현재 한국담화인지언어학회의 학술지 ≪담화와 인지≫ 편집위원과 한겨레말글연구소의 연구위원을 맡고 있다. 개념적 은유 이론의 시각에서 한국 사회를 해부한 『은유로 보는 한국 사회』(2020)와 개념적 은유 이론을 소개한 『조지 레이코프』(2017)를 쓰고 『삶으로서의 은유』(공역, 1995/2006), 『몸의 철학』(공역, 2003), 『프레임 전쟁』(2007), 『인지문법』(공역, 2014), 『과학의 은유』(공역, 2020), 『메타포 워즈』(공역, 2022) 등을 우리말로 옮겼다.

나경식은 미국 테네시 주립대학교에서 컴퓨터사이언스와 정보학으로 학사와 석사 학위를 받았고, 플로리다 주립대학교에서 문헌정보학으로 박사학위를 받았다. 현재 건국대학교 문헌정보학과 교수이다. 주요한 학문적 관심은 '정보에 대한 인지 부하와 동기' 및 '사람과 정보/컴퓨터와의 상호작용'에 있으며, 공공도서관과 작은도서관, 주제전문도서관의 이용 동기에 관한 다수의 논문을 썼다. 지은 책으로 『듀이십진분류법 제23판의 이론과 실제』(2023)와 『한국문헌정보학 교과과정』(공저, 2014)이 있다.

한울아카데미 2443

제기랄, 이런!

욕설의 인지신경언어학

지은이 | **벤저민 케이 버건**
옮긴이 | **나익주·나경식**
펴낸이 | **김종수**
펴낸곳 | **한울엠플러스(주)**
편집책임 | **최진희**

초판 1쇄 인쇄 | **2023년 6월 16일**
초판 1쇄 발행 | **2023년 6월 30일**

주소 | 10881 경기도 파주시 광인사길 153 한울시소빌딩 3층
전화 | 031-955-0655
팩스 | 031-955-0656
홈페이지 | www.hanulmplus.kr
등록 | 제406-2015-000143호

Printed in Korea.
ISBN 978-89-460-7443-9 93700

* 책값은 겉표지에 표시되어 있습니다.